복지국가 개혁의 정치학

대륙유럽 복지국가의 현대화

실리아 호이저만 지음 | 남찬섭 옮김

이 번역서는 동아대학교 교내번역과제로 선정되어
동아대학교 번역총서 제129호로 출간되었음.

사회복지 전문출판 나눔의집

약 어

〈한글 → 서유럽어 약자〉

■ 정치조직, 노동조직, 사용자단체

프랑스

공화국민주연합 UDR Groupe de l'Union des Démocrates pour la République
공화국연합 RPR Rassemblement pour la République
공산당 PCF Parti Communiste Français
국민전선 FN Front National
노동동맹 FO Force Ouvriére
녹색당 les Verts
민중운동연합 UMP
사회당 PSF Parti Socialiste Français
전국노동연맹 CGT Confédération Générale du Travail
전국중소기업연맹 CGPME Confédération Générale des Petites et Moyennes Entreprises
전문직연맹 CGC Confédération Générale des Cadres
프랑스고용주협의회 CNPF Conseil National du Patronat Français(1998년 → MEDEF)
프랑스기독노동연맹 CFCT Confederation Française des Travailleurs Chrétiens
프랑스기업연맹 MEDEF Mouvement des Entreprises de France(1998년 ← CNPF)
프랑스민주노조연맹 CFDT Confederation Française Démocratique du Travail
프랑스민주연합 UDF Union pour la Démocratie Français

독일

건설노조 IG Bau (IG Bauen-Agrar-Umwelt)
공공서비스 · 운송산업노조 ÖTV Gewerkschaft Öffentliche Dienste, Transport und Verkehr

(2001년 → ver.di)
공화파 Republikaner
관리직노조연합 ULA Union Leitender Angestellter
금속노조 IG Metall (Industriegewerkschaft Metall)
기독교민주연합(기민련) CDU Christlich Demokratische Union
기독교사회연합(기사련) CSU Christich Soziale Union
녹색당 Büdnis90/Grüne(1993년 ← Bündnis90+Grüne)
녹색당 Grüne(1993년 → Büdnis90/Grüne)
독일공무원노조연맹 DBB Deutscher Beamtenbund
독일국가민주당 NPD Nationaldemokratische Partei Deutschlands
독일기독노동조합 CGD Christliche Gewerkschaft Deutschland
독일노동조합연맹 DGB Deutscher Gewerkschaftsbund
독일민중연합 DVU Deutsche Volksunion
독일사무직노조협의회 DAG Deutscher Angestelltenverband(2001년 → ver.di)
독일사용자단체전국연합회 BDA Bundesvereinigung der deutschen Arbeitgeberverbände
독일수공업총협회 ZdH Zentralverband des deutschen Handwerks
동맹90 Bündnis90(1993년 → Büdnis90/Grüne)
민주사회당 PDS Partei des Demokratischen Sozialismus
사회민주당(사민당) SPD Sozialdemokratische Partei Deutschlands
상업 · 은행 · 보험산업노조 HBV Gewerkschaft Handel, Banken, Versicheringen(2001년→ver.di)
서비스노조연합 ver.di (Vereinte Dienstleistungsgewerkschaft)(2001년 ← DAG+ÖTV+HBV)
자유민주당(자민당) FDP Freie Demokratische Partei
화학노조 IG Chemie (Industriegewerkschaft Chemie)

스위스
개신교국민당 EVP Evangelische Volkspartei
건설노조 GBI Gewerkschaft Bau und Industrie
공공서비스종사자협의회 VPOD Verband des Personals Öffentlicher Dienste
국민당 SVP Schweizerische Volkspartei
금속 · 시계노조 SMUV Schweizerischer Metall und Uhrenindustrieverband
기독국민노조 CNG Christlichnationaler Gewerkschaftsbund (2003년 → Travail.Suisse)
기독교사회당 CSP Christlichsoziale Partei der Schweiz
기독교민주당 CVP Christlichdemokratische Volkspartei
노동당 PdA Partei der Arbeit

녹색당 GPS Grüne Partei Schweiz
녹색연대 GB Grünes Bündnis
독립당 LdU Landesring der Unabhängingen
민주당 SD Schweizer Demokraten
사회민주당 SPS Sozialdemokratische Partei Schweiz
상업 · 운송 · 식품산업노조 VHTL Gewerkschaft Verkauf, Handel, Transport, Lebensmittel
스위스간호사협회 SBK Schweizer Berufsverband des Pflegepersonals
스위스경영자단체연합회 SAV Schweizerischer Arbeitgeberverband
스위스노동동맹 Travail.Suisse(2003년 ← VSA+CNG)
스위스노동조합연맹 SGB Schweizerischer Gewerkschaftsbund
스위스사무직노조협의회 VSA Vereinigung Schweizerischer Angestelltenverbände(2003년 → Travail.Suisse)
스위스은행협회 SBV Schweizerische Bankiervereinigung
스위스중소기업연합회 SGV Schweizerischer Gewerbeverband
자유당 LPS Liberale Partei der Schweiz
자유민주당 FDP Freisinnig-Demokratische Partei der Schweiz
자유의 당 FPS Freiheits-Partei der Schweiz
진보당 POCH Progressive Organisationen der Schweiz
티치노 연맹 Lega

■ **제도 및 기관**

※ 명칭 뒤의 괄호 안은 나라 표시임[(프) 프랑스, (독) 독일, (스) 스위스)]

공무원연금(독) Beamtenversorgung
관리자연금(프) AGIRC Association pour le régime de retraite complémentaire des salaries
국민연금(독) GRV Gesetzliche Rentenversicherung
기업연금(스) BVG berufliche Vorsorge(제2층의 기업연금)
노령연대기금(프) FSV Fonds de Solidarité Vieillesse
보충연금(스) EL Erganzungsleistung(자산조사방식)
연금보험(스) AHV Alters-und Hinterlassenversicherung(제1층의 공적연금)
일반사회보장부담금(프) CSG Contribution de Solidarité Généralisée
일반연금(프) Régime Général
임금노동자연금(프) ARRCO Association générale des institutions de retraite des cadres
퇴직연금자문위원회(프) COR Conseil d'Orientation Retraites

〈서유럽어 약자 → 한글〉

■ 정치조직, 노동조직, 사용자단체

프랑스

CFTC Confederation Française des Travailleurs Chrétiens 프랑스기독노동연맹
CFDT Confederation Française Démocratique du Travail 프랑스민주노조연맹
CGC Confédération Générale des Cadres 전문직연맹
CGT Confédération Générale du Travail 전국노동연맹
CNPF Conseil National du Patronat Français 프랑스고용주협의회(1998년 → MEDEF)
CGPME Confédération Générale des Petites et Moyennes Entreprises 전국중소기업연맹
FN Front National 국민전선
FO Force Ouvriére 노동동맹
les Verts 녹색당
MEDEF Mouvement des Entreprises de France 프랑스기업연맹(1998년 ← CNPF)
PCF Parti Communiste Français 공산당
PSF Parti Socialiste Français 사회당
RPR Rassemblement pour la République 공화국연합
UDF Union pour la Démocratie Français 프랑스민주연합
UDR Groupe de l'Union des Démocrates pour la République 공화국민주연합
UMP 민중운동연합

독일

BDA Bundesvereinigung der deutschen Arbeitgeberverbände 독일사용자단체전국연합회
Büdnis90/Grüne 녹색당(1993년 ← Bündnis90+Grüne)
Bündnis90 동맹90(1993년 → Büdnis90/Grüne)
CDU Christlich Demokratische Union 기독교민주연합(기민련)
CGD Christliche Gewerkschaft Deutschland 독일기독노동조합
CSU Christich Soziale Union 기독교사회연합(기사련)
DAG Deutscher Angestelltenverband 독일사무직노조협의회(2001년 → ver.di)
DBB Deutscher Beamtenbund 독일공무원노조연맹
DGB Deutscher Gewerkschaftsbund 독일노동조합연맹
DVU Deutsche Volksunion 독일민중연합
FDP Freie Demokratische Partei 자유민주당(자민당)

Grüne 녹색당(독일)(1993년 → Büdnis90/Grüne)
HBV Gewerkschaft Handel, Banken, Versicheringen 상업 · 은행 · 보험산업노조(2001년 → ver.di)
IG Bau (IG Bauen-Agrar-Umwelt) 건설노조
IG Chemie (Industriegewerkschaft Chemie) 화학노조
IG Metall (Industriegewerkschaft Metall) 금속노조
NPD Nationaldemokratische Partei Deutschlands 독일국가민주당
ÖTV Gewerkschaft Öffentliche Dienste, Transport und Verkehr 공공서비스 · 운송산업노조 (2001년 → ver.di)
PDS Partei des Demokratischen Sozialismus 민주사회당(민사당)
Republikaner 공화파
SPD Sozialdemokratische Partei Deutschlands 사회민주당(사민당)
ULA Union Leitender Angestellter 관리직노조연합
ver.di(Vereinte Dienstleistungsgewerkschaft) 서비스노조연합 (2001년 ← DAG+ÖTV+HBV)
ZdH Zentralverband des deutschen Handwerks 독일수공업총협회

스위스

CNG Christlichnationaler Gewerkschaftsbund 기독국민노조 (2003년 → Travail.Suisse)
CSP Christlichsoziale Partei der Schweiz 기독교사회당(기사당)
CVP Christlichdemokratische Volkspartei 기독교민주당(기민당)
EVP Evangelische Volkspartei 개신교국민당
FDP Freisinnig-Demokratische Partei der Schweiz 자유민주당(자민당)
FPS Freiheits-Partei der Schweiz 자유의 당
GB Grünes Bündnis 녹색연대
GBI Gewerkschaft Bau und Industrie 건설노조
GPS Grüne Partei Schweiz 녹색당
LdU Landesring der Unabhängingen 독립당
Lega 티치노 연맹
LPS Liberale Partei der Schweiz 자유당
PdA Partei der Arbeit 노동당
POCH Progressive Organisationen der Schweiz 진보당
SAV Schweizerischer Arbeitgeberverband 스위스경영자단체연합회
SBK Schweizer Berufsverband des Pflegepersonals 스위스간호사협회
SBV Schweizerische Bankiervereinigung 스위스은행협회

SD Schweizer Demokraten 민주당
SGB Schweizerischer Gewerkschaftsbund 스위스노동조합연맹
SGV Schweizerischer Gewerbeverband 스위스중소기업연합회
SMUV Schweizerischer Metall und Uhrenindustrieverband 금속 · 시계노조
SPS Sozialdemokratische Partei Schweiz 사회민주당(사민당)
SVP Schweizerische Volkspartei 국민당
Travail.Suisse 스위스노동동맹(2003년 ← VSA+CNG)
VHTL Gewerkschaft Verkauf, Handel, Transport, Lebensmittel 상업 · 운송 · 식품산업노조
VPOD Verband des Personals Öffentlicher Dienste 공공서비스종사자협의회
VSA Vereinigung Schweizerischer Angestelltenverbände 스위스사무직노조협의회(2003년 → Travail.Suisse)

■ 제도 및 기관

※ 명칭 뒤의 괄호 안은 나라 표시임[(프) 프랑스, (독) 독일, (스) 스위스]

AGIRC (프) Association pour le régime de retraite complémentaire des salaries 관리자연금
AHV (스) Alters-und Hinterlassenversicherung 연금보험(제1층의 공적연금)
ARRCO (프) Association générale des institutions de retraite des cadres 임금노동자연금
Beamtenversorgung (독) 공무원연금
BVG (스) berufliche Vorsorge 기업연금 (제2층의 기업연금)
COR (프) Conseil d'Orientation Retraites 퇴직연금자문위원회
CSG (프) Contribution de Solidarité Généralisée 일반사회보장부담금
EL (스) Ergänzungsleistung 보충연금(자산조사방식)
FSV (프) Fonds de Solidarité Vieillesse 노령연대기금
GRV (독) Gesetzliche Rentenversicherung 국민연금
Régime Général (프) 일반연금

서 문

누가 무엇을 왜 얻는가라는 질문은 비단 정치학을 학문적으로 규정짓는 질문만이 아니다. 그것은 정치학자들의 개인적인 관심뿐만 아니라 학문적인 헌신까지도 이끌어내는 질문이기도 하다. 필자도 여기서 예외가 아니다. 재정적 긴축압력이 날로 더해가고 사회적 욕구가 증가하는 오늘날과 같은 곤경기에 자원과 기회가 사회에서 어떻게 배분되는지를 분석하고 설명하는 작업은 과거 어느 때보다 더 중요한 과제가 되었다. 파이는 작아지는데 식탁에 앉아 있는 사람들의 배고픔 – 혹은 식욕 – 은 증가한다면 어떤 일이 벌어질 것인가? 이것이야말로 바로 1970년대 후반 이래 대륙유럽복지국가에서 일어났던 일이었다. 재정적 여력은 점점 줄어드는데 전통적인 욕구도 증가하고 새로운 욕구도 증가해왔던 것이다. 많은 정치학자들은 이로부터 발생하는 분배갈등을 기본적으로 두 세력 간의 갈등으로 파악하는 경향이 있었다. 즉, 그 갈등을 복지국가의 축소를 원하는 세력과 사회권을 보호하려는 세력 간의 갈등으로 파악해왔다는 것이다. 하지만 이런 접근은 오류이다. 정치적 행위자들이 지출 그 자체를 위해 싸우지 않는다는 에스핑-안데르센의 유명한 언급과 같이, 정치적 행위자들이 복지국가 그 자체를 방어하거나 공격하기 위해 싸우는 것은 아니다. 각 행위자들 – 대개 둘 이상의 행위자가 존재하기 마련인데 – 은 복지국가로부터 서로 다른 것을 얻으려고 한다. 행위자들과 그들이 가진 선호가 복합적이라는 사실을 인정하면, 동맹의 형성이 변화할 가능성과 다양한 분배적 개혁의 가능성 역시 복합적이라는 점을 분명히 할 수 있다. 따라서 복지의 확대냐 축소냐 하는 것을 질문해야 하는 것이 아니라 누가 최종적으로 무엇을 얻게 되는가를 질문해야 하는 것이다. 이 책에서 하고자 하는 것이 바로 이런 질문을 제시하고 그에 답하는 것이다. 즉, 곤경의 시대에 대륙유럽의 연금체제가 개혁됨으로써 누가 무엇을 왜 얻게 되는가를 밝혀보려는 것이다.

이 책에 대한 구상은 필자가 로잔 대학교에서 스위스의 정책결정과정을 국제화하는 프로젝트의 연구보조원으로 일하고 있던 2000년대 초에 처음 이루어졌다. 그 프로젝트는 대단히 국제화된 정책개혁, 예컨대 텔레커뮤니케이션이나 정부조달, 경쟁정책 등의 자유화에 초점을 맞춘 것이었다. 그런데 필자는 그 프로젝트를 수행하면서 국제화 정도가 낮은 통제사례로 선정된 연금정책개혁과 실업정책개혁에 관심을 갖게 되었다. 필자는, 다른 정책영역에서 했던 것과 마찬가지로, 연금과 실업정책 개혁과 관련해서도 정책결정에 관련된 제도와 그 과정들을 추적하기 시작했다. 이 과정에서 필자는 각 행위자들이 염두에 둔 정책목표가 대단히 다양하다는 사실에 흥미를 느끼게 되었다. 어떤 행위자는 빈곤구제를 지향하고 있었고, 또 어떤 행위자는 성평등을 목표로 하고 있었으며 다른 행위자는 성평등의 실현을 반대하고 있었다. 또 어떤 행위자는 재정안정을 지향하고, 다른 행위자는 민영화를 지지하며, 또 다른 행위자는 현상유지(즉, 전후 건설된 복지국가의 유지)를 원하고 있었다. 이를 통해 필자는 복지정치에는 분배를 둘러싼 계급갈등 그 이상의 훨씬 더 많은 것들이 있다는 사실을 알게 되었다.

이러한 구상은 그 후 얼마동안은 필자의 마음속에서만 남아 있었다. 필자는 2003년에 취리히 대학교의 박사과정 입학이 결정되었는데 그 때 박사과정 연구를 위해 이 구상을 주제로 택할 수 있게 되었다. 즉, 필자는 탈산업적 복지개혁 정치의 동학을 좀 더 상세히 살펴보기로 결정하였던 것이다. 필자는 박사학위논문을 작성하기 위해 취리히에 갔지만 거기서 학위논문 그 이상을 발견하게 되었다. 필자는 취리히에서 너무나 훌륭한 조언자들을 만날 수 있었으며, 취리히와 해외에서 필자의 연구를 수행하고 발표할 수 있는 많은 기회를 얻을 수 있었고, 훌륭한 동료들을 만났으며, 학위논문 제안서에서부터 책의 출판에 이르기까지 필자의 연구를 지지해준 매우 특별한 사람들을 만날 수 있었다. 그 모든 사람들에게 감사의 말을 전하며 특히 몇몇 분들은 이름을 밝히는 것이 도리일 것이다.

필자는 누구보다도 먼저 한스피터 크리시(Hanspeter Kriesi)에게 감사의 말을 전하고 싶다. 그는 필자에게 대단히 재치 있는 조언을 해주었으며 항상 필자를 격려해주고 넓은 마음으로 지지해주었다. 이러한 그의 도움이 있었기에 필자는 혼자라면 어려웠을 이론적 사고와 경험적 조사를 더 깊게 수행할 수 있었다. 정치가 사람들의 삶에 어떻게 영향을 미치는가를 이해하려는 그의 열정적인 관심은, 필자가 그로부터 배우기 시작한 학부생 시절 이래로 늘 필자에게 가장 인상적이고 가장 깊은 원동력을 부여하는 영감의 원천이었다. 또한, 필자는 항상 매우 적절하면서도 고무적인 조언을 아끼지 않았던 허버트 키첼트(Herbert Kitschelt)에게도 깊은 감사를 드린다. 필자의 학위논문에 포함된 많은 구상은 그의 작업에서 비롯된 것이다. 필자는 그가 많은 시간과 지적 노력을 필자의 연구를 위해 사용해준 데 대해 진정으로 영광스럽게 생각한다.

또한 필자의 구상에 가장 큰 영감을 준 줄리아노 보놀리(Giuliano Bonoli)와 격려와 비판의 시각을 똑같이 유지하면서 필자의 연구를 지켜봐준 브루노 팔리어(Bruno Palier)에게도 감사를 드린다. 두 사람은 필자의 연구를 위해 자신들의 시간을 아낌없이 내주었을 뿐만 아니라 과분한 지적 격려를 해주었다. 그들은 필자로 하여금 필자의 연구를 그들과 또 이 분야의 다른 여러 연구자들 앞에서 발표하고 토론할 수 있도록 많은 기회를 만들어주었다. 또한, 필자를 경험적 분석의 세계로 인도해준 야니스 파파도풀러스와 앙드레 마크에게 고마운 빚을 졌음을 밝혀 둔다. 이 책에서 제시된 많은 아이디어에 그들의 도움이 스며있다.

취리히 대학교의 동료들과 친구들은 나의 박사과정을 흥미롭고 도전적인 것으로 만들어주었다. 그들 모두에게 감사하며 특별히 몇 명은 이름을 밝히고자 한다. 필자의 주장에 관한 집과 사무실에서의 끝도 없는 토론에 끈기 있게 임하며 지지해주고 계급초월적 연합이라는 개념에 매료된 필자의 태도에 비판적 안목을 놓치지 않은 사이먼 본쉬어(Simon Bornschier)에게 감사한다. 파일메이커/일러스트레이터, 유용한 데이터베이스, 그리고 일과 컴퓨터, 대인관계기술, 또 삶의 (거의) 모든 기술에 대해 많은 것들을 가르쳐준 팀 프라이(Tim Frey)에게 감사한다. 다니엘 오에쉬(Daniel Oesch), 로메인 라차트(Romain Lachat), 필립 렘(Philip Rehm), 토마스 사틀러(Thomas Sattler)는 연구과정의 여러 단계에서 말할 수 없이 값지고 유용한 기여를 해주었다. 또한 필자는 지속적인 의견과 격려를 보내준 사라 니콜렛(Sarah Nicolet)과 이사벨 엥겔리(Isabelle Engeli)에게도 감사한다.

필자는 이 책의 연구를 수행하는 동안, 하버드 대학교 정부학부에서 객원연구원으로 6개월 간 연구를 하면서 여러 국제학술대회에서 필자의 작업결과를 발표하고 발전시킬 기회를 가졌다. 이 과정에서 필자는 일일이 거론할 수 없을 정도로 많은 사람들로부터 필자의 연구를 발전시키는 데 도움이 된 소중한 의견을 들을 수 있었다. 그 모든 분들께 감사드리며, 특별히 피터 홀(Peter A. Hall), 피터 그루비치(Peter A. Gourevitch), 토르벤 아이버슨(Torben Iversen), 카렌 앤더슨(Karen M. Anderson), 클라우스 아민전(Klaus Armingeon), 필립 매노우(Philip Manow), 줄리아 린치(Julia Lynch), 크리스토퍼 그린-페더슨(Christoffer Green-Pedersen), 키스 반 커스버겐(Kees van Kersbergen), 안톤 헤머릭(Anton Hemerijck), 파브리지오 길라르디(Fabrizio Gilardi), 피오나 바커(Fiona Barker), 쿄코 사토(Kyoko Sato), 그리고 마티외 라임그루버(Mathieu Leimgruber)에게 감사드린다.

필자는 2008-2009년 동안 피렌체의 유럽대학교연구소(European University Institute)에서 박사후 연구원으로 일한 1년 동안 지적으로

나 사회적으로나 문화적으로 환상적인 분위기(토스카나의 훌륭한 요리를 대하는 즐거움은 말할 것도 없고) 속에서 이 연구의 원고를 마무리할 수 있었다. 필자는 필자의 연구에 결정적으로 중요한 기회를 제공해준 라몬 마리몬(Ramon Marimon)과 막스 베버 프로그램(Max Weber Program)에 감사한다. 유럽대학교연구소에 머무는 동안 소중한 충고와 격려를 해준 아드리네 헤리티어(Adrienne Héritier), 피터 마이어(Peter Mair), 벤 안젤(Benn Ansell), 데이빗 아트(David Art), 제인 깅그리치(Jane Gingrich), 마틴 콜리(Martin Kohli), 엘레노라 파소티(Eleonora Pasotti), 로저 쇤만(Roger Schoeman), 푸리오 스타마티(Furio Stamati), 스벤 스타인모(Sven Steinmo)에게 감사한다. 이들과 유럽대학교연구소의 다른 동료들 덕분에 필자는 훌륭하고 잊을 수 없는 경험을 할 수 있었다.

케임브리지 대학교 출판부에서 필자는 특히 캐슬린 쎌렌(Kathleen Thelen)과 마가렛 레비(Margaret Levi)에게 큰 빚을 졌다. 케임브리지 비교정치연구 시리즈의 책임자인 그들은 필자가 원고를 완성하는 데 도움을 준 많은 의견을 아낌없이 주었다. 그들의 지적인 열정과 지원은 필자에게 큰 자극이 되었으며 학문의 세계가 어떠해야 하는지 또 어떠할 수 있는지를 알려준 진정한 가르침이었다. 또한, 매우 효율적이면서도 유쾌한 편집자였던 에릭 크라한(Eric Crahan)에게도 특별히 감사한다. 에밀리 스팽글러(Emily Spangler), 제이슨 지빌스키(Jason Przybylski), 매니쉬 샤르마(Manish Sharma), 캐서린 페이대쉬(Katherine Faydash) 역시 이 책이 세상에 나오게끔 해준 멋진 편집 팀원들이었다. 또한 이 책 원고의 교열을 맡아 수고해준 콜린 셰퍼드

(Colin Shepherd)와 앨리슨 프라이스(Alyson Price)에게도 감사한다. 이 책에 실린 일부 구상은 유럽정치연구저널(European Journal of Political Research)에 게재된 바 있는데, 이 내용의 재수록을 허락해준 유럽정치연구 컨소시엄(European Consortium for Political Research)과 윌리 블랙웰(Wiley Blackwell) 출판사에게도 감사한다.

끝으로 필자는 나의 부모님, 제럴드와 엘리자베스 그리고 나의 형제 루카스에게 깊은 감사를 드린다. 아주 일찍부터 – 아마도 그들이 아는 것보다 더 일찍부터 – 그들은 저녁식사를 위해 둘러앉은 식탁에서 정치학에 대한 관심을 일깨워주었다. 정치학에 대한 그런 관심을 직업으로 전환하려는 나의 결정을 언제나 지지해주신 부모님은 정치학 연구는 그 자체가 목적이 되어서는 안 되며 사회의 현실적 삶의 문제와 자원과 기회의 분배문제에 관심을 기울여야 한다는 가르침을 주셨다.

실리아 호이저만(Silja Häusermann)
코르토나(Cortona), 2009년 8월

차 례

제1장 그래도 지구는 돈다
: 제도적 관성에도 지속된 복지국가의 변화

복지국가는 서구의 산업화된 민주주의 체제가 20세기에 이룩한 주요 업적 중의 하나로 간주되고 있다. 하지만 최근 복지국가는 다양한 도전에 직면해 있다. 복지국가는 경제성장의 둔화와 실업, 인구노령화로 인해 재정적 지속가능성을 위협받고 있으며, 또한 노동시장과 가족구조의 탈산업적 변화로 인해 나타나고 있는 신(新)사회위험에 직면하고 있으면서도 기존의 사회적 보호체계로는 그러한 신사회위험에 적절히 대응하지 못하고 있다. 오늘날 복지국가는 정책적으로 이중고를 겪고 있다. 즉 구(舊)사회위험에 대응하는 데 희소한 자원을 너무 많이 사용하면서도 탈산업사회에서 가장 심각한 문제들에 대해서는 적절히 대응하지 못하고 있는 것이다. 효과적인 복지국가만이 정당화될 수 있다는 점을 생각하면, 복지국가의 미래는 변화하는 사회 · 경제적 욕구와 수요에 적절히 적응할 수 있는가 없는가 하는 점에 의해 크게 좌우될 것이라고 할 수 있다. 이 책에서는, 복지국가의 개혁은 가능하다는 사실을 주장할 것이며 또한 복지국가는 성공적인 정책변화의 조건, 즉 다차원적인 개혁정치, 정책결정자들에 의한 동맹형성, 그리고 협상과 타협을 지지하는 제도적 맥락 등의 조건을 가지고 있다는 사실을 주장할 것이다.

기존의 주장과 최근의 연구 모두와 달리 이 책에서는 복지국가를 보존할 수 있는가 또는 복지국가는 급진적으로 해체되어야 하는가라는 것이 문제의 본질이 아니라고 주장할 것이다. 오늘날 복지국가가 직면하고 있는 문제의 본질은 근본적으로 변화한 사회 · 경제적 맥락에 사회적 보호체계를 진정으로 적응시키는 데에 있다. 즉, 문제의 본질은 어려운 시기에 어떻게 복지국가를 현대화할 것인가에 있는 것이다. 여기서 현대화란 기존의 제도체계를 (고숙련) 서비스 경제로의 전환이나 일시적 · 장기적 실업의 증가, 노동시장 유연화, 비정규직 고용과 여성고용의 증가, 가족불안정성의 증가, 개인화와 성별평등에 대한 요구의 증가와 같은 탈산업주의의 사회 · 경제적 구조에 적합하도록 개조하는 것을 말한다. 그리고 위에서 말한 어려운 시기는 그러한 현대화 과정에서 발생하는 (재정적) 필요는 증가하는 데 비해 그에 투입할 수 있는 자원은 감소함에 따라 필요와 자원 간의 격차가 발생하여 나타난 것이다. 실제로 성장둔화와 대량실업은 복지국가의 재정적 토대를 잠식하고 있으며, 저출산과 인구노령화는 경제활동인구와 비경제활동인구 간의 균형을 변화시켜 피어슨(Pierson, 2001: 410)이 "영구적 긴축"(permanent austerity)이라고 부른 상황을 더욱 악화시키고 있다. 또한, 실업과 인구학적 변화는 복지국가의 재정적 토대를 잠식하는 것만이 아니라 복지국가 지출을 엄청나게 빠른 속도로 증가시키고 있다. 인구노령화는 보건의료지출과 연금지출을 가파르게 상승시키고 있으며, 경제위기는 실업보험이나 장애관련 보험의 지출을 증가시키고 있다. 게다가 탈산업주의적 노동시장과 변화하는 가족구조, 여성의 노동시장참여는 근대복지국가가 아직 대처할 준비를 갖추지 못한 새로운 사회적 욕구의 분출을 결과하고 있다. 이러한 탈산업사회적 욕구와 수요로 인해 비정규직 노동자에 대한 복지혜택의 적용범위 확대나 사회보험에서의 성별평등의 실현, 가정 바깥의 보육시설의 확충, 한부모가정에 대한 빈곤경감대책의 실행 그리고 보다 일반적인 대책으로서 취업경력이 단절적인 사람들에 대한 최저임금 보장 등의 요구가 거세게 등장하고 있다. 결국 오늘날 복지국가는 축소와 확대의 이중적인 강력한 압박에 직면해 있는 것이다. 이 이중적 압박이 탈산업사회로의 변화가 갖는 두 가지 모습이라 할 수 있다.

위에서 말한 구조적 변화는 오늘날 모든 복지국가의 경쟁력과 효과성에 영향을 미치고 있지만 그것은 특히 대륙유럽국가들에서 두드러지게 나타나고 있다. 대륙유럽국가들에서는 신사회위험과 경제적 어려움에 연관된 영향이 가장 심각하게 나타나면서도 이들 나라의 사회보호체계는 그 영향에 대처하는 데 매우 부적절하게 설계되어 있다. 대륙유럽국가의 사회보험체계가 새로운 도전에 대처하기에 부적절하다는 것은 다음 세 가지 점에서 그러하다. 첫째, 앵글로색슨형 복지국가나 스칸디나비아형 복지국가는 사회지출의 상당부분이 조세로 충당되는 데 비해 대륙유럽국가의 사회보험제도는 그 재원을 비임금노동비용에 의한 기여금에 거의 전적으로 의존하고 있다. 경제성장이 둔화하고 실업이 증가하는 상황이 되면 이런 식의 재정방식은 사회보험지출의 증가에 필요한 재정을 납부할 사람의 감소와 노동비용의 증가를 동시에 결과하게 된다. 둘째, 대륙유럽국가들은 남성생계부양자 모델에 기초하여 복지제도를 구축해온 나머지 여성의 노동시장참여율과 출산율이 낮은 편이며 이처럼 수치가 낮은 두 요인은 이들 나라의 복지국가가 직면한 재정적 건전성을 더욱 압박하는 구조적 요인이 되고 있다. 마지막 셋째, 대륙유럽의 사회보험제도는 기여금 납부실적에 기초하여 그리고 그것에 비례하여 사회보험급여를 제공하고 있는데, 이로 인해 기여경력이 불충분한 사람들, 즉 비정규직 노동자들이나 시간제 노동자들, 실업자들, 주부, 편모 등은 빈곤위험에 직면하고 있다. 이러한 신사회위험은 스칸디나비아형 복지국가에서는 훨씬 덜 두드러지는데, 이들 나라는 사회보호체계가 보다 보편적이고 또한 복지급여와 노동시장참가율이 보다 평등하기 때문이다. 요컨대, 대륙유럽의 복지국가들은 복지국가 개혁이 성공하기에 어려운 사례들인 것이다. 대륙유럽의 복지국가들은 현대화의 압력을 가장 크게 받으면서도 현대화를 위한 조건은 가장 열악한 상황에 있다. 이 책에서 살펴보는 복지개혁에 관한 많은 이론적 논의들은 다른 국가와도 관련된 것이지만 그럼에도 불구하고 이 책이 대륙유럽의 복지개혁의 역동성에 특히 초점을 맞춘 이유는 바로 이들 국가들이 복지개혁이 성공하기 어려운 사례들이라는 점에 있다.

먼저 최근에 일어난 복지국가의 변용과정에 대한 고찰로부터 논의를 시작해보자. 지난 20여 년 동안 대륙유럽에서는 노동시장과 연금제도, 가족정책 등을 현대화하려는 개혁이 진행되어 왔다. 이들 개혁 중 어떤 것들은 복지축소나 재정건전성 강화와 연관된 것들이었으며 또 다른 것들은 새로운 사회적 욕구나 수요에 연관된 것들이었다. 현대화를 위한 개혁이 무엇을 의미하는지는 몇 가지 예를 통해 더 구체적으로 알 수 있을 것이다. 대륙유럽의 몇몇 나라들은 그들 나라의 노동시장정책과 실업보험정책을 매우 크게 개혁한 바 있는데, 예컨대 네덜란드는 1990년대에 걸쳐 노동시장을 시간제 노동시장으로 거의 전환시켰으며 동시에 비정규직 노동자들에 대한 사회보호체계를 크게 향상시켰다. 그와 동시에 이른바 활성화 정책을 확대하여 상병보험과 장애관련 보험제도를 크게 축소시켰다(Hemerijk, Unger and Brisser, 2000). 이와 유사하게 스페인도 1980년대 중반 이래 노동시장유연화를 지속적으로 추구하여 비정규직 노동자(주로 계약기간이 정해져 있는)의 비율이 유럽에서 최고수준에 달하게 되었다(Guillén, 2010). 독일에서는 이른바 하르츠 개혁(Hartz reform)이 엄청난 사회적 저항을 무릅쓰고 2000년대 초기부터 몇 단계에 걸쳐 실행되면서 장기실업자에 대한 급여가 크게 감소하였다(Clegg, 2007). 하르츠 개혁의 마지막 단계는 이 개혁을 통해 축소된 복지급여로 절약된 정부지출을 여성노동자들의 일 · 가정양립 향상을 위한 보육시설의 확대에 투자하도록 되어 있었다(이 사실은 비교적 덜 알려져 있다).

대륙유럽의 연금제도도 상당한 변화를 겪었다. 이탈리아는 1990년대에 몇 차례의 사회적 협약을 통해 퇴직연령을 상향조정하였고 급여수준을 삭감했으며 기업연금기금을 확충하였고 공공연금과 민간연금 간의 조화를 강화하였다(Ferrera and Gualmini, 2000). 오스트리아는 2003년에 가난한 연금생활자들에 대한 자산조사 연금급여 수준에 맞추어 연금급여를 조정하고 교육크레딧을 증가시킴으로써 연금급여 수준을 대폭 하락시켰고 조기퇴직의 선택폭도 크게 축소시켰다

(Busemeyer, 2005). 독일도 1992년부터 2004년까지 몇 차례의 개혁을 통해 연금제도를 전형적인 부과방식의 노후소득보장제도에서 지극히 다양한 요소들로 구성된 노후소득보장제도로 전환시켰다(Schuldi, 2005; Schulze and Jochem, 2007). 프랑스도 1990년대와 2000년대 초에 걸쳐 나름의 방식으로 연금기금을 적립하게 되었고 그와 동시에 연금급여 수준을 대폭 삭감하였다(Palier, 2002). 스위스도 1995년에 여성의 퇴직연령을 상향조정하고 기존의 남성생계부양자모델을 개인단위모델로 전환하여 기초연금의 구조 자체를 바꾸어 버렸다(Bonoli and Mach, 2000; Häusermann, Mach, and Papadopoulos, 2004).

마지막으로 대륙유럽국가들의 가족정책도 상당한 변화를 겪었다. 벨기에는 1980년대에 가정 외 보육비용(external-care costs)에 대한 세금공제제도와 부모휴가제도를 도입한 것을 시작으로 가족정책의 중점을 여성의 노동시장 참여를 촉진하는 쪽으로 전환해왔다. 이러한 1980년대의 개혁에 힘입어 1990년대에는 벨기에에서 가정 외 보육을 선택하는 부모들이 증가하였으며 노동시장에서는 시간제취업 기회가 증가하였다(Marques-Pereira and Paye, 2001). 프랑스는 과거부터 매우 발달된 가족정책을 가지고 있었는데 1990년대에 여기에 또 다시 새로운 요소를 추가하였다. 그 중 하나는 자녀를 돌볼 노동자를 가족이 고용할 수 있도록 한 것이며 다른 하나는 저소득가정에 대해 상당히 관대한 수준의 아동양육수당을 지원하는 것이다(Jenson and Sineau, 2001). 스위스는 2004년에 여성들의 모성보험 수급권을 인정하였으며 그보다 먼저인 2003년에는 의회가 가정외 보육인프라의 확충을 지원키로 결정하였다(Ballestri and Bonoli, 2003). 독일은 일·가정양립을 위한 정책개혁을 훨씬 강도 높게 진행하였는데(Leitner, Ostner, and Schratzenstaller, 2004), 부모 양쪽 모두에 대해 시간제고용의 권리를 제도화하였으며 교육급여의 수준을 향상시켰다.

이 개혁들 — 일부는 축소지향적이고 또 일부는 확대지향적인 것들이다 — 은 모두가 대륙유럽 복지국가의 현대화와 관련된 것들이다. 즉 그것들은 인구학적·경제적·사회구조적 변화에 적응하기 위한 것들인 것이다. 그런데 이러한 개혁이 진행되었다는 것 자체가 사실은 적어도 세 가지 의문을 불러일으키는데 이들이 바로 이 책에서 다룰 핵심적인 문제들이다.

첫째 의문은 대륙유럽 복지국가의 개혁능력과 관련된 것이다. 에스핑 안데르센(Esping-Andersen, 1996: 2)을 필두로 한 많은 학자들은 대륙유럽 복지국가는 동맥경화증에 걸린 "결빙된(frozen)" 복지체제라고 주장한 바 있다. 이론적인 측면에서 볼 때, 이 주장은 충분히 수긍할 수 있는 주장이다. 사회보험이 중심을 이루고 따라서 그 재정의 대부분이 가입자들의 기여금으로 충당되는 대륙유럽 복지국가의 구조 자체가 기존의 제도적 구조에 고착된 기득권을 발생시키며 이로 인해 복지개혁은 선거정치의 면에서 보나 제도주의적 관점에서 보나 많은 위험을 감수해야 하는 것일 뿐만 아니라 실현가능성도 상당히 낮은 것으로 되어버린 것이다(Pierson, 1996, 2001). 정책적 안정성을 강조한 1990년대의 복지국가 관련 문헌들도 제도의 변화는 외부충격에 의해서 발생하는 것으로 흔한 일이 아니라고 보는 정책분석의 고전적 접근들(바움가트너와 존스(Baumgartner and Jones,

2002)의 단속균형(punctuated equilibria) 개념이나 사바티어와 젱킨스 스미스(Sabatier and Jenkins-Smith, 1993)의 지배옹호연합(dominant advocacy coalition)의 개념 등 참조)과 상당 정도로 맥을 같이 한다. 하지만, 이런 주장이나 접근들이 말하는 바와 달리, 우리가 위에서 살펴본 예들은 대륙유럽국가들에서도 지난 20여 년 동안 많은 제도적 변화가 일어났음을 보여준다. 위에서 말한 개혁조치들에 의한 복지축소는 상당히 폭이 크며[1] 또한 그 개혁조치들이 대륙유럽의 사회보험제도의 논리와 구조 자체를 변화시켰다는 점에서 지난 20여 년간 대륙유럽국가에서 일어난 변화들은 패러다임적 변화까지는 아니더라도 주요한 변화 정도는 될 수 있는 것들이다. 프랑스와 독일이 자산조사에 의한 최저연금과 적립기금을 도입했다는 것은 전후 대륙유럽 복지국가의 핵심을 이루었던 집합적 보험의 원리로부터 제도적 이탈이 시작되었음을 보여준다. 또한 연금보험에서 성평등의 도입이나 가정외 보육인프라의 확충, 시간제고용에 대한 지원확대 등으로 인해 대륙유럽국가들의 제도는 전통적으로 이들 지역 복지국가의 핵심적인 특징이었던 남성생계부양자 모델과 정확히 반대되는 방향으로 변화해가고 있다. 이 후자의 변화들은 체계적 변화이며 따라서 패러다임적 변화라 할 수 있는 것들이다. 이러한 놀라운 개혁들을 어떻게 설명할 수 있을까? 최근의 연구들은 제도라는 것이 생각보다 덜 안정적인 것이라는 점을 인정하기 시작하고 있다(예컨대,

1 예컨대, 연금급여액 계산의 기초가 되는 기준기간이 프랑스에서는 10년에서 25년으로 늘어났으며 이탈리아에서는 5년에서 전체 직업기간으로 늘어났고, 오스트리아에서는 15년에서 40년으로 늘어났다. OECD (2007)의 추정에 따르면, 프랑스와 독일의 연금개혁은 그것이 가질 모든 효과를 감안할 때 연금급여수준을 10-25% 낮출 것으로 예상된 바 있다.

Streeck and Thelen, 2005; Palier, 2010). 하지만 아직도 여전히 변화의 정치, 예컨대 정치적 다수는 어떻게 형성되는지 혹은 어떤 조건에서 변화가 나타나며 가능한지 등에 대한 설명은 부족하다.

하지만 개혁이 일어났다는 사실이 제도적 변화에 관련된 의문의 전부가 아니다. 대륙유럽에서 진행된 복지개혁에서 둘째의 놀라운 점은 상당수의 개혁이 이들 나라 복지국가의 주요 이해당사자들의 이익에 반하여 진행되었다는 사실이다. 대륙유럽의 복지체제는 주로 주요 산업부문의 조직노동자들과 자본 간의 계급타협의 산물이다. 따라서 이들 주요 산업부문의 정규직 남성노동자들은 일종의 내부자들로서 복지제도 창설의 주역들이자 그들에 의해 창설된 사회보험제도의 주된 수혜자들이다. 이들 핵심 노동자집단의 바깥에 있는 외부자들, 즉 노동시장 외부자들이나 비정규직 노동자들 혹은 비취업자들은 대륙유럽 복지국가에서는 언제나 주변부에 머물러 있었다. 신제도주의 이론에 따르면 제도라는 것은 시간이 흐를수록 그 제도의 내부자들의 권력을 강화하고 외부자들의 권력을 약화시키는 작용을 하는 것이다. 하지만 최근 대륙유럽국가들에서 이루어진 개혁은, 신제도주의 이론의 이런 설명과 달리, 실업보험(예컨대 프랑스, 독일, 스위스, 벨기에)이나 연금보험(예컨대, 스위스, 독일, 프랑스, 이탈리아, 오스트리아)과 같이 매우 핵심적인 사회보험에서조차 내부자들의 사회적 권리를 상당정도로 약화시키는 것이었다. 요컨대, 대륙유럽의 최근의 개혁은 우리들이 예측하지 못한 종류의 정책적 개혁을 실행한 것이다.

셋째의 의문은 대륙유럽에서 일어난 최근의 개혁에서 패배자들이 아니라 승리자들에 관련된 것이다. 대륙유럽국가들에서 나타난 최근의 복지국가 확대는 정치적 대표나 권력 면에서 특히 취약한 사회집단을 대상으로 한 것이었다. 예컨대, 사회보험에서의 성평등의 확대나 연금에서의 교육크레딧의 도입은 여성의 특수한 이해관계에 대응하기 위한 것이다. 아동보육이나 노인돌봄 인프라의 확충(그리고 보다 일반적으로는 일·가정양립지원정책)은 젊은층 가족들을 지원하기 위한 것이다. 비정규직 노동자에 대한 사회보험 적용 확대나 자산조사에 기초한 최저연금의 도입은 주로 노동시장 외부자들을 겨냥한 것이다. 주로 저숙련노동자들이거나 젊은층에 속하는 여성, 비정규직 노동자들인 이들 위험집단들은 정당정치나 노동조합에서 그들의 이해관계가 제대로 대변되지 못했던 집단들이다. 복지확대가 어려운 상황이라고 흔히 간주되는 경제적 긴축의 상황에서 어떻게 이들 집단들의 욕구가 그처럼 정치적으로 긴급한 욕구로 인정되기에 이르렀는가?

지금까지 말한 세 가지 의문들을 볼 때, 최근 대륙유럽에서 일어난 복지국가 현대화는 그 범위나 방향에서 예측되지 않았던 것들이며 따라서 설명이 필요한 것들이라는 점이 분명해진다. 이 책은 이와 같은 모순되는 듯 보이는 복지국가 개혁의 추이를 설명할 수 있는 분석모형을 제시하고자 한다. 이러한 분석모형 혹은 설명모형이 필요하다는 사실은 분명한 것 같다. 왜냐하면, 기존의 연구들은 복지국가 개혁이 광범위하게 진행되어 왔다는 사실을 최근에 와서야 인정하기 시작했으며 그것을 체계적으로 설명하는 데에까지는 아직 이르지 못하고 있기 때문이다. 기존의 복지국가 문헌에서 가장 널리 활용되고 있는 설명들, 즉 기능주의적 설명이나 권력자원론적 설명, 제도주의적 설명은 모두 탈산업화적 현대화의 동학을 제대로 설명하지 못하고 있다. 정책이라는 산물을 구조적 필요에 의거하여 설명하는 기능주의는 복지체제 간 변이의 일부를 설명할 수 있을지 모른다. 예컨대, 스칸디나비아 지역은 대륙유럽 지역에 비해 젠더와 가족유형의 변화가 일찍 시작되었으며 탈산업화 경향도 더 이른 시기에 시작되었다. 이러한 비교가 대륙유럽 복지국가에 비해 노르딕 복지국가가 더 성평등적이고 보편적인 복지제도를 가지게 된 정황을 이해하는 데 일정한 도움을 줄 수 있는 것은 사실이지만(Bonoli, 2006), 이것으로 대륙유럽국가들 간의 개혁성과의 차이를 설명하기 어렵다는 것은 분명하다. 노동과 자본 간의 힘의 균형을 중시하는 권력자원론은 최근 대륙유럽지역에서 진행된 위에서 말한 바와 같은 광범위한 개혁을 설명하는 문제에서는 특히 취약한 것 같다. 대륙유럽의 최근의 복지개혁으로 이익을 본 집단은 노동운동의 전통적 주역들이 아니라 정치적으로 대표되지 못하던 약자들이다. 이런 점에서 권력자원론으로는 어떻게 해서 비정규직 노동자와 여성노동자, 빈민들에 대해 복지혜택의 확대가 이루어졌는지 그것도 국가의 재정적 상황이 좋지 않은 상태에서 그런 일이 일어나게 되었는지를 설명하기가 쉽지 않다. 권력자원론은 복지국가의 축소를 설명하는 데에 좀 더 적합한 것 같다. 권력자원론은 복지국가의 축소를 경제적 어려움이 가중되면서 권력의 균형이 자본에 유리한 쪽으로 재편되어 나타난 결과로 설명할 수 있기 때문이다(그러한 설명으로는 Korpi and Palme, 2003 참조). 하지만 권력자원론은 신제도주의자들의 경로의존성 주장에 이르러 그 설명력을 상실하고 만다. 경로의존성 개념에 의하면 대륙유럽의 복지국가는 시간이 지남에 따라 사회보험의 이해당사자 집단을 전통적인 노동계급의 범위를 넘어서 확대시킴으로써 복지국가 내부자의 이익에 반하여 복지를 축소하려는 시도를 정치적 가능성이 없는 것으로 만든다는 것이다(Pierson, 1996). 하지만 신제도주의 이론도 최근의 광범위한 복지개혁을 설명하기 어렵기는 권력자원론과 마찬가지이다. 그러면 기능주의와 권력자원론 그리고 제도주의이론이 모두 적절한 설명을 제공하지 못하는 상황에서 우리는 이들 이론들을 어떻게 넘어설 것인가?

이 책에서 전개할 주장의 개관

기존의 연구들이 탈산업적 복지개혁을 적절히 설명하지 못하는 것은, 이들 대부분이 복지개혁의 어느 한 차원(예컨대, 복지축소나 신사회위험에 관련된 정책 또는 민영화 등)에만 주목한다든지 또는 한 가지의 설명요인(예컨대, 권력자원이나 제도 혹은 선거정치에 따른 위험 혹은 구조 등)에만 주목하는 등 연구초점을 지나치게 좁게 잡고 있기 때문이다. 복지개혁의 어느 한 차원이나 한 가지 설명요인에 주목하는 것이 대륙유럽 복지국가의 역동성을 부분적으로는 설명할 수 있을지 모르지만 그 역동성을 전체적으로 설명하기 위해서는 각 차원이나 설명요인들 간의 상호관계에 주목할 필요가 있다. 이 책에서 필자는 대륙유럽 복지국가의 제도변화를 설명하기 위한 설명모델로 여러 가지 이론적 관점들을 통합한 그리고 복지개혁의 상이한 여러 차원들을 하나의 다차원적인 정책공간의 여러 구성요소로 개념화한 설명모델을 제시하고자 한다.

이제 그 설명모델에 대해 개관해보자. 사회경제적 구조의 변화가 실제의 정책산출로 전환되는 데에는 구조와 제도 그리고 행위자의 선호 및 전략 간의 상호작용이 중요한 영향을 미치며 그러한 전환은 세 가지 단계로 구성된다. 첫째 단계는 구조적 변화가 정책특수적 갈등 차원으로 전환되는 단계이다. 필자는 이 책에서 구조적 변화, 예컨대 탈산업화나 인구노령화, 가족불안정성 증대 등과 같은 변화는 오직 그것이 기존의 제도들에 도전이 될 경우에만 정치적 갈등을 일으킬 가능성을 갖게 된다고 주장할 것이다. 따라서 예컨대 이혼율의 증가는 보편주의적이고 성평등적인 사회민주주의적 복지체제에는 별 도전이 되지 않을 수 있지만 남성생계부양자 모델에 기초한 복지체제에는 큰 도전이 될 수 있다. 이와 유사하게 실업률의 증가는 복지제도의 재원 중 일반조세가 차지하는 비중이 높은 복지체제에서는 큰 도전이 되지 않을 수 있지만 그 재원을 사회보장세에서 주로 마련하는 복지체제에서는 큰 도전이 될 수 있다. 따라서 구조 변화와 기존 제도 간의 충돌로 인해 제도 간 알력(즉, 제도적 부정합)이 발생하게 되면 제도의 변용과 개혁의 필요성이 부상하게 되는 것이다. 제도적 부정합으로부터 고통을 받는 사람들은 제도를 개혁할 이해관계를 강하게 갖게 될 것이며 그렇지 않은 사람들은 기존 제도를 고수할 이해관계를 갖게 될 것이다. 기여금 의존도가 높고 사회보험급여의 수급자격이 근로와 연계되어 있으며 소득비례방식이고 관리운영기구가 분권화되어 있는(Bonoli and Palier, 1998) 대륙유럽 복지국가들은 긴축의 시대의 도래와 탈산업적 변화의 진행과 같은 구조적 변화에는 특히 취약하다. 따라서 제도적 부정합도 다양한 형태로 발생하며 그와 함께 개혁의 필요성도 다양한 차원에서 부상하게 된다.

둘째 단계는 이와 같은 다양한 개혁의 차원들이 사회 내의 이해관계를 각기 상이한 방식으로 분열시키는 다양한 갈등전선을 생성시키는 단계이다. 예컨대 어떤 갈등전선은 노동과 자본의 이해관계를 상충하게 할 수도 있으며 또 다른 갈등전선은 사회집단을 숙련수준이나 노동시장 지위에 따라 분열시킬 수도 있다(내부자와 외부자). 이처럼 집단에 따라 그들이 직면하는 위험구조와 그들이 갖는 선호는 다르며 이로 인해 사회구조적 차원에서의 계급갈등 및 계급초월적 갈등의 성격도 달라지고, 이러한 사회구조적 차원에서의 서로 다른 갈등은 정당이나 노동조합, 사용자단체들의 지지층에게도 여러 가지 서로 다른 방식으로 영향을 미치게 된다. 따라서 필자는 정치적 의사결정과정에서 다양한 갈등전선이 서로 다양하게 중첩해서 나타나게 되며 이로 인해 개혁정치가 작동될 다차원적 정책공간이 생성될 것이라고 예측한다.

셋째 단계는, 다양한 개혁연합의 가능성이 실제의 개혁으로 전환되는 단계이다(이 단계에서는 개혁능력과 실제의 정책산출을 결정하는 요인이 무엇인가를 규명하는 것이 중요하다). 우선 정책공간의 다차원성으로 인해 정치적 교환의 가능성이 발생한다. 합리적인 정책결정자들이라면 그들은 이러한 정치적 교환의 가능성을 활용하려 할 것이며 또 실제로 활용할 수 있다. 긴축의 시대에 그리고 복지국가가 이미 성숙한 상황에서 복지개혁의 성패는 복지개혁을 지지하는 광범위한 연합의 형성 여부에 달려있다. 정책결정자들은 몇 가지 갈등전선을 단일한 개혁패키지 내로 결합시킴으로써 그러한 광범위한 계급초월적 연합의 형성을 유도할 수 있다. 보다 구체적으로 정책결정자들은 복지축소를 지향하는 개혁을 계급초월적 갈등을 유도하는 정책과 결합하여 추진함으로써 개혁에 대한 저항을 희석시킬 수 있다. 하지만 이것이 전부가 아니다. 왜냐하면 개혁을 지지하는 세력들 간의 계급초월적 연합의 형성을 유도하는 전략(연합조종전략)의 성공 여부는 두 가지 (제도적) 요인의 영향을 받기 때문이다. 첫째, 노동과 자본, 그리고 정당이 분권화되어 있을수록 개혁특수적 연합형성은 보다 유연하게 이루어질 수 있으며 또 연합형성을 유도할 전략의 폭도 커진다. 반대로 노동과 자본, 정당이 중앙집중화되어 있을수록 연합은 보다 안정적(고정적)이며 행위자들이 개혁연합에 유연하게 가담하거나 탈퇴하기가 쉽지 않다. 둘째, 정책결정과정에 많은 거부지점(veto point)이 존재하는 체제에서는 광범위한 계급초월적 합의를 도출하기가 어렵기 때문에 그만큼 개혁을 실현할 능력이 감소한다.

요컨대, 대륙유럽이 복지국가를 성공적으로 현대화할 수 있었던 것은 정책결정자들이 다차원적인 정책개혁공간에서 광범위한 개혁연합을 구축해낼 수 있는 능력을 가질 수 있었기 때문이라는 것이다. 그리고 이 개혁연합 구축능력은 다시 연합형성 유도전략과 이 전략실행의 장이 된 제도적 틀에 영향을 받아 만들어진 것이다.

다차원적 정치는 여러 가지 조건이 불리한 상황에서도 개혁의 기회를 창출한다는 이 책의 핵심적인 주장은 모든 복지체제에서의 복지개혁과 정책적 변화에 다 적용될 수 있다(Engeli and Häusermann, 2009). 이런 점에서 대륙유럽의 연금개혁은 이 책에서 제시하는 이론적 주장이 적용될 수 있는 수많은 현상 중 한 가지 예에 불과하다. 하지만 이 책에서는 구조적 · 정치적 개혁의 과제는 상당부분 유사하면서도 연합형성의 성공 여부에 영향을 미치는 정책결정의 제도적 틀은 매우 상이한 독일, 프랑스, 그리고 스위스 세 나라를 택하여 이들 나라에서 진행된 연금개혁을 주로 살펴볼 것인데 여기에는 이유가 있다. 대륙유럽의 연금제도는 "결빙된" 정책의 전형적인 예로서 내생적 안정장치와 경로의존성이 대단히 강력하기 때문에 연금개혁이 실행되기에 매우 어려운 사례라 할 수 있다. 따라서 다차원적 정치와 계급초월적 연합의 동학이 연금정치에서 개혁의 가능성을 열어준다는 점이 입증된다면 이는 복지국가 전반의 현대화에서도 이 동학이 적절하다는 것을 보여주는 강력한 증거가 될 수 있는 것이다.

이 책의 기여

지난 30여 년 간에 걸친 복지국가(대륙유럽 복지국가를 포함하여)의 발전과 연금정책의 발전을 다룬 정교하고도 풍부한 정보를 담은 수많은 문헌들이 이미 존재하고 있다. 그렇다면 혹자는 최근의 연금정책의 발전에 관해 또 하나의 책이 필요할 것인가에 대해 의문을 제기할 수도 있을 것이다. 최근 복지국가는 그 변화속도가 너무나 빨라 경험적 분석을 지속적으로 할 필요성이 있는 것은 사실이지만 만일 이 책이 복지국가가 겪고 있는 중요한 변화들을 단순히 추적하는 것에만 그친다면 이 책의 유용성에 대한 의문은 상당정도로 타당할 수 있다. 하지만 그런 의문은 이 책에는 적용되지 않는다. 이 책은 제도변화와 정책개혁의 동학과 결정요인을 보다 일반적인 차원에서 분석한다. 이 책은 오늘날 가장 지배적인 이론과 연구흐름에 대해 네 가지의 측면에서 기여하며 또한 장기간에 걸친 그리고 여러 나라에서 일어나는 정책변화를 연구할 새로운 경험적 · 방법론적 접근을 제시한다.

이 책의 첫 번째 기여는 제도적 변화를 뒷받침하는 연합형성의 동학을 개념화하는 데 관련된 것이다. 최근의 정책개혁을 제도주의적 관점에서 설명하려는 오늘날의 가장 유망한 이론적 시도는 슈트렉과 쎌렌(Streeck and Thelen, 2005)이 편집한 책의 몇몇 저자들이 발전시킨 점진적 변화라는 개념이다. 이들은 안정과 관성이라는 개념에 초점을 두었던 초기 제도주의적 접근을 재검토하면서 중요한 변화는 일련의 사소한 미시적인 제도적 변화를 거치면서 일어날 수 있으며 이런 과정을 통해 제도적 구조는 새로운 것에 의해 허물어지기도 하고 보완되기도 하고 대체되기도 한다고 주장하고 있다. 기존 제도는 행위자들의 이해관계를 형성함으로써 그리고 "규칙수용자들"에게 규칙을 실행하는 과정에 다소간의 재량권을 부여함으로써 — 이 재량권의 부여는 제도 자체가 "내적 개방성을 가지고 있고 또 규칙이 항상 정확하게 정의되어 있는 것은 아니"기 때문에 가능하다 — 그러한 변화과정을 조건 짓는다(Streeck and Thelen, 2005: 15). 따라서 이 새로운 2세대 제도주의적 접근은 그것이 비록 변화기제를 개념화하는 데 초점을 둔 것이기는 하지만, 점진적 변화를 실제로 설명할 때에는 행위자와 그들이 가진 선호, 그들의 행동과 전략에 기초할 수밖에 없음이 분명하다. 그리하여 2세대 제도주의는 그것이 어떤 설득력 있는 설명을 제공하기 위해서는 행위자 변수와 권력자원 변수를 그 내부로 통합시킬 수밖에 없다(마호니와 쎌렌(Mahoney and Thelen, 2010)은 이미 이 방향으로 나아간 것이다). 실제로 2세대 제도주의자들은 제도변화에 내재한 행위자들의 조직구성이 중요하다는 점과 "연합형성의 토대가 변천"한다는 점을 강조하고 있다(Thelen, 2004: 33). 이런 점에서 제도 변화를 이해하는 열쇠가 갈등전선의 다원성과 연합형성가능성에 있다는 통찰은 새로운 것이라고 할 수는 없다. 하지만 아직도 제도 변화의 정치와 연합형성의 동학을 설명할 결정적인 이론적 틀은 구축되어 있지 못하다. 이 책은 제도 변화를 설명하기 위한 명시적인 이론적 · 경험적 분석틀로서 정책개혁공간의 다차원성에 초점을 맞춤으로써 이런 공백을 보완하고자 한다.

이 책의 두 번째 기여는 계급초월적 동맹형성에 관한 연구들에 관련된 것이다. 지금까지 이 연구들은 계급 이외의 정치적 균열의 중요성을 실증해왔으며(예컨대, Mares, 2003; Hiscox, 2001; Rueda, 2005) 이런 점에서 이들 연구들을 정치의 다차원성에 관한 연구라고 할 수 있다. 이 책이, 노동과 자본은 각기 그 내적으로 동질적인 범주가 아니라는 주장과 복지국가 개혁에서의 정치적 연합은 많은 경우 계급이 아니라 숙련수준이나 노동시장 지위(내부자, 외부자) 혹은 가치지향성과 같은 요인들에 의거하여 형성된다는 주장을 뒷받침하는 몇 가지의 추가적인 이론적 · 경험적 증거들을 제시하는 것에 그칠 가능성이 어느 정도 있는 것도 사실이다. 하지만 이 책을 통해 필자가 의도하는 것은 탈산업적 맥락에서의 계급초월적 동맹형성에 관한 사회구조적 설명과 관계된 것이다. 이 책에서 필자는 노동과 자본을 가로지르는 계급갈등은 탈산업적 계급구조 자체에 내재해 있다고 주장하고자 한다. 전체 고용구조에서 서비스부문 일자리의 비중이 증가하고 여성의 노동시장 참가가 증가하며 고등교육이 확산되고 있다는 점을 감안할 때, 탈산업사회의 노동시장은 대단히 다양하게 분화될 것이며, 따라서 이제는 노동력을 매우 다양한 계급체계로 구분하는 새로운 계급도식으로 접근해야만 하게 되었다. 노동은, 소득도 서로 다르고 이동기회도 서로 다르며 정치적 선호도 서로 다른 이질적인 집단으로 점차 변화해왔다. 따라서, 상이한 여러 범주의 노동은 그들 각자가 직면하는 위험의 내용이나 그들이 갖는 이해관계, 가치지향성 그리고 정치적 선호 등에서 커다란 차이를 보인다. 이러한 점에서 탈산업적 정책결정과정에서 우리가 흔히 보게 되는 계급초월적 연합의 형성은 놀랄 일도, 뜻밖의 일도, 우연한 일도 아닌 것이다. 그것은 진정으로 탈산업적 계급구조에서 유래한 현상인 것이다. 이 책은, 계급초월적 연합에 관한 연구들이, 개혁과정에서의 계급의 사회구조적 미시차원과 집합적 정치행위자들의 입장들 간의 이론적 · 경험적 연관성을 밝히는 작업으로부터 많은 도움을 얻을 수 있음을 보여주고자 한다.

이 책의 세 번째 기여는 탈산업사회의 복지국가 개혁의 동학에서 문화적 가치지향성의 차이가 중요하다는 점을 부각시켰다는 데에 있다. 사회정책의 형성과정은 대개 분배를 둘러싼 투쟁으로 간주되어 왔는데, 복지국가가 조세와 분배, 그리고 재분배에 의존한 체제라는 점을 생각할 때 이는 확실히 타당한 접근이다. 하지만 복지국가는 단순히 빈곤을 예방하고 소득상실에 대해 보험을 제공하는 것 이상의 무언가를 더 가지고 있다. 사회정책은, 다양한 긍정적 · 부정적 유인을 통해 사회계층화와 가족형태, 성역할을 조절하는 수단인데 이는 과거에도 그러했고 지금도 마찬가지이며, 그러한 것들을 조절하는 수단으로서의 사회정책의 성격은 특히 대륙유럽 복지국가에 두드러진 특징이다(예컨대, Van Kersbergen, 1995; Orloff, 1993; Esping-Andersen, 1999 등 참조). 복지국가의 여러 제도들은 바람직한 사회질서에 관한 특정한 도덕적 정의를 만들어내는 경향이 있다. 그리하여 복지국가제도의 설계를 둘러싸고 벌어지는 정치적 갈등은 거의 언제나 분배갈등임과 동시에 가치갈등이었다. 복지정치의 가치적 측면은 개인화나 가족주의, 성평등과 같은 문제에 명시적으로 연관되는 개혁에서 특히 두드러진다. 탈산업사회에서의 가족의 불안정성 증가와 여성의 노동시장 참가 증가, 비전형적 고용경력의 확산 등의 현실과 남성생계부양자 모델에 기초한 제도들 간의 부정합성이 점차 증가해왔기 때문에, 가치지향성의 문제는 복지국가 현대화에서 핵심적인 주제가 되어왔다. 따라서 사회정책에 관한 행위자들의 선호를 그들의 물질적 이해관계에 의거해서만 이해하려 해서는 안 된다. 문화적 가치지향성, 즉 자유의지론적 · 진보적 가치지향성과 전통적 가치지향성(Kitschelt, 1994) 사이에서 그들이 어떤 입장을 갖는가 하는 점도 고려되어야 한다는 것이다. 가치지향성의 문제가 중요하다는 것은 환경정책이나 문화 · 예술정책에서는 쉽게 인정될 수 있는 것인데 이 책은 그것이 복지국가 연구에서도 여전히 중요하다는 점을 강조한다. 가치가 숙련수준이나 소득수준과 같은 사회구조적 특성과 완전히 독립적인 것이 아니라는 점은 분명하다. 하지만 가치는 이해관계에 기초한 동맹을 촉진할 수도 있고 방해할 수도 있으며, 또 때로는 연합형성의 독립적 기초가 되기도 한다.

이 책의 네 번째 기여는, 오늘날 제도주의 문헌들이 정책개혁의 성과를 설명함에 있어서 선거체제나 합의민주주의 등과 같은 거시적 제도의 중요성을 경시하는 경향을 보이고 있는데 대해 문제제기를 한다는 것이다. 실제로 최근의 몇몇 연구들은, 복지체제의 미시제도들(micro-institutions)(즉, 정책의 제도적 구조들)(Bonoli and Palier, 1998)이 정치적 의사결정과정을 내생적으로 구조화한다고 주장하고 있다(예컨대, Streeck and Thelen, 2005; Palier and Martin, 2007 등 참조). 필자는 이 주장에 동의하는데 그것은 특히 특정 복지체제에서 나타나는 개혁의 내용과 연관하여 그러하다. 대륙유럽의 복지국가들은 거시적 제도체제에서는 상당한 차이를 가지고 있음에도 불구하고 복지개혁에서는 놀랄 정도의 유사성을 보이고 있다. 하지만 거시제도에 중점을 두어온 전통적인 접근을 과도하게 비판해서는 안 된다. 선거제도나 국가구조와 같은 거시제도가 개혁의 내용까지 설명할 수는 없기 때문이다. 하지만 이 책은 그와 같은 거시제도들이 복지국가 개혁의 범위를 설명하는 데에는 여전히 중요성을 갖는다는 점을 보이고자 한다. 거시제도는 정당과 이익집단들이 가변적이고 선택적인 연합형성과정에 참여할 의사와 능력을 어느 정도나 가질 수 있는가에 영향을 미친다. 따라서 거시제도는 동일한 복지체제가 개혁능력과 개혁산출에서 보이는 차이를 설명하는 데 여전히 적합성을 가지는 것이다.

마지막으로 이 책은 대규모 사례 회귀분석과 역사적 사례연구를 조화시킴으로써 정책변화 분석을 위한 새로운 경험적 · 방법론적 전략을 제시한다. 복지국가 변화의 연합형성적 역동성을 분석함에 있어서 이 두 가지 전통적인 방법은 장점도 있지만 어려움도 가지고 있다.

사례연구는 정치적 교환기제를 연구하고 행위자들 간의 관계구조를 상세히 추적할 수 있게 해주는 장점이 있지만 이를 많은 수의 개혁과정에 적용하는 데에는 어려움이 있다. 반면에 회귀분석과 같은 양적 분석은 행위자들의 경험적 동기나 정책적 입장 등에 관한 구체적인 정보를 결여하는 경향이 있다. 그리하여 정당과 노동조합, 고용주단체 등의 선호는 경험적으로 관찰되기보다는 이론적으로 가정되는 경향이 있다. 이 책에서는 새로운 대안적 전략을 활용함으로써 이들 두 가지 접근을 절충한 실현가능성이 높을 뿐만 아니라 대단히 생산적인 절충적 접근을 시도하고자 한다. 이 책에서 필자는 정책개혁에 관한 행위자들의 입장을 부호화하였으며 이렇게 부호화된 데이터를 양적 방법과 질적 방법 모두에 의거하여 분석하였다.

경험적 분석은 독일과 프랑스, 스위스에서 1970년부터 2005년 사이에 일어난 36회의 연금개혁 모두를 대상으로 하였다. 경험적 분석의 시간적 · 지리적 범위가 중요한데 왜냐하면 이 책에서는 구조적 변화와 제도가 연합형성에 미친 영향을 분석하고자 하기 때문이다[2]. 행위자들의 관계구조와 연합형성의 동학을 추적하기 위해 필자는 행위자들의 정책적 입장을 개혁과정의 시작단계(즉, 개혁을 둘러싼 논쟁의 여러 요소들과 관련된 입장)와 종결단계(전체 개혁패키지에 관련된 입장)의 두 단계에 대해 부호화하였다. 초기단계의 입장에 관한 정보를 수집한 것은, 이 입장이 협상이 진행되기 전에 그리고 개혁패키지가 만들어지기 전에 행위자들이 가진 선호를 반영하는 것이기 때문

2 탈산업화는 1970년과 2005년의 기간 동안 모든 대륙유럽 국가들의 사회와 경제를 변화시켰다. 하지만 제도의 변화는 나라에 따라 상이하였다. 프랑스와 독일, 스위스는 정책결정의 제도적 구조에서 상당한 차이를 가지고 있다.

이다(이런 선호는 메어(Mare, 2003: 2, 48)가 "전략선행적 선호"(pre-strategic preferences)라고 부른 것과 유사한 것이다). 초기 단계에 행위자들은 다가올 개혁과정에서 각자가 생각하는 구상과 목표를 제시하게 된다. 하지만 정책결정과정의 종결단계에 가면 협상은 종료되고 행위자들은 개혁패키지를 받아들이든지 거부하든지 양자택일의 기로에 서게 되며 이제는 더 이상 개혁패키지의 내용을 만들거나 할 수가 없게 된다. 이 책의 이론적 주장은, 이와 같은 종결단계에서 행위자들이 택하는 입장은 그들이 개혁의 시작단계에서 가지고 있었던 선호보다는 제도적 제약과 전략적 고려 그리고 협상의 결과 같은 것들에 더 많이 영향을 받은 것이라는 점을 함축하고 있다. 모든 개혁들에 대해 부호화된 행위자들의 입장은 기술통계나 다차원적 척도화, 요인분석 등의 기법을 활용하여 경험적으로 분석할 수 있으며 이러한 경험적 분석을 통해 정책개혁공간의 다차원성과 행위자들 간의 정확한 관계구조를 확인해볼 수 있다.

정당체계분석과 같은 다른 분야에서의 연구와 달리 복지국가 연구에서는 행위자들의 입장을 부호화하는 경우가 상당히 드문 편인데, 이는 복지개혁에 관한 오늘날의 많은 연구들이 연합형성이 시간에 따라 어떻게 역동적으로 변화하는가를 다루고 있다는 점을 생각할 때 놀라지 않을 수 없는 일이다. 실제로 복지국가에 관한 많은 중요한 연구들은, 제도의 변화와 정책의 변화를 이해하는 핵심적인 열쇠는 행위자들 간의 관계구조와 연합형성에 있다고 생각하고 있다(예컨대, Gourevitch, 1986; Swenson, 1991, 2001; Pierson, 2001, 2004; Kitschelt, 2001; Thelen, 2004; Streeck and Thelen, 2005; Palier,

2005; Rueda, 2005; Iversen and Soskice, 2006; van Kersebergen and Manow, 2009). 또한 복지국가 연구들 중에는 시간의 중요성(즉, 제도와 정책의 변화를 장기간에 걸친 순서에 따라 분석해야 할 필요성)을 강조한 연구들도 있다[3]. 하지만 시간에 따른 행위자들의 관계와 연합형성이 연구의 초점이라면 행위자들의 선호에 관한 체계적인 정보를 수집할 보다 적절한 도구가 필요하다. 이 책은 바로 이런 도구를 제시하고자 한다. 즉, 그것은 많은 양의 데이터를 체계화하고 그들을 체계적이고 쉽게 추적할 수 있는 방식으로 분석하는 수단으로서 단순부호화기법이다. 이 기법에 의한 부호화는, 개혁의 동학과 행위자들의 동기 — 이들은 행위자들과 전략과 제도들 간의 상호작용을 설명하는 데 매우 중요하다 — 에 대한 세밀한 질적 이해에 근접한 것이며 또 그러한 질적 이해와 융합되어야 한다. 따라서 이 책의 방법론적 접근(〈부록 I〉에 보다 상세히 설명되어 있다)은 양적 방법과 질적 방법 간의 균형을 취함으로써 복지국가 분석 그리고 보다 일반적으로는 정책분석에 관한 기존의 방법에 또 하나의 새로운 방법을 추가한 것이라 할 수 있다.

책의 구성

이어지는 제2장에서는 복지국가에 관한 기존 연구의 흐름을 살펴보고 탈산업적 개혁과정의 동학을 분석하기 위한 연합형성적 접근의 분석틀을 개관한다. 오늘날 복지국가가 직면하고 있는 도전이나 행

---

3 복지국가의 변화와 시간에 관한 보다 일반적인 논의로는, Pierson, 2001; Thelen, 2004; Bonoli, 2005; Palier and Martin, 2007 등 참조. 정책변화에 대해서는 Sabatier and Jenkins-Smith, 1993 등 참조.

위자들 간의 관계구조는 모두 산업주의 시대에 설계된 복지국가가 갖는 특성에서 기인하는 바가 크기 때문에, 이 장은 대륙유럽 복지체제의 제도적 특성을 먼저 개관한 후, 그러한 특성을 가진 대륙유럽의 복지제도들이 긴축과 탈산업화로 인해 어떻게 효율성과 효과성에서 도전을 받게 되었는지를 살펴본다. 그리고 이 장의 후반부에서 다차원적 정책공간에서의 정책개혁을 설명할 새로운 설명모델을 제시한다.

제2장에서 제시하는 모델은 현대복지국가(대륙유럽의 복지국가를 포함하여)에서 일어나고 있는 제도적 변화에 관한 일반모델이다. 하지만 복지국가에서 운영되는 각각의 정책분야는 그 분야에 고유한 도전을 갖고 있으며 따라서 개혁의 차원도 분야에 따라 다르다. 이 때문에 이 책의 제1부에 속하는 장들에서는 개혁동학에 관한 일반적인 이론적 주장을 연금정치라는 특수한 분야에 적용하기 위한 것으로 구체화하는 작업을 한다. 이 책은 제3장부터 제5장에 걸쳐 프랑스, 독일, 스위스 세 나라의 탈산업적 연금정책결정과정을 파악하기 위한 분석틀을 발전시킨다. 제3장에서는 구조적 변화와 대륙유럽 연금체계 간의 제도적 부정합성이 어떻게 하여 네 가지의 탈산업적 갈등차원을 낳게 되는지를 살펴본다. 이 탈산업적 갈등차원으로 인해 행위자들의 이해관계는 계급과 숙련수준, 노동시장 지위 그리고 가치지향성에 따라 달라졌다. 제4장은 그러한 갈등전선이 세 나라의 정책결정과정에서 어느 정도나 명백히 나타나는가를 살펴본다. 즉, 제4장에서는 사회구조적 위험과 가치지향성 간의 연관성이 어떻게 형성되는지를 분석하고, 정당과 노동조합, 고용주단체들이 각기 가치지향성을 어떻게 동원하는지를 살펴보며, 개혁과정(연금개혁과정)에서 상이한

여러 계급연합 및 계급초월적 연합이 등장해가는 과정을 살펴본다. 마지막으로 제5장은 행위자들 간에 상이하게 형성되는 연합이 어떻게 정책적 산출로 전환되는지를 살펴본다. 이러한 전환은 각 나라마다 다른 연합조종전략(coalitional engineering)과 제도적 틀에 따라 달리 나타난다. 이들 세 개의 장에 걸쳐, 제도변화의 동학에 관한 네 가지 가설을 발전시키고, 그것들이 프랑스, 독일, 스위스 세 나라 연금개혁에 대해 갖는 구체적인 함의에 비추어 논의한다. 이 책의 제2부는 세 나라를 하나씩 다룬 장들로 되어 있다(제6장부터 제8장). 이 장들에서는 1970년부터 2005년까지 프랑스와 독일, 스위스에서 진행된 연금 정책 개혁의 내용과 결정요인을 경험적으로 분석한다.

제9장에서는 이 책의 분석결과를 비교적 관점에서 살펴보며 분석결과의 일반화 가능성에 대해 논의한다. 이 책에서 제시한 이론적 틀은 다른 나라와 다른 정책분야에도 적용될 수 있는데, 제9장에서는 그와 같은 보다 넓은 적용가능성을 다른 대륙유럽국가들의 연금개혁 사례 및 프랑스, 독일, 스위스의 가족정책의 변화사례에 비추어 예시해본다. 그리고 마지막으로 이 책의 분석결과가 갖는 정치적 함의에 대해 논의한다.

제2장 긴축시대의 현대화
: 대륙유럽 복지국가 개혁의 탈산업적 정치

이 장에서는 탈산업적 맥락에서 진행된 대륙유럽 복지국가의 변화를 분석하기 위한 틀로서 연합형성에 중점을 둔 분석틀을 살펴보고자 한다. 이 분석에서 핵심적인 질문은 구조적 변화가 정책개혁으로 이어졌는가, 만일 이어졌다면 어떻게 해서 어떤 원인으로 이어졌는가 하는 것이다. 다시 말해서 구조적 맥락이 변화하고 기존 제도가 제 기능을 발휘하지 못할 때 정책개혁을 이끌어내는 기제는 무엇인가 그리고 그러한 정책개혁이 실제로 일어나는 계기는 어떤 것인가 하는 것이다.

최근 수십 년에 걸쳐 서구의 복지국가들은 하나같이 재정적 압박이나 새로운 사회적 욕구의 측면에서 엄청난 구조적 도전을 경험하고 있다는 사실에는 모든 문헌이 동의하는 바이다(예컨대, Pierson, 1996, 2001; Esping-Andersen, 1999; Scharpf and Schmidt, 2000; Bonoli, George, and Taylor-Gooby, 2000; Huber and Stephens, 2001 참조). 하지만 그러한 구조적 도전을 맞아 복지국가를 어떻게 변화시켜야 하는가에 대해서는 합의가 이루어져 있지 않다. 복지국가는 해체되어야 하는가, 유지되어야 하는가, 아니면 재구조화되어야 하는가? 복지국가의 변화 방향과 강도에 대해 견해가 일치하지 않는 것은 한편으로는 "움직이는 표적"(움직이고 있는 사물을 관찰하기는 어렵다)을 연구하는 데 따르는 어려움에서 기인한다. 또 한편으로 그런 견해의 불일치는 각각의 복지체제는 서로 다른 경로를 거쳐 발전해왔다는 사실에서 기인한 것이기도 하다. 구조적 도전은 각국의 국내 정치와 제도에 매개되어 영향을 미친다. 따라서 동일한 도전이라도 그것은 각 나라에 따라 서로 다르게 영향을 미치게 된다(Pierson, 2001, 2004; Scharpf and Schmidt, 2000). 그런데 복지국가의 변화를 직접적으로 분석한 문헌들도 일치된 결론에 도달하고 있는 것은 아닌데 왜냐하면 각 문헌들은 각기 상이한 설명틀에 의거하고 있고 따라서 변화를 추동한 요인들을 상이하게 설정하기 때문이다. 제도의 경직성이나 관념의 경직성을 중시하는 연구들(예컨대, Pierson, 1996; Castles, 2004)은 행위자들의 선호의 변화에 따라 개혁의 가능성이 생겨날 수도 있는데 이런 점을 과소평가하는 경향이 있으며, 이해관계나 권력관계에 중점을 두는 연구들(예컨대, Scharpf and Schmidt, 2000; Korpi and Palme, 2003)은 권력균형의 변화를 과대평가한 나머지 제도적 제약을 무시할 위험을 안고 있다. 따라서 복지국가의 변화를 분석할 이론적 틀은 행위자와 제도 모두에 기초한 것이어야 한다. 제도는 행위자들의 정책선호에 영향을 미칠 뿐만 아니라 연합형성과 관련된 행위자들의 전략적 행동의 유인구조를 설정해주는 역할을 한다. 그리고 연합형성은, 비례대표제나 연립정부, 다당제, 조합주의와 같은 복합적인 권력분산제도를 특징으로 하는 대륙유럽의 조정적 시장경제체제(coordinated market economy)에서는 특히 정책변화에 있어서 중요한 의미를 갖는다.

복지국가의 변화를 분석하는 데에는 행위자와 제도 모두에 초점을 두는 것 외에도 타이밍(timing)과 순서(sequencing)에 중점을 두는 것도 매우 중요하다. 피어슨(Pierson, 1996, 2000)의 유명한 주장에서도 보듯이, 탈산업화시대의 복지정치는 산업화시대의 복지정치와 크게 다르다. 하지만 탈산업화시대의 복지정치가 산업화시대의 복지정치와 완전히 독립적으로 전개되는 것은 아니다. 기존의 제도는 이후 제도변화의 무대가 되기 때문에 제도가 언제 도입되었는가 하는 타이밍이 매우 중요하다(Pierson, 2000b, 2004; Streeck and Thelen, 2005; Bonoli, 2007; Palier and Martin, 2007). 제도는 행위자들의 선호에 영향을 미치기도 하지만 더 나아가 심지어는 행위자들 및 그들의 이해관계를 창출하기도 한다. 각 제도는 각기 상이한 분배효과를 갖기 때문에 제도에 따라 승자와 패자가 생겨나게 되고 이들 승자와 패자는 다시 제도개혁과 관련하여 새로운 행위자로 등장하게 된다(Mahoney and Thelen, 2010 참조). 이런 점에서 볼 때, 정치적 행위자들과 그들의 선호 그리고 개혁의제들은 대체로 내생적인 것이라고 볼 수 있다. 그래서 탈산업적 복지정치를 설명하려면 산업적 복지정치에 대해 우리가 알고 있는 것들에 의존할 필요가 있다. 그러므로 탈산업화시대의 복지개혁을 설명할 분석틀을 발전시키기 위해 우리는 전후 복지국가 발전을 특징 지웠던 행위자들과 그들의 권력관계 그리고 당시의 제도들을 고찰하는 작업으로부터 출발할 수밖에 없다. 또한 이는, 복지체제의 성격을 규정하고 있는 것은 바로 기존의 권력관계와 제도들이므로, 우리가 필요로 하는 분석틀은 복지체제를 설명하는 데 적합한 것이어야 함을 의미한다. 따라서, 이 책에서는 대륙유럽이라는 특수한 맥락에 적합한 분석틀을 제시하고자 한다. 하지만 독자들은 이 책의 분석틀에 사용될 주요 변수들과 설명기제들이 다른 복지체제에도 쉽게 적용될 수 있는 것임을 알게 될 것이다.

이론적 논의를 중심으로 한 이 장에서는 먼저 다른 복지체제와 대비하여 대륙유럽 복지체제의 행위자들, 즉 대륙유럽 복지체제를 건설한 사람들과 그 주요 이해관계자들, 그리고 대륙유럽 복지체제의 주요 대상집단들에 대해 논의하고자 한다. 이를 통해 대륙유럽 복지체제가 건설될 당시 초기의 승자집단은 산업부문의 정규직 남성노동자들과 그들이 조직한 노동조합, 그리고 그들을 고용했던 고용주들이었다(Thelen, 2004)는 사실을 보게 될 것이다. 그리하여 대륙유럽의 사회보호체제는 그들의 이해관계에 맞게 제도화되었다. 이 장의 2절에서는 대륙유럽 복지체제의 제도적 특징에 대해 살펴보고 나아가 그 제도들이 긴축의 시대와 탈산업화의 시대로 넘어가는 전환기를 맞아 왜 그처럼 역기능적인 것이 되어갔는지 그 이유에 대해서도 살펴볼 것이다. 그 다음에는 초기의 행위자들과 제도들에 대한 이와 같은 논의에 기초하여 그리고 신사회위험에 관한 최근의 연구(Bonoli, 2005)와 다차원적 개혁정치에 관한 최근의 연구들(Pierson, 2001; Levy, 1999)에 기초하여 복지국가 변화의 새로운 연합모델에 대해 논의할 것이다. 이 모델은 상이한 개혁차원들의 결합구조가 정치적 교환과 연합형성을 위한 다차원적 공간을 창출한다는 점을 강조하는 것으로서 그것을 통해 타이밍이라는 요소도 통합적으로 고려하는 모델이다.

기원: 대륙유럽 복지국가의 건설자들

순서와 관련된 제도주의적 명제에 따르면, 우리가 오늘날의 복지 개혁의 동학을 이해하기 위해서는 1970년대까지 복지국가의 발전을 추동했던 메커니즘을 반드시 고려할 필요가 있다. 과거의 정치는 기존 제도에서 여러 행위자들이 가진 지분이 무엇인지 그리고 기존 제도를 개혁하려는 시도에 대해 그들이 갖게 되는 선호가 무엇인지를 설명할 수 있다는 것이다. 따라서 우리는 대륙유럽 복지국가에 있어서도 그것의 기원에 관련된 행위자들이 누구였는가를 확인할 필요가 있다. 대륙유럽 복지체제는 누구에 의해서 그리고 누구의 욕구와 이해관계를 위해서 창출되었는가? 그동안 여러 이론들에서 대륙유럽 복지국가의 발전에 기여한 행위자들은 서로 다르게 설정되어 왔는데 이제 이들 이론들의 주요 주장에 대해 살펴보자. 사회정책의 발전을 설명하기 위한 접근으로 기능주의적 접근과 국가주의적 접근이 쇠퇴하면서[1] 그 자리를 대신하여 권력자원론(power resources theory)이 등장하였는데 — 권력자원론은 스티븐스(Stephens, 1979)와 코르피(Korpi,

---

1 1950년대 후반부터 1980년대에 이르기까지 사회정책발달에 관한 지배적인 이론은 기능주의적인 것이었고 따라서 행위자에 대한 고려는 그리 없는 편이었다. 기능주의적 이론은 전후 산업주의 확장으로 인해 경제적 부가 창출되었고 동시에 사회권에 대한 요구와 사회정책에 대한 욕구 및 공급이 생겨났다고 설명한다(Titmuss, 1958; Peacock and Wiseman, 1961; Wilensky, 1975; Flora and Alber, 1981 등 참조). 이와 같은 기능주의적인 산업주의 논리에 대한 반작용으로 보다 국가주의적인 혹은 제도주의적인 접근이 헤클로(Heclo, 1974), 올로프와 스카치폴(Orloff and Skocpol, 1984), 스카치폴(Skocpol, 1992), 임머굿(Immerguth, 1992) 등의 비교역사연구에서 시도되었다. 이들은 유사한 구조적 변화가 일어나더라도 그 구조적 변화에 대한 대응은 각 나라의 국가구조에 따라 달라진다고 주장하였다. 보다 최근의 연구에서는 이러한 주장의 연장선상에서 선거제도와 제도적 거부권 행사자가 복지국가정책의 범위와 구조에 미치는 독립적인 영향에 대한 연구(Immerguth, 1992; Bonoli, 2000; Huber, Ragin, and Stephens, 1993)와 제도와 특정 행위자의 권력 간의 관계에 대한 연구(Birchfield and Crepaz, 1998; Iversen and Soskice, 2006) 등이 이루어지고 있다.

1983) 등에 의해 1970년대 말에서 1980년대에 걸쳐 발전하였다 ― 이 접근은 복지국가의 주요 결정요인으로 행위자들과 정치에 초점을 둔 최초의 접근이었다. 권력자원론은 복지국가와 시장은 기본적으로 적대적 관계에 있다고 가정하며 또한 사회정책은 노동자계급이 자본가 계급의 이해관계를 누르고 얻은 승리의 결과라고 해석한다. 권력자원론은 각각의 정치행위자들 ― 그리고 그들의 지지자들 ― 은 진정으로 서로 다른 것을 원하는 존재들이라고 가정하기 때문에 이 이론에서 이데올로기는 매우 중요한 변수이다. 따라서 권력자원론에서는 정치적 권력을 누가 갖느냐 하는 문제가 매우 중요하다. 각 국의 복지국가가 다른 모습을 보이는 것은 서로 다른 정치적 목적을 가진 행위자들 및 그들의 연합들 간에 형성된 권력관계가 나라마다 다르기 때문이다. 에스핑 안데르센(Esping-Andersen, 1990)은 복지자본주의의 세 가지 체제에 관한 연구에서 각 체제에 내재한 권력관계와 그 관계에서의 핵심적 행위자들을 기준으로 세 가지 복지체제의 명칭을 붙였다. 그의 설명에 따르면, 스칸디나비아 국가들의 강력한 사회민주주의는 평등하고 탈상품화 정도가 높은 사회민주주의적 복지체제를 구축했으며 그에 따라 노동자들을 자본주의적 착취의 많은 제약들로부터 벗어날 수 있게 한 반면, 자유주의적 복지체제는 보조적인 수단으로서 빈곤구제책만 제공함으로써 노동자들을 시장에서의 소득획득능력에 의지할 수밖에 없도록 강제하였다는 것이다. 이들 두 복지체제와 달리 대륙유럽의 조합주의적 복지체제는 강력한 가톨릭 세력의 이데올로기와 조합주의적 길드의 이데올로기를 반영한 것이었다. 대륙유럽의 복지국가들은 사회지출 수준이 높기는 하지만 평등하지

는 않다. 이들 복지국가들은 계층화 지향적이며 또한 사회의 기본단위로 개인보다는 가족을 중시한다.

에스핑 안데르센의 저작(Esping-Andersen, 1990) — 그리고 보다 일반적으로는 권력자원론적 접근 — 은, 각국의 복지국가들이 실제 정책에서 그 관대성이나 구조의 면에서 상당한 차이를 보인다는 사실을 설득력 있게 밝혀냈기 때문에, 그 이후의 연구에 널리 활용되는 기초를 놓았다. 하지만 그럼에도 불구하고 복지국가들 간의 차이에 관해 권력자원론과 다르게 설명하는 다양한 접근들(즉, 행위자들과 그들의 등장을 추동하는 연합형성에 관한 다양한 설명들)은 여전히 존재한다. 앞에서 간략히 언급한 바와 같이 권력자원론은 복지국가의 형태는 좌파— 즉, 노동조합과 사회민주당 — 의 역할과 권력에 따라 결정된다고 주장하였다(Stephens, 1979; Korpi, 1983). 이 주장에 따르면 기독교민주주의 세력 등 우파가 노동계급의 상당수를 동원하고 그에 따라 좌파가 노동계급을 동원할 가능성이 제약되어 있는 대륙유럽의 복지국가는 스칸디나비아의 복지체제만큼 평등주의적이거나 보편주의적일 수가 없는 것이다. 하지만 그 이후 진행된 다수의 연구들은 좌파의 역할과 권력을 강조하는 것에서 조금씩 벗어나서 복지국가(대륙유럽의 복지국가를 포함하여) 건설에 있어서 좌파 이외의 정치행위자들이 중요한 공헌을 했다는 점을 밝히기 시작했다.

이들 연구의 첫째 흐름에 속하는 연구들은 친복지세력으로 좌파가 유일한 것은 아니며 좌파세력은 흔히 다른 계급 및 이데올로기적 운동과 동맹하여 복지국가 확장을 추진해왔다는 점을 보여주었다. 이들 연구들은 노르딕 국가들에서 보편적이고 평등주의적인 급여체계가 형성될 수 있었던 데에는 노동계급과 중간계급 간의 동맹(Baldwin, 1990) 혹은 노동계급과 농민계급 간의 동맹(Esping-Andersen, 1990; Bartolini, 2000)이 중요한 역할을 했음을 밝혀냈다. 좌파들이 사회보호체계의 확대를 지지했던 것은 사실이지만 북유럽국가들에서 평등주의적이면서도 매우 높은 급여수준을 갖춘 보편적인 사회보호체계가 발전할 수 있었던 원인을 설명하는 데에는 농민과 중간계급의 이해관계가 매우 중요하다는 것이다. 이와 유사하게 반 커스버겐(van Kersbergen, 1995) 그리고 좀 더 최근에는 반 커스버겐과 매노우(van Kersbergen and Manow, 2009)는 대륙유럽 복지국가는 노르딕 모델의 불완전한 변종이 아니라 좌파세력과 기독교민주주의세력 간의 사회주의-보수주의 동맹의 결과물로서 노르딕 모델과는 완전히 다른 것이라고 주장하였다. 카톨릭적 사회윤리에 기초한 기독교민주주의자들은 이중적인 목적을 가지고 사회정책에 접근하였다. 그들은 사회정책이 모든 사회구성원들을 빈곤으로부터 보호해야 하고 또 남성가장과 그 가족들에게 물질적 행복을 보장해줄 수 있어야 하지만 그와 동시에 사회정책은 자연적 질서를 보호하는 제도적 장치가 되어야 한다고 생각하였다. 따라서 사회보험 중심적인 대륙유럽의 사회보호체계는 기존의 사회계층체계를 보존하고 남성가장의 중요성을 강화하는 역할을 해왔던 것이다. 대륙유럽의 사회민주주의자들은 대체로 산업부문의 남성노동자들의 이해관계를 옹호하는 입장을 가지고 있었기 때문에 그와 같은 사회보호체계가 비록 평등주의적이지도 않고 보편적이지도 않지만 그에 대해 기독교민주주의자들과 의견이 합치될 수 있었던 것이다. 이들의 연구는 1970년대까지의 대륙유럽 복지국가는 산업부문의 남성노동자들의 물질적 이해관계에 충실한 것이었으며 또한 보수적이고 가부장적인 사회구조라는 현실과 이상을 충실히 반영한 것이었다는 사실을 설득력 있게 보여주었다. 결국 기독교민주주의 세력과 사회민주주의 세력 간의 계급 간 연합이 정당정치라는 영역을 통해 대륙유럽 복지체제를 형성시킨 주된 추동력이었던 것이다.

정당뿐만 아니라 노동조합과 고용주들의 이해관계도 고려되어야 할 중요한 요소이다. 이와 관련해서도 권력자원론은 기본적으로 복지국가의 관대성은 조직노동자들이 가진 권력자원과 직접적인 함수관계에 있다고 주장한다. 하지만 의회정치의 영역에서와 마찬가지로 이 경우에도 계급 간 연합이 대륙유럽 복지체제의 형성에 중요한 역할을 하였다. 이 문제와 관련하여 권력자원론의 주장과 대비되는 가장 최신 주장은 사회정책에서의 고용주들의 이해관계를 분석한 자본주의 다양성론자들에게서 나온 주장이다. 홀과 소스키스(Hall and Soskice, 2001)는, 스웬슨(Swenson, 2002)의 획기적인 역사적 연구와 프랑스 조절학파의 이론(Boyer, 1990) 그리고 슈트렉(Streeck, 1991)의 상이한 생산양식 개념 등에 기초하여, 생산체제론(production regime theory)을 제안하였는데 이들이 주장한 생산체제론은 "고용주들은 언제나 탈상품화에 저항해왔다" 는 에스핑 안데르센의 주장(Esping-Andersen 1990: 22)과 완전히 상반되는 내용을 담고 있다. 조정적 시장경제체제(coordinated market economy)(Hall and Soskice, 2001)에서 자본가들은 자신들의 경쟁력을 유지하기 위해 산업특수적 기술을 가지고 노동시장 이동이 적은 고숙련

노동력을 필요로 하는데, 노동자들은 고용상의 안정과 일정한 지위를 보장받지 않는 상태에서는 자신들의 시간과 자원을 그러한 기술을 익히는 데 투자할 유인을 갖기 어렵다. 따라서 자본가들은 노동자들에게 소득과 고용안정을 높은 수준으로 보장해주는 정부의 규제조치를 지지하게 된다는 것이다. 이러한 사실은 북유럽과 대륙유럽 복지체제의 여러 정책에서 쉽게 확인할 수 있다(Mares, 2003). 이런 관점에서 보면, 기존의 사회정책은 노동자의 이해관계와 고용주의 이해관계의 갈등을 반영한 것이라기보다는 양자의 이해관계 간 균형을 반영한 것이 된다(Estevez-Abe, Iversen, and Soskice, 2001)[2]. 노동과 자본이 반드시 적대적 관계에 있는 것은 아니며, 그들의 이해관계는 계급을 기준으로 해서라기보다는 경제부문이나 기업규모를 기준으로 해서 구조화된 것일 수 있다(Mares, 2001b). 대륙유럽의 사회보호체제는 중요 산업부문의 노동조합과 고용주들의 필요와 선호를 반영

---

2 권력자원론과 자본주의 다양성론의 경험적 증거 중 어느 것이 더 타당한가는 아직 정확히 판단키 어렵다. 두 이론 모두 엄청난 증거들을 확보하고 있다. 하지만 그 증거들은 처음 생각하는 것보다 훨씬 덜 상충한다. 예컨대, 권력자원론은 주로 대규모 표본 회귀분석을 활용하여 노동운동의 동원력과 복지국가의 규모 간에 유의미한 관계가 있음을 실증적으로 보여준다(Esping-Andersen, 1990; Korpi, 1983; Huber and Stephens, 2001; Korpi and Palme, 2003; 보다 질적인 역사적 연구로는 Huber and Stephens, 2001 참조). 하지만 권력자원론의 이러한 분석결과가 생산체제론의 계급초월적 연합이론과 반드시 상충하는 것은 아니다. 중앙화된 강력한 노동조합이 반드시 자본의 적대자로만 해석될 필요는 없으며 때로는 계급초월적 연합의 신뢰할만한 상대자가 될 수도 있는 것이다. 실제로 권력자원론의 양적 분석을 재해석할 필요가 있음을 보여주는 경험적 증거들이 최근에 많이 축적되고 있다. 권력자원론의 분석을 재해석할 필요가 있다는 비판은 노동과 자본의 입장을 추적한 비교역사연구에 그 근거를 두고 있다. 이 연구에서 일부 기업들은 연금보험이나 노동재해보험, 실업보험(Mares, 2003), 건강보험(Martin, 1995, 1997), 임금협상(Thelen, 2001; Swenson, 1991a, 1991b), 조기퇴직정책(Manow, 2001) 등과 같은 다양한 정책영역에서 복지정책을 도입하거나 유지해야 한다고 주장해왔다는 사실이 밝혀졌다.

한 것이다. 그것은 중요 산업부문의 핵심 노동력을 임금상실로부터 보호해줌과 동시에 그 산업부문 고용주들에게는 그들이 필요로 하는 노동력을 공급해주는 유인구조를 창출하는 체제인 것이다. 사회정책에 대한 고용주들의 이해관계에 관한 자본주의 다양성론자들의 연구는 대륙유럽 복지체제를 분석하려는 이 책에 대해 계급 간 연합의 중요성에 더하여 두 가지 중요한 통찰을 제공해준다. 첫째는 노동자들과 고용주들의 이해관계는 미리 전제되어야 하기보다는 경험적으로 관찰되어야 한다는 통찰이다(Pierson, 2000: 794). 그리고 둘째는 노동과 자본은 그 내부적으로도 동질적인 이해관계를 가진 집단이 아니기 때문에, 산업부문이나 기업규모 등과 같은 의미 있는 몇 가지의 범주로 분해되어 분석할 필요가 있다는 통찰이다.

이와 같은 다양한 이론들과 연구들에 의해 축적된 많은 증거들로 볼 때, 산업화시대의 대륙유럽 복지국가는 산업자본가들과 노동조합, 사회민주주의자들, 그리고 기독교민주주의자들 간에 형성된 거대한 계급연합에 의해 형성되었다고 할 수 있다. 대륙유럽 복지국가에 전형적인 사회보험 중심적 사회보호체제는 이들 주요 행위자들과 직접적으로 관계된 사람들, 즉 노동자들과 그들의 가족들의 욕구에 부응하는 것이었다. 하지만 산업화시대에 매우 성공적이었던 대륙유럽의 복지모델은 탈산업화시대에 나타나기 시작한 다양한 도전들에는 대단히 부적절한 것이었다.

대륙유럽 복지국가는 왜 탈산업화시대에 역기능적인 것이 되었는가?

에스핑 안데르센(Esping-Andersen 1990)의 유형화에 따르면, 조합주의적 복지체제는 중간 수준의 탈상품화와 높은 수준의 계층화를 특징으로 한다. 이 복지체제에서 복지혜택은 시민권으로서 주어지는 것(보편주의)이 아니라 기여에 근거하여 주어지는 것(보험)이기 때문에 전반적인 지출수준은 높지만 탈상품화는 높은 수준에 도달하지 못한다는 것이다. 복지혜택이 기여에 근거하여 주어진다는 것은 곧 급여가 기여에 비례하고 따라서 결국 급여가 과거소득에 비례함을 의미하며 또 노동시장 참여가 수급권 획득의 전제조건이 됨을 의미한다. 이로 말미암아 시민들은 그들의 노동력을 상품화해야 할 강력한 유인을 갖게 되며, 또 내부자와 외부자 간에 확고한 균열을 만들어내게 된다(Esping-Andersen 1999a). 내부자(insiders)는 노동조합이 조직화되어 있는 산업부문에 취업한 노동자들로서 이들은 정규직이며 주요한 사회적 위험에 대한 소득보장이 확실한 사람들이다. 반면에 외부자(outsiders)는 비정규직 노동자들이나 실업자들 또는 유급고용 외부에 있는 사람들로서 이들은 취업경력이 불연속적 · 단속적이기 때문에 사회보험 수급권을 온전하게 획득하기가 어렵다. 대륙유럽국가들이 경제성장에 문제가 없던 황금기에는 남성노동자들은 완전고용을 누릴 수 있었고 이 시기에 외부자들은 주로 여성들이었고 여성들에게는 대개 노동시장 참여가 장려되지 않았다. 이 시기에 여성들은 대개 남성가장의 배우자나 과부로서 사회권을 획득할 수 있었다. 따라서 이 시기에는 대부분의 외부자들이 결혼과 가족을 통해서 사회보험 프로그램에 간접적으로 포괄되는 것이 규범적 이상임과 동시에 경험적 현실이었던 것이 사실이다[3]. 보수적 복지국가에서 전형

3 이런 식으로 구조화된 수급권 구조는 전통적인 가족에게 보상을 주는 분명한(그리고

적이었던 가족정책은 성역할과 직장 및 가정생활의 조화를 이처럼 가부장적 방식으로 구조화하는 역할을 하였다. 가족에 대한 재정이전은 관대한 편이었고 따라서 이는 가족들로 하여금 홑벌이만으로도 충분히 생활할 수 있게끔 하였다. 또한 보육인프라의 부족으로 여성의 노동시장 참여는 더욱 억제되었으며, 맞벌이 가족에게 불리한 조세제도도 여성의 노동시장 참여를 억제하는 역할을 하였다. 이런 점에서 대륙유럽 복지국가가 그 성장기부터 물려받은 전형적인 제도들은 남성가장의 노동시장 참여를 장려하고 그에 대해 보상을 행하는 역할을 하는 제도들이었다고 할 수 있다.

조합주의적 복지체제는 그 급여수준이 소득비례방식을 채택한 것이기 때문에 높은 수준의 계층화를 결과하는 경향이 있다. 급여수준을 소득비례방식으로 결정하는 데 근거가 된 원리는, 생활상의 위험(노령이나 재해, 장애, 상병, 실업 등)이 발생했을 때 수혜자들은 주어진 기간 동안 자신들의 생활수준(다시 말해서 그들의 사회적 계층)을 어느 정도 유지할 수 있어야 한다는 것이다. 계층화는 노동계급을 대변하는 사회민주주의자들과 중간계급 유권자들의 연합의 결과이다. 복지국가 확장에 대한 중간계급의 지지를 이끌어내기 위해서는 중간계급도 재정이전의 수혜자가 될 수 있어야 했던 것이다. 그런데 대륙유럽의 좌파들은 북유럽의 좌파들과 달리 보편주의적 제도를 밀어붙일 만한 힘이 없었기 때문에 그들이 택할 수 있는 최선의 선택지는 소

매우 의도적인) 효과를 갖는다. 또한 그것은 이혼을 규범적으로 비난받을 일로 만들 뿐만 아니라 경제적인 면에서도 여성에게 매우 위험한 일로 만드는 분명하고도 상당 정도로 의도적인 것으로 보이는 효과를 갖는다(Orloff, 1993; Lewis, 1993; van Kersebergen, 1995).

득비례급여를 지지하는 것이었다[4].

대륙유럽 복지국가가 사회보험중심적인 사회정책구조를 가진 것은 계층화로부터 초래된 결과이며 또 이들 복지국가가 노동시장 내부자들의 탈상품화에 그처럼 집착하는 것은 가족주의로부터 초래된 결과이다. 이런 점에서 소득보험과 가족주의는 대륙유럽 복지국가의 핵심적인 두 가지 원리라 할 수 있다. 하지만 이 두 가지 핵심원리를 넘어 대륙유럽 복지국가가 가진 정책들의 구체적인 구조는 좀 더 쉽게 관찰할 수 있는 제도적 특징들에 의거하여 개념화되어야 한다. 보놀리와 팔리어(Bonoli and Palier, 1998)는, 페레라(Ferrera, 1996)의 논의에 기초하여 대륙유럽적 혹은 비스마르크적인 특징을 가진 네 가지 제도를 선별한 바 있다. 첫째, 이념형적 대륙유럽 복지국가에서 수급권은 노동시장 참여와 고용상의 지위에 근거하여 주어지며 시민권에 근거한 것이 아니다. 따라서 수급권이 고용과 강하게 연결될수록 그 복지체제는 대륙유럽적인 성격을 가진 것이라고 할 수 있다. 둘째, 급여구조는 소득비례적 구조이며 정액급여나 평등주의적 구조가 아니다. 따라서 소득대체율(income replacement rate, 생활상의 위험이 발생했을 때 주어지는 급여가 과거소득에 대해 갖는 비중)은 복지정책의 관대성을 측정하는 중요한 지표이다. 소득대체율이 높을수록 그 복지체제는 대륙유럽 사회정책의 전형적인 특징으로서의 소득대체율을 중요시한다고 할 수 있다. 셋째, 보험원리에 따라 급여에 필요한 재정은 일반조세로부터 충당되기보다는 임금에 부과되는 기여금

---

4 이와 함께, 생산체제론의 관점에서 볼 때, 소득비례급여는 서유럽의 조정적 시장경제 체제에 매우 중요한 특수적 숙련의 형성을 위한 직접적인 수단(Estevez-Abe et al., 2001)으로 해석될 수 있다는 점도 기억할 필요가 있다.

을 통해 충당된다. 이로 인해 노동시장 참여와 복지제도의 적용여부 간의 직접적인 연결은 더욱 강화된다. 따라서 복지체제의 기여금 재원 비중은 대륙유럽 사회정책의 특징을 가려낼 수 있는 중요한 지표가 된다. 마지막 넷째, 사회보장제도의 관리운영은 사회적 이해당사자들, 즉 노동과 자본에 의해 이루어지며 이들은 사회정책의 주요 사안들을 공동결정방식을 통해 결정하며 이로 인해 이들은 복지개혁에 있어서 현실적으로나 규범적으로 거부권 행사자들이 되는 경향이 있다. 이런 점에서 공동결정의 정도도 대륙유럽 사회정책의 특징을 판단할 수 있는 지표라 할 수 있다.

이들 네 가지 제도적 특징들은 대륙유럽 복지국가가 지난 30여 년 동안 왜 그처럼 극적으로 역기능적인 것이 되어갔는지를 이해하는 데에 많은 도움을 준다. 대륙유럽 복지국가는 그 재원구조와 수급권 결정구조로 인해 그것이 사회구성원들의 사회적 욕구를 성공적으로 충족시킬 수 있는가 여부가 남성의 완전고용과 경제성장에 의해 크게 좌우되는 속성을 갖는다. 1945년 이후 경제가 성장하던 시기에는 이 두 조건이 대체로 충족될 수 있었다. 고용주들은 관대하면서 점차 평등화해가는 임금을 지불할 수 있었고 그로부터 국가는 홑벌이가구에 기초한 노동시장 조직화를 촉진하는 한편 노동시장으로부터의 조직퇴직을 유도하고 그러면서도 점차 관대해져가는 연금급여도 지급할 수 있었다. 하지만 완전고용에 거의 전적으로 의존하는 이러한 시스템은 1970년대 이래 몇 가지 구조적 상황의 변화로 피어슨(Pierson, 2001: 410)이 말한 바 "영구적 긴축"의 맥락이 시작되면서 일종의 악성채무와 같은 것으로 변질되기 시작하였다.

그러한 구조적 상황변화 중 가장 중요한 것은 서비스중심경제로의 전환과 경제성장의 둔화였다. 아이버슨과 렌(Iversen and Wren, 1998)은 산업경제에서 서비스경제로 전환되면서 완전고용과 임금평등 그리고 재정절감을 동시에 달성하는 것은 거의 불가능하게 되었다고 주장한 바 있다. 서비스부문의 노동은 일반적으로 산업부문의 노동에 비해 생산성이 떨어지는 것이 그 한 원인이다. 따라서 서비스부문의 고용증가는 임금불평등의 악화로 이어지는 경향이 있다. 이러한 임금불평등 악화를 완화하기 위해서는 서비스부문과 산업부문 간 임금의 균형을 재조정할 필요가 있지만 이는 생산성이 높은 산업부문 노동자들이 받아들이기 어렵다. 또한 공공부문 서비스고용도 경제성장 둔화에 따른 재정압박으로 인해 쉽지가 않다. 게다가 고율의 사회보장세와 엄격한 고용보호체계로 말미암아 민간부분의 고용증가도 어려운 상황이다. 대륙유럽의 대부분의 국가들에서 높은 (만성)실업률이 슬픈 일상처럼 된 데에는 이러한 요인들이 작용하였기 때문이다. 이런 문제에 대응하기 위해 대륙유럽 복지국가들은 1970년대와 1980년대 초반까지 주로 노동력의 규모를 줄이는 – 조기퇴직의 장려와 보수적 가족정책을 통해 – 방법이나 실업보험 비용 증가에 필요한 재정을 마련하기 위해 사회보험 기여금을 인상하는 방법 등을 활용하였다(Palier, 2000; Palier and Martin, 2007). 이러한 방법을 활용한 것은 당시만 해도 고용위기는 순환적인 것이며 구조적인 것은 아니라는 생각이 있었기 때문이다. 하지만 불행하게도 이러한 생각은 근시안적인 것이었다. 고용구조의 전환은 훨씬 더 장기적인 것이었고 지속적인 것이었다. 결과적으로 노동력의 규모를 줄이는 것과 같은 전략은 노령연금과 장애연금 수급자를 증가시키고(조기퇴직으로 인해) 가족정책수혜자를 증가시켰으며 이는 더 나아가 노동비용을 증가시켜 결국 고용증가의 둔화를 더욱 악화시키는 결과를 초래하였다. 사회보호체계의 수급자격과 급여수준 그리고 재원 모두가 고용에 전적으로 의존하는 대륙유럽 복지국가체제에서 고용률이 낮은 수준으로 장기화하는 것이 재앙적인 영향을 미친다는 점은 말할 필요도 없다. 실제로 사회보험 수급자 수는 점점 늘어나는 데 비해 이들에게 급여를 제공하는 데 필요한 비용을 부담할 수 있는 사람은 점점 줄어들었다. 에스핑 안데르센(Esping-Andersen, 1996b: 66)은 이와 같이 기여자와 수혜자의 불균형 문제를 "노동 없는 복지"의 문제라 부른 바 있다.

인구학적 변화(예컨대, 출산율의 저하 등)는 노동 없는 복지의 문제에 의해 야기된 구조적 불균형을 한층 더 악화시키는 역할을 하였다. 앞서 말한 바와 같이 대륙유럽 복지국가에서 여성의 경제활동참가율은 낮은 편이다. 남성가장의 소득획득가능성은 점차 불확실해져가고 고숙련여성노동자들이 일과 가정을 양립시키기가 어렵기 때문에 대륙유럽 그 중에서도 특히 남서부 유럽에서 출산율은 급격히 하락해왔고, 이로 인해 수명이 점차 연장되어 연금비용과 보건의료비용을 계속 증가시키고 있는 연금수급자들을 위해 기여금을 납부하는 노동시장 참여자가 감소하는 문제는 한층 더 악화되었다.

증가하는 수급자들을 위해 기여금을 납부하는 사람의 수가 감소하는 문제에 대해 국가가 취할 수 있는 해결책은 노동자들의 기여수준을 인상시키거나 사회지출의 재정을 대기 위해 공공채무를 증가시키거나 급여수준과 사회권 수준을 낮추는 것 등을 생각할 수 있다. 앞의 두 해결책은 선거정치의 관점에서 보면 매력적이지만 실제로는 거의 채택되지 못했다. 그 이유는 두 가지이다. 첫째는, 기여수준을 인상하는 것은 국제경쟁의 압력으로 인해 더 이상 시도하기가 어려웠다(대륙유럽 복지국가와 관련해서 볼 때 경제의 지구화는 복지축소의 "유력한 용의자"(Schwartz, 2001: 17)인 것 같다). 둘째, 유럽경제통화동맹의 안정성 협약으로 한 국가가 공공채무를 과도하게 증가시키는 선택은 하기가 어려워졌다. 따라서 영구적 긴축과 축소의 압력은 대륙유럽국가들의 정치적 의제에서 하나의 상수처럼 되어버렸다. 1990년대 초에 문제가 되었던 것은 "유럽복지국가의 생존"(Kuhnle, 2000) 그 이상도 그 이하도 아니었다.

탈산업적 복지국가 변화의 새로운 모델

1990년대 초반 이래, 유럽복지국가가 축소의 압력에 적절히 적응하지 못하고 있다는 연구들이 등장하기 시작하였다. 초기의 권력자원론은 복지국가의 해체를 예견하였고, 그 이후 등장한 신제도주의 연구는 복지국가의 지속적 안정을 예견하고 그에 대해 설명하였다. 하지만 오늘날에 와서 볼 때 이 두 접근은 모두 틀린 것 같다. 대륙유럽 복지국가는 해체되지도 않았고 결빙되지도 않았다. 대륙유럽 복지국가는 다양한 개혁차원에 걸쳐서 복잡한 재구조화 과정을 겪고 있다. 이 절에서는 복지국가전환에 관한 기존 이론들이 어떤 점에서 오늘날의 복지국가 재구조화를 설명하지 못했는지를 살펴보고 그 다음에는 새로운 설명모델을 제시하고자 한다.

복지축소의 이론은 권력자원론에 근거하여 대륙유럽 복지국가의 해체를 예견하고 또한 향후 펼쳐질 시나리오로 영국에서 1980년대에 일어났던 복지삭감과 유사한 시나리오를 전망하였다(Myles and Pierson, 1997). 권력자원론은 사회보호의 규모는 노동과 자본 간의 권력균형을 반영하여 시시각각 변화한다고 보기 때문에 대규모 실업은 거의 반자동적으로 권력의 균형을 자본에 유리하게 이동시키고 따라서 노동자들에 대한 사회권의 축소를 초래할 것이라고 주장하였다(Scharpf and Schmidt, 2000; Korpi and Palme, 2003). 하지만 1990년대 후반까지도 기존 급여구조에 급격한 축소는 일어나지 않았다(Huber and Stephens, 2001; Stephens, Huber and Ray, 1999; Pierson, 2001). 그런 예상과는 반대로 노르딕이나 대륙유럽 복지국가에서 지출수준은 꾸준히 늘어났으며 복지국가의 규모도 크게 축소되지 않았다.

축소론자들과 달리 제도주의자들은 복지국가의 안정성을 강조하여 주목을 받았는데 이들은 경로의존성이나 관성(inertia), 제도적 균형 등에 초점을 맞추어 설명을 전개하였다. 자본주의 다양성론자들은 복지정책은 생산체제의 다른 부문의 제도들과 상호보완적 관계에 있고(Hall and Soskice, 2001; Estevez-Abe et al., 2001), 따라서 기존의 제도적 구조는 안정화된다고 주장하였다. 또한 생산체제의 관점에서 볼 때, 기존의 복지국가정책은 조직노동과 자본 모두에게 이익이 된다고 주장하였다. 따라서 예산제약과 실업으로 인해 자본의 힘이 강화되는 것이 설사 사실일 수 있다 하더라도 이것 때문에 복지국가가 반드시 해체되는 것은 아니며 자본가들 역시 노동자들만큼이나 기존의 사회정책을 지지한다는 것이다(Mares, 2003)[5].

피어슨(Pierson, 1996, 2001)도 복지국가의 새로운 정치라는 제도주의적 이론을 전개하여 성숙한 복지국가는 어떠한 변화에도 저항하는 내재적 속성을 갖는다고 주장하였다. 이는 왜냐하면 성숙한 복지국가에서는 그로부터 혜택을 받는 강력한 이해관계자들이 형성되어 있어서 민주적 선거정치를 통해 선출된 정부가 복지축소를 단행하기는 매우 위험하기 때문이라는 것이다. 정책결정자들은 사회정책을 관대화함으로써 의도하지 않은 결과를 만들어내게 되는데, 즉 관대한 사회정책은 정책결정과정에 관련된 행위자들과 이해관계의 구조를 변화시키고 그에 따라 그 정책을 삭감하기가 정치적으로 대단히 어렵게 된다는 것이다. 여러 가지 경험적 증거들로 볼 때 복지국가의 안정성에 관한 제도주의자들의 설명은 적어도 1990년대에는 잘 맞는 것 같다. 하지만 그로부터 얼마 지나지 않아 그와 같은 제도주의적 접근은 유럽복지국가에서 나타나고 있는 복잡한 개혁의 동학을 설명하기에 적절하지 않다는 사실이 드러나기 시작하였다. 대륙유럽 복지국가들에서조차 축소가 아닌 방향으로 상당한 변화가 일어나고 있다는 경험적 증거가 점차 나타나고 있다. 1장에서 언급한 바와 같이, 많은 개혁들은 노동시장 외부자나 여성, 장기요양서비스 대상자들과 같은 새로운 정책대상자들에게 기존 제도의 적용을 사실상 확장하고 있다(Bonoli, 2005a, 2006b). 또한 다른 많은 개혁들은 복지국가의 구조 자체를 바꾸고 있는데 예컨대 기여금 중심 재원구조를 조세의 비

5 카첸스타인(Katzenstein, 1984)과 구레비치(Gourevitch, 1986)는 사회적 동반자들(social partners, 즉 노동과 자본)은 심각한 위기 시에 때로 중요한 합의에 도달함으로써 협력을 택하고 파국을 피한다는 점을 이미 오래 전에 보인 바 있다.

중이 높은 재원구조로 전환시키고 또 적립식 민간연금의 도입도 시도하고 있다.

이에 따라 그와 같은 제도변화를 실증하고 분류하는 연구들이 증가하고 있다(예컨대, Palier and Martin, 2007; Streeck and Thelen, 2005; Armingeon and Bonoli, 2006; Palier 근간 등 참조). 이 연구들이 의미를 갖는 것은 이들이 제도주의자들의 관성이나 동맥경화 등의 생각에 중요한 도전이 되기 때문이다. 하지만 오늘날 개혁의 동학을 설명할 새로운 결정적인 이론적 틀은 아직 결여되어 있다. 이 장의 나머지 부분에서 바로 이 새로운 이론적 틀을 구성해보고자 하는데, 이 작업은 최근의 세 가지 이론적 흐름에 근거하여 이루어질 것이다. 그 세 가지는 ① 신사회위험, ② 타이밍, 그리고 ③ 복지국가개혁의 다차원성이다.

주로 보놀리(Bonoli, 2005a, 2006b)의 저작에 기초한 신사회위험(new social risks)에 관한 연구는 유럽복지국가가 직면한 구조적 도전은 축소압력만이 아니라는 통찰을 제공하고 있는데 이는 이 책에서 제시할 이론적 틀에 대단히 중요한 의미를 갖는다. 탈산업적 노동시장으로의 전환과 가족구조의 변화 — 에스핑 안데르센은 이를 노동시장과 가족의 실패라 한 바 있다(Esping-Andersen, 1999) — 는 새로운 위험을 만들어내고 있으며 이 새로운 위험에 대해 기존의 복지국가는 적절히 대응하지 못하고 있으며 대륙유럽 복지국가는 특히 더 그러하다[6]. 전통적인 위험, 즉 구사회위험(old social risks)은 산업사회에서

---

6 아민전과 보놀리(Armingeon and Bonoli 2006) 그리고 테일러-구비(Taylor-Gooby, 2005)의 두 편집된 책에 수록된 각 국가에 관한 장들은 대부분의 대륙유럽국가에서 나타나고 있는 신사회위험에 대한 적절치 못한 대처에 대해 서술하고 있다.

남성가장의 소득을 위협하는 각종 생활상의 사건들(예컨대, 노령, 실업, 상병, 장애, 재해 등)을 말한다. 이들 구사회위험은 오늘날에도 여전히 중요한 것은 사실이지만, 대륙유럽 복지국가의 사회보험제도가 사회구성원들을 보호하기 위해 겨냥하고 있는 대상은 바로 이 구사회위험들이다. 하지만, 오늘날 노동시장에서 일어나고 있는 변화로 말미암아 사람들을 빈곤에 빠뜨리는 새로운 위험이 전면화하게 되었는데 그 변화는 다음의 세 가지이다(Taylor-Gooby, 2005도 참조). 첫째, 취업하는 여성들이 점점 증가하고 있으며 대부분이 저숙련여성들이자 편모들인 이들 취업여성들은 적정임금과 일 · 가정양립을 위해 분투하고 있다. 둘째, 노인들의 돌봄서비스 수요가 증가함에 따라 노동시장에서 취업을 해야 하는 사람들(이들의 대부분은 여성들이다)에게 추가적인 부담을 안겨주고 있다. 셋째, 노동시장구조의 변화로 숙련수준이 낮은 노동자들이나 가진 기술이 더 이상 쓸모없어지게 된 노동자들 그리고 비정규직 노동자들은 빈곤이나 장기실업에 처할 위험이 증가하게 되었다. 이러한 위험들이 어떤 이유로든 고용이 안정적이지 못한 사람들에게 불리함을 안겨다줄 것임은 분명하다. 그에 따라 이들 위험들은 사회권이 안정적인 정규직 고용에 주로 의존하고 있는 대륙유럽 복지국가에서 특히 두드러지게 나타나고 있다[7]. 하지만 신사회위험은 그것이 단순히 새로운 빈곤위험을 야기하는 것에서 그치지 않는다. 아동이나 노인에 대한 돌봄의 수요 그리고 이혼한 배

7 신사회위험에 노출된 집단은 노르딕 복지국가와 자유주의적 복지국가에서도 증가하였다. 하지만 이들 복지국가는 대륙유럽 국가들보다 좀 더 평등한 급여구조를 가지고 있기 — 이는 특히 사회적 권리가 시민권에 기초하고 있는 보편주의적 노르딕 복지국가에서 더욱 그러하다 — 때문에, 탈산업적 위험집단도 포괄하고 있다(Bonoli, 2006; Huber and Stephens, 2006).

우자에 대한 사회적 급여의 수요는 사회경제구조가 탈산업구조로 전환함에 따라 발생하는 사회적 욕구의 예들이다. 이와 관련된 정책의 발전은 빈곤을 억제하기 위한 노력으로부터 촉발되는 것이 아니며 가치지향성에 의해 촉발되는 것이다. 그러한 정책의 결여는 탈산업사회의 사회구조나 가치와 조화롭지 못하며, 탈산업사회에서는 개인화와 성평등이 1950년대 이래 크게 성장해온 일부 집단들에게는 매우 높게 평가되고 있다(Kitschelt, 1994)[8]. 이런 점에서 신사회위험에 대처하려는 정책은 이해관계에 근거한 것이기도 하지만 그것만이 아니라 가치판단에 근거한 것이기도 하다.

신사회위험에 관한 연구는 탈산업적 복지국가 개혁이 축소에 관련된 것만 아니라 제약과 욕구, 그리고 요구의 다원성에도 관련된 것임을 밝히고 있다. 이것은 이 책에서 전개하고자 하는 바, 다차원적 정책공간에서의 개혁정치를 이해하는 데에 매우 중요한 의미를 갖는다. 하지만 최근의 사회정책 개혁을 설명하기 위해서는 신사회위험과 구사회위험 간의 (시간적) 연결을 보다 명시적으로 밝힐 필요가 있다. 여기서 타이밍이 매우 중요한데, 왜냐하면 정책결정자들은 단일한 개혁의제만 다루는 것이 아니라 전반적인 의제들을 모두 다루어야 하기 때문이다. 따라서 신사회위험에 대처하기 위한 정책들을 축소압력과 지출억제라는 맥락 내에서 분석하지 않는다면 우리는 그 정책을 온전히 이해할 수가 없으며 그 반대도 마찬가지이다.

---

8 키첼트(Kitschelt, 1994)는 자유의지론적 가치와 권위주의적 가치 간의 이러한 새로운 분기를 훌륭히 개념화하고 있다. 자유의지론은 보편주의와 개인주의, 자유로운 생활양식의 선택, 그리고 성평등을 중요하게 생각하는 반면 권위주의는 전통적인 권력과 가족구조를 중요하게 생각한다.

개혁정치는 특정 쟁점이 언제 어떤 맥락에서 의제로 등장하는가에 의해 크게 영향을 받기 때문에 타이밍이 매우 중요하다(Pierson, 2000b, 2004). 신사회위험을 등장시키는 구조적 변화는 노르딕 국가들에서는 이미 1960년대부터 시작되었으며 그 때는 경제가 성장하고 번영하던 시기였다. 스칸디나비아 국가들의 관대한 아동돌봄에서 볼 수 있는 것과 같은 보편주의적인 급여와 서비스는 그러한 성장과 번영의 시기에는 큰 논란거리가 되지 않았다(Bonoli, 2006b). 하지만 복지국가를 현대화해야 한다는 새로운 요구가 등장한 20여 년 후의 시기, 즉 곤궁의 시대에 대륙유럽에서 그와 같은 보편적인 급여와 서비스를 도입하기는 매우 어려운 일이 되었다. 대륙유럽에서는 신사회위험에 대처하는 것은 고사하고 기존의 사회보호수준을 유지하는 데에도 자원이 희소해져가는 바로 그 시기에 신사회위험이 등장하였고 사람들의 가치관이 변화하기 시작하였다. 즉 파이는 점점 줄어드는데 분배갈등은 점점 첨예화해가고 있는 것이다. 긴축의 시대에 복지정치는 어느 정도는 영합게임의 성격을 가지며 또한 서로 다른 이해관계를 가진 여러 집단들을 서로 반목하게 하는 경향이 있다. 따라서, 긴축압력과 탈산업화의 결합적 발생(conjuncture) 그리고 기존 복지제도와 그것들의 동시적 충돌이야말로 대륙유럽에서 1970년대부터 발생한 정책개혁의 독특한 기회구조를 설명할 수 있다. 그와 같은 긴축압력과 탈산업화의 결합은 복지개혁을 추구함에 있어서 독특한 제약과 기회구조를 낳게 되었다. 즉, 다양한 서로 다른 도전들은 다차원적인 개혁의제를 산출하였으며 이는 곧 복지개혁을 바라는 다양한 요구들이 각기 서로 다른 방향을 지향함을 의미하였다. 게다가 행위자들은 긴축의 시대에 자신들과 이해관계를 달리하는 행위자들과 연대하는 것은 비용이 많이 들고 어려운 일이 되었기 때문에 그들 각자의 좁은 이해관계를 방어하려는 경향을 갖게 되었다. 개혁의제가 다차원적이며 행위자들이 제한적 선호를 갖는다는 사실로부터 우리는 제도변화를 이해하기 위해서는 연합형성을 볼 필요가 있음을 알 수 있다. 대륙유럽의 탈산업적 개혁정치는 곧 복합적인 갈등전선에 의해 구조화된 다차원적인 정책공간에서의 교환의 정치인 것이다[9].

지금까지 신사회위험 및 타이밍의 중요성에 대해 살펴보았는데, 이제 이 책의 분석틀을 구축하는 데 매우 중요한 마지막 셋째의 요소로 복합적이고 동시적인 개혁차원에 관한 최근의 연구들에 대해 살펴보자. 이 연구들은 대륙유럽 복지국가의 현대화를 구조화하는 특수한 갈등전선을 파악하는 데 특히 유용하다. 레비(Levy, 1999)는 프랑스의 개혁정치를 행위자중심적 시각에서 분석한 연구에서 대륙유럽 복지체제는 매우 불평등하고 분절적인 급여구조를 가지고 있으며 특정 수혜자집단에게 특권을 부여하는 경우가 많다고 주장한다. 탈산업사회에서 그리고 긴축의 시대에 이러한 불평등한 급여구조는 대중들로부터 급격히 정당성을 상실해갔으며 그와 동시에 신사회위험이 전면에 부각되기 시작하였다. 레비는 이러한 다양한 도전들(즉, 기존의 불평등한 급여구조는 정당성을 잃어가는 한편 신사회위험이 전면화함에 따른 도전들)이 어떻게 프랑스의 사회당 정부에게 "전화위복

---

9 보놀리(Bonoli, 2001), 나탈리와 로즈(Natali and Rhodes, 2004), 클라센과 클레그(Clasen and Clegg, 2006)는 정치적 교환이 개혁정치의 중요한 수단임을 일찍부터 강조해왔다. 하지만 이들의 주장은 다소 귀납적인 것이었고 개혁정책 패키지 이면의 정치적 교환의 역동성을 충분히 이론화하지는 못했다.

(轉禍爲福, turn vices into virtues)" 의 기회(즉, 기존의 특권을 축소시키고 신사회위험 집단에게 사회지출을 재할당할 기회)를 가져다주게 되었는지를 보여주고 있다. 이보다 좀 더 이론적으로 논의를 전개한 피어슨(Pierson, 2001)은 최근의 개혁정치를 자세히 고찰해보면 대륙 유럽의 탈산업적 정책개혁은 적어도 세 가지 서로 다른 목적을 가지고 있었다고 주장하면서, 그 세 가지 목적 중 첫째는 비용억제 혹은 지출억제(cost containment)로서 이것은 산업사회시대의 관대한 복지국가를 재정적으로 건전한 것으로 만들려는 모든 시도를 의미하며, 둘째는 재상품화(recommodification)로서 이것은 활성화정책을 통해 여성과 조기퇴직자 그리고 실업자들을 유급노동으로 복귀시키는 정책을 의미하고, 셋째는 재조준화(recalibration)로서 이것은 복지국가를 새로운 조직기법에 적응시키는 것 – 즉, 합리화(rationalizing) – 과 새로운 사회적 욕구와 요구에 적응시키는 것 – 즉, 신사회위험을 정책대상에 포괄하도록 하는 갱신(updating) – 을 의미한다고 말한다. 피어슨은 보놀리(Bonoli, 2001b)와 매노우(Manow, 2001)의 연구로부터 경험적 증거를 선택적으로 취하여 이와 같은 다양한 개혁 방향의 결합으로 인해 정치적 교환의 기회와 행위자들 간의 의도하지 않은 연합형성의 기회가 열리게 되었다고 주장한다. 따라서 피어슨은 최근의 개혁의 결과를 설명하기 위해서는 다차원적 정책공간에서의 연합형성의 동학을 분석할 필요가 있음을 암시하고 있는 셈이다.

하지만, 비용억제와 재상품화, 그리고 재조준화는 상호배타적인 개념이 아니기 때문에 이들을 구분한 것은 다소 문제가 있다. 비용억제를 목표로 하는 개혁조치들 중 상당수는 그것들 자체가 노동자들로 하여금 생계를 노동시장에 더욱 강하게 의존하도록 강제하는 것이기 때문에 상품화를 지향한 것이기도 하다. 마찬가지로 공공부문과 민간부문의 보험을 통합하는 것은 재조준화와 비용억제(지출억제) 모두를 목표로 한 것이다. 요컨대, 많은 개혁들은 여러 가지 목표를 동시에 추구한다고 할 수 있다. 하지만 개혁조치가 가질 수 있는 목표에 관한 레비와 피어슨의 논의는 대륙유럽 복지국가의 현대화에 관련된 개혁의제를 지배해온 네 가지 개혁경향을 파악하는 데 매우 유용하다. 그 네 가지 개혁경향은 ① 급여수준을 축소시키는 경향과 ② 재정방식을 개혁하려는 경향, ③ 특정 직업집단에 제공되던 복지특권을 표적화하여 개혁하려는 경향, 그리고 ④ 새로운 사회적 욕구 및 수요에 맞도록 복지국가를 재조정하려는 경향 등이다. 이들은 이 책에서 제시하려는 이론적 틀의 근거를 이루는 네 가지 개혁차원들이다.

대륙유럽의 모든 복지국가에서 급여수준을 삭감해야 한다는 요구는 매우 강하게 제기되어 왔다. 낮은 경제활동참가율로는 계속 늘어나는 사회보험지출을 감당하는 데 필요한 기여금 수입을 확보할 수 없다는 주장이 득세하면서 기존의 사회정책에서 보장하던 급여수준과 기존의 사회정책의 구조 자체가 의문시되기에 이르렀다. 이런 맥락에서 축소(retrenchment)는 각종 개혁안들을 지배하는 의제가 되었다. 수많은 개혁안들은 소득대체율의 하향조정이나 수급자격기준의 강화, 기여기간의 연장, 수급기간의 단축 등 비록 그 구체적인 수단에서는 차이가 있었지만 그것들이 모두 비용억제라는 동일한 목표를 상정하였다는 점에서는 일치하였다.

하지만, 각종 개혁안들이 단순히 급여수준의 삭감만을 목표로 삼은 것은 아니었다. 긴축이라는 상황으로 인해 각종 개혁안들은 급여 수준삭감에서 더 나아가 대륙유럽 복지국가의 구조와 재원마련방식을 개혁하는 것도 목표로 삼았다. 여러 개혁조치들은 비용억제효과를 낳기도 했지만 그와 함께 피어슨(Pierson 2001: 421)이 말한 재상품화도 추구하였다. 광범위한 재상품화 경향은 부과방식 사회보험의 민영화와 개별화라는 형태로 추진되었다. 부과방식에 기초한 재정방식은 모든 가입자들의 위험이 분산됨을 의미하며 또한 어떤 시점(T_0)에서의 급여는 그 시점(T_0)에서의 모든 가입자들의 기여금에 의해 그 재정이 충당됨을 의미한다. 이러한 부과방식의 재정구조는 기여자와 수급자 간의 비율이 균형에서 멀어질 때 문제가 될 수 있다. 적립화(capitalization)와 민영화는 기여금과 수급권 간의 연결을 강화하게 되는데 이는 왜냐하면 모든 위험집단은 그가 받을 급여의 재원을 스스로 마련해야 하기 때문이다. 이는 위험구조와 기여금의 분절화 – 혹은 탈연대화(desolidarization) – 를 강화하게 된다. 탈연대화가 극단적으로 진행되면 각 개인들은 개별화된 보험시장에서 자기 자신의 보험에 대해서만 기여금을 납부하면 된다.

또한, 긴축으로 말미암아 특정 가입자 집단이 누리는 사회보호특권에 대해서도 의문이 일어나게 되었다. 이러한 복지특권은, 공공부문 종사자나 관리직 종사자, 특수직종 종사자 등의 집단을 대상으로 하는 별도의 사회보험제도를 가진 경우가 많은 대단히 계층적이고 분절적인 대륙유럽 복지국가의 또 하나의 특징이다(Esping-Andersen, 1990). 대륙유럽의 사회보험제도는 특정 직업집단에 대해서는 매우 관대한 기여금과 급여구조를 운영하고 있으며 또한 국가는 이들 특정 직업집단을 대상으로 하는 사회보험에 일반조세에서 재정을 지원하는 경우(이는 결국 모든 납세자들이 재정을 지원하는 것이다)도 많다. 이와 같은 복지특권은 번영의 시기에는 어느 정도 용인될 수 있었지만 점차 시대착오적인 것이 되기 시작하였고 더욱 최근에는 정당성을 상실하기에 이르렀다(Levy, 1999). 이런 점에서 특정 직업집단들이 누리던 특권을 표적으로 한 개혁은 대륙유럽 복지국가 개혁을 이루는 셋째의 차원이며 이에 관련된 개혁은 비용억제와 재조준화를 동시에 목표로 한 것이다.

마지막으로 대륙유럽 복지국가의 현대화 의제에는 대규모의 새로운 사회적 욕구와 수요에 관련된 의제들도 포함되어 있다. 이 의제들은 피어슨(Pierson, 2001: 421)이 말한 재조준화와 연관되는 것들이다. 여성의 노동시장 참여가 증가하고 비정규직 노동자가 늘어나면서 사회보험 가입경력이 충분치 못한 사람들이 점차 증가하게 되었고 이로 인해 신사회위험이나 노동시장 불안정성과 같은 쟁점들이 첨예한 문제로 등장하기 시작하였다. 또한 정규직의 안정적인 일자리를 가진 남성가장을 중심으로 한 안정적인 가족이라는 이상에 근거하여 노동과 가족을 조직해온 전통적인 방식에 대한 의문도 점차 증가하고 있다. 정규직 남성가장을 중심으로 한 안정적 가족이라는 이상은 이혼율의 증가나 여성들의 숙련수준의 향상, 출산율의 저하, 산업부문에서의 실업의 증가 등과 같은 사회현실에서 점점 적실성을 상실해가고 있을 뿐만 아니라 탈산업사회에서 사람들이 가진 규범적인 가치관이나 생활양식과 조화롭지 못한 점이 점점 더 부각되고 있다. 대륙유럽 복지국가의 기존 제도들은 성평등이나 개인화, 생활양식의 다원화와 같은 탈산업적 가치와 전혀 조화롭지 못하다. 이러한 이유들로 인해 대륙유럽 복지국가의 기존 제도와 탈산업적 사회욕구 간에 충돌이 발생하게 되었고 이는 외부자들을 복지체제 내에 포괄해야 한다는 정치적 요구를 낳았을 뿐만 아니라 사회보험 중심적인 계층화된 복지체제라는 원리 자체에 대한 의문까지 낳게 되었다. 또 노동시장에 참여하는 여성들이 증가함에 따라 비정규직 노동을 보호해야 한다는 요구와 일 · 가정 양립을 위해 아동돌봄 및 노인돌봄 인프라를 확충해야 한다는 요구가 크게 증가하였다. 피어슨(Pierson, 2001)이 말한 바에 따르면 이들과 관련된 개혁정책은 재조준화에 해당하는 것이다. 하지만 이들이 상품화의 성격도 갖는다는 사실을 간과해서는 안 된다. 오늘날 많은 여성들은 남성가장에 의존하기도 어려울 뿐만 아니라 의존하려 하지도 않기 때문에 여성들로 하여금 자신의 사회보험수급권을 독자적으로 획득하게 하는 것이 문제의 해결책이며 상품화는 그 방법이 될 수 있다. 이런 해결책은 대륙유럽 복지국가의 사회보험 중심적인 체제 자체를 문제시하는 것은 아니며 다만 그 적용범위를 확장하려는 것이다. 비정규직 노동자의 사회보험 적용을 강화하는 것은 이런 기조를 가진 것이며 이는 아동돌봄 인프라의 확충이나 모성보험의 강화, 부모휴가제도의 확대와 같은 정책에서도 유사하다. 이런 정책들은 가치지향적이기도 하며 동시에 탈상품화를 추구하는 것이기도 하다. 이 정책들은, 모든 시민들을 노동시장에 참여하게 하자는 것을 기본원리로 하는 사회투자국가를 지향하는 이데올로기에서 나온 것이라 볼 수도 있다(Lister, 2004).

지금까지 살펴본 네 가지 개혁차원 — 축소, 적립화 및 민영화, 표적화, 재조준화 — 을 따라 전개된 개혁은 지난 20여 년 동안 대륙유럽 국가들의 복지개혁 의제를 지배해왔다. 이들 네 가지 개혁차원에서 승자와 패자는 각기 다르다. 그리고 이로 인해 네 가지 개혁차원마다 갈등전선과 행위자의 관계구조는 각기 다르다. 행위자들의 관계구조가 개혁차원마다 다르다는 사실, 다시 말해서 행위자들의 관계구조가 다원성을 갖는다는 사실은 다차원적 개혁정치의 토대가 되며 또 다차원적 개혁정치가 가능할 수 있다는 점을 보여준다. 즉, 정책결정자들이 다양한 갈등전선을 연결하고 결합하여 특정 개혁안을 지지하는 다수집단을 구축하기 위한 시도를 할 여지를 갖는다는 것이다. 그러한 연합구축시도가 성공할 수 있느냐 여부는 제도적 틀에 따라 달라질 수 있는데, 유연한 연합형성에는 권력집중적 제도보다는 권력분산적 제도가 유리하다. 만일 정책결정자들이 방대한 개혁정책 패키지를 제시할 만큼 전략적으로 성숙하고 또 제도적 틀이 연합형성에서의 어느 정도의 유연성을 허용할 수 있는 성격을 가지고 있다면, 정책공간의 다차원성은 정책변화와 복지국가 현대화를 이끌어내는 데 핵심적인 요인이 될 수 있다.

지금까지의 논의를 종합하여 대륙유럽에서의 탈산업적 복지국가 개혁을 분석하기 위한 통합적인 모델을 제시한다면 〈그림 2-1〉과 같다[10]. 이 분석모델은 구조적 변화로부터 시작하여 정책공간과 행위자 관계구조의 재구조화를 거쳐 개혁연합의 형성과 실제 정책산출에 이르는 것으로 제시되어 있다.

---

10 이 책에서 제시하는 분석모델은 미시제도와 개혁차원을 상황에 맞게 수정한다면 다른 복지체제에도 적용할 수 있을 것으로 본다.

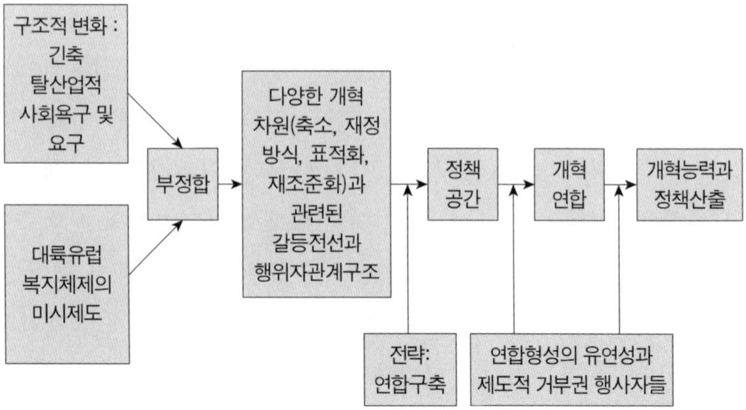

〈그림 2-1〉 대륙유럽에서의 탈산업적 복지개혁을 분석하기 위한 분석모델

이 분석모델의 주요 단계를 간단히 살펴보자. 긴축과 탈산업적 사회욕구라는 구조적 변화는 대륙유럽 복지체제가 가진 기존의 미시제도들과 모순을 일으킨다. 기존 제도들은 탈산업사회의 새로운 환경 변화에, 재정적 지속가능성의 면에서나 새로운 위험집단에 대한 효과적인 복지제공의 면에서나 적절한 대응을 하지 못한다. 이로부터 발생하는 부정합성은 다양한 개혁차원과 갈등전선으로 전화되며 정책결정자들은 이러한 다양한 개혁차원과 갈등전선을 개혁추진과정에서 활용할 수 있다. 정책결정자들은, 그들이 만일 호의적인 거시제도적 환경에서 개혁을 추진할 수 있다면, 다차원적 정책공간에서 연합형성을 통해 국가의 개혁능력을 향상시킬 수 있다. 어떤 점에서 그리고 매우 역설적이게도, 대륙유럽 복지체제가 엄청난 도전에 직면해 있고 또 너무나도 많은 점에서 동시적인 문제에 직면하고 있다는

사실이 오히려 이 체제의 현대화에 기여할 수 있는 것이다.

개혁이 추진되는 각 정책영역은 서로 다른 쟁점과 행위자와 제도를 가진 각기 독특한 개혁정치의 영역이기 때문에, 복지국가 현대화에 대한 다차원적 설명이 경험적으로 얼마나 효용이 있는가를 평가하기 위해서는 각 정책영역을 별도로 분석해야 한다. 따라서 탈산업적 복지국가 개혁을 의미 있게 분석하기 위해서는 두 가지의 분석단계를 거쳐야 한다. 첫째, 각 정책영역의 개혁공간을 규정하는 갈등전선의 목록을 해당 정책영역별로 구성해야 한다. 둘째, 지속적으로 진화하는 행위자들의 입장을 주요 갈등전선에 따라 정책영역별로 모델화하여 다수세력의 구축과 동맹형성의 기회 및 제약구조를 파악해야 한다. 이 책에서는 독일과 프랑스 그리고 스위스 세 나라의 연금정책과 관련하여 탈산업적 개혁의제를 이론적으로 그리고 경험적으로 상세하게 분석할 것이다. 연금정책은 그에 연관된 기존의 제도들과 행위자들이 개혁을 추진하려는 의지도 가능성도 별로 없는, 동맥경화증에 걸린 대표적인 사회정책으로 간주되고 있다. 동시에 연금정책은 재정적 지속가능성의 면에서나 현대화의 면에서나 가장 거센 도전에 직면해 있는 정책영역이기도 하다. 이런 점에서 다차원성이라는 개념은 연금현대화에서 매우 적절한 개념이며 동시에 이것은 보다 일반적인 것으로서의 대륙유럽 복지개혁의 동학에도 매우 적절한 개념이다.

제1부 대륙유럽의 연금개혁: 분석틀

제3장 새로운 개혁의제 : 탈산업시대의 노후소득보장

긴축과 탈산업화는 대륙유럽 복지국가의 모든 주요 사회정책에 중대한 도전이 되고 있다. 노동시장정책이나 실업정책, 보건의료정책, 가족정책, 아동돌봄 및 노인돌봄정책, 빈곤정책, 노후소득보장정책 할 것 없이 거의 모든 주요 정책들은 장기적 재정건전성을 위협받고 있을 뿐만 아니라 새로운 사회적 욕구의 증가로 중대한 도전에 직면해 있다. 하지만 이들 다양한 사회정책들은 동일한 구조적 변화에 의해 각기 다르게 영향을 받고 있으며 그에 따라 정책결정자들도 각기 다른 방식으로 그에 대응할 수밖에 없다. 예컨대, 노동시장정책은 재정긴축이라는 제약조건 하에서 직업시장의 구조조정을 원활히 수행해야 할 도전에 직면해 있으며(노동시장정책과 실업정책의 최근 흐름에 대해서는 Esping-Andersen and Regini, 2000; Rueda, 2005; Clasen and Clegg, 2006; Clegg, 2007 등 참조), 보건의료정책은 인구노령화의 추세 속에서 기술적으로 실현가능한 의료와 경제적으로 합리적인 의료 사이에서 균형점을 찾아야 하는 도전에 직면해 있다(최근의 보건의료정책의 흐름에 대해서는 Wendt and Thompson, 2004;

Hassenteufel and Palier, 2007 등 참조). 한편 가족정책과 돌봄정책은 모순적인 상황에 봉착해 있는데 즉 노인과 아동에 대한 돌봄의 욕구는 폭발적으로 증가하는 가운데 노동시장에 참여하려는 여성은 증가하고 있으며 빈곤율도 증가하고 있는데 특히 편모가정의 빈곤율이 심각하게 증가하고 있다(최근의 가족정책의 흐름에 대해서는 Jenson and Sineau, 2001; Dienel, 2002; Leitner, Ostner, and Schratzenstaller, 2004 등 참조). 사회부조정책은 다른 정책영역에서 시도된 복지축소로부터 결과한 빈곤의 증가에 대응함과 동시에 이를 활성화나 사회투자 혹은 재상품화와 결합시킬 것을 요구받고 있다(최근의 사회부조정책의 흐름에 대해서는 Cattacin et al., 2002; Lister, 2004). 오늘날 복지국가에서 단연 최대 규모인 연금정책은 다양한 개혁압력을 동시에 받고 있다. 연금제도는 경제성장률의 둔화와 실업의 증가 및 지속, 인구노령화로 재정안정성이 위협받고 있으며 그와 동시에 노동시장의 변화와 가족불안정성의 증가, 성평등 요구의 증가 등으로 새로운 욕구에 직면하고 있다. 요컨대 각 정책영역은 각기 독특한 탈산업적 개혁의제에 직면해 있는 것이다. 각 정책영역이 갖는 이와 같은 차이점은 매우 중요한데 왜냐하면 각 정책영역에서의 정치와 개혁의 동학은 정책특수적 도전과제에 의해 결정되기 때문이다. 그리고 이것은 개혁정치를 이론적 · 경험적으로 분석하기 위해서는 각 정책영역을 별도로 분석해야 하는 이유이기도 하다. 이 장에서는 대륙유럽의 연금정책에 초점을 두어 바로 이 작업을 하고자 한다.

탈산업적 사회정책 개혁을 설명하기 위한 이론적 모델을 검증하는 수단으로 연금정책을 택한 것은 언뜻 보면 다소 이상하게 보일 수도 있다. 실제로 새로운 사회적 욕구가 가장 분명하게 등장하고 있는 정책영역은 가족정책이나 아동 및 노인돌봄정책, 장기실업정책, 활성화 정책 등의 영역들이다(Bonoli, 2005). 그에 비해 노후소득보장은 전형적인 "구사회위험" 에 관련된 것으로서 전후 복지국가가 출범할 때부터 그 중심에 있던 정책영역이다. 노동자들의 연금수급권은 산업사회에서 노동과 자본 간 계급타협의 핵심 사안이었기 때문에 연금정책은 산업사회의 계급갈등의 주요 장으로 간주되어 왔다. 또한 연금정책은 장기간의 기여를 필요로 하는 것이고 그에 따라 행위자나 제도나 연합형성에서나 시간에 따른 변화가 그리 크지 않은 편이다. 보놀리와 팔리어(Bonoli and Palier, 2007: 556)가 지적한 바와 같이, 대륙유럽의 연금제도는 인구학적 변화와 일자리 감소에 매우 민감하기 때문에 "비스마르크적 복지제도가 안고 있는 어려움의 진수를 대표" 한다. 그와 동시에 연금제도는 유권자들이 친숙하게 알고 있고 또 정당한 것으로 생각하는 경향이 강하기 때문에 그것을 개혁한다는 것은 대단히 어려운 일이다. 이러한 모든 특징을 생각할 때 연금제도는 그 갈등의 동학이 타성적인 것까지는 아닐지라도 상당히 안정적일 것으로 예측할 수 있다(이는 갈등전선이 다차원적이고 지속적으로 변화한다는 가정과는 상반된다).

하지만 그럼에도 불구하고, 바로 위와 같은 이유로 필자는 가치관의 분절과 계급초월적 적대와 같이 탈산업사회에서 새롭게 등장하고 있는 갈등전선은 오늘날의 개혁결과를 설명하는 데 매우 중요한 역할을 한다는 필자의 현대화 명제를 검증하는 엄밀한 수단으로 매우 효율성이 높다고 주장한다. 아마도 가족정책이나 돌봄정책 영역에서는 계급초월적 갈등이나 가치지향적 개혁의 동학이 관찰된다고 해서 그에 놀라는 복지국가 연구자는 거의 없을 것이다. 하지만, 이러한 것들이 연금정책 결정과정에도 중요하게 고려되어야 한다는 것은 직관적으로 이해하기가 훨씬 더 어렵다. 하지만 그렇게 해야 한다는 것이 바로 필자가 이 책에서 증명하고자 하는 바이다. 이를 통해 필자는 연금정책을 축소와 안정 간의 갈등이라는 관점에서만 주로 접근해온 기존의 연구들 — 이 연구들이 다른 사회정책영역에서는 새로운 사회적 욕구의 존재를 의문시한 것은 아니다 — 에 문제를 제기하고자 한다(기존의 연구들로는 Schludi, 2005; Schulze, 2007를 들 수 있으며, Myles and Pierson, 2001과 Kitschelt, 2001도 이런 연구의 성격을 상당히 가지고 있다). 필자가 보기에, 이처럼 축소냐 안정이냐와 같은 단일한 개혁차원에만 초점을 맞춘 것이 기존 연구들이 최근에 대륙유럽국가들이 보여준 개혁능력과 개혁결과를 이해하는 데 실패한 원인을 잘 설명해준다고 생각한다.

대륙유럽 연금정책의 갈등의 차원들

오늘날 노후소득보장제도는 두 가지 압력에 직면해 있는데, 첫째는 재정적 긴축의 압력이며 둘째는 외부자 포섭과 성평등의 실현 그리고 개인화의 압력이다. 이 두 가지 압력은 모두 대륙유럽 연금정책이 탈산업시대와 특히 조화롭지 못하다는 사실에서 나오는 것이다. 따라서 아래의 논의는 먼저 대륙유럽국가들의 노후소득보장제도의 전형적 특징들에 대해 간략히 살펴본 다음 새로운 상황변화가 이들 제도들에 부과하는 과제들에 대해 살펴보겠다.

대륙유럽의 연금제도는 에스핑 안데르센(Esping-Andersen 1990, 1999)이 말한 바 대륙유럽 복지체제의 특성을 잘 보여주고 있는데 그 특성들은 노동시장 내부자들에 대한 탈상품화, 사회계층화, 그리고 남성가장모델의 구현 등이다. 노동시장 내부자들에 대한 탈상품화는 연금수급권이 기여금납부실적과 비례해야 한다는 등가원리(principle of equivalence)에서 기인하는 현상이다. 정규직 노동자들인 노동시장 내부자들은 안정적인 고용상태에서 대체로 40여 년 정도 공적보험에 기여금을 납부하며 그에 따라 퇴직 시에 연금수급권을 획득하게 된다. 이러한 연금제도는 노동과 자본 간의 계급타협의 결과(Huber and Stephens, 2001; Palier, 2002)였기 때문에 거의 대부분의 노동자들은 공적연금보험에 가입되었으며 민간연금(기업연금)은 그리 중요한 비중을 갖지 못했다(Schludi, 2005). 대륙유럽의 연금제도는 통상 당대의 노동인구가 납부하는 기여금수입을 그 당시의 퇴직자들에게 지급할 연금급여에 곧바로 지출하는 부과방식(pay-as-you-go; PAYG)을 채택하고 있다. 정규직 노동자들이 받는 연금급여 수준은 평균적으로 퇴직 전 총소득의 약 60%(퇴직 전 순소득 대비로는 약 80%)에 이를 정도로 관대한 편이다(OECD, 2005). 정규직 노동자들에게 이처럼 소득대체율이 높은 연금급여를 지급하는 것은 그들의 지위를 보존해주기 위한 것이다(즉, 그들이 경제활동을 할 당시에 누렸던 생활수준을 퇴직 후에도 유지해주기 위한 것이다)(Schludi, 2005). 노동시장 내부자들로서 이들이 노동시장에서 누리는 지위와 가족생활에서 누리는 남성가장으로서의 지위는 그들이 장애를 입거나 사망했을 때 부여되는 직접적 수급권과 파생적 수급권(파생적 수급권은 사망 시 지급되는 유족연금이 대표적이다)을 통해서도 유지된다. 대륙유럽 연금제도에서는 파생적 수급권도 연금가입자(즉, 남성가장)의 사망 전 소득수준에 비례하여 정해진다(Abramovici, 2002).

등가원리는 대륙유럽 연금제도가 갖는 강력한 계층화 효과의 주요 원인이기도 하다. 연금급여가 퇴직 전 소득에 크게 영향을 받아 정해지기 때문에 연금수급자들 간의 불평등은 그들이 노동인구였을 때와 거의 마찬가지이다(OECD, 2005). 이는 대륙유럽의 연금제도가 재분배효과가 별로 크지 않음을 의미한다. 뿐만 아니라 대륙유럽의 연금제도는 조합주의적으로 분절된 구조를 갖고 있어서 평등주의적이지도 않다. 대륙유럽 연금체제에는 공무원이나 농민 등 각 직업집단별로 별도의 연금제도가 운영되고 있다[1]. 이러한 연금보험제도의 분절은 조정적 시장경제체제에서 경제의 산업부문 간 분절 및 노동조합의 산업부문 간 분절을 반영한 것이다(Hall and Soskice 2001). 이처럼 분절된 연금보험의 보험조건은 각 제도들마다 상당한 편차가 있지만, 전체적으로는 고숙련 노동자들과 공무원들에게 보다 더 유리하게끔 짜여 있다[2]. 마지막으로 등가원리 및 조합주의적 분절구조 외에 계층화의 셋째의 원인으로는 배타적인 수급권 규정을 들 수 있다. 노동자

---

1 에스핑 안데르센(Esping-Andersen 1990)은 직업집단별로 분절된 연금체제를 조합주의의 강도를 측정하는 지표로 삼았는데, 그의 계산에 따르면 프랑스에서는 연금제도가 10개나 되었고 독일은 6개, 이탈리아는 12개, 오스트리아는 7개, 벨기에는 5개였다. 이는 앵글로색슨 국가나 스칸디나비아 국가들처럼 중앙집중화된 연금제도를 운영하는 나라들과 크게 대비된다.

2 특정 직업집단에게 보다 유리한 구조(특권)의 전형적인 예로는 오스트리아와 프랑스, 그리고 독일의 공공부문 연금제도를 들 수 있다. 이들 제도는 그 재원을 기여금이 아니라 일반조세에서 충당한다. 이는 일반노동자들이 그들 자신의 연금비용뿐만 아니라 공무원들의 보다 관대한 연금에 소요되는 비용의 상당부분까지도 부담함을 의미한다.

들이 공적연금수급권을 획득하기 위해서는 일정수준 이상의 고용실적을 가져야 하는데 이로 인해 임시직 노동자들이나 시간제 노동자들은 수급권 획득에서 배제되거나 불리한 처지에 빠지게 된다. 또한 완전노령연금(full pension) 수급권을 얻으려면 37년에서 45년의 기여실적이 있어야 하는데 이로 인해 그렇지 않아도 불평등지향적인 대륙유럽의 연금제도의 불평등지향적 속성은 더욱 증폭되며 더 나아가 안정적인 고용경력을 갖는 노동시장 내부자와 불연속적이거나 불완전한 고용경력을 갖는 노동시장 외부자 간의 단절이 더욱 강화된다(Häusermann and Schwander, 2009).

대륙유럽 연금체제가 전형적으로 가진 위와 같은 미시제도적 특징들은 이들 "연금체제가 남성들만 염두에 둔 남성들에 의해 발전되어 온 것" 임을 명백히 보여준다(Finlayson, 1988: Myles, 1984). 대륙유럽 연금체제는 남성가장에 대해서 고도로 발전되고 안정적이며 관대한 노후소득보장을 제공하며 그것을 통해 그들의 가족에게도 간접적으로 노후소득보장을 제공한다. 이러한 성차별적 효과는 세 가지 요인에서 기인한 결과이다. 첫째는, 1950년대와 1960년대에 대륙유럽을 지배했던 보충성원리와 가족주의원리로 인해 남성가장이 하나의 규범적 청사진의 지위를 갖게 되었으며 국가는 이러한 청사진을 보존하고 지원해야 하는 것으로 여겨졌다는 점이다. 둘째는, 산업사회시대에는 남성들이 정규직 일자리에 취업할 수 있었고 여성들의 취업은 흔치 않은 일이었으며 이혼율도 낮았기 때문에 남성가장사회는 하나의 규범적 목표였을 뿐만 아니라 실제의 사회적 현실이기도 했다는 점이다. 그래서 산업사회시대에 대륙유럽 연금체제는 매우 적합한 것이기도 했고 또 상당히 효과적이었다(즉 그것은 그 시대의 사회적 욕구에 대한 기능적 대응이었던 것이다). 셋째는 위의 두 요인들과 달리 행위자에 관련된 요인인데, 실제로 대륙유럽 복지체제는 1950년대와 1960년대의 산업사회시대에 가부장주의의 강력한 버팀목이었던 노동조합과 고용주단체와 정부에 의해, 즉 다시 말해서 거의 전적으로 남성들에 의해 설계되었다는 점이다. 그들은 남성가장인 유권자들의 이해관계에 맞게 보험조건들을 구성하였다.

1950년대 이후 대륙유럽의 연금체제는 내부자에 대한 탈상품화, 계층화, 남성가장에 대한 소득보장이라는 축을 따라 매우 빠르게 성장하였다. 연금제도의 이와 같은 괄목할만한 성장은 조합주의적 계급타협의 산물이기도 했다(Myles and Pierson, 2001; Huber and Stephens, 2001). 하지만 이러한 성장기에 있을 때부터 대륙유럽 연금체제는 역기능적인 모습을 나타내기 시작하였다. 1970년대에 들어오면 대륙유럽 연금체제는 증가하는 긴축압력이나 탈산업화되어가는 사회구조, 점차 확산되어가는 자유의지론적 가치와 갈수록 충돌하게 되었다. 이러한 충돌은 급여구조와 재정양식, 수급자격기준 등에서의 다양한 부정합성으로 나타났다. 이와 같은 모순은 바로 이 책에서 제시하는 설명모델의 첫째 가설, 즉 긴축압력과 탈산업화라는 구조적 압력과 대륙유럽 연금체제의 미시제도 간의 부정합성은 대륙유럽의 연금정책공간에 새로운 갈등전선을 형성할 가능성이 있다는 가설에 관련된 것이다(〈그림 3-1〉 참조). 이 가설에서 주의해야 할 점은, 구조와 제도 간의 부정합성이 있다 하더라도 이 부정합성이 정치적 갈등전선으로 발전할 것인가 여부는 어디까지나 가능성의 단계에

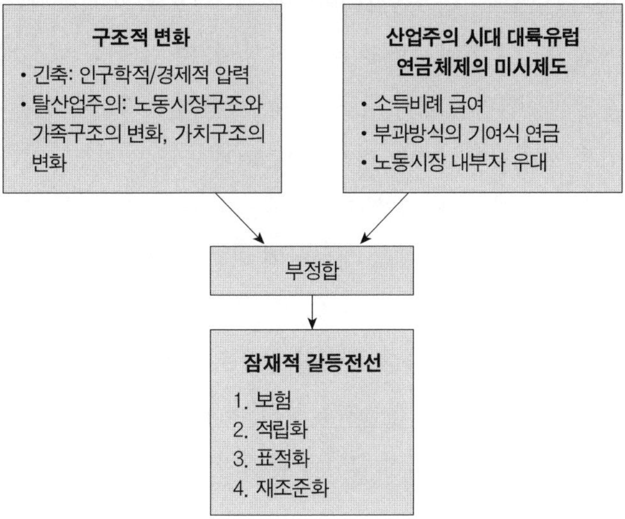

〈그림 3-1〉 탈산업적 연금개혁 의제에 있어서 잠재적 갈등구조

머물러 있다는 점이다. 구조적으로 볼 때에는 갈등가능성이 있다고 해도 이 가능성이 정치적으로 현실화되는 데에는 갈등을 동원하는 행위자가 있어야 한다. 이런 점에서 제도변화를 단순히 기능주의적으로만 접근하는 것은 잘못된 것이다. 그리고 이 책에서는 탈산업적 갈등전선의 가능성은 대륙유럽의 여러 국가들에서 대체로 유사하다고 가정한다.

탈산업화시대의 대륙유럽 연금체제에 관련된 의제는 크게 네 가지로 구분할 수 있는데, 그것은 ① 관대한 보험조건과 연관된 것으로서 급여수준을 축소해야 한다는 의제, ② 인구학적 위협의 증가와 연관된 것으로 부과방식의 재정방식을 적립방식에 의해 보완해야 한다는 의제, ③ 탈산업적 노동시장화와 연관된 것으로 비정규직노동자와 같은 직업집단의 연금보험 적용을 향상시켜야 한다는 표적화 의제, ④ 가족불안정성의 증대와 자유의지론적 가치의 확산과 연관된 것으로 불연속적인 고용경력을 가진 사람들(대부분은 여성들이다)을 포괄하기 위해 정책을 재조준해야 한다는 의제들이다. 이들 네 가지 의제들은 대륙유럽 연금체제를 개혁하기 위한 개혁정치의 네 가지 차원이기도 한데, 이들 네 가지 차원에서 수급자와 기여자, 기업 등의 행위자들 간에는 각 차원마다 독특한 갈등유형이 나타난다. 이어지는 논의에서는 각 차원마다 갈등가능성의 내용을 보다 구체적으로 살펴보고 각 차원에서의 잠재적 승자와 패자가 누구인지도 살펴본다.

보험: 비용억제의 분배정치

대륙유럽의 연금체제는 기여실적이 충분한 퇴직자에게 비교적 관대한 급여를 제공한다. 급여수준은 1970년대까지 지속적으로 인상되었는데, 이는 소득대체율이나 급여산식, 퇴직연령, 물가연동방식 등 일반적인 보험관련 모수(insurance parameters)의 조정을 통해 이루어졌다. 하지만 이러한 급여인상은 엄청난 비용을 동반한 것이었다. 1990년대 중반에 대륙유럽 복지체제의 모든 연금제도는 연간적자가 GDP의 2%에서 7%까지 치솟게 되었다(Schludi, 2005). 경제성장의 둔화와 실업률의 증가로 기여금 수입이 퇴직자들에게 지급되는 연금급여지출의 증가속도를 따라가지 못하게 되었다. 연금의 재정안정성이 훼손될 것이라는 전망은 1970년대 후반부터 이미 나오기 시작했으며 그 후 시간이 흘러 경제문제가 인구고령화로 더욱 악화되기 시작한

1990년대에는 이른 바 "영구적 긴축" (Pierson, 2001: 410)이라는 상황에까지 도달하게 되었다. 비용억제와 급여축소를 지지하는 사람들은 기존의 높은 급여수준은 긴축이라는 탈산업적 맥락에서는 더 이상 통용되기 어렵다고 주장하며, 그에 반대하는 사람들은 안정적인 소득보장의 중요성을 강조하며 특히 노동시장 실패의 시대에는 그것이 더욱 필요하다고 주장한다. 이로 인해 대륙유럽의 연금정책에서 비용억제를 둘러싼 갈등이 점차 빈번히 발생하게 되었다. 연금의 제도구조가 경제적 · 인구학적 위협에 취약할수록 이러한 갈등은 더욱 첨예하게 나타난다. 이 책에서 필자는 이 갈등전선을 "보험" 이라고 부르기로 하는데, 왜냐하면 이것은 보험권리의 강도에 관련되기도 하고 또한 일반적인 보험조건의 재구조화에 관련되기도 하기 때문이다. 보험권리나 보험조건을 시민들이 쉽게 인지할 수 있는 방식으로 축소한다는 것은 민주적 선거를 치러야 하는 정부의 입장에서 보면 대단히 위험한 일이기 때문에(Pierson, 1996) 정부는 이를 은밀한 방식으로 추진하게 되는데 이로 인해 "보험" 이라는 갈등전선은 여러 가지 형태로 나타나게 된다. 비용억제라는 목표를 추구하면서도 그것을 모호하게 하는 모호화 전략의 예로는, 조기퇴직요건을 강화한다든지, 완전노령연금 수급권을 획득하는 데 필요한 기여기간을 연장한다든지, 연금급여를 계산하는 기준기간을 연장한다든지(예컨대 임금수준이 가장 높았던 10년간 소득의 60%를 임금수준이 가장 높았던 20년간 소득의 60%로 조정) 연금크레딧의 가치를 하향조정한다든지 연금급여의 연동방식을 총임금연동제에서 순임금연동제나 물가연동제로 바꾼다든지 기여와 급여 간의 연결을 강화하기 위해 확정급여방식(defined benefit)을 확정기여방식(defined contribution)으로 변경한다든지 하는 것들을 들 수 있다.

보험(insurance)이라는 갈등전선을 따라 추진되는 개혁은 확장지향적이기도 하고 동시에 축소지향적이기도 하다. 하지만 탈산업시대에 더욱 가시적인 것은 축소이다. 어떻든 보험이라는 차원의 개혁은 모든 가입자들에게 동일한 방식으로 영향을 미치며 또한 그것은 사회보장세를 통해 노동비용에 영향을 주기 때문에 모든 고용주들에게도 유사한 영향을 미치게 된다. 이러한 이유로 필자는 보험차원에서의 개혁을 둘러싼 논쟁은 노동과 자본을 분절시킬 것이라고(즉, 계급갈등을 유발할 것이라고) 가정한다. 노동자들은 연금권리를 방어하려고 하는 반면 자본가들은 연금비용을 억제하려고 하는 것이다. 하지만 탈산업적 연금개혁의 다른 차원들에서는 계급초월적 갈등이 발생하는 경향이 있다.

적립방식으로의 전환(적립화): 연금재정에서 연대의 재규정

대륙유럽의 연금개혁에서 보험이라는 갈등전선 그리고 특히 축소라는 의제는 핵심적인 것이다. 하지만 급여수준의 축소 여부에만 초점을 두게 되면, 대륙유럽 연금체제의 근본적인 논리 자체에 수정을 가하는 보다 심층적인 개혁차원을 간과할 우려가 있다. 이러한 보다 심층적이고 구조적인 개혁차원 중 한 가지는 바로 연금의 재정방식에 관련된 것이다. 앞에서 언급한 것처럼 대륙유럽의 대부분의 연금제도는 기여금에 의해 재정을 마련하며 부과방식으로 운영된다. 기여금에 의한 재정마련은 위험분산에 참여하는 모든 사람들 간의 연대를 상징하는 것이다. 기여금에 의한 재정충당방식의 정당성은 모든 가입자가 납부하는 기여금의 규모와 그가 퇴직 후에 받을 급여수준 간의 연결이 어떠한가에 달려있다. 그런데 이 연결은 연금수급자와 연금기여자라는 두 집단 간의 분절이 커질수록 왜곡될 가능성이 있다. 인구노령화는 기여금을 납부하는 세대를 감소시키는 반면 연금수급자 세대를 증가시킴으로써 이러한 왜곡을 초래하게 된다. 대륙유럽 복지국가에서 노인부양비는 1990년대 후반에 대체로 1:4 정도였는데 이것이 그로부터 30년 내지 40년이 채 되지 않아 1:2로 하락할 것으로 전망되고 있다(Schludi, 2005). 따라서 인구노령화는 제도안정성에 대한 가입자들의 신뢰를 무너뜨리게 된다. 기여와 급여 간의 시간적 등가성이 무너지면 연금제도는 보험제도라기보다는 사실상 부를 경제활동인구로부터 비경제활동인구로 이전하는 재분배제도로 전환되게 된다. 이런 이유로 필자는 인구노령화의 맥락에서는 연금재정에서의 연대의 범위를 둘러싼 갈등이 빈번하게 발생할 것이라고 가정한다. 그러한 갈등은 부과방식을 적립식 연금기금으로 보완해야 한다는 주장과 관련하여 특히 첨예하게 나타난다. 적립방식 연금의 도입(적립화, capitalization)을 옹호하는 사람들은 연금제도의 보험적 성격이 유지되어야 한다고 주장한다. 따라서 그들은 적립방식을 도입하여 각 세대는 각기 자신의 세대가 받을 연금급여의 비용을 적립해야 한다고 주장한다. 적립방식의 연금이 보편화한 것은 아니지만 그것은 위험분산의 범위를 한 산업부문 내의 노동자 혹은 기업연금의 경우 한 기업 내의 노동자 내지 자기 자신의 개인적인 연금에 기여금을 납부하는 개별기여자로 제한함으로써 위험분산이 보다 제한적으로 이루어지게 하는 경향이 있다. 적립방식은 세대 내에서는 다소간의 연대를 보장할 수 있지만, 부과방식을 옹호하는 사람들이 연금제도의 가장 중요한 요소라고 생각하는 세대 간 연대는 확실히 축소시키는 경향이 있다. 따라서 적립화라는 의제는 적립방식의 개인연금을 옹호하는 사람들과 세대 간 연대를 옹호하는 사람들 간의 갈등을 초래하게 된다.

적립화를 옹호하는 사람들은 기존의 부과방식에 기초한 공적연금에 적립방식의 연금을 부가해야 한다고 주장한다(Bonoli and Palier, 2007). 이들에 따르면 이처럼 적립식 연금을 부가함으로써 노동자들은 현재의 공적연금에도 기여함과 동시에 자기 자신의 연금적립분에도 기여할 수 있게 된다는 것이다. 따라서 적립화는 숙련수준에 따른 갈등을 유발하는 경향이 있다. 왜냐하면 고숙련 노동자들은 대개 고임금노동자들이며 이들은 임금의 일부를 적립식 연금에 투입할 여력이 있는 반면 저숙련 노동자들은 현행 방식에 따라 연금기여금을 납부하고 나면 더 이상 기여할 여력이 없기 때문이다. 게다가 적립방식을 도입하게 되면 고용주들은 그들에게 가장 가치 있는 노동자들을 위한 별도의 적립식 연금을 창설할 기회를 가질 수 있다. 스위스의 경우 많은 기업들이 관리직 종사자가 납부하는 기여금의 2/3 혹은 심지어는 그와 맞먹는 금액을 기업연금에 납부하고 있다(Suter and Mathey, 2000). 이를 통해 기업들은 고숙련 노동자들로부터 충성을 유도하려 하며 또 그에 대해 보상을 제공하려고 한다. 따라서 적립방식의 연금은 고숙련 노동자들에게 유리할 뿐만 아니라 그들에게 (재정적으로 흥미로운) 투자대안이 될 수도 있기 때문에, 적립화는 노동

내부의 숙련수준에 따른 이질성을 강화하는 경향이 있다. 또한 연금에 대한 선호 역시 마찬가지로 이질화될 수 있다. 적립방식의 기업연금은 대기업들이 고숙련 노동자들에게 보상을 주기에 적합한 제도이다. 하지만 중소기업들은 노동자들에게 연금적립기회를 제공하기에는 규모가 턱없이 작다. 중소기업의 입장에서는 적립방식의 기업연금을 도입하는 것이 기회로 받아들여지는 것이 아니라 오히려 장벽으로 받아들여질 수밖에 없다. 이런 점에서 필자는 적립화와 관련해서는 기업규모와 숙련수준에 따른 계급초월적 갈등이 발생할 것이라고 가정한다.

표적화: 취약직업집단에 대한 연금적용의 확장

탈산업적 연금개혁을 둘러싼 갈등전선의 셋째는 수급자격과 관련된 것이다. 대륙유럽 복지체제에서 완전연금의 수급자격은 충분한 기여기록이 있어야 획득가능하다. 그런데 탈산업경제는 불안정 노동자나 비전형 노동자 등과 같은 노동시장 외부자들을 증가시키는 경향이 있다 (Esping-Andersen, 1999; Häusermann and Schwander, 2009). 노동시장 외부자들은 시간제 노동이나 임시직 노동에 종사하는 경우가 많고 또 실업을 당하기 쉽기 때문에 기여실적이 충분하지 못할 가능성이 높고 이로 인해 노동시장에서 경제활동을 했음에도 불구하고 노후에 빈곤에 처할 위험이 높다. 불안정 노동자와 비전형 노동자의 증가로 인해 특정 직업집단의 욕구에 초점을 맞추는 표적화(targeting) 개혁을 둘러싼 논쟁이 일어나게 되었다. 이런 점에서 필자는 연금수급자격을 둘러싼 갈등이 대륙유럽의 탈산업적 연금정치에서 점차 중요해질 것이라고 가정한다.

표적화 개혁은 일부 연금급여를 욕구에 따라 배분토록 함으로써 기여와 급여 간의 연결을 완화한다. 이런 개혁의 예로는 육체노동에 장기간 종사해온 중고령 노동자들과 같은 불안정 노동자들을 대상으로 한 자산조사방식의 연금급여제도를 도입하는 것을 들 수 있다. 또 다른 예로는 연금수급자격을 온전히 얻기에는 소득이 너무 낮은 시간제 노동자들을 위한 별도의 보험조건을 신설하는 것을 들 수 있다. 표적화 개혁의 기본논리는 희소한 자원을 욕구가 가장 큰 위험집단에게 우선 배분해야 한다는 것이다. 따라서 불이익을 받던 노동자들을 위해 연금수급자격을 확대하려는 표적화 개혁은 그 이면에 그동안 과도한 복지특권을 누려온 노동자들의 수급권을 제한하는 결과를 낳게 된다. 앞에서 언급한 바와 같이 대륙유럽의 연금체제는 고숙련 노동자들과 공공부문 노동자들에게 특권적인 급여를 제공해왔다. 이러한 복지특권은 욕구에 기초한 것이 아니라 지위에 기초한 것이었는데 이것이 오늘날과 같은 긴축의 시대에는 정당성을 상실하고 있다. 레비(Levy, 1999)는 이러한 지위에 기초한 복지특권을 대륙유럽 복지국가가 안고 있는 악덕이라고 규정하면서 복지특권에 할당되는 자원을 실제로 욕구가 있는 사람들에게로 재할당한다면 그 악덕은 미덕으로 전환될 것이라고 주장하였다.

갈등유형의 측면에서 볼 때, 표적화 개혁은 노동시장 외부자들에게 유리하다. 반면 주로 정규직 남성노동자들로 구성되는 노동시장 내부자들은 욕구조사에 기초한 급여와는 상관이 없다. 이들은 등가원리를 유지하기를 더 선호한다. 또한 노동시장 내부자들은 연금급여의 재원을 기여금을 통해 마련하게 되면 가입자들이 연금수급권을 스스로의 노력을 통해 획득했다는 인상을 주기 때문에 그런 재정방식에 대해 정당성이 있다고 생각하는 경향이 강하다(Palier, 2002). 이런 이유로 노동시장 내부자들은 사회권 획득의 기초를 기여금에서 욕구로 대체하는 것에는 흥미가 없다. 이런 입장은, 노동시장 참여를 증가시키는 것이 그리 큰 이득을 가져다주는 대안이 아니며 따라서 자산조사방식의 노후소득보장에 의존할 가능성이 높은 노동시장 외부자들과는 완전히 상반되는 입장이다. 따라서 우리는 표적화 개혁은 노동시장에서의 지위, 즉 내부자인가 외부자인가에 따라 노동 내부의 분열을 조장할 가능성이 있다고 가정할 수 있다.

하지만 표적화에 대한 선호가 노동시장 지위에 의해서만 결정되는 것은 아니다. 표적화 개혁은 가치 혹은 가치관과도 매우 강하게 관련되어 있으며, 이러한 사실은 계급갈등을 희석시키는 경향이 있다. 탈산업적 노동시장은 가족과 노동을 탈산업적 방식으로 조직화하는 것과도 연관성이 있다. 상당수의 비전형노동자들은 여성들이며 보다 일반적으로 말하면 대륙유럽 복지체제가 결여하고 있는 아동돌봄인프라 때문에 직장과 자녀양육을 조화시키려고 분투하는 젊은 부모들이다. 오늘날 시간제노동은 대륙유럽 복지국가의 여성취업형태로는 더 이상 비전형적인 것이 아니며 오히려 전형적인 것이 되어 있다(프랑스는 예외이지만). 여성고용이력의 전형적인 모델은 삼단계 모델인데(Anderson and Meyer, 2006), 이에 따르면 여성들은 처음 몇 년 동안은 정규직으로 일하지만 그 후 자녀양육을 위해 노동시장에서 퇴장하며 그로부터 몇 년 후에는 시간제노동의 형태로 노동시장에 다시 복귀한다는 것이다. 이 삼단계 모델은 여성들이 단절적 고용이력을 가지며 또 임금수준도 평균적으로 낮고 이러한 요인 때문에 취업전망이나 연금수급권 획득에서 불리한 위치에 있게 됨을 잘 보여준다(Bridgen and Meyer, 2008). 비정규직고용에 대한 연금의 제도적 차별은 직장과 돌봄을 보다 평등하게 공유하고자 하는 부부들에게도 문제가 된다. 만일 어떤 부부가 직장과 돌봄을 평등하게 분담하기 위해 둘 다 시간제노동을 택했다고 한다면 이들은 연금수급권의 엄청난 손실을 감내해야 한다. 이 예는 대륙유럽 연금체제가 그 이면에 내재한 규범적 측면을 잘 드러내주는데 즉 그것은 대륙유럽 연금체제가 전통적인 가족생활을 강력히 선호하며 또한 노동시장의 성별분절을 강력하게 조장한다는 것이다. 바로 이러한 이유 때문에 표적화를 둘러싼 갈등은 물질적 자원의 분배를 둘러싼 갈등만이 아닌 것이다. 표적화 개혁은 비정규직노동과 성별에 따라 분절된 노동시장을 정상화시킴으로써 성평등과 개인화 그리고 자유로운 생활양식의 선택에 기여할 수 있다. 이런 점에서 표적화는 가치의 문제이기도 한 것이다. 이런 점에서 우리는 표적화는 내부자와 외부자 간의 분열뿐만 아니라 자유의지론자들과 전통주의자들 간의 분열도 초래할 것이라고 가정할 수 있다.

마지막으로, 표적화 개혁과 관련해서는 고용주들의 이해관계도 분열될 수 있다. 남성노동자들이 압도적으로 많은 산업부문의 기업들은 여성들 그리고 보다 일반적으로는 노동시장 외부자들에게 유리하게끔 연금수급자격을 개혁하는 조치에 찬성할 이유가 별로 없다. 하지만 여성노동자들이 많은 산업부문의 고용주들은 비정규직 노동자들에 대한 사회보호를 개선하는 조치가 여성들의 취업을 유도하는 긍정적인 유인책이 될 수 있기 때문에 그러한 개혁조치에 보다 개방적인 태도를 취하는 경향이 있다. 따라서 표적화와 관련해서는 남성노동자가 많은 산업부문의 기업과 여성노동자가 많은 산업부문의 기업간에 갈등이 나타날 수 있어 계급초월적 갈등은 노동내부에서 뿐만 아니라 자본내부에서도 나타날 수 있는 것이다.

재조준화: 남성가장 연금체제에서의 성평등

표적화와 유사하게 재조준화(recalibration)도 연금의 수급자격기준을 탈산업화시대에 맞게 조정하는 데 관련된다. 하지만 표적화 개혁이 특히 불안정한 직업집단들을 포괄하려는 의도를 가진 것인데 비해 재조준화는 비경제활동인구에게 연금수급권을 부여하는 데 초점을 둔 것이다. 대륙유럽 복지국가에서 비경제활동인구는 매우 높은 비중을 차지하고 있는데 이는 여성의 경제활동참가율이 낮다는 데서 상당부분 기인한다(대륙유럽의 여성경제활동참가율은 1980년대까지도 50% 미만이었다)[3]. 대부분의 대륙유럽 복지국가에서 여성의 경제활동참가율은 아직도 60%에 미치지 못하고 있다. 따라서 경제활동연령인구의 상당수는 아예 노동시장에서 퇴장해 있는 것이다.

남성가장모델 하에서 여성은 전통적으로 파생적(derived) 수급권을 부여받아왔다. 하지만 이것은 이혼율이 증가하고 한부모가족이나 비전통적인 가족유형이 증가하고 탈산업사회적 가치와 규범이 확산되면서 점차 역기능적인 것이 되어가고 있다. 대륙유럽 복지국가에

---

3 이 수치는 OECD 노동통계 1985-2006을 근거로 한 것이다(www.oecd.org).

서 성평등적인 연금체제를 이루려면 수급자격이 보다 보편주의화될 필요가 있다(다시 말해서 연금수급자격이 노동시장 참여 여부와 관계없이 부여될 필요가 있다). 이런 방향을 지향하는 개혁이 바로 재조준화이다[4]. 재조준화와 표적화는 정도에서만 차이가 있는 것이 아니라 수급권에 대한 접근 자체에서 차이가 있다. 표적화는 기여와 급여 간의 연결을 완화하려는 것인데 비해 재조준화는 연금권리를 노동시장 참여와 무관하게 보장함으로써 기여와 급여 간의 연결 자체를 단절시키려는 것이다. 재조준화의 예로는 경제활동을 하지 않고 가정에서 자녀를 돌보는 사람에게 연금크레딧을 제공하는 조치나 혼인기간 동안 혹은 이혼한 후에 배우자들 간에 연금기여와 수급권을 분할하는 조치 등을 들 수 있다.

재조준화로부터 발생할 수 있는 갈등유형은 표적화로부터 발생할 수 있는 갈등유형과 유사하지만 이는 노동에 있어서만 그러하고 자본과 관련해서는 둘의 갈등유형이 다르다. 재조준화는 사회보험의 보편화를 추구하기 때문에 이는 노동시장 외부자들에게 유리하며 따라서 재조준화는 노동과 관련해서는 표적화와 유사하게 노동시장 내부자와 외부자들 간의 분열을 초래할 수 있다. 하지만 표적화와 달리 재조준화는 노동시장에 참여할 유인을 감소시키는 것이기 때문에 고용주들 입장에서는 재조준화 개혁에 찬성할 이유가 없다. 실제로 표적화

4 재조준화 개혁은 사회정책의 대상을 가구가 아니라 개인으로 전환시킨다. 이렇게 하여 재조준화는 연금체제를 사회구조의 변화 및 가치의 변화에 맞게 조정하게 된다. 이것이 피어슨(Pierson, 2001)이 보다 넓게 일반적인 개념으로 정의한 재조준화를 여기서 채택한 이유이다. 그는 "복지국가를 오늘날의 사회급여의 목적과 수요에 보다 맞게끔 조화시키려는 개혁"이라고 재조준화를 광범위하게 정의한 바 있다(Pierson, 2001: 425).

는 상품화를 강제하는 속성을 유지하는 것이지만(표적화는 비정규직고용에 대해서도 보상을 향상시킨다), 재조준화는 이러한 속성을 완전히 없애는 것이며 사실상의 탈상품화를 추구하는 것이다(Esping-Andersen, 1990). 따라서 재조준화는 노동시장 지위에 따라 노동 내부를 분열시킬 수 있지만 자본에 대해서는 동질적인 이해관계를 갖게 한다고 볼 수 있다. 마지막으로 재조준화는 성평등을 추구하는 것이기 때문에 전통주의자들보다는 자유의지론자들이 재조준화를 더 강하게 지지하는 경향이 있다. 표적화와 유사하게 재조준화도 국가는 사회의 모든 구성원들에게 그들이 남자이든 여자이든 또 그들이 노동시장 내부자이든 외부자이든 평등한 선택의 기회를 누릴 수 있도록 사회에 개입해야 한다는 생각을 함축하고 있다. 자유의지론자들은 이런 평등의 이념을 가지고 있으며 따라서 그들은 재조준화를 지지하는 경향이 있다. 반면에 전통주의자들은 전통적인 가족생활과 성역할을 더 중시한다. 이런 점에서 우리는 재조준화는 자유의지론자들과 전통주의자들 간의 가치갈등을 초래할 것이라고 가정할 수 있다.

지금까지의 논의를 요약해보자. 탈산업적 연금개혁의제는 연금정책 현대화의 네 가지 차원을 구성하는데 그것은 보험, 적립화, 표적화 그리고 재조준화이다. 이들 네 가지 차원에서 승자와 패자는 각기 약간씩 다르게 나타나는 경향이 있으며 따라서 이 네 가지 차원은 각기 독특한 갈등전선으로 발전할 가능성을 가지고 있다. 보험이라는 차원에서의 갈등은 계급 간에 나타나는 경향이 있지만 적립화와 표적화 그리고 재조준화 차원에서는 숙련수준과 노동시장 지위 혹은 가치에 따라 노동내부의 분열을 초래할 수 있다. 〈표 3-1〉은 이런 내용들을

〈표 3-1〉 탈산업적 연금정치에 대한 지지와 반대 유형

		선호 및 갈등유형	
제도	갈등전선	지지	반대
급여수준	보험	노동(주로 저숙련노동)	자본
재정방식	적립화	고숙련노동 및 대기업	저숙련노동 및 소규모기업
수급자격	표적화	노동시장 외부자 자유의지론자 여성노동자가 많은 산업부문의 기업	노동시장 내부자 전통주의자 남성노동자가 많은 산업부분의 기업
	재조준화	노동시장 외부자 자유의지론자	노동시장 내부자 전통주의자 자본

요약한 것이다.

필자는 긴축과 탈산업화의 도전에 직면하고 있는 대륙유럽 복지국가 모두에서 네 가지의 구조적 갈등가능성이 존재한다고 본다. 하지만 여기서 논의한 대륙유럽 연금체제는 어디까지나 이념형이다. 현실의 모든 복지국가는 이념형으로 존재하는 것이 아니라 혼합형으로 존재한다. 대륙유럽 국가들이라 할지라도 이들 나라들이 보이는 대륙유럽주의적 특성 혹은 비스마르크적 특성의 강도는 각기 차이가 있다. 이러한 차이로 인해 각 나라마다 구체적인 연금제도 설계는 서로 조금씩 차이가 있게 된다. 그리고 이로 인해 긴축과 탈산업화라는 도전이 각 나라의 연금체제에 부과하는 도전의 강도에도 차이가 있게 된다. 다시 말해서 국가 간 제도의 차이로 인해 구조변화와 제도적 관성 간의 충돌로부터 결과하는 부정합성의 크기가 달라진다는 것이다. 따라서 우리는 갈등가능성의 구조적 유형은 대륙유럽 복지체제 모두에서 유사한 모습을 띨 것이지만 갈등가능성이 각 국가에서 어느 정도 중요성을 갖는가 하는 것은 그런 부정합성의 규모에 따라 달라질 것이라고 가정할 수 있다. 이런 점에서 특정 국가의 개혁의제는 상

당부분 그 국가가 가진 제도적 유산에 내생적이라고 볼 수 있다.

이제 이 장의 나머지 부분에서는 이 연구에서 선정한 프랑스, 독일, 스위스 세 나라의 구체적인 연금개혁의제에 대해 간략히 살펴본다. 이 세 나라는 모두 대륙유럽 연금체제에 속하면서도 각기 독특한 모습을 가지고 있다. 독일은 대륙유럽 연금체제의 원형이라 할 수 있으며, 프랑스는 베버리지적 요소를 가미한 비스마르크 유형이라 할 수 있고, 스위스는 다층연금제도를 가진 후발 대륙유럽체제라 할 수 있다.

프랑스: 노동시장 실패 속에서의 사회보장 적자와 소득불평등

프랑스에서는 1980년대 후반부터 보험과 적립화가 연금개혁에서 가장 중요한 의제로 떠오르기 시작하였다. 그 시기에 이르러 프랑스는 사회보장(sécurité sociale)의 적자와 연금지출이 OECD 평균을 훨씬 넘는 수준으로 증가하게 되었다. 게다가, 비정규직 고용의 증가와 엄청난 실업률은 그 이전부터 프랑스 경제를 괴롭혀온 소득불평등 문제를 더욱 악화시켰다. 따라서 최초의 최저연금제도를 1956년이라는 이른 시기에 시행했음에도 불구하고 표적화 문제는 항상 뜨거운 논쟁거리가 되어 왔다. 한편 프랑스에서는 재조준화는 개혁의제로 그리 크게 부상되지 않았는데 이는 여성 고용률이 높아서 일하지 않는 여성을 지원하는 재조준화의 필요성이 크지 않았기 때문이다. 이제 아래에서는 프랑스의 개혁의제들에 대해 좀 더 자세히 살펴보자.

프랑스 노후소득보장의 가장 중요한 제도는 일반사회보험(régime général)인데 이것은 가장 기본적인 공적연금제도로서 전간(戰間)기에 창설되어 1970년대까지 지속적으로 확대되었다(프랑스 노후소득보장제도의 역사적 전개과정에 대해서는 Palier, 2003 참조). 2차 대전 후 이른바 영광의 30년(trente glorieuses)이라는 경제번영과 전쟁의 여파로 인한 높은 노인빈곤율로 인해 일반사회보험의 급여수준은 지속적으로 향상되었다. 그와 함께 적용범위도 지속적으로 보편화하여 1970년대 말에는 민간부문의 거의 모든 노동자를 포괄하게 되었다 — 당시 일반사회보험 가입자는 전체 사회보험가입자의 60% 정도였다(Schludi 2005). 일반사회보험의 적용을 받지 않는 노동자들은 특수직역사회보험에 가입되었는데 자영자사회보험(전체 가입자의 12%)과 공공부문노동자 사회보험(특별사회보험, 전체 가입자의 20%)이 대표적이다. 이들 특수직역연금제도는 일반사회보험에 비해 훨씬 관대한 급여를 제공하였다. 또한 노동조합과 고용주들은 1947년에 고숙련노동자(cadres)만을 대상으로 하는 보충연금제도를 만들었는데 이는 프랑스 연금체제의 분절성을 더욱 강화하는 것이었다.

전후에 구축된 프랑스 노후소득보장은 불평등을 내재하고 있었지만 1970년대까지 모든 가입자들의 급여수준은 계속 향상되었다. 국가연금의 소득대체율은 기준소득(임금이 가장 높은 10년간의 평균액)의 50%에 이르렀다. 1980년대에는 완전노령연금(37.5년간의 가입을 조건으로 한)이 경제활동기간 전체 평균소득의 70%에까지 이르렀다. 이러한 급여수준의 향상과 함께, 1950년대와 1960년대에 걸쳐 교육이나 실업, 상병, 재해 시 추가적인 급여를 제공하는 제도도 도입되었다. 이 모든 것들로 인해 프랑스의 연금지출은 상대적으로 높은 편이다. 프랑스의 연금지출은 1970년대에 GDP의 10%였고 1990년에는 GDP의 12.5%, 2000년대 초에는 GDP의 13.5%로 2000년대 초의 이 수치는 EU 평균보다 약 1%포인트 높은 수치이다. 프랑스의 1980년대 연금지출의 연평균증가율은 10%를 넘는 수준이었다 (Palier, 2002). 프랑스는 연금지출이 총공공사회지출의 거의 절반을 차지하는데 이 비중은 남부유럽 국가들을 제외한 모든 유럽 국가들보다 높은 비중이다(Abramovici, 2002). 이처럼 높은 연금지출은 프랑스 사회보장의 적자가 증가하는 원인의 상당부분을 차지한다. 사회보장누출(social security leakage, "trou de la Sécu")(Palier, 2002: 172)은 공적사회지출의 연평균증가율이 경제성장률보다 4%포인트 이상 빨라지기 시작한 1970년대 초반부터 서서히 증가하기 시작하였다. 이에 따라 사회보장수입이 사회보장지출의 증가를 따라잡을 수 없게 되었다. 1974년 이후부터는 사회보장의 적자는 상시화하였으며 이는 프랑스 복지국가 개혁의제에 직접적인 영향을 미치게 되었다.

재정긴축압력은 인구노령화(노인부양비는 1995년 23에서 2050년에는 48로 증가할 것으로 예측되고 있다)와 1970년대 말부터 프랑스 경제를 괴롭혀온 성장둔화와 실업위기로 점점 심화되어갔다. 이러한 경제의 어려움은 그 재정을 거의 전적으로 기여금으로 충당하며 부과방식으로 운영되는 프랑스 연금체제의 재정적 토대를 잠식하였다. 기여금으로 재정을 충당하는 연금체제에서 고용이 감소한다는 것은 그에 비례하여 욕구와 지출은 증가하는 반면 연금재정수입은 감소함을 의미한다. 게다가 프랑스 정부는 실업의 증가를 노동감축을 통해 해소하고자 하였으며 이를 통해 엄청난 수의 노동자들을 조기퇴직으로 유도하였다(Levy, 2000). 이에 따라 1990년대 말에는 평균퇴직연령이 58세에도 미치지 못하게 되었다. 이런 노동감축전략은, 실업의 증가와 함께 프랑스 연금체제의 재정건전성을 악화시키는 주요인이었다. 따라서 1980년대 이래 프랑스 연금개혁논쟁에서 중심의제는 언제나 비용억제였다. 이런 이유로 프랑스에서는 보험이라는 차원을 둘러싼 논쟁(보다 구체적으로 말하면 급여축소를 둘러싼 논쟁)이 중심주제가 되었던 것이다.

하지만 급여축소압력 외에 적립화도 프랑스 연금체제의 새로운 재정방식으로 논쟁거리가 되었다. 프랑스 정부는 1980년대부터 적립방식으로의 전환과 다층보장체계의 구축을 지지해왔으나(Palier, 2003) 1990년대 말에도 프랑스 연금제도 중 기금을 가진 제도는 5%에도 미치지 못하고 있었다(Schludi, 2005: 26). 프랑스 정부는 적립방식의 연금이 연금재정에 대한 인구학적 압력을 낮출 수 있고 프랑스의 낮은 저축률을 보완하며 국가연금의 축소에 대비하여 대안적인 노후소득보장을 제공하는 장점이 있다고 주장하였다.

프랑스 연금체제는 긴축압력과 기여금에 의한 재정마련방식, 그리고 높은 지출수준 간의 부정합성이 두드러지지만 상대적으로 표적화 문제는 덜 심각한 편이다. 이는 프랑스 연금체제가 비스마르크식의 보험적 등가원리와 베버리지식의 빈곤완화 요소를 결합한 것이기 때문이다. 예컨대 독일과 달리 프랑스는 최저연금(minimum viellesse)을 1956년에 이미 도입하였다. 또한 프랑스 연금제도에서는 연금수급권을 얻는 데 최소고용요건(이는 주당노동시간 또는 고용기간을 기준으로 정해진다)이 없어서 유급노동에 종사하는 사람은 그가 정규직이든 비정규직이든 임시직이든 관계없이 모두 연금에 가입된다. 게다가 프랑스 연금제도는 최저연금(평균소득의 약 30% 수준)과 최

〈그림 3-2〉 프랑스: 소득수준에 따른 순소득대체율(공적연금, 남성노동자)

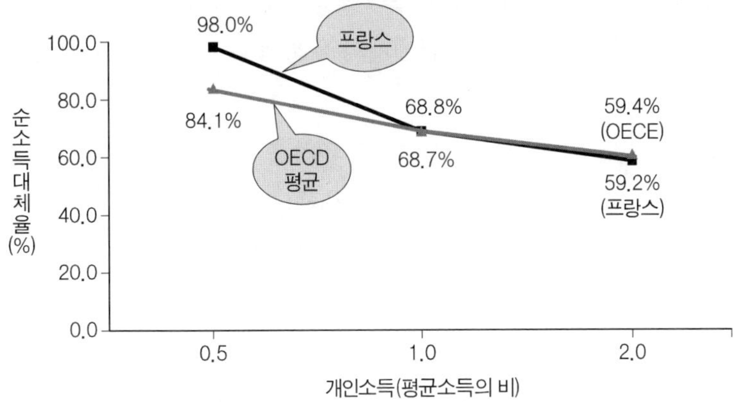

주: 순소득대체율 수치는 OECD 자료에 기초한 것으로 2002년도 법적 기준 하에서 완전노령연금 수급자격에 필요한 고용경력을 갖춘 노동자에 대해 계산된 것임.
자료: OECD, 2005.

고연금(사회보장기여금 최고액의 50% 정도 수준)을 두고 있어서 〈그림 3-2〉에서 보는 것처럼 비교적 평등주의적인 편이다. 〈그림 3-2〉는 평균임금소득자와 평균임금의 절반 소득자 그리고 평균임금의 2배 소득자인 남성노동자 각각의 노령연금의 순소득대체율을 프랑스와 OECD 평균에 대해 비교하여 제시하고 있다. 이 순소득대체율 수치는 가입을 의무화하고 있는 모든 연금을 대상으로 한 것이다. 이 그림에 의하면 프랑스 연금체제의 재분배효과는 비교적 분명한 것 같다. 이는 순소득대체율이 소득수준이 올라감에 따라 낮아지고 소득수준이 가장 낮은 계층의 순소득대체율은 OECD 평균보다 높다는 점에서 그러하다.

따라서 언뜻 보기에 프랑스의 경우 저임금노동자들도 공적연금에 의해 잘 보호받고 있기 때문에 표적화는 큰 쟁점이 아니라고 생각할 수 있다. 하지만 재분배적인 듯 보이는 〈그림 3-2〉는 몇 가지 허점을 안고 있기 때문에 프랑스 연금체제의 재분배효과는 좀 더 주의 깊게 살펴볼 필요가 있다.

첫째, 프랑스의 불평등은 OECD 국가들 중 최고수준이어서 미국의 수준에 근접한다(Levy, 2000). 많은 사람들은 평균임금의 절반에도 미치지 못하는 임금을 받고 있으며 따라서 소득대체율이 높아도 이것으로는 저임금의 영향을 완화하기 어렵다. 둘째, 최저연금이 평균소득의 30% 정도로 그 수준이 너무 낮다. 마지막 셋째, 이것이 가장 중요한데, 〈그림 3-2〉의 수치는 완전노령연금 수급권을 얻는 데 필요한 37.5년이라는 완전기여실적(full contribution record)을 갖춘 노동자들에 대해서만 적용되는 수치라는 점이다(대부분의 노동시장 외부자들은 이 완전기여실적을 갖출 수가 없다). 그런데 프랑스 연금제도에서는 연금급여액(최저연금액을 포함해서)은 기여실적이 감소할수록 매우 급격하게 하락한다. 이런 점에서 프랑스 연금체제는 계층화가 매우 심한 편이며 이는 노동시장 외부자들에게는 더욱 그러하다. 프랑스 연금제도는 등가원리를 가지고 있기 때문에 비정규직 노동자들이나 경력단절경험이 있는 노동자들에게는 노후소득보장이 매우 불안정하다[5]. 비정규직 고용은 프랑스뿐만 아니라 OECD 국가 전체적으로 증가하고 있기 때문에(Jaumotte, 2003) 프랑스에서 표적화 문제

---

5 프랑스의 남녀 간 불평등은 경제활동기보다 노령기에 더 크다. 1997년의 경우 남자의 월평균 연금액은 1,342유로였지만 여자는 767유로에 불과하였다. 연금액의 이 차이는 43%나 되는데 이것은 경제활동연령기 때의 남녀 간 평균소득이 11% 차이나는 것과 크게 대비된다(Palier, 2003). 이런 점에서 퇴직 후 남녀 간 소득불평등은 노동시장 내부자의 탈상품화에 초점을 둔 등가원리에 기인한다고 볼 수 있다.

는 이제 점점 더 중요한 쟁점으로 부상하고 있다.

반면에 프랑스에서는 여성의 거의 80%가 취업해있는 관계로 재조준화는 상대적으로 큰 쟁점이 되지 않는 경향이 있다[6]. 프랑스는 매우 포괄적인 가족정책 및 보육제도를 통해 그리고 이차소득자에게 크게 불리하지 않은 조세제도를 통해 여성의 노동시장 참여를 지원하고 있다(Jaumotte, 2003). 그리하여 노동시장에서 불리한 처지에 있는 직업집단을 위한 정책(즉, 표적화 개혁)이 곧 여성의 연금권리를 향상시키는 정책이 될 수 있다. 이것이 프랑스에서 재조준화가 개혁의제로 그리 부각되지 않는 이유이다. 요약하면, 프랑스의 탈산업적 연금개혁정치를 둘러싼 논쟁은 보험과 적립화 그리고 표적화라는 갈등전선을 따라 나타난다는 것이다.

6 프랑스의 여성취업률 수치는 2001년 기준이다. 프랑스에서 여성취업률은 1981년 60%보다 약간 더 높던 수준에서 2000년대 초반 80%까지 올라갔다. 여성취업자 가운데 20~25%가 시간제 노동자이며 이 비중은 증가하는 경향을 보인다(Jaumotte, 2003).

독일: 대륙유럽 연금체제의 원형

1970년대 독일의 연금체제는 대륙유럽 사회보험모델의 전형적인 모습에 가까운 것이었다. 노후소득보장제도는 등가원리에 기초하고 있었고 부과방식을 채택하고 있었으며 노동조합과 고용주단체에 의해 운영되고 있었다. 또한 1970년대 이래 나타나기 시작한 도전들도 대륙유럽 체제의 전형적인 특징을 잘 보여주었다. 긴축과 인구학적 변화는 독일 연금체제의 단점을 파고들었으며 비정규직고용이 증가하였고 비전통적인 가족유형이 등장하기 시작했다. 이들은 모두 남성가장모델에 기초한 전통적인 독일의 연금제도에 심각한 도전을 던져주었다. 이런 이유로 독일의 연금개혁정치는 대륙유럽의 복지개혁정치를 구성하는 네 가지 차원 모두와 관련된다. 즉, 보험차원에 관련된 개혁은 축소를 중심으로 논쟁이 일어났고 다층화된 노후보장체계의 도입을 둘러싼 논쟁은 적립화를 핵심쟁점으로 하여 진행되었으며 노동시장의 변화와 가족불안정성의 증대는 새로운 빈곤위험을 증가시켰고 이는 표적화 및 재조준화와 관련된 논쟁을 촉발시켰다.

독일 노후소득보장제도의 중핵은 공적연금보험인 국민연금(Gesetzliche Rentenversicherung; GRV)•인데 전체 가입자의 80%가 여기에 가입되어 있

• 옮긴이 주) 독일의 공적연금은 가입자를 기준으로 크게 네 가지 체계로 구성되는데, 공무원 대상의 공무원연금과 농민 및 그 배우자 대상의 농민연금, 의사·약사·변호사·세무사 등을 대상으로 하는 특수직종자영자공제제도 그리고 이들 세 제도의 대상자를 제외한 나머지 민간 및 공공부문 종사자를 대상으로 하는 국민연금(GRV)이 그것이다. 국민연금은 사실상 관리운영조직의 개편으로 2005년에 출범하였고 그 이전에는 블루칼라노동자, 사무직노동자, 자영자, 광부 등을 대상으로 하는 제도가 별도로 존재하여 별도의 명칭으로 불렸다. 하지만 본문에서는 현재 국민연금에 포괄된 제도를 전체적으로 가리킬 때에는 연도에 상관없이'국민연금'으로 번역하고자 한다. 왜냐하면 독일의 경우 국민연금으로 포괄된 제도들이 과거에도 그렇고 지금도 제1범주(the first pillar)의 가장 기본적이고 가장 근간이 되는 공적연금보험이기 때문

으며, 이 제도는 정부의 감독 하에 사회적 동반자, 즉 노사에 의해 운영된다. 프랑스와 마찬가지로 독일의 국민연금은 단층체제(single pillar)이며 부과방식의 재정체계를 채택하고 있다. 독일의 국민연금은 최저연금이나 최고연금제도가 없어 등가원리를 보다 강하게 가지고 있으며 연금권리는 기여실적에 직접적으로 좌우된다. 연금급여의 소득대체율은 가입기간이 40년일 경우 전체 가입기간 중 평균소득의 70%가 되도록 설계되어 있다. 또한 일부 기업이나 산업부문에는 적립방식에 의한 기업연금을 운영하고 있다. 하지만 이들 적립방식의 기업연금은 일반적인 것은 아니며 주변화되어 있다(Schmähl, 1997). 이처럼 일부 기업연금을 제외하면 적립방식이 거의 없는 것은, 19세기 후반 비스마르크적 사회보장법에까지 거슬러 올라가는 초기의 정치적 선택에서부터 유래한 것이다(Jacobs, 2004). 이 외에도 비스마르크적 사회보장은 공무원을 대상으로 하는 특권적 연금보험이라는 유산도 남겼다. 독일의 공무원들은 그들만의 특별연금제도인 공무원연금(Beamtenversorgung)에 가입되어 있으며 이 제도는 조세로부터 재정이 충당되고 급여수준도 훨씬 높아서 가입기간은 35년이며 연금급여는 최종보수(즉 퇴직 전 6개월 간 보수)의 75%에 이른다. 하지만 독일은 전체적으로(즉, 민간보험도 포함해서) 연금권리가 1970년대까지 매우 큰 폭으로 강화되어왔다. 또한, 과부의 연금수급권도 지속적으로 향상되었으며, 교육이나 실업시에 주어지는 비기여연금급여도

이며 또 이 번역서의 원서에도 지금은 국민연금으로 통합되었지만 2005년 이전에는 별도로 운영되었던 이들 제도들을 총칭하여 가리킬 때(특히 2005년 이전의 상황에서 총칭하여 가리킬 때)'basic pension'이라고 칭하고 있기 때문이다. 이를 기본연금으로 번역한다면 이는 우리나라에서는 기초연금과 혼동될 우려가 있어 여기서는 국민연금이라는 동일한 명칭으로 지칭하고자 한다.

크게 향상되었다. 기여금은 임금세(pay-roll tax)로 납부되고 있다. 급여수준의 향상과 함께 기여금도 꾸준히 상향조정되어 1990년대에는 임금의 19%를 넘는 수준에 이르게 되었다. 독일의 연금지출은 1980년대 말에 GDP의 약 12%였는데 이는 EU 국가들과 비교하면 중간정도이며 대륙유럽의 다른 복지국가들과 비교하면 평균보다 약간 낮은 수준이었다(Abramovici, 2002).

독일은 1970년대 이후 다른 대륙유럽국가들과 유사한 재정적 어려움에 처하기 시작하였다. 1970년대의 경제성장 둔화로 독일의 연금재정은 첫 적자를 기록하였다. 하지만 1980년대에 급여수준을 약간 삭감하고 경제성장이 회복되면서 연금재정은 다시 아슬아슬한 균형으로 복귀하였다. 하지만 1990년대에 들어와 노동시장 실패와 인구고령화 그리고 보다 극적인 요인으로 통일이라는 요인들이 결합되어 독일 연금제도가 깊은 적자의 수렁에 빠지면서 훨씬 심각한 재정적 어려움이 시작되었다(Manow and Selis, 2000). 프랑스와 마찬가지로, 기여금에 의해 재정을 충당하는 국민연금은 악순환에 빠지게 되었다. 실업률의 증가로 연금의 재정수입은 감소하였으며 반면에 지출은 크게 증가하였다. 그리고 이는 다시 일자리의 증가를 둔화시켰다. 독일에서는 노동감축전략을 적용하기가 어려웠지만 그럼에도 불구하고 일부 직업에 대해서는 조기퇴직이 장려되었고 이는 국민연금의 재정수입을 악화시켰다(1990년대에 국민연금의 법정 퇴직연령은 65세였지만 실제 평균퇴직연령은 60세였다). 게다가 인구학적 위협은 과거나 현재나 독일에서 매우 심각하게 나타났다. 독일은 보육인프라가 부족한데다 가족구조의 변화까지 겹쳐 출산율이 1990년대 중반에는 1.3으로까지 떨어졌다. 이로 인해 2050년에는 경제활동연령 인구 100명당 퇴직자가 55명 이상이 되어 노인부양비가 급격히 상승하고 그에 따라 연금지출은 GDP의 30%를 넘을 것으로 예측되었다(Schludi, 2005: 48). 마지막으로 통일도 독일 사회보험제도에 큰 충격이 되었는데, 구동독주민들은 경제활동기에 구서독 연금제도에 기여한 바가 없었지만 구서독주민들과 유사한 사회적 권리를 부여받았기 때문이다. 그리하여 연금지출은 1990년에서 1993년까지 매년 평균 8% 이상씩 증가하였고 그 이후에는 3% 이상씩 증가하였다(Manow and Selis, 2000).

이 모든 원인들(여기에는 구조적인 원인도 있고 극적인 원인도 있다)로 인해 독일에서는 보험이라는 차원을 둘러싼 개혁(주로 비용억제로 나타났다)이 1980년대부터 커다란 쟁점이 되었으며 1990년대 이후에는 더욱 더 큰 쟁점이 되었다. 독일의 엄청나게 높은 기여수준과 그로 인한 엄청난 노동비용이 이른 바 독일병(German disease)의 주요 원인이라고 생각하는 전문가들이 지속적으로 늘어나기 시작하였다(예컨대, Manow and Selis, 2000; Kitschelt and Streeck, 2003). 그에 따라 사회보험제도의 장기적 지속가능성을 확보할 뿐만 아니라 더 나아가 독일경제 전체의 지속가능성을 향상시키기 위해서는 연금급여의 축소가 필수적인 조건이라는 인식이 점점 강화되어갔다.

독일에서 적립화가 연금개혁 전략으로 부상된 것 역시 그 뿌리는 1990년대의 경제적 어려움에 있다. 하지만 그것은 독일 연금체제에 드리운 인구학적 위협과도 연관성이 있다. 앞에서 언급한 것처럼 독일의 출산율은 매우 낮은 수준으로 하락하여 이는 세대 간 연대의 토대마저 잠식하기에 이를 정도였다. 게다가 1990년대를 기준으로 독일 연금제도의 9%만이 적립방식이었다(Schludi, 2005). 따라서 부과방식의 공적연금을 보충하거나 심지어는 그 일부를 대체하게끔 적립방식의 개인연금이든 보다 집합적인 형태의 적립방식 연금이든 적립화를 추진할 여지는 매우 넓었다고 볼 수 있다.

재정적 긴축이 매우 극적인 것이긴 하나 최근 독일 연금체제가 직면한 도전에 그것만 있는 것은 아니다. 독일의 공적연금보험은 노동시장 내부자의 지위를 유지시켜주기 위한 목적이 프랑스보다 더 강한 것이었다. 어떠한 종류의 연금급여이든 그 수급권을 얻기 위해서는 최소 5년간의 기여실적이 있어야 했으며 이는 지금도 그러하다. 또한 완전연금을 받기 위해서는 40년간의 기여실적이 있어야 하며, 주변부일자리(marginal(geringfügig) employment)에 취업한 노동자들(근로시간이 1개월간 15시간 미만이거나 1년간 2개월 미만인 노동자나 월 임금이 325유로 미만인 노동자들)은 공적연금에 가입을 할 수 없다. 자영자들은 의무가입 대상에 포함되지 않으며 임의가입대상이다. 따라서 독일 연금체제에서 비정규직 노동자들은 아예 연금보험에 가입할 자격을 갖지 못하거나 설사 가입하더라도 매우 미미한 기여실적만 갖게 될 가능성이 매우 높다. 또한 독일 연금체제는 〈그림 3-3〉에서 보듯이 결코 재분배적이지 않으며 대단히 계층적이다.

저소득계층의 소득대체율은 OECD 평균보다 20%포인트 이상 낮을 뿐만 아니라 독일 내에서 비교해도 평균소득자보다 더 낮다. 이는 독일의 연금급여가 소득수준이 높아질수록 더 높아짐을 의미한다. 게다가 〈그림 3-3〉은 40년 기여라는 완전기여실적을 갖춘 노동자들

〈그림 3-3〉 독일: 소득수준에 따른 순소득대체율(공적연금, 남성노동자)

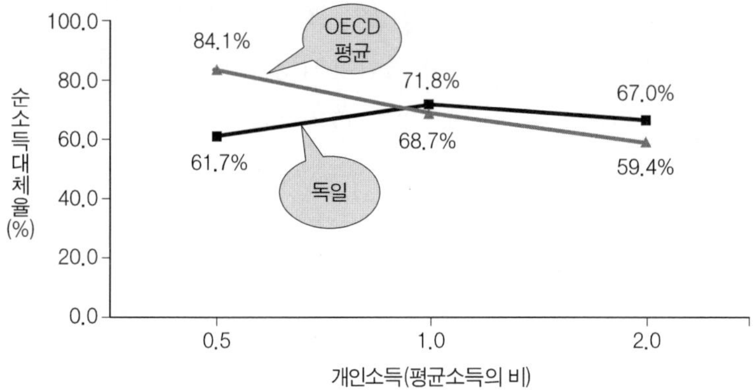

주: 순소득대체율 수치는 OECD 자료에 기초한 것으로 2002년도 법적 기준 하에서 완전노령연금 수급자격에 필요한 고용경력을 갖춘 노동자에 대해 계산된 것임.
자료: OECD 2005.

을 대상으로 한 그래프이다. 즉, 취업기간이 지속적이지 못한 노동자들의 경우에는 연금급여가 더욱 낮다는 것이다. 독일 연금체제가 비정규직 노동자들이나 불안정 노동자들을 적절히 포괄하지 못하는 것은 1970년대 이래 고용유연화가 서서히 확산되면서 점차 문제가 되기 시작하였다. 독일의 시간제 노동자는 전체 노동자 중에서는 아직도 10% 정도에 불과하지만 취업여성들 중에 시간제 노동자는 35%가 넘는다. 또한 비록 정확한 통계는 제대로 갖추어져 있지 않지만 전문가들의 추정에 의하면 주변부 일자리가 1980년대 초반부터 급격히 상승하여 2003년에는 400만 명 이상의 노동자들이 전적으로 주변부 일자리에 고용된 것으로 추정된다. 그리고 이와 유사한 정도의 노동자들은 임시직에 고용되어 있다(Neuhold, 1999). 이로 인해 독일 연금개혁의제에서는 표적화가 중요한 쟁점이 되어 있다.

하지만 독일 여성에게는 이보다 더 많은 문제가 걸려 있다. 독일 여성들은 노동시장에 진출한 경우에도 불안정한 지위에 처할 위험이 더 큰 데다 여기에 더하여 그들의 고용경력이 남성가장사회의 유인체계에 의해 구조화되는 문제도 안고 있다. 1970년대와 1980년대까지만 해도 독일에는 일부 대도시의 민간유치원을 제외하면 보육시설이 거의 없었다(Naumann, 2005). 아동양육은 가족이 책임져야 할 일이었으며 이는 지금도 그러하여 이로 인해 여성들은 자녀출산 후 적어도 5년 동안은 노동시장에 나가기가 어렵다. 게다가 이차소득자의 소득에 대해서는 주소득자의 소득에 비해 1.5배나 높은 세금이 부과되고 있다(Jaumotte, 2003). 성별로 분화된 취업유형은 연금권리의 성별 격차로 직접적으로 이어져서 구서독의 경우 남성의 평균 연금급여는 여성에 비해 두 배 이상 높은 수준이었다(Allmendinger, 2000)[7]. 이처럼 여성을 유급고용에서 배제하는 제도적 구조로 인해 독일에서는 표적화 개혁만으로는 여성의 연금권리가 향상되기가 어렵다. 대부분의 여성들은 경제활동연령기의 상당 기간 동안 사실상 노동시장에서 아예 사라져 버리는 것이다. 이와 관련해서는 독일 헌법재판소조차 독일의 연금제도가 여성의 정상적인 생애주기를 불리하게 처우한다는 이유로 독일 연금제도는 성차별적이라는 판결을 내린 바 있다(하지만 이 판결은 그 후 1995년 유럽사법재판소에서 뒤집어졌다, Neuhold, 1999). 독일 헌법재판소의 이러한 판결은 여성에 대한 열악

7 게다가 취업한 여성의 경우들도 자발적 기업연금으로부터 추가적인 혜택을 받을 수 없는 직종이나 부문에 주로 취업해있다. 자발적 기업연금의 혜택을 받을 수 있는 남성노동자는 36%에 이르는데 비해 그런 혜택을 받을 수 있는 여성노동자는 12%에 불과하다(Allmendinger, 2000).

한 노후보장이 이혼의 증가와 개인화, 그리고 더 나아가서 탈산업사회적 가치와 충돌하고 있음을 보여준 것이다(Schmähl, 2000). 이러한 이유들로 해서 독일의 탈산업적 연금개혁에서는 재조준화가 넷째의 의제로 쟁점이 되고 있는 것이다.

스위스: 후발 대륙유럽체제가 직면한 현대화의 도전

이 책에서 연구대상으로 삼은 세 나라 중 스위스는 대륙유럽 복지국가의 성격을 가장 적게 가진 나라이다. 이러한 이유로 에스핑 안데르센의 연구(Esping-Andersen, 1990)에서 스위스는 자유주의 체제로 분류되기도 했다. 탈산업적 복지개혁에 관한 최근의 연구성과들(Obinger, 1998; Armingeon, 2001; Bonoli and Mach, 2000; Bonoli, 2006b; Häusermann, 근간b)에 비추어 필자는 스위스가 — 다른 복지국가들과 마찬가지로 혼합적인 모습을 가지고 있으면서 — 단연코 대륙유럽 복지체제에 속한다고 주장한다. 이 책의 연구에서 대륙유럽 복지국가의 개념이 핵심적이므로 스위스를 대륙유럽 복지체제로 분류하게 된 이유를 간략하게나마 설명할 필요가 있다.

스위스를 자유주의 복지체제로 분류할 때 그것은 스위스의 총사회지출 수준이 그리 높지 않다는 사실에 근거한 것인 경우가 많다. 하지만 스위스의 총사회지출은 1970년대 초반까지도 계속 증가하고 있었다는 사실도 고려해야 하며 이 외에 더 중요한 것은 상대적으로 낮게 나온 스위스의 총사회지출 수치자료는 사실상 스위스 복지국가의 현실을 제대로 반영하지 못한 자료라는 점이다. 많은 연구자들은 순수하게 국가가 관리하는 사회보험제도에만 초점을 두는 경향이 있다.

하지만 스위스 복지국가는 사회보장, 특히 연금보장을 제공하는 수많은 공적제도와 준민영(semiprivate)제도를 운영하고 있다. 스위스 연금체제의 제1층은 공적연금이지만 제2층은 민간에 의해 운영되는 제도(즉, 기업연금)로 되어 있다. 그런데 민간이 운영하는 이 제도는 가입이 의무화되어 있으며 또 대부분의 기여금이 법적으로 강제되어 있기 때문에 이 역시 스위스 노후소득보장체제의 일부라고 보아야 한다. 요컨대 복지국가의 유형을 구분함에 있어서 지출수준은 그리 좋은 지표가 되지 못하며, 그에 더 중요한 것은 제도적 구조라는 것이다. 복지국가의 제도적 구조가 노동시장 내부자의 탈상품화를 지향하고 계층지향적이며 남성가장모델에 기초하고 있다면 그것은 대륙유럽 복지체제라 할 수 있다. 뒤에서 논의하겠지만 이 점에 비추어 볼 때 스위스 연금제도는 전형적으로 대륙유럽 복지체제의 특성을 가진 것이다.

복지체제에 관한 연구들 중에는 스위스 복지국가의 성장속도가 느리다는 점을 근거로 그것을 자유주의 체제로 분류하기도 했다. 직접민주주의와 연방주의가 포괄적인 사회정책을 형성하는 데 중요한 제도적 방해가 되었다는 것이다(Armingeon, 2001; Gilliand, 1993). 스위스 복지국가의 발전속도가 느리다는 사실은 우리의 연구에도 중요한 함의를 갖는다. 왜냐하면 발전속도가 느리다는 것이 탈산업적 연금개혁에 관련된 의제에도 몇 가지 영향을 미치기 때문이다. 첫째, 스위스의 경우에는 긴축압력이 다른 나라들처럼 큰 쟁점이 되지 않았다. 이는 보험이라는 차원의 의제가 전혀 쟁점이 되지 않은 것은 아니지만 독일이나 프랑스처럼 큰 갈등쟁점이 되지 않았음을 의미한다.

둘째, 스위스 연금제도는 일찍부터 적립방식이 의무화되어 있어서 보편화되었으며 따라서 그것이 통상적인 재정방식이었다. 그래서 스위스에서는 적립기금의 도입이 개혁의제가 되지 않았고 적립방식 제도의 개혁을 둘러싼 논쟁은 기금의 도입이 아니라 보험차원을 둘러싸고 주로 나타났다. 마지막 셋째, 연금제도의 성장속도가 느리고 또 연금제도가 분절되어 있어서 1970년대 이후부터 여성과 비정규직 노동자들에게 새로운 사회적 위험이 가중되기 시작하였고, 이로 인해 스위스 연금개혁에서는 표준화와 재조준화가 주요 쟁점이었다.

스위스의 공적연금은 이 나라가 긴축의 시대에 접어든 1970년대 중반에도 아직 완성되지 않은 상태였다. 즉, 그 때까지도 스위스의 공적연금은 부과방식으로 운영되는 보편적인 연금 — 제1층의 연금보험(Alters-und Hinterlassenversicherung; AHV) — 으로만 되어 있었다. 연금보험(AHV)의 급여는 기여실적에 따라 1,000프랑에서 2,000프랑(평균소득의 15%에서 30%) 가량이다. 완전연금 수급권을 얻기 위해서는 45년간의 완전기여실적이 있어야 한다. 하지만 비록 연금보험의 급여가 상당히 재분배적이기는 하지만 그 수준이 너무 낮아 헌법이 규정한 "품위 있는 생활수준"을 보장하기에는 턱없이 부족하다. 따라서 1970년대부터 스위스의 모든 정치행위자들에게 연금제도의 개선이 필요하다는 사실이 분명해졌다. 좌파는 제1층의 공적 연금보험을 확대할 것을 주장했지만 우파와 기업들은 이미 존재하고 있는 민간부문의 적립방식 기업연금을 제2층의 제도로 발전시킬 것을 주장했다. 이를 결정하기 위한 국민투표에서 적립화 지지세력이 승리하였으며 이에 따라 1982년에 민간기업연금에의 가입이 의무화되었다(Bonoli, 2001a; Leimgruber, 2008). 이 법정기업연금은 평균소득의 1/3 이상의 소득을 가진 모든 노동자를 가입대상으로 하고 있다(Bonoli and Mach, 2000). 제2층의 기업연금은 순수하게 개인기금계정으로 운영되며 대부분 확정기여방식을 택하고 있다. 따라서 가입자들 간의 연대는, 장애연금과 상병연금을 제외하고는, 매우 약하다. 또한, 제2층의 기업연금은 수백 개의 민간기업 및 준민간기업에 의해 운영되고 있는 준민영제도이다. 그리고 제2층의 기업연금을 규율하는 관련 법률은 최저권리(즉, 수급자격을 얻는 데 필요한 최저요건 및 상한요건, 그리고 개인기금계정에 부여되는 최저이자율 등)만을 규정하고 있다. 하지만 사용자들에게는 그들이 노동자들에게 보다 관대한 보험조건을 제공할 경우 그에 대해 재정적 유인이 제공되며 그에 따라 사용자들은 특히 고숙련 노동자들과 관리직 노동자들에게 그러한 보험조건을 제공하는 경향이 있다(CONSOC Recherche, 2003; Bundesamt für Sozialversicherungen, 1995). 제1층의 연금보험과 제2층의 기업연금은 둘 다, 임금에 대해 약 20%로 부과되고 사용자와 노동자가 절반씩 부담토록 되어 있는 임금세(pay-roll tax)에 의해 재정이 충당된다[8]. 제1층과 제2층의 연금은 합쳐서 평균소득자에 대해 소득대체율 60% 수준의 급여를 제공하는 것을 목표로 하고 있다.

1970년대 경제위기 때 제1층의 연금보험은 최초로 적자를 기록하였다(Kriesi, 1980). 그 후 1980년대에 적자로부터 벗어났지만 경제성장이 거의 정체상태에 빠지고 실업률이 치솟던 1990년대 중반에 제1

8 제1층의 연금보험의 기여율은 약 8%이며 사용자와 노동자가 4%씩 납부한다. 제2층의 기업연금의 경우 명목기여율은 노동자의 연령에 따라 다르며 대략 임금의 7%에서 18% 범위에 걸쳐 분포한다.

층의 연금보험의 재정상태는 다시 급격히 악화되기 시작하여 1995년부터 1999년까지 적자상태에 놓이게 되었다. 이로 인해 긴축압력이 심화되었는데 이것은 스위스의 엄청나게 낮은 출산율(여성 1명당 아동 1.4명)로 2050년에는 경제활동인구 100명당 노인 50명에 이르는 노인부양비 수준에 도달할 것이라는 인구학적 전망에 의해 더욱 강화되었다. 또한 수명이 연장됨에 따라 이는 제2층의 기업연금의 급여수준에도 긴축압력으로 작용하게 되었는데 왜냐하면 가입자 개인이 적립한 연금기금이 이제는 퇴직 후 더 오랜 기간 동안 사용되어야 하기 때문이다. 게다가 2000년대 초반의 주식시장의 실패도 연금기금의 재정안정을 위협하였다.

국제적으로 볼 때 스위스가 겪은 경제적 어려움은 다른 이웃 나라들에 비하면 경미한 축에 속한다(Bonoli and Mach, 2000). 하지만 스위스 국민들은 과거에 가계적자나 실업, 경제성장 둔화를 겪어본 적이 없었기 때문에 그들에게는 이런 현상들이 모두 큰 충격이었다. 그리하여 비용억제가 탈산업적 개혁의제에서 중요한 쟁점으로 부상하였다. 하지만 스위스에서 급여축소 압력은 프랑스나 독일에 비해 그리 크지 않았는데 이는 스위스 연금체제가 아직도 긴축의 시대로 진입하는 도중에 있기 때문이다(Häusermann, 2010b). 이러한 지체 때문에 스위스의 부과방식 공적연금의 급여수준은 이웃나라들의 수준에 아직 도달하지 못하고 있다. 그리하여 스위스 연금체제에서는 구조적 도전과 기존 제도 간의 부정합성이 그리 심각하지 않은 편이다. 이런 이유로 보험차원의 갈등이 스위스에서도 과거에 중요한 갈등이었고 또 지금도 중요한 갈등인 것은 사실이지만 그것이 다른 나라들에서만큼 중요한 갈등은 아니다.

하지만 표적화와 재조준화는 매우 뜨거운 쟁점인데 이는 스위스 연금보험이 다층체계로서 매우 계층지향적이라는 대단히 독특한 성격을 갖고 있기 때문이다. 제1층의 공적연금보험은 급여수준은 낮으나 비교적 평등한 급여를 제공하는 반면 제2층의 기업연금은 표준적인 고용계약을 가진 노동자들(즉, 평균소득의 1/3 이상의 임금을 제공하고 적어도 3개월 이상 지속되는 안정적인 고용계약을 체결한 노동자들)만을 대상으로 하고 있다. 이로 인해 비정규직 노동자들과 자영자들은 배제되고 있다(이 문제에 관한 보다 상세한 논의로는 Nova and Häusermann, 2005 참조). 1990년대 말을 기준으로 볼 때 스위스 전체 노동자의 약 25%는 제2층의 법정기업연금에 가입되어 있지 못하다(SGK-N, 2002). 이러한 불평등은 또한 대단히 성별화되어 있다. 2001년의 경우 여성취업자의 35%는 법정기업연금에 가입되어 있지 못한 것으로 나타났으며 또 가입된 경우라도 그들이 법정기업연금으로부터 받는 연금급여수준은 남성들의 58%에 불과한 것으로 나타났다(Bundesamt für Statistik, 2004). 그리하여 대부분의 연금수급자들은 여전히 제1층의 연금보험에서 지급되는 연금급여에 주로 의존하고 있다[9]. 이 연금급여는 품위 있는 생활을 유지하기에는 부족한 수준이기 때문에 일찍이 1965년에 자산조사에 의한 연금급여가 보충적인 제도로 도입된 바 있는데 이렇게 해도 최저수준의 연금급여는 사회부조수준을 간신히 넘는 정도에 불과하다(Bonoli and Mach, 2000).

---

9 월 소득이 4,000프랑(약 2,700유로)에 이하인 사람들의 경우 이들이 연금으로 받는 수입의 80% 이상은 제1층의 공적연금보험에서 지급된 것이다(Balthasar et al., 2003).

〈그림 3-4〉 스위스: 소득수준에 따른 순소득대체율(공적연금, 남성노동자)

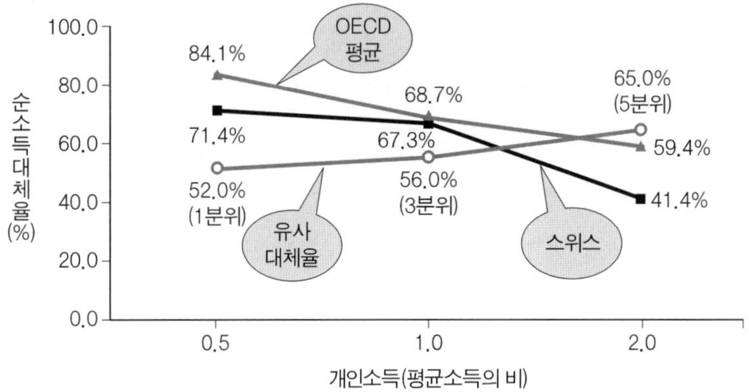

주: 순소득대체율 수치는 OECD 자료에 기초한 것으로 2002년도 법적 기준 하에서 완전노령연금 수급자격에 필요한 고용경력을 갖춘 노동자에 대해 계산된 것임.

유사대체율: 취업자 가구 중 1분위, 3분위, 5분위의 평균소득 대비 연금수급자 가구 중 1분위, 3분위, 5분위의 평균소득의 비.

자료: OECD 2005; Bundesamt für Statistik 2003.

하지만 스위스 연금체제의 계층화 성격을 보다 온전히 평가하기 위해서는 기업연금과 개인연금을 모두 살펴보아야 한다. 앞에서 언급한 것처럼 스위스의 대부분의 기업들은 고숙련 노동자들에 대해서는 제2층의 기업연금 수급권을 부여하고 있다. 그런데 스위스는 개인연금에 대해서도 세제상의 혜택을 부여하고 있는데 이것은 스위스 연금체제에서 제3층 연금이라 할 수 있으며 이는 고소득계층의 주요 노후소득원이다(Bundesamt für Sozialversicherungen, 1995). 중간소득계층과 고소득계층에 대한 이와 같은 특권적인 복지혜택으로 인해 스위스 연금체제는 지극히 불평등한 성격을 갖게 된다. 그래서 〈그림 3-4〉에서 두 가지 곡선을 구분해야 하는데 둘 중 굵은 곡선은 강제가입의 연금보험에 가입해 있고 완전기여실적을 갖춘 사람들을 대상으로 한 것이다. 이 곡선의 수치를 보면 스위스의 연금 소득대체율은 OECD 평균보다 약간 낮지만 소득수준이 증가함에 따라 소득대체율은 하락하기 때문에 비교적 재분배적이다. 하지만 가는 곡선으로 표시된 유사대체율을 보면 상황은 완전히 달라진다.

유사대체율은 연금수급자의 소득분위별 실제 수입과 경제활동연령층의 소득분위별 수입을 비교한 것이다. 따라서 유사대체율은 가입이 자유롭지만 국가에 의해 지원을 받는 연금제도까지 고려에 넣은 것이다(그리고 기여실적이 충분치 못한 불안정노동자까지도 고려한 것이다). 유사대체율을 표시한 〈그림 3-4〉의 가는 곡선은 스위스 연금체제가 재분배적인 것이 아니라 오히려 역진적인 것임을 잘 보여준다. 유사대체율은 소득수준이 올라감에 따라 함께 올라가고 있다. 요컨대, 스위스 연금체제는 고소득계층에게는 세제상의 특권을 부여하면서도 저소득계층은 불완전하게 포괄하는 대단히 계층화지향적인 성격을 가진 것이다. 이러한 제도적 성격은 1980년대 이후 비정규직 고용이 급증하기 시작하면서 점차 그 부적절성을 드러내게 되었다. 시간제고용은 전체 노동자의 30%를 넘어설 정도로 증가하였고 여성취업자 중에는 시간제노동자만 60%에 달하고 있다. 또한 자영자도 크게 증가하여 전체 취업자의 20%에 육박하는 수준이다(Rechsteiner, 2002). 비정규직 노동자들은 특히 제2층의 법정기업연금에서 배제되어 있는데, 1990년대 말 기준으로 남성취업자의 약 20%와 여성취업자의 약 40%가 이 연금에 가입되어 있지 못하다(Häusermann, 2002). 이런 이유로 스위스의 탈산업적 연금개혁정치에서 표적화는 매우 중요한 쟁점으로 부상하였다.

스위스 연금체제는 고임금 노동자와 고용이 안정된 노동자들에 초점을 맞추고 있기 때문에 노동시장 외부자들은 연금권리 획득에서 확실히 취약한 지위에 놓이게 된다. 스위스의 대부분의 여성들은 고용경력에서 단절을 경험하며 시간제 고용경력과 정규직 고용경력이 혼재해 있다. 여성들은 노동시장에서 퇴장해 있거나 시간제 고용으로 취업해 있는 동안에 기여실적이 불충분하기 때문에 연금권리가 크게 축소되는데 이는 제2층 연금에서 더욱 그러하다. 게다가 제도화된 보수주의로 인해 여성들에 대한 노후보장은 대단히 불완전하다. 스위스에서 1980년대까지 형성되어온 연금제도의 특성으로 인해 여성들은 결혼과 함께 연금가입자격을 상실했으며 기업연금에 가입했던 여성들도 그 수급권이 결혼과 함께 해제되었다. 이는 결혼과 함께 여성들은 그들의 남편의 연금수급권에 의해 보호를 받을 수 있으며 또 그들에게 주어질 수 있는 파생적 권리에 의해서도 보호받을 수 있다는 사고방식에 기초한 것이다. 이 때문에 여성에게 이혼은 매우 큰 빈곤위험이다(1990년대까지의 스위스의 노인빈곤의 여성화에 대한 보다 상세한 논의로는 Leitner and Obinger, 1996 참조). 이런 모든 이유들로 인해 스위스에서는 가족불안정성 및 성평등 요구의 증대와 남성가장모델에 기초한 연금제도 간의 부정합성이 특히 두드러진 쟁점이 되고 있으며, 이는 스위스 연금개혁의제에서 재조준화가 쟁점이 되고 있는 점을 설명해주는 요인이다.

이 장에서 필자는 대륙유럽 연금체제는 긴축압력과 인구고령화, 탈산업적 노동시장 및 가족구조 그리고 탈산업적 가치와 매우 조화롭지 못하다는 점을 주장하였다. 이러한 구조변화와 대륙유럽 연금체제의 미시제도 – 엄격한 수급자격요건, 노동시장 내부자에 대한 높은 급여수준, 부과방식의 재정 등 – 간의 부정합성은 대륙유럽 연금체제의 탈산업적 현대화와 관련하여 네 가지의 갈등차원을 낳는데 그 네 가지 갈등차원은 보험, 적립화, 표적화 그리고 재조준화이다. 각 나라의 제도적 구조의 특성과 사회경제적 특성에 따라 독일은 네 가지 갈등차원이 모두 매우 큰 쟁점으로 부각되어 있고, 프랑스는 재조준화와는 상대적으로 관련성이 낮은 편이며, 스위스는 다층연금체제로 적립화의 쟁점은 거의 부각되지 않고 있다. 보험차원의 개혁은 전통적인 계급갈등, 즉 노동과 자본 간의 대립을 축으로 승자와 패자를 낳으며, 반면 적립화와 표적화, 재조준화는 전통적인 계급갈등과는 다른 방식으로(즉, 숙련수준이나 노동시장에서의 지위, 가치, 기업규모 등을 축으로) 승자와 패자를 가르는 경향이 있다. 이들 갈등전선이 각 국의 개혁정치에서 어떻게 구체적으로 나타나는가를 보기 위해 숙련수준과 노동시장 지위, 가치, 기업규모가 어떻게 집합적으로 조직되는지를 분석할 필요가 있다. 다음 장에서의 과제가 바로 이것이다.

제4장 동맹의 변화
: 갈등전선과 행위자배열

지금까지 우리는 탈산업적 연금개혁의 네 가지 갈등차원에 대해 살펴보았다. 이들 네 가지 갈등차원은 각기 독특한 위험구조를 가지고 있으며 그에 따라 승자와 패자의 배열도 각기 다르게 나타난다. 보험이라는 갈등차원에서는 승자와 패자의 배열이 노동과 자본 간의 대립에 따라 나타나며, 적립화라는 갈등차원에서는 승자와 패자의 배열이 숙련수준과 기업규모에 따라 나타나고, 표적화와 재조준화라는 갈등차원에서는 노동시장 지위와 가치에 따라 승자와 패자의 배열이 나타날 것이다. 따라서 보험차원에서는 행위자들의 입장이 계급관련적인 것으로 나타나지만, 그 외의 다른 세 차원에서는 승자와 패자가 노동과 자본 간이라는 계급 간 대립을 가로지르는 갈등전선을 따라 나타날 것이다. 그러므로 우리는 탈산업적 연금정치에서는 다양한 계급연합 및 계급초월적 연합을 만들어내는 상호교차적이고 복합적인 갈등전선이 형성되리라 예상할 수 있다. 이것이 바로 이 책의 둘째의 가정이며 이 장에서 이에 대해 좀 더 상세히 살펴본다.

우리는 사회구조적 변화에서 기인하는 위험구조의 변화가 어떻게 정책결정과정에서의 정치적 분열로 이어지는지 그 과정을 이론화해야 한다. 잠재해 있는 갈등이 현재화하는 데에는 변화에 관심이 있고 또 변화를 위한 여론을 조성할만한 힘이 있는 집합적 정치행위자가 그 잠재적 갈등을 동원해야 한다. 따라서 이 장의 핵심적인 질문은 여러 가지 상이한 위험구조와 관련하여 변화가 필요하다고 누가 발언하는가 하는 것이다. 다시 말해서 누가 잠재적 갈등전선을 실제의 정책결정과정에서 현재화하는가 하는 것이다. 집합적 행위자들은 숙련수준이나 노동시장 지위, 기업규모, 가치 등에 의해 각기 상이하게 규정된 사회구조적 갈등을 각기 상이하게 대변하게 된다. 이에 따라 이 장에서는 정책결정과정에서 갈등전선은 고정되어 있지 않고 변화하는데 그 이유는 정당과 이익집단의 지지자들의 구조가 변화하기 때문이라는 대단히 구조주의적인 논지를 전개할 것이다. 이 장의 나머지 부분에서 우리는 연금과 관련된 위험집단들의 사회구조적 계급적 토대를 상세히 살펴봄으로써 정책결정과정에서 예측되는 갈등전선과 연합의 동학을 보다 잘 이해하게 됨을 알 수 있을 것이다.

신(新)연금정치의 계급적 토대

복지국가 정치에 관한 최근의 연구들은 계급초월적 동맹의 중요성을 매우 강조하고 있는데, 이들 연구들이 사용한 기준은 기업규모 및 산업(예컨대 Mares, 2000, 2003a, 2003b), 국제경쟁에의 노출여부(예컨대 Manow, 2001), 생산요소의 이동성(예컨대 Hiscox, 2001), 위험노출의 척도로서의 숙련의 특수성(예컨대 Iversen and Soskice, 2001; Iversen, Cusack and Rehm, 2006), 내부자 · 외부자와 같은 노동시장 지위(예컨대 Rueda, 2005, 2006) 등 매우 다양하다. 계급의 범위를 넘어서는 이들 연구들이 계급을 중시하는 기존의 권력자원론에 중요하고도 설득력 있는 수정을 제공하는 것은 사실이지만, 그럼에도 불구하고 이 연구들은 계급구조를 너무나 단순하게 개념화하는 경향이 있다. 즉, 이들 연구들은 노동 내부 혹은 자본 내부의 이질성을 모두 계급초월적 갈등으로 간주하고 있는데 이는 이들 연구들이 분배갈등에 관련된 계급은 노동과 자본 두 계급뿐이라고 생각함을 보여준다. 하지만, 경제의 서비스화와 노동력의 여성화 그리고 고등교육의 확산으로 탈산업경제의 계급구조는 크게 변화하였다(Kriesi, 1998b; Oesch, 2006). "노동"과 같은 전통적인 계급 혹은 "블루칼라와 화이트칼라"나 "육체노동자와 사무노동자"와 같은 전통적인 계급범주들(Erikson and Goldthorpe, 1993)은 이제 더 이상 동질적인 위험범주가 아니다. 따라서 계급 — 직업체계에서 유사한 지위를 점유하고(Oesch, 2006) 따라서 유사한 정책선호나 가치를 가지는 사회집단으로 규정되는 — 의 의미는 재개념화되어야 한다. 탈산업경제에서 나타나는 계급의 변화에 관한 연구들을 자세히 검토해보면, 노동 내부의 이질성이라는 것이 계급초월적 동맹의 개념이 암시하는 것만큼 놀라운 일은 아니라는 사실을 깨달을 수 있다. 이 연구들은 "계급지도를 재구획"(Oesch, 2006)함으로써 오늘날의 사회정책형성을 해석하고 분석하는 데 긴요한 분석도구를 제공해주고 있다. 아래에서는 연금정책에서의 위험구조와 탈산업경제에서의 사회구조적 계급 간의 관계를 살펴봄으로써 계급이라는 것이 한편으로 위험집단과 다른 한편으로 정당과 노동조합을 통한 위험집단들의 요구의 구체화 간의 잃어버린 연결고리를 제공해준다는 점을 주장할 것이다.

그러면 계급은 숙련수준이나 내부자 · 외부자와 같은 노동시장 지위, 가치 등과 어떻게 연관되는가? 외쉬(Oesch, 2006)는 크리시(Kriesi, 1998b)의 중간계급의 수평적 차등화 주장에 기초하여 오늘날의 노동시장 계층화를 고려한 계급구도(class scheme)를 발전시켰다. 전통적인 계급구도는 대부분 거의 전적으로 수직적 계층화만을 전제하였으나 이 탈산업적 계급구도는 시장화 가능한 숙련의 정도와 노동유형이라는 두 가지 차원에 의존하여 계급을 구분한다. 이 계급구도에서 숙련수준은 수직축에 놓인다. 그래서 시장화 가능한 숙련의 수준이 높을수록 그 직업은 더 높은 소득과 더 많은 노동자율성을 보장한다[1]. 이에 더하여 외쉬와 크리시는 수평적 차등화라는 차원을 도입하는데 이것은 사람들이 수행하는 직무의 논리(work logic)에 근거한 것이다. 이것은 사람들이 수행하는 직무가 기술적 능력에 의존하는가(기술적 직무논리), 경영적 권한에 의존하는가(조직적 직무논리), 고객과의 대면에 의존하는가(대인적(interpersonal) 직무논리), 혹은 자영업에 의존하는가(독립적 직무논리) 등을 말하는 것이다. 직업에 따라 주된 초점이 다르며 따라서 이러한 직무논리에서의 차이가 사람들의 선호와 가치에 영향을 미친다는 것이다.

---

1 여기서 숙련수준이라는 기준은 블루칼라와 화이트칼라 간의 구분 혹은 육체노동자와 사무노동자 간의 구분을 대체한 것이다. 산업화 시대의 계급도식, 예컨대 에릭슨과 골드소르프(Eriksson and Goldthorpe, 1993)가 발전시킨 계급도식은 화이트칼라 사무직 노동자들은 블루칼라 육체노동자보다 필연적으로 더 많은 특권을 누린다고 가정하는 경향이 있었다. 하지만 탈산업경제에서는 저숙련 서비스직종이 저숙련 생산직종 보다 결코 우월하지 않다(Oesch, 2006).

〈그림 4-1〉 탈산업적 계급구도

독립적 직무논리	기술적 직무논리	조직적 직무논리	대인적 직무논리	
대기업 사용자 자영업적 전문가 (CA)	전문기술자 (CA)	상층경영자 (CA)	사회문화적 전문가 (SCP)	전문직 / 경영직
노동자를 둔 쁘띠부르주아지 (CA)	기술자 (MSF)	중간관리자 (CA)	사회문화적 준전문가 (SCP)	준전문직 / 준경영직
노동자가 없는 쁘띠부르주아지 (MSF)	숙련공 (BC)	숙련사무직 (MSF)	숙련서비스직 (LSF)	일반숙련직 / 직업숙련직
	단순업무종사자, 단순농업수행자 (BC)	단순사무직 (MSF)	단순서비스직 (LSF)	저숙련 / 비숙련

주: Oesch(2006) 및 Kitschelt and Rehm(2005)에 기초하여 작성. 직업분류(ISCO-2d codes)는 부록 참조.

〈그림 4-1〉은 이러한 탈산업적 계급구도를 도식화한 것이다. 여기에는 모두 15개의 계급이 있는데 이들은 키첼트와 렘(Kitschelt and Rehm, 2005)의 논의를 따라 크게 5개의 탈산업적 계급 혹은 계급집단으로 다시 구분할 수 있다. 그 5개의 계급은 자본축적자 계급(capital accumulator; CA), 혼합적 서비스기능자 계급(mixed service functionaries; MSF), 하층 서비스기능자 계급(low service functionaries; LSF), 블루칼라노동자 계급(blue-collar workers; BC), 그리고 사회문화 전문가 계급(socio-cultural professionals; SCP)이다.

자본축적자 계급(CA) — 국제사회조사프로그램(ISSP)의 정부역할 3차 조사자료에 의하면 전체 취업자의 약 14%를 차지한다(International

Social Survey Program, 1996) — 은 상층경영자나 고용주, 개인개업전문가(의사나 변호사 등), 그리고 전문기술자 등이다. 이 계급에 속하는 사람들은 대개 고도의 숙련을 갖추고 있으며 민간산업이나 민간서비스 부문에 종사하는 경우가 많다. 반면에 고도의 숙련을 가진 사회문화적 전문가들이나 준전문가들(SCP)(전체 취업자의 약 25%를 차지한다)은 비영리부문이나 공공부문 혹은 서비스부문에 종사하는 경우가 많다. 이들은 대개 고객과의 상호작용이 중요한 직무(예컨대, 교사나 치료사 등)에 종사하는 경향이 있으며 또한 직무수행에 있어서 상당한 자율성을 가지고 있다. 수직축의 아랫부분에서는 블루칼라 노동자 계급(전체 취업자의 약 25%)과 하층 서비스기능자 계급(전체 취업자의 약 14%)을 구분해야 하는데 이 구분은 공공부문과 민간부문에 따른 구분과 어느 정도 일치한다. 즉 하층 서비스기능자들은 대개 공공부문(대인서비스)에 고용된 경우가 많으며 블루칼라 노동자들은 민간산업부문(예컨대, 금속산업이나 화학, 광산, 건설산업 등)에 집중적으로 분포한다. 하지만 저숙련 서비스직은 소매업이나 음식 · 숙박업, 기타 개인서비스업에도 상당히 많이 분포하고 있다는 점을 유의해야 한다. 마지막으로 혼합적 서비스기능자 계급(전체 취업자의 약 20%)은 위의 계급들을 제외한 나머지 부분이다. 이 계급은 숙련수준이나 직무논리에서 내부적으로 대단히 이질적이기 때문에 연금정책개혁에 대한 선호에 관련된 분명한 가설을 설정하기가 어렵다. 따라서 이 책에서는 자본축적자 계급과 블루칼라 노동자 계급, 하층서비스종사자 계급, 그리고 사회문화전문가 계급의 네 가지 새로운 계급에 초점을 두어 논의를 전개한다.

지금까지 본 탈산업적 계급구도의 측면에서 연금정치를 다시 생각해보면, 연금과 관련된 새로운 위험집단(신위험집단)들 — 이들은 3장에서 본 바 있다(〈표 3-1〉 참조) — 은 다양한 계급에 걸쳐 나타난다는 사실을 알 수 있다. 즉, 저숙련 노동자와 고숙련 노동자들은 그들의 직무논리에 관계없이 적립화를 둘러싸고 대립하게 되며(저숙련 노동자들이 적립화에 반대한다), 노동시장 내부자와 외부자들은 숙련수준이나 그들이 취업한 산업부문에 관계없이 표적화와 재조준화를 둘러싸고 대립하게 되는 것이다(노동시장 외부자들이 표적화와 재조준화에 찬성한다). 또한 자유의지론자들은 그들의 직무논리나 숙련수준에 관계없이 재조준화를 지지하게 된다. 구계급갈등을 대체하는 신계급갈등이 단일하게 나타나는 것이 아닌 것이다. 하지만 탈산업적 위험의 희생자들 — 여성이나 저숙련 노동자, 비정규직 노동자 등 — 이 비록 단일한 계급을 형성하지는 않지만 그렇다고 그들이 여러 계급에 걸쳐 무작위적으로 분포하는 것도 아니다. 그들은 몇 가지 서로 다른 그러나 동질성이 제법 강한 계급집단에 집중되는 경향이 있다. 이 책에서는 탈산업적 계급구도(〈그림 4-1〉 참조)가 탈산업적 연금정치와 연관된 갈등전선(숙련수준과 노동시장지위의 측면에서 본)을 정확히 반영한다고 주장한다. 즉, 〈그림 4-1〉의 세로축은 숙련수준에 따른 사회문화적 동원잠재성을 보여주는 것이며, 가로축의 직무논리는 내부자 · 외부자라는 노동시장 지위와 상응하는 것이다(〈표 4-1〉 참조).

노동자들의 숙련수준을 나타내는 세로축은 직관적으로도 이해하기가 어렵지 않다. 하지만 직무논리와 고용상의 지위 간의 관계는 약

〈표 4-1〉 탈산업적 계급집단과 연금정책의 위험프로필

	내부자	외부자
고숙련	자본축적자 계급(CA)	사회문화적 전문가 계급(SCP)
저숙련	블루칼라 계급(BC)	하층 서비스기능자 계급(LSF)

간의 설명이 필요하다. 직무논리와 노동시장지위는 상응하는 경향이 있는데 이는 이 둘 모두가 그들 이면에 놓인 동일한 변수, 즉 산업부문과 성별이라는 변수로부터 영향을 받기 때문이다. 대인적 직무논리를 가진 직업은 대개 공공부문이건 민간부문이건 서비스산업부문에 집중되는 경향이 있다. 대인적 직무논리를 가진 직업에 고용된 노동자들은 두 가지 이유로 노동시장 외부자가 될 위험이 매우 높다. 첫째, 이 직업에 고용된 노동자들의 대부분은 여성이다. 대륙유럽 복지국가의 여성들은 전통적인 가족구조와 보육인프라의 부족으로 단절적 고용경력과 비정규직 고용경력을 가진 경우가 많다. 둘째, 새로운 (민간의) 서비스산업부문의 노동자들은 노동운동의 측면에서 조직력이 약한 경우가 많다(Ebbinghaus, 2006b). 어떤 의미에서 탈산업화는 산업화시대의 계급구도에 서비스산업부문이라는 축을 추가한 것이라고 볼 수 있다. 이 때문에 서비스산업부문은 노동조합 조직정도가 낮으며 이로 인해 사회문화적 전문가들이나 하층 서비스기능자 계급이 노동시장 외부자가 될 가능성이 더 커지는 것이다.

위험프로필과 계급이 밀접히 대응되는지 여부를 경험적으로 검증하기 위해 이 책에서는 국제사회조사프로그램의 1996년도 제3차 정부역할조사의 미시자료 중 이 책에서 다루는 세 나라에 관련된 자료를 사용한다[2]. 분석을 위해 경제활동인구(18세 이상 64세까지)는 그

〈표 4-2〉 탈산업적 계급집단의 숙련수준과 노동시장지위

	숙련수준					
	고등교육 이수자 비중[1]			월평균소득[2]		
	프랑스	독일	스위스	프랑스	독일	스위스
자본축적자 계급	72.9	47.2	67.7	19,560	4,042	6,800
블루칼라계급	8.9	0.8	10.1	7,450	2,413	4,110
사회문화전문가 계급	68.0	40.4	38.0	11,587	3,182	4,880
하층서비스기능자 계급	30.6	1.9	8.3	6,531	1,837	3,240
사례수	1,132	1,584	1,646	936	1,308	1,524
	노동시장지위					
	시간제고용 비중[3]			여성 비중		
	프랑스	독일	스위스	프랑스	독일	스위스
자본축적자 계급	4.4	4.7	16.7	16.0	26.7	17.4
블루칼라계급	3.7	3.9	9.8	13.2	11.6	16.6
사회문화전문가 계급	9.4	15.8	39.8	56.7	59.2	59.0
하층서비스기능자 계급	17.4	25.0	46.2	66.9	68.2	70.3
사례수	1,132	1,587	1,647	1,132	1,587	1,647

1. 고등교육에는 모든 형태의 고등교육(대학교, 고급직업훈련, 고등기술대학 등)이 다 포함됨. 독일의 수치는 졸업자만을 포함한 값이며, 프랑스와 스위스는 중퇴자 등도 포함한 값임.
2. 소득단위: 프랑스는 프랑, 독일은 마르크, 스위스는 스위스 프랑.
3. 시간제고용은 주당 근로시간이 35시간 미만인 고용을 말함.
주: 독일의 수치는 구서독지역과 구동독지역의 값을 두 지역의 인구에 따라 가중평균한 값임.
자료: ISSP 1996 Role of Government III (V205, V217, V206, V208).

들의 직업을 기준으로 앞에서 살펴본 네 가지 위험집단으로 분류한다 (ISCO88의 두 자릿수 직업코드는 부록2 참조)[3]. 숙련수준은 고등교

2 이 정부역할조사는 각 국에서 정기적으로 실시하는 다른 전국규모 서베이에 포함되어 해당국가에서 전국규모로 실시되었다. 자료수집방법에 국가 간 차이가 조금씩 있기 때문에 조사결과는 정확한 수치로 해석되는 것보다는 전반적인 경향을 보여주는 것으로 해석되어야 한다. 하지만 우리의 연구에서는 위험집단의 국가 간 차이보다는 국가 내 차이에 중점을 두기 때문에 비교가능성의 문제는 그리 크지 않다.

3 필자는 이 자료와 관련하여 필립 렘(Philip Rhem)에게 감사한다. 네 가지 위험집단으

육이수자 비중과 월평균순소득으로 조작화하였고, 노동시장 지위(내부자 · 외부자)는 시간제 고용의 비율과 성별로 조작화하였다. 이렇게 조작화하여 측정한 값은 〈표 4-2〉에 제시되어 있으며 이들 값 중 두드러지게 높은 값에는 음영표시가 되어 있다.

〈표 4-2〉는 위험프로필과 탈산업적 계급 간의 대응관계를 잘 보여준다. 자본축적자 계급과 사회문화전문가 계급은 숙련수준이 매우 높다. 우리가 가정한 대로 이들 두 계급은 물질적으로 특권적인 지위를 누리고 있다. 하지만 사회문화전문가 계급의 소득수준은 자본축적자 계급에 비해 상당히 낮은 편이다. 이런 차이가 나타나는 이유는 사회문화전문가 계급에 속한 사람들 중에는 시간제로 일하는 사람들이 많다는 사실과 관련이 있다. 실제로 시간제 고용은 대인적 직무논리를 가진 직업에 집중적으로 분포하고 있다. 시간제 고용은 국제사회조사(ISSP) 자료에서 비정규직 고용과 관련되어 제공하는 유일한 자료이지만, 비정규직 고용은 특정 직업군에 몰려 있는 경향이 있기 때문에(Talos, 1999) 시간제 고용 비중은 비정규직 고용(기간제 고용이나 기타 불안정 고용을 포함하여)의 대리지표가 될 수 있다. 비정규직 고용의 비중은 나라에 따라 다르지만 각 국의 갈등유형을 분석할 때 중요한 것은 각 국의 위험프로필의 비교이다. 우리가 살펴보는 세 나라는 이 점에서 유사한 경향을 보인다. 즉, 비정규직 고용은 사회문화전문가 및 하층서비스기능자 계급에 비해 블루칼라 노동자 및 자본축적자 계급에게서 상대적으로 적다. 또한 여성의 분포도 세 나라에

로의 분류는 개인(가구가 아니라)을 단위로 하였다. 개인응답자의 정보가 없는 경우에는 그 배우자의 값을 사용하였다.

서 이와 유사하여 사회문화전문가 및 하층서비스기능자 계급에 여성들이 훨씬 더 많은 비중을 차지한다. 이들 직업군에서 여성이 더 많다는 사실은 사회문화전문가나 하층서비스기능자들이 노동시장 외부자가 될 가능성이 높다는 이 책의 주장을 뒷받침하는 증거이기도 하다. 실제로 많은 경험적 연구들은 여성노동자들이 사회보험으로부터 배제되어 있고(Oesch, 2006; Mühlberger, 2000; Talos, 1999; Bridgen and Meyer, 2008) 또한 노동조합으로부터 배제되어 있음(Oesch, 2006; Ebbinghaus, 2006; Häusermann and Schwander, 2009)을 증명하고 있다.

이들 탈산업적 계급들의 물질적 이해관계를 고려할 때, 탈산업적 갈등전선은 각 갈등전선마다 독특한 계급초월적 동맹을 이끌어낼 것으로 생각할 수 있다. 사회문화전문가들은 적립화와 표적화 및 재조준화를 모두 지지할 것으로 생각할 수 있는데 그들이 전자(적립화)를 지지하는 것은 그들의 숙련수준이 높다는 점에서 기인하는 것이며 후자(표적화 및 재조준화)를 지지하는 것은 외부자라는 그들의 노동시장 지위에서 기인하는 것이다. 하지만 사회문화전문가 계급은 이들 갈등전선에서 상이한 유형의 동맹에 직면하게 되는데, 즉 표적화 및 재조준화에서는 하층서비스기능자 계급이 가장 유력한 동맹대상이지만 적립화에서는 자본축적자 계급이 가장 유력한 동맹대상이 된다. 또한, 상당수가 고용주(즉, 피용자가 있는 자영업자나 경영자들)로 구성된 자본축적자 계급을 제외한 나머지 모든 계급은 관대한 보험조건을 지지할 것으로 생각할 수 있다.

계급초월적 동맹의 가능성은 가치를 고려할 때 더욱 분명히 드러난다.

〈표 4-3〉 탈산업적 계급집단의 가치프로필

	내부자	외부자
고숙련	자본축적자 계급(CA) : 모호한 가치구도	사회문화적 전문가 계급(SCP) : 자유의지론적 가치구도
저숙련	블루칼라 계급(BC) : 전통주의적 가치구도	하층 서비스기능자 계급(LSF) : 모호한 가치구도

표적화 및 재조준화에 대한 태도는 물질적 이해관계만큼이나 가치(자유의지론적 가치 혹은 전통적 가치)로부터 영향을 받는다. 가치는 공통된 이해관계와 마찬가지로 동맹의 중요한 기반이 되는데 가치와 이해관계가 반드시 일치하는 것은 아니다. 자유의지론적 가치가 교육수준에 의해 결정되는지 계급에 의해 결정되는지 혹은 다른 어떤 사회화과정에 의해 결정되는지 등에 있어서는 논란이 있지만, 그것이 높은 숙련수준과 대인적 직무논리를 가진 직업과 강한 상관관계를 보인다는 사실에는 논란의 여지가 없다(Kitschelt, 1994). 그래서 앞에서 본 바 직무논리와 노동시장지위 간의 연관성을 전제하여 아래에서는 탈산업적 계급집단들에서 예상할 수 있는 가치프로필에 대해 살펴본다.

사회문화전문가들은 그들 직업이 가진 대인적 직무논리와 그들의 높은 숙련수준을 감안할 때 자유의지론적 가치지향을 가질 것이라고 생각할 수 있다. 반면에 블루칼라노동자들은 사회문화전문가들과 정반대의 가치구도를 가지고 있어서 강한 전통주의적 가치를 갖는 경향이 있다. 자본축적자 계급과 하층서비스기능자 계급은 모순적인 가치구도를 갖는 경향이 있다. 〈표 4-4〉는 이러한 가치구도에 관한 경험적 증거를 보여준다. 이 표에는 조사대상모집단의 평균가치점수

〈표 4-4〉 탈산업적 계급집단의 자유의지론 및 국가개입주의에 대한 태도

	자유의지론			국가개입주의		
	프랑스	독일	스위스	프랑스	독일	스위스
자본축적자 계급	−.12*	.03	.17**	−.78***	−.45***	−.27***
블루칼라계급	−.21***	−.11***	−.18***	.24**	.26***	.23***
사회문화전문가 계급	.19***	.23***	.20***	.07	−.04	−.01
하층서비스기능자 계급	.10	.01	−.12**	.34***	.31***	.26***
평균	−.07	−.02	.16	.05	−.11	.63
사례수	1,043	1,494	1,540	952	1,324	1,255

* p 〈 .05; ** p 〈 .01; *** p 〈 .001 (t 검증)

주: 표의 값들은 각 국의 평균가치점수에 대한 각 계급집단별 평균가치점수의 편차임.

자료: ISSP 1996 Role of Government III. 여기서의 값은 모두 요인점수임. 요인의 구성에 대해서는 관련 각주 참조.

와 비교한 각 계급별 평균가치점수가 제시되어 있다. 표의 왼쪽은 자유의지론 대 전통주의 가치의 상대적 크기를 나타내는데 값이 클수록 자유의지론적 가치가 강함을 의미한다. 표의 오른쪽은 국가개입주의적 가치와 경제적 자유방임 가치 중 어느 것을 지지하느냐가 정치적 가치와 선호에서 극명하게 대비되고 있다는 점을 감안하여 이 두 가치에 대한 상대적 태도를 추가로 제시한 것이다(값이 클수록 국가개입주의적 가치가 강함을 의미한다)[4]. 표에서 연한 음영으로 표시된

4 이들 두 가지 가치차원은 개념적으로는 키첼트와 렘(Kitchelt and Rehm, 2005)에 근거한 것이며 요인분석을 통해 설정되었다. 분석에 사용된 모든 자료는 국제사회조사프로그램의 1996년도 제3차 정부역할조사의 미시자료에서 뽑은 것이다. 자유의지론 대 전통주의 가치의 차원은 환경, 교육, 문화・예술에 대한 지출에 관한 태도(V25, V28, V32)를 측정한 변수에 근거한 요인분석(아이겐 값은 1.66과 1.73 사이)의 결과로 설정된 것이며, 개입주의 대 시장자유주의 가치의 차원은 소득불평등, 일자리창출, 사양산업에 대한 지원, 노동시간 규제, 일자리시장 규제, 보건의료, 노후소득보장, 실업보험, 재분배 그리고 주택분야에서의 정부책임에 대한 태도(V16, V20, V23, V24, V36, V38, V39, V41, V42, V44)를 측정한 변수에 근거한 요인분석(아이겐 값은 3.1과 4.1 사이)의 결과로 설정된 것이다.

부분은 자유의지론적 가치와 국가개입주의적 가치가 통계적으로 유의미하게 높은 부분이며, 진한 음영으로 표시된 부분은 전통주의적 가치와 시장자유주의적 가치가 통계적으로 유의미하게 높은 부분이다.

예상대로 자유의지론 대 전통주의의 가치차원에서는 블루칼라 노동자들과 사회문화전문가들이 극명하게 대비된다. 이들 외의 다른 계급들의 가치지향성은 다소 덜 분명하며 국가에 따라 상당히 다르게 나타난다. 예컨대, 스위스의 자본축적자 계급은 자유의지론적 가치지향성을 보이는 반면 프랑스의 자본축적자 계급은 보다 전통주의적인 가치지향성을 보이고 있다. 표에 제시된 두 가지 가치차원(자유의지론 대 전통주의 차원과 국가개입 대 시장자유주의 차원)에서 볼 수 있는 대비되는 결과들을 볼 때, 가치라는 것이 단순히 물질적 이해관계로 환원될 수 있는 것은 아니라는 점을 분명히 알 수 있다. 문화적 가치의 차원에서는 블루칼라 노동자들과 사회문화전문가들이 극명하게 대비되는 가치지향성을 보이지만, 국가개입주의 대 시장자유주의의 가치차원에서는 그와는 다른 대비가 나타나는데 즉 이 가치차원에서의 극명한 가치지향성의 대비는 자본축적자 계급과 저숙련 노동자들 사이에서 나타나고 있다(Häusermann, 2008도 참조). 이해관계와 가치가 연금정치에서의 행위자들의 입장에 영향을 미친다는 점과 관련하여 필자는 가치가 이해관계의 영향을 강화하기도 하고 완화하기도 한다고 주장한다. 이를 예를 들어서 생각해보자. 사회문화전문가와 하층서비스기능자 계급은 표적화와 재조준화를 선호하는 경향이 있는데 이는 이 정책들이 노동시장 외부자로서 그들이 가진 물질적 이해관계에 가장 잘 부합하기 때문이다. 하지만 그런 가운데서도

〈표 4-5〉 탈산업적 연금정치의 구조적 계급기반

갈등전선	위험프로필		구조적 계급기반	
	찬성	반대	찬성	반대
보험	노동 (주로 저숙련 노동)	자본	블루칼라노동자 하층서비스기능자 (사회문화전문가)	자본축적자
적립화	고숙련 노동과 자본	저숙련 노동과 자본	자본축적자 사회문화전문가 대기업	블루칼라노동자 하층서비스기능자 중소기업
표적화 및 재조준화	노동시장 외부자와 자유의지론자	노동시장 내부자와 전통주의자	사회문화전문가 (하층서비스기능자) 여성노동자 고용사업주	블루칼라노동자 (자본축적자) 남성노동자 고용사업주

표적화와 재조준화에 대한 선호는 사회문화전문가 계급에서 더 강하게 나타나는 경향이 있다. 이는 사회문화전문가 계급들이 가진 자유의지론적 가치가 노동시장 외부자로서의 그들의 물질적 이해관계에 잘 부합하기 때문이다. 또 하나의 예로 블루칼라 노동자들은 표적화와 재조준화에 상당히 적대적인데 이것은 이 정책들이 노동시장 내부자들인 그들에게 이익이 되는 정책이 아닌데다가(다시 말해서 그들의 물질적 이해관계에 부합하는 것이 아닌데다가) 저숙련 남성노동자가 대부분인 그들의 전통주의적 가치와 상충하기 때문이다. 〈표 4-5〉는 지금까지 설명한 바, 예상 갈등전선의 이면에 놓인 구조적인 계급적 기반을 요약하고 있다.

이제 마지막으로 지금까지 살펴본 사회문화적 계급구조가 실제 정치의 장에서 어떻게 표현되는지를 살펴보자. 이는 우리의 궁극적 관심은 실제 정책결정과정에 있기 때문이다. 잠재적 갈등은 이것이 정치적 행위자에 의해 동원되지 않는다면 가시화되지도 않고 정치적인 의미를 가지지도 못한다. 따라서 이 문제와 관련해서는 개혁과정에서 집합적 행위자들의 입장과 동맹(개인의 정치적 선호가 아니라)에 관하여 필자가 수행한 경험적 연구(이에 대해서는 6-8장에서 자세하게 다룬다)에 대해 살펴볼 필요가 있다. 하지만 집합적 정책결정 차원에서의 행위자들의 배열을 의미 있게 해석하기 위해서는 이해관계와 가치에 관한 미시적 차원에서의 사회문화적 분석이 필요하다. 실제로 집합적 행위자들 간의 동맹을 추동하는 동기가 무엇인지를 알려면 집합적 행위자들의 구성원들 및 그들의 개인적 선호를 알아야 한다. 따라서 이 장의 나머지 부분에서는 프랑스, 독일, 스위스 세 나라의 정당과 노동조합, 고용주들의 구성원들을 계급적 차원과 위험구도의 차원에서 살펴보고, 이들이 연금개혁과 관련하여 가질 수 있는 잠재적 입장에 대해 살펴본다. 그래서 여기서는 이들 핵심적 구성원들의 계급적 구성을 살펴봄으로써 특정한 이해관계구도 및 가치구도에 특별히 민감할 것으로 예상되는 구성원(행위자)이(가) 누구인지를 밝혀보고자 한다. 이렇게 하여 정책적 입장과 동맹의 가능성에 관한 가설을 도출할 것인데 이것은 어떤 면에서 강력하지만 문제의 소지가 있는 가정, 즉 집합적 행위자는 그들의 구성원 개개인의 선호를 합산한 것이라는 가정에 근거한 것이다. 행위자들이 집합적 수준에서 채택하는 입장이라는 것이 집합적 행위자가 그 구성원들 중 누구를 대표하는 것인가 뿐만 아니라 그 대표의 절차가 어떻게 제도화되어 있는가에 의해(Anderson and Lynch, 2007) 그리고 한 사회의 지배집단이 무엇을 선택하는가와 그들이 어떻게 사회화되는가에 의해(Campbell and Lynch, 2000) 결정적으로 영향을 받는 것이라는 사실을 고려하더라도, 이 가정은 이해관계의 합산이 대단히 복잡한 것이라는 점을 간과할 우려를 안고 있는 가정이다. 그럼에도 불구하고 이 책에서는 이론적 명확성을 위해 이 다소 강한 가정을 채택하고자 한다. 또한 이 책에서는 집합적 행위자들이 집합적 수준에서 채택하는 입장이 그 구성원들의 선호를 반영한다고 가정하지만 그 둘 간에 직접적이고 완전한 연결성이 있다고 가정하지는 않는다. 예컨대, 노동조합의 조합원 중 서비스부문 종사자의 비중이 어떤 수치로 있다고 해서 이것으로 그 노동조합이 특정 개혁과 관련하여 취할 입장을 정확하게 예측할 수 있다고 가정할 수는 없다는 것이다. 다만, 서비스부문 종사자가 많은 비중을 차지하는 노동조합은 예컨대 제조업 종사자가 대부분인 노동조합에 비해서는 서비스부문 노동자들에게 유리한 개혁에 좀 더 수용적인 태도를 취하리라고는 생각할 수 있다. 이런 점에서 이 책의 분석틀에서 중요한 것은 추이와 비교이며 이와 관련해서 구조주의적 접근은 중요한 통찰을 제공해줄 수 있다.

탈산업적 연금정치에서 정당의 예상 입장

사회주의 정당이나 사회민주주의 정당은 거의 한 세기 전부터 노동을 조직해왔지만, 지금의 탈산업시대에 젠더나 숙련수준, 노동시장 지위 등을 명분으로 내걸어 결성된 정당은 거의 없다. 오히려 노동시장의 탈산업적 변화는 기존 정당들을 내부로부터 변화시키는 결과로 이어지고 있다. 탈산업적 이해관계나 그 지지집단들은 상당 정도로 기존 정당체계 내로 흡수되어 있으며(Kitchelt, 1994; Kriesi et al., 2006) 다만 자유의지론적 녹색정당과 전통주의적인 신우파 대중주의 정당이 등장하고 있는 정도이다.

〈표 4-6〉 탈산업적 계급집단의 정당선호도: 프랑스

	좌파정당 지지		우파정당 지지			없음
	신좌파	구좌파/노동당	중도우파	온건우파	급진우파	
자본축적자 계급	−7.6**	−9.0**	+3.4	+4.9*	+0.9	+1.2
블루칼라계급	−3.6	+1.2	−4.3**	−4.6*	+7.3**	+1.9
사회문화전문가 계급	+4.7**	+4.6*	+1.6	−0.4	−3.5***	−3.1
하층서비스 기능자 계급	+2.1	−0.2	−2.5	−2.0	+0.4	+2.3
노동인구 중 지지자의 평균비중	39.0%	40.4%	9.9%	17.0%	6.2%	18.3%
사례수	1,054	1,054	1,054	1,054	1,054	1,054

* p 〈 .05; ** p 〈 .01; *** p 〈 .001 (t 검증)

주: 표의 값들은 각 정당에 대한 지지자 비중과 비교하여 각 계급집단의 비중이 보이는 편차를 나타낸 것임. 정당은 다음과 같음: 신좌파 - 녹색주의 및 사회민주주의 정당[녹색당(les Verts), 사회당(PSF)]; 구좌파 - 공산주의 및 사회민주주의 정당[사회당(PSF), 공산당(PCF), 급진좌파정당]; 중도우파 - 프랑스민주연합(UDF); 온건우파 - 공화국연합(RPR); 급진우파 - 국민전선(FN); 없음 - 지지정당 없음, 투표하지 않음.

자료: ISSP 1996 Role of Government III. 질문은 다음과 같음: "당신은 어떤 정당 혹은 어떤 운동에 더 많이 공감하는가?"

〈표 4-6〉부터 〈표 4-8〉까지의 세 가지 표는 탈산업적 계급집단 각각이 각 정당 지지자에서 차지하는 비중을 전체 노동인구 중 각 정당 지지자의 평균적인 비중과 비교하여 전자가 후자보다 많은 경우와 그 반대의 경우를 세 나라별로 제시한 것이다. 이와 관련하여 필자는 정당의 핵심지지층(즉 특정 정당을 적극적으로 선호하는 집단)이 반드시 수적인 측면에서 그 정당의 가장 큰 지지층은 아닐 수도 있지만[5]

5 예컨대, 독일의 경우 사회문화전문가들은 절대 수치로 보면 녹색당보다는 사회민주당을 지지하는 사람들이 더 많다(본문의 <표 4-7>). 하지만 녹색당 지지자들 중 사회문화전문가들이 차지하는 비중은 녹색당을 지지하는 다른 어떤 지지층이 차지하는 비중보다 높다. 따라서 사회민주당의 입장에서 사회문화전문가계급은 사회민주당을 지지하는 여러 집단 중 하나로 간주되지만 녹색당의 입장에서 그들은 핵심지지층이 되는 것이다. 이런 이유로 필자는 지금 든 예로 말한다면 녹색당은 사회문화전문가 계

대체로 정당들은 그들의 핵심지지층의 선호와 가치에 특히 더 민감하다고 가정한다. 탈산업적 계급집단이 정당지지자에서 차지하는 비중이 해당 정당지지자의 평균적인 비중보다 통계적으로 유의미하게 낮은 경우는 진한 음영으로 표시하였고 그 반대의 경우는 연한 음영으로 표시하였다. 〈표 4-6〉은 프랑스의 각 계급별 정당선호도를 보여준다.

프랑스의 자본축적가계급(고숙련의 노동시장내부자)은 온건우파정당 — 중도파 정당 연합체인 프랑스민주연합(UDF)과 특히 온건보수정당인 공화국연합(RPR) — 에 대한 지지도가 높으며 구좌파정당이나 신좌파정당에 대해서는 상당히 분명한 거부감을 가지고 있다. 이러한 정당선호유형은 그들이 국가개입주의를 강하게 반대하는 데서도 잘 나타난다. 따라서 우리는 온건우파정당들은 급여축소와 기금적리을 선호하는 시장자유주의적 고숙련내부자들의 선호를 옹호할 것이라 기대할 수 있다. 또한 자본축적가계급의 전통주의적 가치지향으로 인해 프랑스의 온건우파정당들인 프랑스민주연합과 공화국연합은 표적화와 재조준화에 더욱 소극적인 경향을 띤다. 전통주의적 가치지향은 자본축적가계급과 블루칼라계급이 공통적으로 가진 가치지향성이다. 블루칼라계급은 국가개입주의에 대한 보다 우호적인 입장과 전통주의적 가치를 결합한 정당인 국민전선(FN)의 핵심지지층이기도 하다(Bornschier, 2010). 블루칼라노동자들은 국가개입주의의 명분 때문에 구좌파정당을 여전히 지지하고 있으며 온건우파정당에 대한 지지도는 낮은 편이다. 하지만 구좌파정당의 입장을

급의 이해관계와 가치(즉 자유의지론적이며, 고숙력의 노동시장외부자로서 갖는 이해관계와 가치)에 특히 더 민감할 것이라고 가정하는 것이다.

〈표 4-7〉 탈산업적 계급집단의 정당선호도: 독일

	좌파정당 지지		우파정당 지지			없음
	신좌파	구좌파/노동당	기독교 민주주의	온건우파	급진우파	
자본축적자 계급	+3.7	−6.1**	+8.4**	+2.9	−1.4*	−7.5***
블루칼라계급	−5.6***	+1.8	−3.6*	−3.5***	+3.0*	+8.1***
사회문화전문가 계급	+10.2***	+1.2	−7.2**	+2.1	−1.8**	−6.4***
하층서비스 기능자 계급	−6.3**	+0.8	+0.8	−2.29	−1.3*	+9.8***
노동인구 중 지지자의 평균비중	15.0%	28.1%	27.5%	8.1%	1.8%	18.0%
사례수	1,301	1,301	1,301	1,301	1,301	1,301

* p 〈 .05; ** p 〈 .01; *** p 〈 .001 (t 검증)

주: 표의 값들은 각 정당에 대한 지지자 비중과 비교하여 각 계급집단의 비중이 보이는 편차를 나타낸 것임. 정당은 다음과 같음: 신좌파 – 녹색주의 정당[녹색당(Bündnis90/Grüne)]; 구좌파 – 공산주의 및 사회민주주의 정당[사회민주당(SPD), 민주사회당(PDS)]; 기독교민주주의 –기독교민주연합(CDU), 기독교사회연합(CSU); 온건우파 – 자유민주당(FDP); 급진우파 – 독일국가민주당(NPD), 독일민중연합(DVU), 공화파(Republikaner); 없음 – 투표하지 않을 것임(정당분류는 외쉬(Oesch 2005)를 따름).

자료: ISSP 1996 Role of Government III. 질문은 다음과 같음; "만일 다음 주 일요일에 총선거가 실시된다면 당신은 당신의 정당지지표로 어느 정당에 투표하겠는가?"

예측하기는 매우 어려운데 그 이유는 구좌파정당은 블루칼라계급뿐만 아니라 그들과 가치지향이나 위험프로필이 상당히 상반되는 계급인 사회문화전문가계급의 이해관계와 가치도 대변하기 때문이다. 실제로 프랑스의 사회문화전문가계급은 고숙련노동인구이며 자유시장주의적 가치지향을 가지고 있다. 또한 그들은 신좌파정당(즉, 녹색당과 사회당)의 강력한 지지세력이기도 하다. 그래서 녹색당은 표적화와 재조준화 그리고 적립화를 강하게 지지하는 반면 보험자격요건의 완화에는 다소 소극적인 입장을 보인다. 녹색당과 달리 사회당의 지지세력은 구좌파세력과 신좌파세력 둘 다에 분포해 있다. 그래서 프랑스의 구좌파정당들은 그들의 핵심지지층인 산업부문의 블루칼라노동자들의 전통적인 지지를 유지하는 한편 새로운 지지층인 사회문화전문가계급의 입장에도 부응해야 하는 딜레마에 처해 있다. 이런 점에서 우리는 블루칼라계급과 사회문화전문가계급의 입장이 극명하게 상반되는 적립화나 표적화, 재조준화와 같은 쟁점과 관련하여 사회당이 입장을 분명하게 정하지 못하거나 내부적으로 입장이 분열될 것이라고 예측할 수 있다. 마지막으로 하층서비스기능자계급은 다른 계급과 구분되는 뚜렷한 정당선호도를 보이지 않고 있다.

독일의 정당지지경향도 프랑스와 대체로 유사하다(〈표 4-7〉). 프랑스와 마찬가지로 독일의 시장자유주의적인 자본축적가계급도 온건우파정당인 자유민주당(FDP)의 핵심지지층이다. 또한 그들은 기독교민주주의정당인 기독교민주연합(CDU=기민련)과 기독교사회연합(CSU=기사련)에 대해서는 더욱 강력한 지지층이다. 그리고 독일의 자본축적가계급도 국가개입주의와 연관된 구좌파에 대해서는 분명한 거부의 태도를 가지고 있다. 하지만 독일의 자본축적가계급은 녹색당(즉, 자유의지론적 신좌파)에 대해서도 상대적으로 높은 지지를 보내는 편이다. 이는 사회문화전문가계급이 녹색당에 대해 강한 선호를 보인다는 점에서 매우 흥미로운 점이다. 독일의 자본축적가계급과 사회문화전문가계급이 이처럼 신좌파정당에 대한 상대적 지지도가 높다는 것은 두 가지 요인 때문이다. 한 가지는 독일의 자본축적가계급은 프랑스에 비해 전통주의적 가치지향성이 약하다는 것이며, 다른 한 가지는 독일의 사회문화전문가계급은 국가개입주의에 대한 강한 선호를 가지고 있다는 것이다.

이러한 사실들을 정당의 입장과 관련해서 보면 독일의 녹색당은 적립화나 표적화, 재조준화를 강력하게 지지하는 입장을 가질 것이며 긴축(비용억제나 급여축소 등)에 대한 반대는 다소 소극적일 것이라 예측할 수 있다. 또한 자유민주당(FDP=자민당)과 기민련 및 기사련은 비용억제와 적립화는 강력하게 지지하지만 그들의 핵심지지층인 고숙련의 내부자들에게 이익이 되지 않는 표적화나 재조준화에 대해서는 반대할 것이라고 예측할 수 있다. 그런데 독일의 경우 두 가지 조건 때문에 노동시장외부자로의 적용범위 확대와 성평등에 대한 우파정당의 반대가 약화되는 경향이 있다. 그 두 가지 조건 중 첫째는 독일의 자본축적가계급은 이중적인 가치지향성을 가지고 있다는 것이며 둘째는 독일의 기독교민주주의계열의 정당들은 1970년대까지 독일 여성들이(Rusciano, 1992) 종교적 신념과 전통적인 성역할인식 때문에 "자연스럽게 선택" 하는 정당(Kolinsky, 1993: 123)이었다는 것이다. 서구의 대부분의 국가들에서 여성들의 정치적 입장은 대부분 좌파 쪽으로 변화해 왔는데 여기에는 노동시장과 가정에서의 여성들의 지위변화가 적지 않은 영향을 미쳤다(Inglehart and Norris, 2000; Iversen and Rosenbluth, 2006). 이렇게 되면서 기독교민주주의계열의 정당들은 전통적인 지지층을 상실해왔으며 그에 따라 남성가장모델을 지지해온 과거의 입장을 유지하는 것과 그런 입장을 전략적으로 현대화해야 하는 것 사이에서 새로운 활로를 모색하기 위해 분투하고 있다(van Kersbergen and Manow, 2009; Frey, 2009). 구좌파정당 — 특히 사회민주당(SPD) — 의 입장도 복잡하긴 마찬가지이다. 이는 사회문화전문가계급과 블루칼라계급이 사회민주당의 상대적으로 우세한 지지세력으로 계속 유지되는 등 핵심적 지지층이 지속적으로 다양화하고 있는 데서 기인하는 것이다. 이처럼 독일의 구좌파전당이 여러 계급으로부터 지지를 받고 있음으로 해서 독일의 사회민주당은 프랑스 사회당과 유사한 딜레마에 처하고 있다. 즉, 독일의 구좌파정당은 자신들을 지지하는 자유의지론적이며 고숙련의 노동시장 외부자인 지지층(사회문화전문가계급)의 이해관계를 반영하여 적립화나 표적화, 재조준화를 지지할 것인지 아니면 전통주의적 가치지향성을 가지고 있고 저숙련의 노동시장 내부자인 지지층(블루칼라계급)의 이해관계를 반영하여 위의 사안에 대해 반대입장을 취할 것인지 선택해야 하는 것이다. 마지막으로 독일의 경우에도 하층서비스기능자계급은 어느 정당에도 뚜렷한 지지경향을 보이지 않는 특성을 가지고 있다. 하지만 이 계급은 급진적 정당에 대해서는 전반적으로 불신의 태도를 보인다는 점에 주의할 필요가 있다. 독일의 하층서비스기능자계급은 급진우파정당이나 녹색당 모두에서 상대적인 지지층이 적은 편이다.

스위스는 시장자유주의에 대한 강한 선호를 가지고 있음에도 불구하고 자유의지론적 가치지향을 가진(〈표 4-4〉 참조) 자본축적가계급이 독특한 정당선호경향을 보여준다. 이로 인해 스위스의 정당지지유형은 다소 이질적이다(〈표 4-8〉). 자본축적가계급은 온건우파정당, 그 중에서도 특히 시장자유주의적 우파정당인 자유민주당(FDP)의 주된 지지층인 것은 사실이지만, 신좌파정당(즉, 녹색당(GPS)과 사회민주당(SPS)) 및 급진우파정당(즉, 국민당(SVP))에 대한 상대적 지지도도 약간이나마 높은 편이다. 자본축적가계급이 신좌파정당을

〈표 4-8〉 탈산업적 계급집단의 정당선호도: 스위스

	좌파정당 지지		우파정당 지지			없음
	신좌파	구좌파/노동당	기독교 민주주의	온건우파	급진우파	
자본축적자 계급	+1.5	+0.1	−1.7	+5.5*	+1.8	−7.0*
블루칼라계급	−4.3**	−2.8	+2.1	−4.0***	+1.4	+4.3
사회문화전문가 계급	+6.8***	+6.5***	+0.8	−0.4	−2.4**	−4.6*
하층서비스기능자 계급	−2.5	−3.3	−2.2*	−0.5	−2.9**	+7.4**
노동인구 중 지지자의 평균비중	19.2%	16.6%	5.6%	8.0%	6.6%	58.6%
사례수	1,636	1,636	1,636	1,636	1,636	1,636

* $p < .05$; ** $p < .01$; *** $p < .001$ (t 검증)

주: 표의 값들은 각 정당에 대한 지지자 비중과 비교하여 각 계급집단의 비중이 보이는 편차를 나타낸 것임. 정당은 다음과 같음: 신좌파 - 녹색주의 및 사회민주주의 정당[녹색당(GPS), 녹색연대(GB), 사회민주당(SPS)]; 구좌파 - 사회민주주의 정당 및 공산당[사회민주당(SPS), 노동당(PdA), 진보당(POCH)]; 기독교민주주의-기독교민주주의 정당[기독교민주당(CVP), 개신교국민당(EVP), 기독교사회당(CSP)]; 온건우파 - 시장자유주의 정당[자유민주당(FDP), 독립당(LdU), 자유당(LPS)]; 급진우파 - 보수주의 정당 및 급진우파 정당[국민당(SVP), 자유의 당(FPS), 민주당(SD), 티치노 연맹(Lega)]; 없음 - 지지정당 없음(정당분류는 외쉬(Oesch 2005)를 따름).

자료: ISSP 1996 Role of Government III. 질문은 다음과 같음: "당신은 대체로 보아 어느 정당에 더 많은 공감 혹은 소속감을 느끼는가?(당원이 아니어도 무방함)"

지지하는 것은 아마도 그들의 교육과 가치로 인한 것이라 볼 수 있으며 한편 그들이 급진우파정당을 지지하는 것은 그들이 가진 우파적 시장자유주의 이데올로기와 노동시장에서의 내부자라는 지위에서 기인한 것이라 볼 수 있다. 이런 점에서 스위스의 자본축적가계급은 매우 흥미로운 혼합적인 입장을 보인다. 자유의지론자로서 그들은 신좌파정당과 공감대를 가지는 한편 노동시장내부자로서 그들은 전통주의적 가치지향을 가진 블루칼라노동자들과 함께 우파정당을 지지하는 경향도 보인다.

스위스의 구좌파정당의 핵심지지층은 녹색당의 핵심지지층과 유사하다. 하지만 스위스의 구좌파정당은 녹색당에 비해 자본축적가계급의 지지를 덜 받고 있으며, 블루칼라계급의 지지는 녹색당에 비해 더 많이 받고 있다. 이는 자유의지론적 가치지향성이 녹색당에 대한 지지경향을 설명하는 것에 비해 구좌파정당에 대한 지지경향을 설명하는 데 있어서는 상대적으로 그 중요성이 낮음을 시사한다. 스위스의 기독교민주당(CVP=기민당)은 뚜렷한 핵심지지층이 잘 드러나지 않는데 이런 경향은 독일의 경우보다 더 심한 것이다. 스위스의 기민당은 1980년대 후반까지만 해도 카톨릭세가 강한 주(canton)에서 광범위하고도 확고한 지지기반을 가지고 있었으며 그 지지기반의 대부분은 저숙련남성노동자들과 여성신자들이었다. 하지만 지속적인 세속화와 현대화 흐름에 따라 기민당은 사회구조적 토대를 상실하기 시작했으며 그들의 정강정책은 타협되어갔고 희석되어갔다(Gees, 2004; Frey, 2009). 마지막으로 프랑스와 독일과 유사하게 스위스의 경우에도 저숙련 노동시장 외부자들(하층서비스기능자계급)이 뚜렷한 정당선호도를 보이지 않고 있다.

이처럼 정당지지성향이 복합적이고 복잡한 양상을 띠고 있는 것은 일부 정당들은 여러 계급에 걸쳐 지지를 받는 반면 또 다른 일부 정당들은 핵심지지층을 결여하고 있다는 사실과 더불어 스위스의 연금정치에서 정당들의 입장이 복잡하게 나타날 것임을 시사한다. 온건우파정당, 특히 자유민주당(FDP=자민당)은 긴축정책을 지지할 것으로 예상할 수 있다. 하지만 표적화와 재조준화에 있어서는 그들의 입장을 예측하기 어렵다. 왜냐하면 그들은 그들의 핵심지지층의 이해관계를 반영하여 그것들에 반대할 수도 있고 또 다른 한편으로 그들의 핵심지지층이 가진 자유의지론적 가치지향성을 반영하여 그것들을 지지할 수도 있기 때문이다. 또한 스위스의 구좌파와 신좌파는 그들이 표적화와 재조준화를 지지할 것으로 확실히 예측할 수 있지만 보험전선에서는 다소 불분명한 입장을 보일 것이다(이는 특히 신좌파의 핵심그룹인 녹색당에서 그러할 것이다). 급진우파정당인 국민당(SVP)은 블루칼라계급과 자본축적가계급으로부터 동시에 지지를 받고 있기 때문에 긴축과 관련해서는 불분명한 입장을 보일 것이지만, 이들 핵심지지층 외의 계급에서는 확고한 지지기반이 없기 때문에 표적화와 재조준화에 대해서는 반대할 것으로 예측할 수 있다.

지금까지의 분석으로부터 도출된 정당 간 갈등양상을 전체적으로 요약하면, 세 나라는 유사한 양상을 보인다고 할 수 있다. 즉, 신좌파정당들은 대체로 사회문화전문가계급의 이해관계와 가치를 대변하며 구좌파정당들은 블루칼라계급과 사회문화전문가계급 양자의 지지를 모두 받는 경향이 있다. 온건우파정당들은 시장자유주의적인 자본축적가계급의 요구를 대변하며 급진우파정당들은 대체로 블루칼라노동자들의 지지를 받고 있다. 한편 하층서비스기능자계급은 정치적으로 소외되어 있다고 할 수 있다. 이 계급이 보이는 가장 두드러진 정치지향성은 투표불참이다. 이것은 이 계급이 가장 취약한 위험집단이며 또 탈산업경제에서 이 계급에 속한 사람들의 수가 지속적으로 증가하고 있다는 점에서 심각한 문제라 할 수 있다.

정당의 핵심지지층에 관한 위의 분석은 정당지지경향의 변화에 관한 최근의 연구들에서 나온 결과들과도 상당히 일치한다. 이들 최근의 연구에서 나온 결과 중 세 가지가 중요하다. 첫째, 좌파정당의 지지층은 탈산업경제 하에서 다변화되어왔다는 점이다(Kitschelt and Rehm, 2005 참조. 이와 유사한 연구로는 Oesch, 2005; Häusermann, 2008 참조). 이러한 변화는 특히 1970년대 이래 경제문제에 대한 의견대립이 약화되고 문화적인 문제를 둘러싼 의견대립이 첨예화한 독일과 프랑스, 스위스에서 특히 두드러지고 있다. 이들 나라에서 좌파정당들의 지지층은 매우 이질적인 계급들로 혼합되어 있으며 이로 인해 좌파정당들은 사회경제적 개혁을 추진함에 있어서 매우 큰 딜레마에 처하고 있다. 둘째, 가족구조와 노동시장의 근본적인 변화에 따라 기독교민주주의 정당들은 그들의 전통적인 지지층(특히 여성)을 상실해가고 있다는 점이다. 오늘날 기독교민주주의 정당들의 지지층은 문화적으로나 경제적으로 대단히 이질적인 사람들로 이루어져 있고 그에 따라 이 정당들은 사회정책과 경제정책에서 그들이 누구의 이해관계를 대변할지를 선택함에 있어서 구조적으로나 전략적으로 커다란 딜레마에 처해있다(van Kersbergen and Manow, 2009; Frey, 2009). 마지막 셋째, 저숙련 블루칼라노동자들이 점차 보수적인 정당을 지지하는 경향을 보이고 있다는 점이다(Oesch, 2005; Bornschier, 2010; Kriesi et al., 2008). 키첼트(Kitschelt, 1997)는 신흥 급진우파정당들이 1980년대 말과 1990년대 초에 거둔 성공은 시장자유주의와 문화적 보수주의를 결합한 데서 기인한 것이라고 주장하고 있지만, 본쉬어(Bornschier, 2010)에 의하면 이들 정당들이 가진 가치지향성은 과거나 지금이나 대단히 전통주의적인 것이다. 하지만 경제적인 면에서 이들 정당들은 다소 모호한 입장을 가지고 있는데 왜냐하면 이들을 지지하는 블루칼라노동자들이 국가개입을 선호하는 입장을 가지고 있기 때문이다.

탈산업적 연금정치에서 노동조합의 예상 입장

정당지지경향에서 본 것처럼, 탈산업사회에서의 위험구조의 변화는 노동계급 내부의 이해관계를 이질화시키며 따라서 노동내부적 갈등을 증가시키는 경향이 있다(예컨대, Ebbinghaus and Manow, 2001; Ebinghaus, 2001; Mares, 2000, 2001a; Trampusch, 2005 등 참조). 따라서 사회정책연구자들은 노동이나 자본을 각기 동질적인 행위자로 개념화해서는 안 되며 각 집단 내의 이해관계의 상이함을 밝힐 필요가 있다[6].

프랑스의 노동조합조직률은 다른 나라에 비해 상당히 낮은 편이다. 1970년대에 전체 노동자의 20%를 조금 넘는 노동자들이 노동조합에 가입했으나 1990년대 말에는 이 수치가 8% 아래로까지 떨어졌다. 하지만 프랑스의 노조조직률이 낮다고 해서 이것이 곧 프랑스 노동조합의 권력자원이 취약함을 의미하는 것은 아니다. 위기의 시대에 프랑스 노동조합은 대규모 집회를 동원할 수 있음을 여러 차례 보

6 정당에 비해 노동조합의 핵심지지층을 확인하는 것은 더 어려운데 이는 자료의 부족 때문이다. 에빙하우스와 비저(Ebbinghaus and Visser, 2000)는 서구유럽의 노동조합 가입자들을 부문별, 성별, 숙련수준별로 구분하여 통계치와 질적 자료 및 역사적 자료를 제공한 바 있다. 하지만 성별분포나 내부자/외부자에 관한 자료가 부족할 경우에 노동조합 지지층에 관한 분석은 대리지표 예컨대 여성조합원의 대리지표로 서비스부문 고용과 같은 지표를 사용할 수밖에 없다. 노동조합의 공식입장과 조합원의 선호 간의 관계는 물론 각 국가의 역사적·정치적 맥락에 따라 가변적이다. 프랑스의 노동조합이 가진 힘은 조합원 가입여부보다는 동원에 기초하고 있다. 따라서 프랑스의 노동조합은 독일에 비해 조합원들의 선호로부터 좀 더 자유로운 경향이 있다(Ebbinghaus and Visser, 2000). 하지만 그럼에도 불구하고 이 책에서 필자는 조합원의 구성이 노동조합의 입장을 예측하는 데 중요한 통찰을 제공한다고 가정한다.

여주었다. 그들은 공식적인 노동조합원의 수를 훨씬 넘어서는 사람들을 동원할 수 있었으며 그에 따라 정부가 추진하는 개혁을 성공적으로 막을 수 있었다. 또한 프랑스의 노동조합은 사회정책의 실제 운영에 깊이 관여하고 있는데(Palier, 2003) 이로 인해 그들은 사회정책과 관련된 문제에 있어서 실제적인 비토권한을 가지고 있다. 따라서 프랑스 노동조합은 조직률은 낮지만 개혁과정에서 핵심적인 행위자의 지위를 유지하고 있다.

프랑스의 고숙련노동자들과 관리직 노동자들은 대부분 전문직연맹(CGC)에 가입해 있다[7]. 프랑스의 전체 노동조합 가입자 중 전문직연맹 가입자가 차지하는 비중은 낮은 편이지만(1970년 이래 대략 5~7% 가량), 이들은 고숙련종사자들이기 때문에 전문직연맹이 프랑스 노동운동에서 차지하는 비중은 작지 않다. 또한 전문직연맹은 프랑스에서 가입대상자들의 다수를 가입시키고 있는 유일한 노동조합이기도 하다. 1993년의 경우 제조업(주로 금속 및 화학산업)과 서비스산업(은행 및 보험업)을 포함하여 주로 민간부문의 고숙련 및 관리직노동자들의 64%가 가입하고 있었다. 이런 양상은 전문직연맹을 제외한 나머지 네 주요 노동조합에서는 다르게 나타난다. 전문직연맹과 경쟁관계에 있는 프랑스의 네 주요 노동조합조직은 전국노동연맹(CGT), 민주노조연맹(CFDT), 노동동맹(FO), 기독노동연맹(CFCT)들인데 이들 조직들은 가입자의 2/3 이상이 공공부문에 속해 있다. 프랑스의 이들 다섯 개 주요 노조조직 중 1970년대까지는 전국노동

---

7 이 절에서의 수치는 특별히 다른 언급이 없는 한 에빙하우스와 비저(Ebbinghaus and Visser, 2000: 269-77, CD-ROM)에서 인용한 것이다.

연맹의 조합원이 전체 노조조합원의 50%에 가까운 비중을 차지하여 전국노동연맹이 가장 규모가 크고 강력한 조직이었으나 그 후 전국노동연맹의 비중은 하락하여 1990년대 중반에 이르러서는 전국노동연맹의 조합원은 전체 조합원의 25% 이하로 그 비중이 크게 떨어졌다. 그 자리를 대신하여 민주노조연맹이 전국노동연맹의 강력한 경쟁자로 부상하였다. 전국노동연맹과 민주노조연맹은 둘 다 주로 저숙련노동자들을 조합원으로 하고 있다. 이 두 조직은 이데올로기적으로도 다르지만(전국노동연맹은 공산주의적이며 민주노조연맹은 개혁주의적이다) 조합원의 성별구성에서도 큰 차이를 보인다. 이는 이 두 노조가 그 지지기반으로 삼고 있는 산업부문이 다르기 때문이다. 전국노동연맹은 전기 · 가스 · 전력 등의 공익사업이나 철도, 화학, 금속산업과 같은 남성노동자 중심적인 산업부문에서 가장 핵심적인 노동조합으로 자리매김해왔다. 이들 산업부문에서 전국노동연맹은 지금까지도 조직노동자의 1/3 내지 1/2을 차지하고 있다. 하지만 상업부문에서 전국노동연맹은 그 조합원이 1970년대까지는 전체 조직노동자의 30~50%를 차지했으나 1990년대 중반에는 12~18%로 하락하였다. 은행이나 보험, 상업 등의 서비스산업에서는 민주노조연맹이 조직노동자의 30~40%를 차지하여 가장 중요한 조직이다. 또한 민주노조연맹은 여성노동자가 많은 공공보건과 교육, 섬유산업에서도 가장 강력한 조직이다.

요약하면, 고숙련노동자들(자본축적가계급과 일부 사회문화전문가계급)은 주로 전문직연맹에 가입하며 저숙련의 남성 블루칼라노동자들(노동시장 내부자)은 주로 전국노동연맹에 가입하고, 민주노조

〈표 4-9〉 주요 노동조합 정상조직과 탈산업적 위험집단(1970년대 이후, 프랑스)

	내부자/남성	외부자/여성
고숙련 노동자	전문직연맹(CGC)	민주노조연맹(CFDT)/전문직연맹(CGC)
저숙련 노동자	전국노동연맹(CGT)	민주노조연맹(CFDT)

연맹은 그 조합원들을 주로 여성노동자들(고숙련 및 저숙련 모두)로 두고 있으며 따라서 노동시장 외부자들의 이해관계를 보다 잘 반영할 것으로 예상할 수 있다(〈표 4-9〉 참조).

정책선호와 관련하여 〈표 4-9〉는 전문직연맹과 민주노조연맹은 저숙련 노동자들이 압도적인 지지기반인 전국노조연맹에 비해 적립화를 더 선호할 것임을 시사한다(적립화를 선호하는 정도는 민주노조연맹이 전문직연맹보다 약간 덜 할 것이다). 또한 민주노조연맹은 노동시장 내부자의 이해관계를 대변할 가능성이 높은 전국노조연맹(전문직연맹도 노동시장 내부자의 이해관계를 대변하지만 그 강도는 전국노조연맹보다 다소 약할 것이다)에 대항하여 노동시장 외부자의 이해관계를 반영하여 표적화를 찬성할 가능성이 높을 것으로 예측할 수 있다. 하지만 모든 노동조합조직은 긴축에 반대하며 모든 노동자에 대한 보험수급자격의 관대화를 찬성할 것으로 예측할 수 있다.

독일의 노동조합 조직구조는 프랑스에 비해 더 수직적으로 집중화되어 있다. 독일은 단일의 정상조직(즉, 독일노동조합연맹(DGB))이 조직노동자의 80% 이상을 포괄하고 있다(이 수치는 전체 독일노동자들의 약 30~40%에 이르는 수치이다). 독일노동조합연맹의 주요 경쟁자는 공공부문 노조인 독일공무원노조연맹(DBB, 조직노동자의 약 10%)와 고숙련 노동자들의 조직인 독일사무직노조협의회(DAG, 조직노동자의 5~6%)가 있다[8]. 다른 정상조직, 예컨대 기독교민주주의 이념을 가진 독일기독노동조합(CGD)과 관리직노동자들의 조직인 관리직노조연합(ULA)은 앞의 세 정상조직에 비하면 그 비중이 다소 낮은 편이다. 독일은 노동조합이 강력한 수직적 위계구조로 편성되어 있고 또 전통적으로 독일노동조합연맹이 독일사민당과 밀접한 관련성을 유지해 왔으며(Trampusch, 2004) 나아가 정부의 정책결정이 신조합주의적인 방식을 채택해 왔는데(Kataenstein, 1987), 이로 인해 독일의 노동조합은 1950년대 이래 각종 정책결정에서 강력한 행위자로 역할을 해왔다.

독일노동조합연맹은 고숙련 화이트칼라노동자들에게 꾸준히 영향력을 확대하고 있지만(1970년에 이들의 가입률은 14%였으나 1990년대 말에 30%까지 상승하였다), 그럼에도 불구하고 여전히 금속노조(IG Metall)(금속산업)나 건설노조(IG Bau)(건설업 및 광업 등)와 같은 저숙련 블루칼라 노동조합을 핵심지지기반으로 하고 있다. 독일의 민간부문 고숙련 노동자들은 주로 독일사무직노조협의회에 가입하며, 행정직공무원들은 독일공무원노조연맹에 주로 가입하고 있다. 그런데 독일공무원노조연맹은 대단히 특권적인 근로조건을 누리는 노동시장 내부자들의 이익을 대변하고 있지만 독일사무직노조협의회는 제조업이나 상업, 은행 및 금융업, 공공행정, 그리고 사회복지사업과 같은 매우 다양한 산업부문의 사무직노동자들을 조합원으로 하고 있다. 이런 점으로 인해 독일사무직노조협의회는 가장 "여성

---

8 이 절에서의 수치는 특별히 다른 언급이 없는 한 에빙하우스와 비저(Ebbinghaus and Visser, 2000: 305-37, CD-ROM) 그리고 아민전(Armingeon, 1988)에서 인용한 것이다.

화" 한 노동조합조직이다. 독일사무직노조협의회의 조합원 중 여성 조합원의 비중은 1970년에도 이미 32%로 상당한 비중을 차지했는데 이것은 1998년에는 55%로 더욱 늘어났다. 그리하여 독일사무직노조협의회는 여성조합원이 다수를 구성하는 단일의 가장 규모가 크고 강력한 노동조합이 되었다. 이에 비해 독일노동조합총연맹과 독일공무원노조연맹은 여성조합원의 비중이 거의 언제나 낮은 편이다(1970년에 그 비중은 약 15%였고 1990년대 말에도 30%를 넘지 못한다). 독일사무직노조협의회가 여성노동자들이 중심이 되는 서비스산업부문에 확고한 지지기반을 가지고 있으므로 이 조직은 고숙련의 노동시장 외부자들의 욕구와 이해관계를 특히 잘 반영할 것이라 예상할 수 있다. 독일의 노동조합은 저숙련 노동자들의 조직화에 있어서 산업부문 간 차이가 두드러지는 편이다. 금속노조나 건설노조와 같은 산별노조는 저숙련 남성노동자들(노동시장 내부자)을 핵심적인 조합원으로 하고 있지만(이들 노조에서 여성조합원의 비중은 20% 미만이다), 저숙련 여성노동자들은 전통적으로 공공서비스와 운송업 노조인 공공서비스 · 운송산업노조(ÖTV, 여성조합원 약 45%)와 상업과 은행업 및 보험산업노조인 상업 · 은행 · 보험산업노조(HBV, 여성조합원 약 67%)에 주로 가입해왔다. 하지만 여성노동자들이 중심이 된 이들 산별노조들은 독일노동조합연맹에서 거의 언제나 소수였고 지금도 그러하다. 이런 점에서 공공서비스 · 운송산업노조와 상업 · 은행 · 보험산업노조가 우정산업노조 및 언론 · 출판노조와 함께 독일사무직노조협의회와 연합하여 2001년에 새로운 서비스부문 노조인 서비스노조연합(ver.di)으로 재탄생하여 독일노동조합연맹 내에서

〈표 4-10〉 주요 노동조합 정상조직과 탈산업적 위험집단(1970년대 이후, 독일)

	내부자/남성	외부자/여성
고숙련 노동자	독일사무직노조협의회(DAG)/ 독일공무원노조연맹(DBB)	독일사무직노조협의회(DAG)(2001년 이후 서비스노조연합(ver.di)에 가입)
저숙련 노동자	독일노동조합연맹(DGB) (금속노조, 건설노조)	공공서비스 · 운송산업노조(ÖTV)/상업 · 은행 · 보험산업노조(HBV)(두 노조 모두 2001년 이후 서비스노조연합(ver.di)에 가입)

두 번째로 큰 조직이 되었다는 점은 매우 시사하는 바가 크다. 서비스노조연합의 출범은 독일 노동운동을 서비스경제의 도전에 적응시키기 위한 명시적인 제도적 개혁으로 간주되고 있다. 이런 점에서 서비스노조연합은 고숙련인가 저숙련인가를 불문하고 여성노동자와 노동시장 외부자의 비중이 높은 산업부문의 가장 핵심적인 조직이라 할 수 있다. 독일 노동조합에 관해 지금까지 논의한 내용은 〈표 4-10〉에 요약되어 있다.

독일의 경우에도 모든 노동조합들은 긴축에 반대하는 점에서는 유사한 입장을 견지할 것이라고 예측할 수 있다. 하지만 독일사무직노조협의회와 독일공무원노조연맹은 저숙련 노동자들을 주조직대상으로 하는 독일노동조합연맹이나 서비스노조연합에 비해 적립화에 좀 더 찬성하는 입장을 보일 것이다. 또한, 독일사무직노조협의회는 주로 남성노동자들을 조합원으로 하고 있는 독일노동조합연맹이나 독일공무원노조연맹과 달리 표적화와 재조준화를 지지할 것이며 이 점에서 독일사무직노조협의회는 서비스노조연합과 유사할 것으로 예상할 수 있다.

스위스는 1990년대에 이르기까지는 노동자들의 약 1/3이 조직되어 있었는데 그 이후 조직률이 약간 하락하여 20세기의 막바지에는 25%를 조금 넘는 노동자들이 노동조합에 가입해 있다[9]. 이처럼 스위스의 조직노동의 힘이 약한 것은 스위스의 경우 전통적으로 자유주의적 이데올로기의 헤게모니가 강했다는 사실(Mach, 2006)과 노동계급이 사회주의적 분파와 기독교민주주의 분파 그리고 그 외 세속적인 이익을 추구하는 분파 등으로 나뉘어져 있어 이데올로기적으로 분열되어 있다는 사실(Kriesi, 1998)에서 기인한 결과이다. 하지만 그와 같은 이데올로기적 분열에도 불구하고 제도적 환경으로 인해 스위스 노동조합은 정치적으로 매우 중요한 행위자로 기능하고 있다. 스위스는 직접민주주의를 채택하고 있고(Neidhart, 1970) 정책결정에서 신조합주의적 방식을 채택(Katzenstein, 1985)하고 있기 때문에, 노동과 자본은 매우 영향력 있는 위원회 구조를 통해 정책결정 초기단계에 개혁정책에 대해 논의를 진행한다. 스위스의 노동과 자본은 각기 의회와 밀접한 관련을 갖고 있을 뿐만 아니라 국민투표에서 개혁정책에 반대하는 세력을 동원할 힘을 가지고 있다[10].

스위스의 노동계급은 이데올로기적으로 분열되어 있기 때문에 노동계급의 이해관계도 상당히 다양하게 분절되어 있다. 고숙련 노동자들은 화이트칼라 노동자들의 정상조직인 스위스사무직노조협의회(VSA)에 주로 가입되어 있으며 이 조직은 1970년대 이래 스위스의 전체 노동조합원의 13~16%를 차지해왔다. 스위스사무직노조협의회

9 이 절에서의 수치는 특별히 다른 언급이 없는 한 에빙하우스와 비저(Ebbinghaus and Visser, 2000: 673-703, CD-ROM) 그리고 플루더 외(Fluder et al., 1991)와 플루더(Fluder, 1996)에서 인용한 것이다.

10 스위스에서는, 법률이 의회를 통과하더라도 그 통과 후 90일 이내에 그에 반대하는 5만 명의 서명을 확보한다면 그 법률은 다시 국민투표에 부쳐지게 된다.

가 대단히 큰 조직은 아니지만 조합원들의 소속감이 강한 편이고 또 상업이나 은행 · 보험, 제조업 등의 산업부문에서 확고한 조직기반을 가지고 있기 때문에 그 비중이 작지 않다. 하지만 스위스사무직노조협의회는 사회주의적 이념을 가진 스위스 최대의 정상조직인 스위스노동조합연맹(SGB)의 영향력 아래에 놓여 있다. 스위스노동조합연맹은 지난 30년 간 노동조합원의 약 50%에 달하는 조합원을 확보해 왔으며, 건설부문의 건설노조(GBI)와 금속부문의 금속 · 시계노조(SMUV)와 같은 강력한 산별노조를 핵심기반으로 하고 있다. 스위스노동조합연맹과 경쟁관계에 있는 조직은 기독교민주주의 이념을 따르고 있는 기독국민노조연맹(CNG, 2003년에 스위스노동동맹(Travail. Suisse)로 변경)인데 이 조직은 규모가 보다 작아서 조직노동자의 10% 정도를 포괄하고 있다. 스위스 노동운동에서 여성의 참여율은 저조한 편인데 여성조합원은 전체 조직노동자의 15~20% 정도이다. 이는 스위스에서 대부분의 여성노동자들은 시간제취업자들(따라서 노동시장 외부자들)이고 또 조직률이 낮은 서비스부문에 주로 취업해 있기 때문이다. 스위스노동조합연맹에 가입한 여성조합원은 10~20% 가량인데 이는 1970년에도 그러하였고 2000년에도 그러하였다. 이로 인해 여성노동자와 노동시장 외부자들은 고숙련 노동자들을 주대상으로 하는 스위스사무직노조협의회(여성조합원이 1980년대 말 이래 약 30%)나 식품산업 및 소매산업의 조직인 상업 · 운송 · 식품산업노조(VHTL, 여성조합원 25~30%), 공공설비 · 공공행정 · 교육 · 보건 및 복지서비스의 공공부문조직인 공공서비스종사자협의회(VPOD, 여성조합원 1970년대 중반 13%에서 1990년대

〈표 4-11〉 주요 노동조합 정상조직과 탈산업적 위험집단(1970년대 이후, 스위스)

	내부자/남성	외부자/여성
고숙련노동자	스위스사무직노조협의회(VSA)	스위스사무직노조협의회(VSA)
저숙련노동자	스위스노동조합연맹(SGB)/ 기독국민노조연맹(CNG)	상업 · 운송 · 식품산업노조(VHTL)/ 공공서비스종사자협의회(VPOD)

말 37%로 상승)의 세 조직에 주로 가입하고 있다. 상업 · 운송 · 식품산업노조와 공공서비스종사자협의회는 둘 다 스위스노동조합연맹의 회원조직이지만 그곳에서 그들의 비중은 크지 않다. 상업 · 운송 · 식품산업노조는 스위스노동조합연맹에 가입한 조합원의 5% 가량만 포괄하며 공공서비스종사자협의회는 10% 정도만 포괄하고 있다. 이런 점에서 독일과 마찬가지로 스위스에서도 여성노동자와 노동시장 외부자들은 영향력있는 정상조직에서 주변적인 지위를 차지한다고 할 수 있다(Armingeon and Beyeler, 2000). 스위스의 노동운동은 저숙련이냐 고숙련이냐를 불문하고 노동시장 내부자들인 남성노동자들의 이해관계를 주로 대변해 왔다. 〈표 4-11〉은 탈산업위험집단을 대변하는 스위스의 노동조직 분포를 요약하고 있다.

정책선호와 관련하여 여성노동자들의 비중이 높은 서비스산업부문의 두 노조(상업 · 운송 · 식품산업노조와 공공서비스종사자협의회)는 남성노동자가 압도적인 비중을 차지하는 스위스노동조합연맹 및 기독국민노조연맹에 비해 표적화와 재조준화를 더 지지할 것으로 예측할 수 있다. 또한 다른 나라와 마찬가지로 스위스의 경우도 모든 노동조합 — 스위스사무직노조협의회도 포함하여 — 은 긴축에 반대할 것으로 예측할 수 있다.

탈산업적 연금정치에서 고용주 조직의 예상 입장

복지정책에 대해 기업이 어떤 선호를 가질 것인가의 문제에 있어서 최근으로 올수록 연구자들 간에 의견이 분분해지는 경향이 나타나고 있다. 연구자들은 전통적으로 자본은 언제나 그리고 그 속성상 가능한 한 복지혜택을 축소하기를 선호한다고 가정해왔다. 하지만 최근의 연구들 중 일부는 고숙련산업부문의 대기업들은 관대한 복지혜택이 노동자들로 하여금 산업특수적 숙련을 익히도록 유인하는 효과가 있다고 생각하여 복지혜택의 관대화를 사실상 찬성한다는 연구결과를 내놓고 있다(Mares, 2003; Estevez-Abe et al., 2001). 하지만 설사 조정적 시장경제(coordinated market economy)의 고숙련산업부문에 속한 고용주들이라 할지라도 그들이 소득대체율이 높은 관대한 복지혜택을 그 자체로 찬성하지는 않는다. 자본가들은 다양한 집단으로 이루어진 노동자들에게 집단별로 차별화되고 분절된 복지혜택이 제공됨으로써 노동자들에게 서로 다른 유인이 제공되는 데에서 보다 많은 이득을 얻을 수 있다. 자본가들이 최고의 숙련수준을 가지고 있고 비중 있는 업무를 담당하는 노동자들에게 관대한 복지혜택이 제공되는 것을 혹 찬성할 수 있을지는 몰라도 저숙련 노동자들에게 최소수준 이상의 복지혜택 제공을 찬성할 이유는 거의 없다. 따라서 탈산업적 연금정치에서 기업의 지지(부분적인 지지라도)를 이끌어낼 수 있는 개혁차원은 보험이라기보다는 적립화이다. 하지만 모든 기업이 그들이 고용한 노동자들에게 적립방식의 연금을 제공할 만한 규모를 갖고 있는 것은 아니다. 따라서 우리는 고숙련부문의 기업과 규모가 큰 기업은 적립화를 지지하지만 소규모기업과 저숙련부문의 기업은 경제전체에 걸쳐 위험을 분산하는 방식을 더 지지할 것으로 예상할 수 있다. 결과적으로 우리는 비용억제와 관련해서 고용주들은 그것을 지지하는 단일전선을 형성할 수 있지만 적립화와 관련해서는 기업규모에 따라 고용주들의 이해관계가 크게 엇갈릴 것으로 예상할 수 있다. 자본의 이해관계를 분열시킬 또 하나의 개혁차원으로는 표적화가 있다. 인구전망에 따르면 향후 15~20년 내에 숙련노동자의 부족사태가 예견된다고 한다. 따라서 고숙련 여성노동자들을 주로 고용하고 있는 산업부문의 고용주들은 숙련여성인력의 노동시장참가를 독려하는 데 점차 관심을 높여가고 있다. 표적화 개혁은 여성의 경제활동형태에 대해 사회권적 차원에서 보다 많은 보상을 주는 것이므로 숙련여성인력의 노동시장참가를 유인하는 효과를 가질 수 있다. 이와 달리 저숙련 노동자들 및 남성노동자들을 주로 고용하는 산업부문(예컨대 건설업이나 중소기업 등)의 고용주들은 노동시장 외부자들에게 유리하게 작용하는 표적화 개혁을 지지할 가능성이 별로 없다. 이들 고용주들은 자신들이 이득을 얻을 가능성이 거의 없는 위험분산기제에 재정을 기여할 하등의 이해관계가 없는 것이다. 따라서 우리는 여성화한 산업부문 및 고숙련산업부문의 고용주들과 남성화한 산업부문 및 저숙련산업부문의 고용주들 사이에 갈등이 있을 것으로 예상할 수 있다. 마지막으로 재조준화 개혁과 같이 노동시장에서 퇴장한 사람들에게 사회권을 부여하는 개혁을 기업이 지지할 것으로 기대하기는 어렵다. 따라서 우리는 재조준화에 대해서 기업은 단일한 입장으로 반대할 것이라고 예상할 수 있다.

탈산업적 연금정치에서 지지 혹은 반대를 동원할 가능성이 가장 높은 기업조직이 어떤 것인지를 찾아내는 작업은, 이상적으로는, 숙련수준이나 성별, 기업규모 등에 있어서 분명한 특성을 가진 산업부문(예컨대, 건설업이나 소매업, 은행, 기계산업 등)의 기업조직에 초점을 두는 것이 좋을 것이다. 하지만 기업조직들은 대개 노동조직들보다 훨씬 강하게 위계화되어 있다. 또한 기업의 경우 산업부문별 조직들은 부문간 갈등이 첨예하게 부각되는 경우를 제외하고는 좀처럼 정책결정과정에 간여하지 않는 경우가 많다. 따라서 우리는 기업조직에 있어서 정상조직에 초점을 두고자 한다. 대기업의 정상조직과 중소기업의 정상조직을 구분하여 파악하게 되면 이는 위험구조에서 나타나는 변이의 상당부분을 설명할 수 있다. 실제로 거의 모든 나라에서 대기업은 중소기업과는 분절된 채 조직되어 있다. 또한 기업규모는 숙련수준이나 성별분포와도 매우 상관관계가 높다. 대기업들은 고숙련노동자들을 더 많이 고용하는 경향이 있는 반면 중소기업들은 저숙련부문에 집중되는 경향이 있다. 중소기업조직은 남성노동력의 집중지인 건설업과 같은 산업부문을 핵심지지기반으로 하는 경우가 많다. 반면에 은행이나 보험과 같은 고생산성 서비스산업부문의 대기업들은 여성노동자에 대한 의존도가 상대적으로 높은 편이며 따라서 이들 기업들은 노동시장 외부자들의 요구에 보다 개방적일 것이라고 예측할 수 있다.

프랑스에서 제조업부문의 대기업들은 프랑스고용주협의회(CNPF, 현재 명칭은 프랑스기업연맹(MEDEF))로 조직되어 있으며 중소기업들은 전국중소기업연맹(CGPME)으로 조직되어 있다. 최근 프랑스기업연맹의 하부단체 중 여성고용주협회와 같은 단체가 점점 중요한 단체로 부상하고 있는데 이는 프랑스기업연맹 내에서 탈산업적 요구에 부응하려는 생각이 점차 강해지고 있음을 보여준다(Bunel, 1995). 전국중소기업연맹은 수공업이나 건설업 부문의 중소기업들을 회원으로 하고 있다. 프랑스기업연맹과 전국중소기업연맹은 구조적인 면에서도 차이가 있지만 이념적인 면에서도 차이가 있다. 전국중소기업연맹은 기업을 위해 일하지만 기업을 소유하지는 않는 경영자와 대비되는 존재로서 "기업을 직접 소유하고 그 기업에 그들의 재산과 명성을 투자하는 그런 기업가"가 존재한다고 주장한다(Bunel, 1995: 50). 두 기업조직의 이데올로기적 차이는 전국중소기업연맹이 보다 가부장적이고 보수적인 입장을 가지고 있는 데서도 드러난다.

독일의 경우 독일사용자단체전국연합회(BDA)가 대기업의 자본가들과 경영자들의 가장 대표적인 조직이며, 그보다 규모가 좀 더 작은 기업조직인 독일수공업총협회(ZdH)는 중소기업과 건설기업의 이익을 대변하는 조직이다. 독일사용자단체전국연합회는 독일에서 명실상부하게 가장 강력한 사용자단체이다(Schroeder and Silvia, 2003). 독일사용자단체전국연합회와 독일수공업총협회의 차이는, 프랑스처럼 이데올로기나 기업규모에 근거한 것이라기보다는 산업부분에 근거한 것이다(즉, 제조업 및 서비스산업 대 수공업). 하지만 두 기업조직은 숙련수준이나 성별분포 그리고 특히 기업규모 등의 면에서 구조적인 차이를 가지고 있는데 이 차이는 프랑스에서 프랑스기업연맹과 전국중소기업연맹 간에 존재하는 차이와 성격이 매우 유사하다.

스위스도 위의 두 나라와 유사한 모습을 보이는데 중소기업과 수공업을 대표하는 스위스중소기업연합회(SGV)와 기업이익을 대표하는

〈표 4-12〉 기업 정상조직과 기업이익의 관계

	수공업 및 소규모 사업/중소기업	제조업 및 서비스업/대기업
프랑스	전국중소기업연맹(CGPME)	프랑스기업연맹(MEDEF, 과거 프랑스고용주협의회(CNPF))
독일	독일수공업총협회(ZdH)	독일사용자단체전국연합회(BDA)
스위스	스위스중소기업연합회(SGV)	스위스경영자단체연합회(SAV)

정상조직인 스위스경영자단체연합회(SAV)가 있다. 보다 강력한 조직인 스위스경영자단체연합회는 제약업이나 기계업과 같은 수출산업부문의 기업들을 대변하며, 스위스중소기업연합회는 건설업과 같은 내수산업에 기반을 두고 있다(Kriesi, 1998; Mach, 2006). 이처럼 수출산업을 대변하는 스위스경영자단체연합회가 1990년대에 들어와 시장자유주의를 전면에 내세우고 내수산업과의 전통적인 연대를 파기하면서 두 조직 간의 관계는 매우 어려운 국면에 들어가게 되었다(Mach, 2006). 이런 과정을 거치면서 두 조직 간의 분열은 이제 거의 일반화되다시피 하게 되었다. 스위스경영자단체연합회가 고숙련 노동자들을 고용한 대기업의 이익을 대변한다면 스위스중소기업연합회는 저숙련의 내수산업에 기반을 두고 있는 등 두 기업조직이 지지기반으로 하는 기업들의 규모나 산업부문 그리고 숙련수준이 다른 관계로 두 조직은 연금정책에서도 분열을 보이고 있다. 〈표 4-12〉는 위 세 나라에서의 주요 기업조직이 정리되어 있다.

기업들의 조직이 수공업/중소기업 그룹과 제조업 및 서비스업/대기업 그룹으로 나뉜다는 사실이 연금정책 선호와 관련하여 갖는 함의는 매우 분명하다. 즉, 그 사실은 프랑스기업연맹이나 독일사용자단체전국연합회, 스위스경영자단체연합회와 같은 기업조직들은 전국

〈표 4-13〉 탈산업적 연금정치에서의 예상 갈등전선

		프랑스		독일		스위스	
갈등전선	대립구도	찬성	반대	찬성	반대	찬성	반대
보험	노동 대 자본	•사민주의 PSF, 공산주의 PCF, 국민전선, (녹색당) •CFDT, CGT, (CGC)	•중도우파 UDF, 보수주의 RPR •MEDEF, CGPME	•사민주의 SPD, 사회주의 PDS, (녹색당) •DGB, Ver.di, DAG, (DBB)	•자유주의 FDP, 기민주의 CDU/CSU •BDA, ZdH	•사민주의 SPS, 기민주의 CVP, 공산주의 PdA, (녹색당) •SGB, CNG, (VSA)	•자유주의 FDP, 보수주의 SVP •SAV, SGV
기금적립	고숙련 노동/자본 대 저숙련 노동/자본	•중도우파 UDF, 보수주의 RPR, 녹색당, (사민주의 PSF) •MEDEF, CGC, (CFDT)	•국민전선, 공산주의 PCF •CGPME, CGT, (CFDT)	•자유주의 FDP, 기민주의 CDU/CSU, 녹색당, (사민주의 SPD) •BDA, DAG, DBB	•사회주의 PDS •ZdH, DGB, Ver.di		
표적화 및 재조준화	노동시장 외부자/자유 의지론자 대 노동시장 내부자/전통주의자	•녹색당, (사민주의 PSF) •CFDT	•중도우파 UDF, 보수주의 RPR, 국민전선 •CGPME, (MEDEF), CGT, (CGC)	•녹색당, (사민주의 SPD) •DAG, Ver.di	•기민주의 CDU/CSU(자유주의 FDP) •DGB, DBB, ZdH, (BDA)	•녹색당, 사민주의 SPS •VSA	•보수주의 SVP,(기민주의 CVP), (자유주의 FDP) •SGV, (SAV), (SGB), (CNG)

주: 여기에 제시된 것은 주요 행위자들만임. 괄호 안에 표기된 행위자는 해당 갈등전선에서의 예상 입장이 모호한 경우임. 스위스의 경우 적립화는 분명한 갈등전선을 형성하지 않음(본문 3장 참조); 약자는 이 장의 〈표 4-6〉부터 〈표 4-12〉 참조.

중소기업연맹이나 독일수공업총협회, 스위스중소기업연합회와 같은 조직들에 비해 적립화에 보다 우호적일 것이며 또한 표적화에도 좀 더 유연한 태도를 보일 것으로 예측할 수 있다는 함의를 갖는다. 또한 모든 기업조직들은 긴축을 지지할 것이며 재조준화에 반대할 것으로 예측할 수 있다.

프랑스와 독일, 스위스 세 나라의 주요 집합적 행위자들의 선호와 관련하여 지금까지 논의한 내용들을 요약하기 위해 〈표 4-13〉에 이 세 나라의 주요 정당 및 노동조합, 그리고 기업연합조직들 사이에 나타나리라 예측할 수 있는 갈등구조를 제시하였다.

분석틀을 발전시키기 위한 지금까지의 논의를 통해 우리는 탈산업적 연금개혁은 다차원적인 갈등전선과 개혁에 찬성 혹은 반대하는 다양한 동맹을 내포함을 보았다. 각 갈등차원에서 개혁을 지지할 (혹은 개혁으로부터 이익을 얻을) 세력들은 어느 한 계급에 귀속되지 않는 계급초월적이며 이질적인 집단들로 구성되어 있다. 따라서 이들 집단들은 자신들과 상당히 다른 집단들이 가진 이해관계를 자신들의 이해관계와 결합시킬 잠재성을 모두가 가지고 있으며 그렇게 함으로써 "모호한 합의" (ambiguous agreement)(2005: 137) 내지 "예기치 못한 연합" (unexpected coalition)(Pierson, 2001: 427)을 형성할 기회를 창출하게 된다. 어떤 점에서 1980년대 이래 각국이 추진했던 연금개혁이 성공을 거둘 수 있었던 데에는 표적화나 적립화와 같은 개혁조치가 대단히 계급초월적인 호소력을 가지고 있었다는 점이 작용한 면도 있다. 예컨대 적립화와 관련하여 고숙련 노동자들과 자본가들이 연대할 수 있었던 것이다. 또한 자유의지론적 이데올로기를 가진 유권자들이 지지층의 일부를 이루고 있는 시장자유주의적 우파정당들은 재조준화를 요구하는 여성들의 요구에 좀 더 개방적인 태도를 취하였다. 그리고 노동시장 외부자들은 고숙련 여성노동자들에 대한 의존도가 높은 자본가들과 동맹하여 비정규직 노동자들을 정책대상으로 포괄함으로써 노동시장 참여의 유인을 높이는 효과를 갖는 표적화 개혁을 지지하는 데 나설 수 있었다.

하지만 네 가지 갈등전선을 축으로 한 행위자들의 배열을 보면(〈표 4-13〉 참조), 이질적인 세력 간의 지지를 위한 동맹이 가능한 것과 마찬가지로 이질적인 세력 간의 반대를 위한 동맹도 충분히 가능하다는 사실을 알 수 있다. 예컨대 주요 노동조합과 구좌파정당, 급진우파정당, 그리고 중소기업단체들은 함께 연대하여 적립화 개혁에 반대할 수 있는 것이다. 이러한 반대는 표적화와 재조준화에 있어서는 훨씬 더 강하게 나타날 수 있다. 이는 이러한 개혁을 지지해야 할 하등의 이해관계를 갖지 않는 급진우파정당과 대부분의 중도우파정당, 그리고 고용주조직 더 나아가 심지어는 상당수의 노동조합(일부 구좌파정당도 포함하여)까지 아우르는 광범위한 반대전선이 형성될 수 있기 때문이다. 이들 행위자들의 지지자들은 노동시장 외부자들(저숙련자들이 많은)을 위해 그들의 힘을 동원해줄 이유가 없다. 신사회위험에 관한 문헌들에서 표적화나 재조준화와 같은 종류의 개혁이 가능할 것인가에 대해 매우 깊은 회의가 일반적으로 나타나는 이유는 바로 그와 같은 개혁을 반대하는 세력들의 광범위한 동맹의 가능성이 있기 때문이다(Bonoli, 2006; Kitschelt and Rehm, 2005; Ballestri and Bonoli, 2003).

하지만 탈산업적 연금개혁이 직면하는 가장 격렬한 반대는 비용억제를 지향한 — 또는 축소를 지향한 — 개혁에 대한 반대이다. 실제로

축소지향적인 개혁은 모든 사람들이 기존에 가지고 있던 사회권을 축소시킨다. 좌파정당과 모든 노동조합, 그리고 심지어는 일부 우파정당들도 기존의 연금수준을 유지하기 위해 지지자들을 동원할 가능성이 높다. 이런 점에서 여러 연구에서 누차 지적되듯이 비용억제적 개혁이야말로 실현가능성이 가장 낮은 개혁이다. 이는 장기적인 재정안정성이 가져다줄 혜택은 당장 사람들에게 영향을 미치는 비용보다 훨씬 더 모호하기 때문(Pierson, 1996, 2001)에도 그러하며, 보험조건을 둘러싼 갈등은 매우 극단적인 양상을 띠고 나타나며 매우 중요한 사안이어서 동원력이 매우 크기도 할뿐더러 선거에서 가장 큰 위험요인이기도 하기 때문(Kitschelt, 2001)이다.

바로 이런 상황에서 정치적 교환의 동학이 작동하게 된다. 여러 가지 서로 다른 차원의 개혁들이 동시에 등장하는 정책공간에서는, 특정 정책에 대한 지지자와 반대자의 대열이 분열될 수 있다. 각 행위자들이 우선시하는 개혁차원이 서로 다를 때, 정치적 교환은 일괄타결(package deal)의 전략적 가능성을 창출하게 된다. 하지만 그와 같은 일괄타결의 가능성이 정치적으로 현실화할 수 있는가는 특정 국가에서 연합형성의 유연성이 어느 정도나 가능한가 그리고 거부권행사자의 수가 얼마나 되는가에 따라 달라진다. 이것은 이 책에서 발전시키려는 이론적 분석틀의 마지막 내용이며 5장의 주제이기도 하다.

제5장 개혁의 산출물 : 연합형성의 전략

우리가 사용할 이론적 모델을 구축해가는 이 마지막 단계에서 우리는 구조적 변수를 정책산출과 연결시키는 작업, 즉 다시 말해서 구조적 변수를 각 국가의 실제 개혁능력과 연결시키는 작업을 할 것이다. 그래서 이 장에서는 사회구조적 갈등을 정책의 변화로 전환시키는 기제에 대해 살펴본다. 사회구조적 개혁의 필요성과 잠재성이 있다고 해서 이것이 자동적으로 정책적 산출로 이어지는 것은 아니다. 그런 구조적 개혁의 필요성과 잠재성은 정치에 의해 매개되어야만 정책적 산출로 나타날 수 있다. 민주주의 체제에서 정치는 서로 경쟁하는 다수자들, 즉 변화를 지지 혹은 반대하는 세력들이 각자 구축한 연합세력들(coalitions)의 상호작용 속에서 작동된다. 그러한 다수자들, 즉 연합세력들이 언제 어떻게 만들어지는가는 두 가지 요인에 의해 영향을 받는데, 이들 두 가지 요인들은 앞 장에서 살펴본 선호구조에 본래 내재한 것은 아니다. 그 두 가지 요인 중 첫째 요인은 정책결정자, 즉 정부의 전략이다. 이것이 중요한 이유는 연합세력의 구축은 대개의 경우 정책결정자인 정부의 전략에 크게 영향을 받기 때문이다. 여기서 전략이란 개혁에 연관된 행위자들을 특정 방향으로 이끌게끔 개혁의제를 설정하는 것을 말하는데 여기서는 이를 연합조종전략(coalitional engineering)이라 칭하기로 한다. 이런 연합조종전략의 가장 전형적인 형태는 특정 쟁점에 대해서는 지지 혹은 반대를 동원케 유도하면서 다른 쟁점에 대해서는 그것을 논쟁의 대상에서 제외시키는 것으로 나타난다. 두 가지 요인 중 둘째 요인은 정부가 직면하는 기회구조인데, 이것이 중요한 것은 정부의 연합조종전략이 현실화할 수 있느냐 여부는 정부가 직면하는 행위적 그리고 제도적 기회구조가 어떠한가에 달려 있기 때문이다. 다시 말해서 연합조종전략이 성공할 수 있느냐 여부는 정당이나 노동조합, 기업조직들이 개혁동맹에 참여할 의사를 가지고 있느냐(즉, 정당이나 노동조합, 기업조직들이 연합형성적 유연성(coalitional flexibility)을 가지고 있느냐) 하는 점과 그러한 개혁동맹에 참여하지 않으려는 행위자들에 대해 정부가 개혁을 강제할 수 있느냐(즉, 거부권 행사자(veto player)가 존재하느냐 존재하지 않느냐) 하는 점에 달려 있는 것이다. 이 두 가지 변수의 영향, 즉 연합형성적 유연성과 거부권 행사자의 영향은 상호작용한다. 정당과 경제적 이해집단(노동조합과 기업조직)의 연합형성적 유연성은 단편성이 존재할 때 더 클 수 있다. 즉, 정당과 경제적 이해집단들의 힘과 그들을 지지하는 사람들의 이해관계가 일치하고 단일할 때보다 분열되어 있을 때 연합형성적 유연성이 나타날 가능성이 더 크다는 것이다. 연합형성적 유연성을 별로 갖지 않은 저항세력에 직면했을 때 정부가 정책변화를 위해 할 수 있는 거의 유일한 방법은 저항세력의 반대를 무릅쓰고 정책변화를 강제하는 것이다. 하지만 저항세력에게 정책변화를 강제하는 이러한 방법은 저항세력이 거부권을 행사할 제도적 힘이 없을 때에만 가능한 방법이다. 따라서, 만일 제도적 거부권 행사자가 없다면 저항연합세력의 동의를 구하지 않고도 정책변화를 실행할 수도 있을 것이지만, 제도적 거부권 행사자가 존재하는 경우에는 연합형성적 유연성을 확보하는 것이 정책변화를 위해 필수적인 조건이 된다. 이런 점에서 특정 국가의 개혁능력(reform capacity)은 한편으로는 연합조종전략에 달려 있는 것이지만 또 다른 한편으로는 연합형성적 유연성과 거부권 행사자의 수 간의 상호작용에 달려 있기도 한 것이다. 이하에서는 이 두 가지 가설에 대해 좀 더 상세하게 살펴본다.

다차원적 개혁공간에서의 연합조종전략

이 책에서 채택하고 있는 분석틀에서의 셋째 가설은, 탈산업시대에서 정부의 정책제안은 다차원적 정책공간에서의 정치적 교환(political exchange)을 가능케 하기 위해 서로 다른 개혁차원들을 포괄하는 방식으로 구성되는 경향이 점점 더 증가하며 또 전략적으로도 그렇게 구성된다는 것을 내용으로 한 것이다. 이와 같은 정치적 전략이 긴축이라는 곤궁기에 어떻게 해서 점점 더 중요해지는가? 그것은 두 가지 요인에 의한 것이다. 첫째는, 자원의 희소성이 점점 더 강화됨에 따라 정치는 영합게임의 성격을 점차 띠어가게 되고 그래서 분배를 둘러싼 갈등이 점점 더 첨예화하게 된다는 것이다. 그래서 행위자들은 자신들의 이해관계를 방어해야 할 뿐만 아니라 다른 행위자들에 대항하여 그것을 방어해야 하며 이로 인해 행위자들 간의 분절과 교환의 가능성이 더 커지게 된 것이다. 둘째는, 이것은 첫째의 요인에 비해 덜 두드러지는 경향이 있는데, 현상유지를 원하는 행위자들이 점점 더 많아지고 또 그들의 힘이 점점 더 커지기 때문에 성공적인 개혁을 위해서는 정치적 교환이 점점 더 중요해진다는 것이다. 현상유지 옹호론자들이 가진 힘에 관한 이론적 설명은 "정책환류(policy feedback)"에 관한 피어슨(Pierson, 1996: 147)의 훌륭한 분석에서 찾아볼 수 있다. 정책이란 것은 그 정책을 애초에 만드는 데 기여한 행위자들의 힘을 강화하고 제도화하는 방식으로 형성되는 경향이 있다. 왜냐하면 정책수립이라는 것은 "그에 관련된 행위자들이 규칙을 만들기 위해 경쟁하는 과정인데, 이 경쟁과정을 통해 정책은 그것의 수립에 관여한 행위자들에게 가장 유리한 균형을 가져다주게끔 구조화될 수 있기" 때문이다(Knight, 1999: 20, Thelen, 2004: 32에서 재인용). 제도에는 시간연쇄(sequencing)와 수익체증이 작동하기 때문에 초기의 제도수립 경쟁에서 승리한 행위자와 패배한 행위자 간의 힘의 비대칭성은 시간이 갈수록 지속되고 심지어는 더 증폭되는 경향이 있다(Pierson, 2000a, 2004). 초기의 승자는 새로 수립된 제도가 낳은 직접적인 이득을 차지할 수 있을 뿐만 아니라 이 제도의 전반적인 운영과 관리에서도 주도권을 잡게 된다. 이렇게 하여 초기의 승자는 패자에 대해 자신들의 힘을 더욱 더 강화할 수 있게 된다. 이것이 바로 제도적 경로의존성(path dependency)이 작동하는 가장 주된 방식이며, 또 시간이 지나면 지날수록 제도의 변화가 어려워지는 중요한 이유이기도 하다.

정책환류에 관한 피어슨의 논의에는 정치적 교환이 탈산업적 복지개혁에서 점점 더 중요해지는 이유를 이해하는 데 관련된 또 다른 내용이 포함되어 있다. 제도라는 것은 "초기의 승자"로 하여금 그들이 가진 욕구를 보다 유리하게 충족케 하는 데에만 기여하는 것이 아니다. 제도는 그 제도로부터 혜택을 받는 새로운 수혜집단을 창출하게 된다. 그리고 이들 수혜집단들은 제도의 변화를 방해하는 강력한 요인이 된다. 이러한 사실을 가장 잘 보여주는 것 중의 하나가 바로 연금제도이다. 대륙유럽의 연금제도는 제조업 분야의 노동조합과 사용자들 간의 타협의 산물로 형성되었다. 이로 인해 제조업부문의 핵심노동자들은 연금제도에 있어서 초기의 승자들이었으며 그들은 2차 대전 후 경제가 안정적으로 성장하던 30여 년 동안 그들의 연금권리를 지속적으로 신장시켰다(Myles, 1984; Schludi, 2005). 하지만 연금제도가 시간에 따라 점차 성숙해지면서 그에 이해관계를 가진 집단들도 늘어나게 되었다. 대륙유럽의 연금제도는 등가원리에 기초하고 있기 때문에 가입자와 수혜자의 수를 증가시키는 데 가장 중요한 요인은 시간이다. 따라서 연금제도가 성숙하게 되면 연금생활자뿐만 아니라 모든 노동자들이 관대한 연금권리를 선호하게 되고 그에 따라 연금축소정책으로부터 어떤 형태로든 손해를 입게 된다. 바로 이러한 내재적 안정화기제에 착안하여 피어슨(1996, 2001)은 자신의 유명한 주장, 즉 선거정치의 관점에서 볼 때 성숙한 복지국가에서는 정부가 아무리 연금개혁의 여지를 갖고 있다 할지라도 급격한 연금축소는 거의 가능성이 없다는 주장을 하였던 것이다. 피어슨의 이러한 주장은 제도적 관성(inertia)이 제도의 정상적인 상태라는 제도주의자들의 논리(Pierson, 2000a; 제도의 변화에 관한 제도주의자들의 논리에 대한 고찰로는 Engeli and Häusermann, 2009 참조)를 정확히 대변하는 논리이다.

피어슨의 분석은, 언뜻 보기에는, 대단히 설득력이 있는 것처럼 보인다. 그의 분석은 연금제도를 현대화하고자 하는(다시 말해서 긴축의 시대와 탈산업화 시대에 맞게 연금제도를 개혁하고자 하는) 정부가 엄청난 어려움에 직면하게 되는 원인이 어디에 있는지를 잘 설명해준다. 하지만 연금제도 축소와 대대적인 연금재구조화는 1970년대 후반부터 진행되었다. 피어슨의 논리로 이러한 상황전개를 어떻게 이해할 수 있을까? 필자가 보기에 이 문제를 해결할 수 있는 방안은 제도변화에 대한 분배적 접근과 행위자들의 전략이 수행하는 역할에 대한 상세한 고찰에서 찾을 수 있는 것 같다. 피어슨의 힘의 불균형에 관련된 논리는 초기의 승자가 "제도주의적 헤게모니" (Thelen, 2004: 32)를 획득하게 됨으로써 이후의 제도변화를 향한 다툼을 봉쇄해버린다고 전제하는 경향이 있는데 여기에 오류가 있는 것 같다. 제도변화에 관한 최근의 논의들 — 이들 논의 중 쎌렌(Thelen, 2004)과 해커(Hacker, 2002, 2005), 스트렉과 쎌렌(Streeck and Thelen, 2005), 그리고 마호니와 쎌렌(Mahoney and Thelen, 2010)의 논의가 가장 중요한 것으로 보인다 — 에 의하면 제도가 정치적 투쟁을 완전히 봉쇄하는 것은 결코 아니라는 것이다. 그 이유는 두 가지이다. 첫째, 제도는 다양한 이해관계의 연합에 기반하여 형성되며 이 이해관계의 연합은 사회적 · 정치적 · 경제적 맥락이 변화하면 그에 따라 변화할 수 있다(Thelen, 2004: 33)[1]. 또한, 초기의 승자들이 가진 선호도 동결된 것

1 이해관계 연합이 맥락에 따라 변화할 수 있다는 사실은 남성가장모델에 기초한 제도

이 아니다. 새로 형성된 제도로부터 초기의 승자들이 얻을 수 있는 편익과 비용이 외부환경의 변화에 의해 변화하면 그들의 선호도 변화할 수 있다. 둘째, 제도는 그 자체 내에 변화의 동력을 가지고 있기 때문에 항상 경합상태에 놓여 있다. 제도가 초기의 승자를 창출하고 그럼으로써 현상유지를 지지하는 세력을 창출하는 것은 분명하지만 그와 동시에 제도는 제도변화로부터 이익을 얻을 수 있는 패자집단도 창출하게 된다(Mahoney and Thelen, 근간 참조). 이런 점에서 제도는 그 자신의 적을 내생적으로 창출하게 되는 것이다. 이러한 점들이 대륙유럽의 연금체제에 갖는 함의는 매우 분명하다. 대륙유럽의 연금체제는 고숙련 노동자와 저숙련 노동자, 노동시장 내부자와 외부자, 그리고 남성 노동자와 여성 노동자 각각에 대해 서로 다른 분배적 결과를 가져다준다. 그리하여 대륙유럽의 연금체제는 초기에 이 체제가 형성될 당시 불이익을 받았거나 배제되었던 집단들에게 새로운 사회적 위험을 유발시키는 내생적 경향을 갖는다. 새로운 사회적 위험의 희생자들은 현상유지에 저항하는 세력이 되는 것이다. 노동시장 외부자들과 저숙련 노동자들 그리고 여성 노동자들은 기존의 연금체제 내에서 단순히 연금권리를 확장시키는 것보다는 보다 근본적인 구조개혁에 더 관심을 갖게 된다. 따라서 연금제도가 그로부터 이익을 얻는 집단을 점점 증가시키는 경향이 있다는 피어슨의 주장은 확실히

에 대한 사용자들의 선호 변화에서 잘 찾아볼 수 있다. 산업화 시대에 남성가장모델은 양질의 남성노동력을 충분히 공급함과 동시에 여성들을 노동시장에서 배제하여 노동력공급을 조절해주었고 따라서 사용자들도 남성가장모델로부터 편익을 얻을 수 있었었다. 하지만 최근 30여 년에 걸쳐 여성의 학력이 혁명적으로 향상되고 또한 향후 20-30년 내에 숙련 노동력의 부족을 초래할 것으로 예상되는 인구학적 변화가 진행되면서(Jaumotte, 2003; Reinberg and Hummel, 2003; Fuchs, 2003), 남성가장모델에 기초한 복지국가 제도들은 사용자들에게도 점차 비경제적인 것이 되어가고 있다.

옳은 주장이지만, 그는 보험 이외의 차원(즉, 표적화나 재조준화, 적립화와 같은 차원)에서 연금제도를 개혁하는 데 진정으로 관심이 있는 행위자들의 중요성을 과소평가하였다. 이로부터 우리는 초기의 질문, 즉 정책결정자들이 어떻게 해서 현상유지를 지지하는 엄청난 세력의 힘에도 불구하고 변화를 성취해내는가라는 질문에 대한 답을 찾을 수 있다. 이 질문에 대해 이 책에서 제시하는 답은, 정책결정자들은 다양한 차원의 개혁들을 포괄하여 개혁을 추진할 수 있으며 그에 따라 연금축소에 저항하는 반대세력을 분열시킬 수 있다는 것이다.

리커(Riker, 1986)는 이러한 전략을 그의 권략술(heresthetics)이라는 개념을 통해 매우 설득력 있게 정식화한 바 있다. 리커가 말하는 권략술은 결국 "정치적 조종술"을 말하는 것인데 특정행위자가 "자신에게 유리하게끔 세계를 구조화"하려는 시도를 의미한다(Riker, 1986: ix). 그것은 반대자들로 하여금 그들을 지지하는 사람들 중 어느 한 쪽 사람들의 편을 들면 반드시 다른 한 쪽 사람들은 소외시켜야 하는 딜레마에 봉착하게끔 논쟁구도를 구조화함으로써 반대를 극복하는 전략을 내용으로 한다[2]. 이는 정책형성과 관련해서는 정부가 여

---

2 리커는 그의 『정치조종의 기술』(*The Art of Political Manipulation*)이라는 책에서 정치조종술의 한 예로 1858년 일리노이 주의 프리포트라는 도시에서 상원의원 선거과정의 일환으로 벌어진 링컨과 더글러스 간의 논쟁을 소개하고 있다. 더글러스는 민주당 소속의 정치인으로 1858년에 일리노이 주에서 상원의원 후보로 출마하였고 더글러스에게 이는 1860년에 있을 대통령 선거에 후보로 나서기 위한 일종의 예비선거운동이기도 하였다. 이 논쟁에서 링컨은 당시 민주당이 내부적으로 의견이 분열되어 있던 노예제 문제를 집중적으로 제기하면서, 더글러스에게 연방정부가 노예제를 자동적으로 금지할 권한을 가져야 할 것인가의 문제에 대해 분명한 입장을 취할 것을 끈질기게 요구하였고, 링컨의 이러한 공격으로 인해 더글러스는 딜레마에 빠지게 되었다. 만일 더글러스가 연방정부가 노예제 금지권한을 가져야 한다고 말한다면 이는 일리노이 주의 유권자들의 지지는 얻을 수 있을 것이며 따라서 1858년의 상원의원 선거에서 유리한 고지를 점령할 수 있을 것이지만, 반대로 1860년 대통령 선거에서 승리하기 위

러 가지 개혁차원을 포괄하는 정책제안을 만듦으로써 다차원적인 개혁공간에서 정치적 교환을 위한 기회를 창출할 능력을 가질 수 있느냐 하는 문제와 직결된다. 이 책에서는 정치가 정합게임에서 영합게임으로 변화되는 긴축의 시대에는 연합조종전략이 특히 효과적이라는 가설을 설정한다. 실제로 경제성장이 안정적이던 산업화시대에 연금정치는 정합게임이었다. 이 시기의 연금정치의 주된 쟁점은 경제성장의 과실을 누구에게도 손해를 입히지 않은 상태에서 여러 수혜집단들이 어떻게 나누어 가질 것인가 하는 것이었다. 그리고 이 과정에서 특정 위험집단의 욕구가 부각되더라도 이는 다른 위험집단들의 이익을 크게 손상시키지 않으면서 연금정치의 개혁의제에 포괄될 수 있었다. 이러한 사실은 1970년대 후반에 프랑스에서 도입된 연금제도에 취업모를 위한 교육크레딧 제도가 포함되었던 점에서도 잘 볼 수 있다. 이 제도는 취업하지 않은 어머니보다는 취업한 노동자들을 대변하는 조직인 노동조합들조차도 찬성했는데 이는 그 제도가 노동자들에게 어떠한 비용도 발생시키지 않는 것이었기 때문이다. 이 예에서 보듯이 복지국가가 성장하던 시기에는 복지국가가 좌파 내의(예컨대, 노동조합과 사회민주당 간의) 그리고 우파 내의 연대를 촉진하는 역할을 하였다.

하지만 경제적 긴축의 시대가 도래하면서 게임의 규칙은 완전히 변

해서 필수적으로 필요한 남부지역 유권자들의 지지는 상실하게 만들 것이다. 하지만 연방정부의 노예제 금지권한을 반대한다면 이번에는 북부지역 유권자들이 더글러스를 지지하지 않을 것이다. 링컨의 전략은 더글러스로 하여금 두 선거운동(즉, 상원의원 선거운동과 대통령 선거운동)과 관련하여 동일한 질문에 동시에 답하게끔 압박하는(다시 말해서 더글러스로 하여금 노예제문제에 대한 입장을 일괄처리토록 압박하는) 전략이었다.

했다. 오늘날 연금정치는 영합게임의 성격을 더 많이 가지고 있어서 (Riker, 1987) 어느 한 집단의 이익은 다른 집단의 희생을 요구하는 것이 되었다. 각 위험집단들의 이해관계는 훨씬 첨예하게 되었고 서로 다른 집단들 간의 연대는 점점 더 어려워지게 되었다. 그리하여 자원의 희소성이 강화하면서 위험집단들은 그들의 이익을 보존하기 위해 노력하게 되었을 뿐만 아니라 다른 위험집단에게 이익이 되는 개혁에 반대하는 일까지도 감행하게 되었다. 앞에서 든 예를 기초로 볼 때(이 장의 첫째 각주 참조), 비취업모에 대한 연금적용을 확대하는 개혁이 정규직 노동자들의 연금권리 축소를 동반한다면 경제적 긴축의 시대에 저숙련의 노동시장 내부자들을 조합원으로 하는 노동조합들은 재조준화 개혁에 대해 회의적인 태도를 가질 것이다. 좀 더 일반화해서 말하면, 집합적 행위자들은 경제성장의 맥락에서보다 경제긴축의 맥락에서 그들의 핵심 지지층이 가진 좁은 범위의 이해관계와 가치를 더 선명하게 그리고 더 선별적으로 방어하려는 경향을 가진다는 것이다. 따라서 복지개혁시도는 과거에 연합을 형성하였던 위험집단들과 집합적 행위자들 간의 연대를 파괴할 가능성을 갖게 된다. 그래서 복지개혁은 더 이상 좌파와 우파 간의 갈등이라는 단일차원의 갈등으로 전개되는 것이 아니라 진정한 의미의 다차원적인 정책공간을 창출하게 된다. 이렇게 하여 동맹형성의 기회구조는 보다 열린 것이 된다.

정부는 연금개혁의 네 가지 차원, 즉 보험과 표적화, 재조준화, 그리고 적립화의 네 가지 차원을 어떤 형태로든 조합할 수 있다. 하지만 각 조합이 어느 정도나 설득력을 갖느냐는 조합에 따라 다르다. 계급초월적 갈등전선(적립화나 표적화, 재조준화의 차원에서 나타나는)

은 보험차원에서 나타날 것으로 생각되는 양극단적인 갈등을 희석시킬 수 있다. 사실 경제적 긴축의 시대에 보험차원의 개혁은 수급권의 축소를 의미하기 십상이며 이는 앞에서 이미 언급한 바와 같이 조직노동운동의 반대만이 아니라 그것을 훨씬 넘어선 광범위한 반대에 부딪힐 수 있다. 모든 노동조합은 물론이고 구좌파와 신좌파, 급진우파 그리고 심지어는 중도우파의 일부 사람들까지도 그들의 지지자들의 이해를 대변하여 연금권리 축소에 반대하고 나설 것이다(〈표 4-13〉 참조). 이런 점에서 연금권리의 축소를 동반하는 개혁에 있어서는 다차원성과 정치적 교환이 어떤 정치체계의 어떤 정부에게든 매우 중요한 의미를 갖는다. 그래서 여기서는 연합조종전략을 연금권리 축소를 동반한 개혁의 두 가지 가상사례를 통해 좀 더 자세히 살펴보고자 한다. 이 두 가지 예를 논의하는 과정에서 보게 될 두 가지 그림은 4장에서 논의한 바, 각 집단들의 예상정책선호에 기초한 것이다. 이 두 그림은 특정 집단 그리고 그 집단의 지지를 받는 집합적 행위자들이 연합조종전략에 의해 어떤 딜레마에 처하게 되는지를 보여주는 것들이다.

첫째의 가상사례는, 〈그림 5-1〉에 제시된 바와 같이, 보험권리의 전반적 축소(그림에서 가로축)와 재조준화의 확대(그림에서 세로축)를 조합한 개혁사례이다. 이 가상사례에 제시된 연금개혁공간에서의 각 집단들의 입장은 각 집단들의 위험프로필(〈표 4-2〉 참조)과 자유의지론 및 국가개입에 대한 각 집단들의 가치(〈표 4-4〉 참조)를 기초로 한 것이다. 앞의 3장에서 논의한 대로, 블루칼라노동자들과 노동시장 내부자들을 조합원으로 한 노동조합은 관대한 보험조건에 대해

〈그림 5-1〉 보험 및 재조준화 차원과 관련된 각 집단들의 예상입장

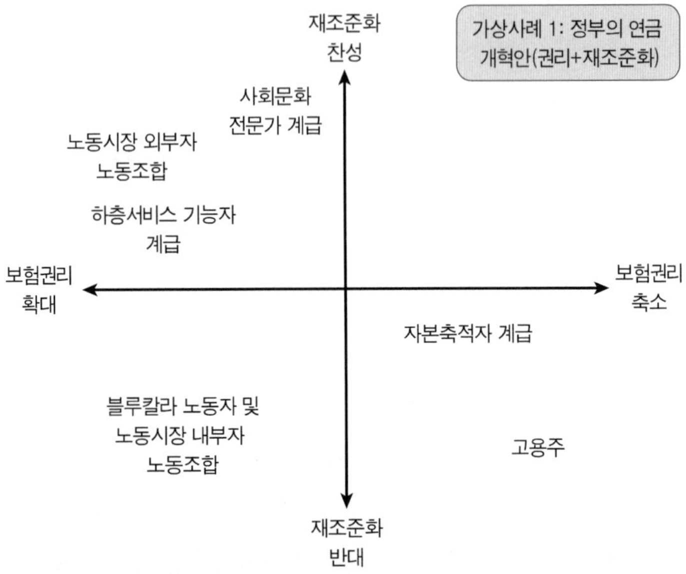

물질적 이해관계를 가질 뿐만 아니라 전통주의적 가치를 선호하는 입장을 가지고 있다. 〈그림 5-1〉에서 좌하분면에 자리한 이들의 입장은 매우 분명한데 이는 좌상분면에 위치한 사회문화전문가 계급의 입장도 마찬가지이다. 하지만 그림에서 사회문화전문가 계급의 위치는 약간 더 오른쪽에 가깝게 그려져 있는데 이는 이들이 국가개입에 대해 갖는 다소 모호한 태도 때문이다. 하층서비스기능자 계급은, 노동시장외부자로서 재조준화를 찬성하는 것은 분명하지만, 자유의지론에 대해 다소 회의적인 태도를 가지고 있기 때문에 재조준화에 대해 찬성하는 입장이 그리 선명한 것은 아니다. 끝으로, 자본축적자 계급

은 보험권리 차원에서는 확실히 권리축소를 찬성하는 분면에 위치하며 또 그들은 노동시장 내부자들이기 때문에 재조준화에 대해 그리 찬성하지 않는 편이다. 하지만, 자본축적자 계급은 자유의지론 가치에 대해 다소 모호한 태도를 가지고 있기 때문에 재조준화에 대해 사용자들에 비해서는 좀 더 온건한 입장을 가지게(따라서 그림에서 사용자들보다 더 위쪽에 위치하게) 된다. 이를 통해 알 수 있는 분명한 사실은, 보험권리의 축소(예컨대, 가입기간의 연장 등)와 재조준화의 확대(예컨대, 보편적 최저연금 등)를 조합하는 경우 그 두 가지 방안 모두에 대해 만족하는 집단은 하나도 없다는 사실이다. 블루칼라노동자들의 이해를 대변하는 집합적 행위자들(저숙련 제조업부문 노동조합과 급진우파정당, 구좌파정당 등)은 그 개혁에 대해 격렬히 저항할 수도 있다. 하지만, 자본축적자계급과 사회문화전문가계급의 지지자들이 상황을 어떻게 인식하는가에 따라 정부가 신좌파정당과 일부 온건우파정당, 그리고 심지어는 노동시장 외부자 노동조합의 일부세력까지도 개혁에 동참시킬 수 있는 가능성도 있다. 보험권리의 축소와 재조준화의 확대를 조합한 개혁전략은 온건우파정당들을 딜레마에 처하게 하는데, 온건우파정당들은 보험권리의 축소를 달성하기 위해 재조준화를 수용(이는 온건우파정당 지지자들 중 보다 보수적인 지지자들을 소외시킬 수 있다)하든지 아니면 재조준화를 거부함으로써 보험권리의 축소도 포기할 것인지 사이에서 선택을 해야 하기 때문이다. 신좌파정당들은 이보다 훨씬 더 심각한 딜레마에 빠지게 된다. 즉, 녹색당과 자유의지론적 사민당은 이들이 그들 정당을 지지하는 사람들 중 자유의지론적 가치를 가진 지지자들의 이익을 대변

〈그림 5-2〉 보험 및 적립화 차원과 관련된 각 집단들의 예상입장

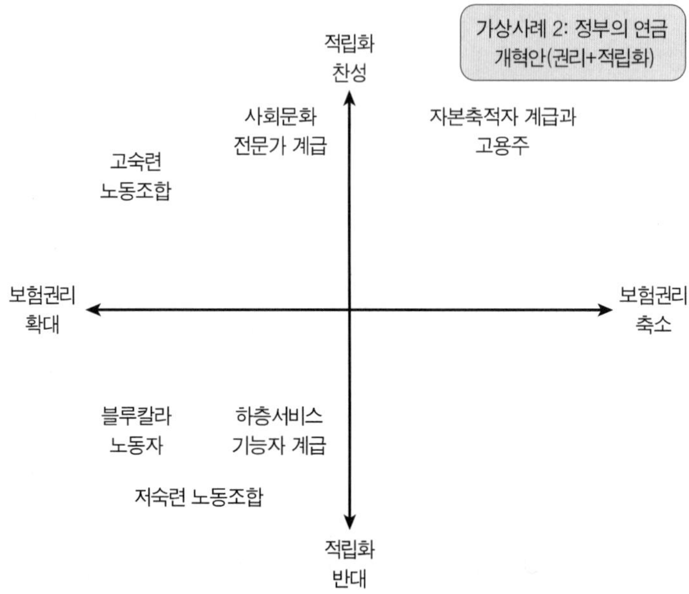

하게 되면 그들의 전통적인 지지자인 블루칼라노동자들과의 연대를 깨게 될 수 있다. 이런 문제는 구좌파적 지지자들과 신좌파적 지지자들 모두를 핵심지지층으로 하고 있는 사민당에게서 가장 크게 나타난다(〈표 4-6〉부터 〈표 4-8〉 참조). 따라서 우리가 든 첫째의 가상사례에서 정부에 의한 연합조종전략은 사민주의-자유주의-자유의지론 연합을 결과할 가능성이 높다.

둘째의 가상사례는, 보험권리의 축소와 적립방식의 도입을 조합한 개혁안인데 이는 〈그림 5-2〉에 나타나 있다. 여기서 그림의 세로축, 즉 적립화에 관련된 각 집단들의 입장은 노동시장 지위나 가치보다는

숙련수준에 따라 달리 나타남을 볼 수 있다. 이로 인해 자본축적자계급과 하층서비스기능자계급의 입장은 〈그림 5-1〉과 반대로 나타나게 된다. 자본축적자계급은 숙련수준이 높으며 보험권리에 대한 의존도는 매우 낮은 반면에 하층서비스기능자계급은 숙련수준이 낮으며 공적보험에 대한 의존도가 높다[3]. 보험권리축소와 적립화를 조합한 개혁방안 역시 신좌파에게는 매우 곤란한 선택을 강요하는 경향이 있다. 녹색당과 사민당은 그들의 구좌파적 지지자들 및 저숙련 노동조합과 연대하여 기존의 연금급여수준을 방어하는 전략을 택하거나 아니면 적립화를 통해 그들의 고숙련 지지자들이 보상을 받을 것을 염두에 두면서 보험권리축소를 수용하는 선택을 해야 한다. 만일 녹색당과 사민당이 적립화보다 보험권리의 유지를 우선시한다면 적립화를 위한 연대는 이루지 못할 것이다. 하지만 그들이 적립화를 우선시한다면, 보다 광범위한 연금개혁의 여지가 정부에게 주어질 것이다.

위의 두 가상사례는, 연합조종전략의 성공여부는 집합적 행위자들이 각 개혁차원의 중요성을 어떻게 평가하는가에 크게 의존한다는 점을 보여준다. 각 행위자들이 네 가지 개혁차원 각각의 중요성을 서로 달리 평가한다면, 그들 간에 양보의 교환비율도 다를 것이며 따라서 이로부터 정치적 교환의 가능성이 열리게 된다. 따라서 다차원적 정책공간에서의 정책특수적 "입법동맹"의 형성은 "불안정하며 … 정치적 조종에 따라 가변적"인 것이 된다(Laver and Schofield, 1990:

3 그림에서 하층서비스기능자계급은 블루칼라노동자계급보다 조금 더 오른쪽에 위치한 것으로 그려져 있는데 이는 저숙련의 노동시장 외부자인 하층서비스기능자계급은 기존의 연금체계에서 권리보장수준이 낮고 따라서 그들은 노동시장 내부자들에 비해 보험권리의 축소로부터 잃을 것이 더 적기 때문이다.

119). 다시 말해서 여느 상황이라면 가능하지 않았을 정책산출이 가능하게 될 수 있다는 것이다. 이 책에서는 이러한 상황이 바로 1970년대 후반 이래 나타난 대륙유럽의 탈산업적 연금정치에서 기인하는 것이라고 주장한다. 프랑스와 스위스의 복지개혁을 고찰한 몇몇 연구에서 그러한 정치적 교환을 보여주는 부분적인 증거들이 이미 제시된 바 있다(Bonoli, 2000, 2005; Levy, 1999). 앞에서 제시한 그림과 논증들은 정치적 교환이 긴축의 시대에 특히 중요성을 갖게 되었다는 주장을 뒷받침하는 이론적 근거들을 제시하고 있다.

이와 관련하여 리커의 권략술이라는 개념과 그 개념에 입각하여 그가 행한 정책결정전략 및 정책결정의 역동성에 관한 분석은 매우 통찰력있는 분석이다. 하지만 리커(1986)가 행위자의 행동에 관해 암묵적으로 전제하고 있는 가정은 다소 문제의 소지가 있는 것이다. 행위자들이 정치적 개혁공간에서 아무 때나 아무 입장이나 자유롭게 취할 수 있는 것은 아니다. 리커가 암묵적으로 전제하고 있는 합리적 선택모델은 정치적 행위자들의 연합형성적 유연성에 가해지는 제약조건을 간과하는 경향이 있다. 노동조합이나 사용자단체나 정당들은 여러 가지 이유로, 예컨대 역사적인 이유나 제도적인 이유 혹은 선거정치적 이유로 자신들의 입장을 상대방의 입장에 맞추어 타협시켜야 하는 경우가 많다[4]. 만일 그러한 제약조건으로 인해 행위자들이 정부가 심혈을 기울여 만든 타협안에 동참하기를 거부한다면, 참여를 거부

---

4 이와 유사한 맥락에서, 슬리(Shepsle, 1979)와 레이버와 쇼필드(Laver and Schofield, 1990: 126)는 제도가 특정한 연합형성적 "균형"을 창출할 유인을 제공하며 따라서 다중적 개혁차원을 내포하는 입법과정을 통한 정책산출의 "예측불가능성"을 감소시키는 역할을 한다고 주장한 바 있다.

한 행위자의 상대방이 설사 제도적 거부권을 가지고 있다 하더라도 연합조종전략은 작동하지 못하게 된다. 따라서 이 책의 마지막 가설은 프랑스와 독일, 스위스 세 나라의 연합형성과 정책산출에서 나타날 것으로 예상되는 차이에 관한 것이다. 이 세 나라는 연합형성적 유연성과 거부권 행사자의 수효에서 커다란 차이가 있다.

연합형성적 유연성과 거부지점이 개혁능력에 미치는 영향

지금까지 설명한 세 가지 가설은 프랑스와 독일, 스위스 세 나라의 연금체제가 세 가지 변수, 즉 첫째, 긴축의 시대의 도래와 탈산업적 욕구의 등장이라는 구조적 상황의 전개라는 변수와 둘째, 그로 인해 숙련수준과 노동시장 지위, 계급, 가치지향성을 기준으로 분류된 위험집단들 사이에 나타나는 갈등과 동맹의 가능성이라는 변수, 그리고 셋째, 정치적 교환을 가능케 하는 다차원적 정책개혁공간을 창출하는 정부의 전략이라는 변수의 측면에서 유사성을 가진다는 점을 전제한 것이다. 이 책에서 시도할 분석의 지침이 되는 이론적 모델에서 설정하는 마지막 넷째 가설은 연합조종전략의 성패에 영향을 미치는 요인이 위의 세 나라 간에 서로 차이가 있다는 사실에 관련된 것이다. 그래서 넷째 가설의 목적은 연금현대화 개혁의 기회와 전반적인 개혁능력에서 세 나라는 서로 다르다는 점을 설명하려는 데 있다.

새로운 갈등차원이 등장한다고 해서 이것이 행위자들 간의 동맹구조를 자동적으로 숙련수준이나 노동시장 지위, 또는 가치지향성에 따라 재편하지는 못한다. 새로운 갈등차원이 연금개혁과정에서 행위자들 간의 동맹구조를 새롭게 가르는 새로운 기준선으로 부상할 수 있느냐 여부는 노동조합과 사용자단체, 그리고 정당의 연합형성적 유연성이 어떠한가에 따라 달라질 수 있다. 연합형성적 유연성 또는 연합형성적 경직성은 무엇보다 정당체계 내에서 그리고 조합주의 체계 내에서 행위자들이 분산되어 있느냐 집중화되어 있느냐 여부에 의해 결정된다. 만일 노동조합과 사용자단체, 정당들의 권력과 이해관계가 분산(혹은 분열)되어 있다면, 정책결정과정에서 새로운 개혁차원이 중요한 기준선으로 부상할 가능성이 커지며 따라서 계급을 초월한 가치지향적인 개혁동맹이 새롭게 형성될 가능성 또한 커질 수 있다. 하지만 반대로 행위자들 간에 권력과 이해관계가 분산되지 않고 집중화되어 있다면, 연금정치가 탈산업적 성격을 띠더라도 그것이 노동과 자본이 서로 갈등관계에 있게 한다든지 집권여당과 야당이 서로 갈등관계에 있게 하는 식으로 일차원적인 갈등차원을 낳을 가능성이 커지게 된다.

권력과 이해관계의 분산과 집중은 무엇을 의미하는가? 노동과 자본에 대해 말하면, 권력과 이해관계의 분산 또는 집중은 노동조합과 사용자단체의 수직적 · 수평적 통합의 정도(즉, 조합주의의 정도)에 의해 결정된다. 대륙유럽국가의 강력한 조합주의 체계에서, 강력한 산별노조와 사용자단체는 정상조직을 중심으로 수직적인 통합이 잘 형성되어 있으며(Schmitter, 1979; Schmitter and Streeck, 1981), 이는 노동 내부적인 그리고 자본 내부적인 결속력을 강화하는 역할을 한다. 이와 같은 강력한 조합주의 체계는 노동과 자본 각각에 대해 정책결정과정에서 자신들의 의사를 각기 한 목소리로 내게 하며(그리고 이와 같은 단일한 의사표현이 강력한 조합주의의 필요조건이기도 하다), 따라서 사안에 따라 계급초월적 동맹이 형성될 가능성을 차단하는 경향이 있다. 따라서 필자는 노동조합과 사용자단체들이 분열되어 있을 경우 그들의 연합형성적 유연성이 더 높기 때문에 연합조종전략이 그들의 이해관계를 분절시킬 가능성이 더 클 것으로 예측한다.

정당에도 동일한 논리가 적용된다. 정당의 연합형성적 유연성은 정당의 숫자에서도 영향을 받지만 선거정치적 제약의 영향도 받으며 아마도 후자의 영향이 더 클 것이다. 집권세력이 교체되는 경향이 있는 절대다수제(majoritarian electoral system) 하에서는 야당들이 의회 내에서의 정책결정과정에 영향을 미칠 수단이 사실상 거의 없다. 따라서 야당들의 입장과 이해관계는 집중화(단일화)되는 경향이 있으며 정부에 대해 한 목소리로 저항하게 된다. 이것이 연금개혁과정에서의 연합형성에 어떤 영향을 미칠지는 자명하다. 야당들의 입장과 이해관계가 집중화된 상황에서 연합형성적 유연성은 약화될 것이며 따라서 정부가 어떠한 제안을 내놓아도 그것을 지지할 야당은 나타나지 않게 된다(이런 상황이 바로 쉴루디(Schludi, 2008)가 말한 지위적 거리두기(positional distance)이다). 예컨대, 절대다수제 하에서는 야당인 좌파정당이 특정 개혁안과 관련하여 집권우파정당의 입장을 지지할 가능성은 거의 없으며 이는 그 개혁안의 실제 내용이 무엇인가와 관계없이 그러한 경향이 있다. 하지만 이와 대조적으로 정당의 구성이 다양한 분산된 체계에서는 정책결정과 관련된 동맹이 보다 실용적인 목적으로 형성될 수 있으며 정당들은 정책연합에 대해 보다 유연한 태도를 취하게 된다. 분권화된 정당체계에서도 특정 시기에 집권정당과 야당들 간에 선거정치적 양극화가 두드러지는 경우

〈표 5-1〉 프랑스, 독일, 스위스의 연합형성적 유연성

		정당	
		분산	집중
노동조합 및 사용자단체	분산	높은 연합형성적 유연성	중간정도의 연합형성적 유연성
		스위스(노동)	프랑스
	집중	중간정도의 연합형성적 유연성	낮은 연합형성적 유연성
		스위스(자본)	독일

가 있지만, 그럼에도 불구하고 연합형성의 가능성은 높은 편인데 이는 매 선거가 끝나고 나면 집권정당과 야당들 간의 갈등전선이 새롭게 짜이기 때문이다. 거대연정(oversized coalition)이나 소연정(minority coalition)은 정당들 간에 권력이 분산되어 있는 체제에서 나타나는 극단적인 예인데 이러한 권력분산체제에서는 정책연합의 형성이 선거정치적 제약과 무관하게 나타나는 경향이 있다. 따라서 필자는 정당정치의 영역에서 권력의 분산을 특징으로 하는 체계에서 집권정당은 광범위한 개혁연합을 구축하는 데 보다 성공적일 수 있다고 예측한다.

〈표 5-1〉은 프랑스, 독일, 스위스 세 나라에 있어서 연합형성적 유연성의 결정요인들을 요약한 것이다. 노동조합과 사용자단체의 집중화가 낮을수록 그리고 정당들의 권력분산도가 높을수록, 다양한 정책연합의 형성가능성은 커지며 따라서 개혁능력도 커지고, 또한 연합조종전략의 성공가능성도 한층 더 커진다. 이 책에서 고찰하는 세 나라는 〈표 5-1〉에서 보는 바와 같이 연합형성적 유연성의 수준에서 매우 분명한 차이를 보인다.

전체적으로, 연합형성적 유연성은 스위스가 가장 높고 독일이 가장 낮으며 프랑스는 이 두 나라의 중간 정도이다. 각 나라의 이와 같은

특성에 대해 간략히 살펴보자. 스위스는 조합주의 영역(즉, 노사관계 영역)과 의회정치 영역 양자 모두에서 연합형성적 유연성이 높다. 스위스의 노동조합은 고도로 발달되어 있지만 역사적인 이유로 그들은 이데올로기적으로 그리고 산업부문별로 분절되어 있다(Mach and Oesch, 2003; Fluder, 1996; Fluder et al., 1991; Ebbinghaus and Visser, 2000). 비세르(Visser, 1987)에 따르면, 스위스의 노동운동은 수평적 통합과 수직적 통합이 중간 정도이다. 하지만 자본가들의 이해관계는 보다 더 중앙화되어 있다(Kriesi, 1986)[5]. 정당정치 영역에서 분절은 매우 심하여, 스위스는 다당제 체계이며 비례대표제를 채택하고 있고 정부의 모든 차원에서 연립정부가 일상화되어 있다. 스위스는 1959년 이래 모든 주요 정당들을 망라하는 대연정(grand coalition)이 수립되어 왔기 때문에 연합형성적 유연성이 매우 높다. 스위스는 사민당과 기민당, 자유당 그리고 국민당의 네 주요 정당들이 의회 의석의 80% 이상을 차지하고 있다. 따라서 사실상 정당체계에서 권력의 집중이라는 것은 존재하지 않는다. 이러한 사실이 연합조종 전략에 대해 갖는 함의는, 의회에서 정책결정과 관련된 다수파가 정책에 따라 항상 바뀐다는 것이며, 따라서 정책연합이 대단히 가변적일 뿐만 아니라 실용적으로 흔히 이루어진다는 것이다.

독일은 연합형성적 유연성에 있어서 스위스와 매우 대조되는데 이는 다소 놀라운 일이다. 실제로 독일은 다당제인데다 야당에게 일정

---

5 하지만 스위스 자본의 결속력은 1990년대 이후로 오면서 지속적으로 퇴색되고 있다. 이는 국내시장의 개방화 조치에 따른 것으로 그로 인해 주로 국내시장을 대상으로 하는 내수부문(수공업부문의 중소기업)과 수출부문(제조업과 서비스업의 대기업)의 이해관계는 극명하게 대립하게 되었다(Mach, 2006 참조).

한 권리를 부여하는 비례대표제를 채택하고 있다(Powell, 2000)는 점에서 독일의 정당체계를 집중화된 체계로 보는 것은 예상 밖의 일이라 생각할 수도 있다. 하지만, 독일은, 연방제(federalism)와 양원제(bicameralism)와 같은 합의 요구적 제도체계(consensus requiring institutions)(Lehmbruch, 2000)에서와 달리, 두 주요 정당, 즉 사민당(SPD)과 기민련/기사련(CDU/CSU) 간의 선거경쟁이 1970년대부터 2000년대 초기의 기간까지 극명하게 나타났다(Wessels, 2004). 1970년대까지는 군소정당인 자민당(FDP)의 온건노선이 사민당과 기민련/기사련 사이에서 작동했기 때문에 연합형성적 유연성을 어느 정도 보장해주었으나, 그 이후 녹색당이 등장하면서 정당체계의 선거정치적 양극화는 갈수록 심해지게 되었다. 이 책의 고찰대상기간인 1970년대 후반부터 2000년대 초반의 기간 동안, 선거에서의 집중적 경쟁은 집권정당과 야당 간의 대립을 부채질하였다. 정책결정의 측면에서 보면, 그와 같은 정당구조는 집권정당이 야당과 정책에 관련하여 연합을 형성하기가 대단히 어려움을 의미하며 이러한 어려움은 집권정당과 야당의 정책선호의 유사성 여부에 관계없이 지속됨을 의미한다(Schludi, 2008). 게다가, 독일은 노동조합과 사용자단체들이 비교적 중앙집중화되어 있다(Ebbinghaus and Visser, 2000). 임금협상은 산별수준에서 진행되며 따라서 산별노조는 정상조직인 독일노동조합연맹(DGB)에 뒤지지 않는 강력한 입지를 확보하고 있다. 하지만, 전통적으로, 핵심산업부문(철강이나 화학산업 등)의 산별노조가 독일노동운동을 지배해왔기 때문에 이들 산별노조들은 노동조합의 내부적 집중화를 높이는 데 기여해왔다. 비세르(Visser, 1987)에 의하면, 독일의 노동조합은 높은 수준의 수평적 통합과 중간수준의 수직적 통합을 특징으로 한다[6]. 따라서 독일에서는 노동 내부적인 이질성이나 자본 내부적인 이질성이 정책결정과정에서 표출될 가능성이 낮은 것이다.

마지막으로 프랑스는 일종의 혼합형태를 보이는데, 즉 노사관계 영역에서는 매우 분절된 특성을 가지는 반면 의회정치 영역에서는 매우 중앙화된 특성을 가지는 것이다. 프랑스는 노동조합 조직률이 낮으며, 또 노동조합들이 산업부문별로 그리고 정치적으로 매우 분절되어 있다(Ebbinghaus and Visser, 2000). 프랑스에서 활동 중인 다섯 개의 주요 노동조합들, 즉 전국노동연맹(CGT)과 프랑스민주노조연맹(CFDT), 전문직연맹(CGC), 노동동맹(FO), 프랑스기독노동연맹(CFCT)은 각기 정상조직을 두고 있으며, 이들 노조들의 이해관계를 조정할 공식적인 제도적 구조는 존재하지 않는다. 그리하여 프랑스의 노동조합들은 어떤 정책과 관련하여 한 목소리를 내는 경우가 거의 없다. 프랑스의 사용자단체는 노동조합에 비해서는 집중화되어 있지만 이 경우에도 이데올로기적 분절은 존재한다. 전국중소기업연맹(CGPME)과 프랑스기업연맹(MEDEF)은 기업규모와 산업부문에서 그들 간의 차이가 있는 것으로 인식하고 있을 뿐만 아니라 정치적 지향성에서도 차이가 있는 것으로 인식하고 있다 – 전국중소기업연

---

6 그런데 2001년에 군소노조인 몇몇 서비스산업노조들(HBV, ÖTV, DAG)이 서비스노조연합(ver.di)으로 통합되었다는 점을 감안할 때 독일노동운동의 집중도는 약화하고 있다고 할 수 있다(Schroeder and Wessels, 2003; Müller and Wilke, 2003). 여성노동자들이 주력인 서비스산업의 노동조합이 이처럼 ver.di로 재편되면서 이들은 전통적으로 제조업 노조가 지배해온 노동운동에 명시적으로 대항하기 시작하였으며 이로 인해 노동 내부적 분열이 증가하게 되었다.

맹이 보다 보수주의적이며, 프랑스기업연맹은 급진적인 시장자유주의적 입장을 가지고 있다(Bunel, 1995). 따라서 프랑스의 경우 자본 내부적인 분절이 심한 편이고 노동 내부적인 분절은 그보다 더 심한 것이어서, 연합형성적 유연성이 매우 높다. 하지만, 정당체계에서는 그 반대이다. 프랑스의 절대다수제 선거제도(majority or plurality elections)는 매우 강한 집중화를 낳고 있다. 정책선호의 이질성은 집권정당과 야당 내적으로 다 높지만, 그럼에도 불구하고 정당들은 정책결정과정에서 대개 한 목소리를 내는 경향이 있는데 이는 프랑스의 경우 집권하지 못한 정당은 정책결정과정에서 거의 아무런 권한을 갖지 못하기 때문이다. 이처럼 정당체계에서는 집중도가 높고 조합주의영역(즉, 노사관계영역)에서는 분산도가 높은 상황으로 말미암아 프랑스의 집권정당(곧 정부)은(는) 의회정치에서는 연합조정전략을 구사할 기회를 많이 갖지 못하지만 노동조합이나 사용자단체에 대해서는 연합조종전략을 구사할 재량을 훨씬 더 많이 갖게 된다.

경제적 곤경의 시대에 연금제도를 현대화하려는 시도에 위와 같은 제도적 차이가 어떤 함의를 갖는가는 분명하다. 즉 연합형성적 유연성이 세 나라 사이에 위와 같은 차이를 보이므로, 연합조종전략의 가능성은 스위스에서 가장 높고 프랑스는 그보다 낮으며 독일은 가장 낮은 것이다. 따라서 우리는 연금정치에서의 새로운 개혁차원, 즉 적립화와 표적화, 재조준화의 차원이 독일보다는 스위스와 프랑스에서 더 유의미하게 작용할 것이라고 예측할 수 있다. 독일의 경우는 정책결정자들이 노동 대 자본 간의 갈등전선(조합주의 체계에서의 갈등전선)이나 집권당 대 야당 간의 갈등전선(의회정치영역에서의 갈등전선) 이외의 갈등전선에 근거하여 개혁동맹을 이끌어내기가 대단히 어려울 수밖에 없다. 이러한 점이 그간의 직관과 어떻게 다른 함의를 갖는가에 대해 잠시 생각해보자. 일반적으로 비교정치학 문헌에서는 권력분점의 정도가 높으면(다시 말해서, 거부지점이 많으면) 이것이 개혁을 방해하고 저지하는 역할을 한다고 간주해왔다(Lijphart, 1999). 필자의 주장은 비교정치학의 이러한 통상적인 주장과 반대된다. 즉, 조합주의영역(노사관계영역)과 의회정치영역에서의 권력분산은 개혁의 가능성을 높인다는 것이다. 왜냐하면 권력분산으로 인해 다양한 연합형성이 가능하며, 경제적 곤경기와 다차원적 개혁정치라는 맥락에서는 그와 같은 다양한 연합형성의 가능성이 대단히 중요해지기 때문이다.

그러면, 연합형성적 유연성이 낮은 경우 연금 현대화 개혁은 불가능한가? 반드시 그렇지는 않다. 연합조종전략의 성패는 연합형성적 유연성에 의해서도 영향을 받지만 그 외에 개혁저항세력에 비해 정부가 얼마나 더 큰 힘을 가질 수 있느냐 하는 사실에 의해서도 영향을 받는다. 사실 연합형성적 유연성의 결여로 인해 개혁능력에 문제가 야기될 수 있는 경우는 저항세력이 제도적 거부권을 실질적으로 가질 수 있는 경우에 한해서이다(Tsebelis, 2007[7]). 하지만 어떠한 타협도 필요 없는 경우라면 개혁이 일방적으로 추진될 수도 있다. 이 책에서

7 체벨리스(Tsebelis, 2002)는 거부권 행사자를 제도적(institutional) 거부권 행사자와 정파적(partisan) 거부권 행사자로 구분한다. 전자는 헌법에 의해 제도적으로 규정된 거부권 행사자이며 후자는 정치적 게임의 결과로 생겨난 거부권 행사자이다. 이 책에서는 제도적 거부권 행사자(이는 단순히 제도라고 해도 된다)를 주로 다룬다. 제도적 거부권 행사자는 헌법에 의해 보장된 권한에 따라 개혁이나 그 외 정책에 대해 반대할 수 있는 행위자들이다.

설정한 마지막 가설인 넷째 가설을 통해 필자가 말하고자 바는 어떤 국가의 개혁능력은 제도적 거부권 행사자의 규모와 연합형성적 유연성 간의 상호작용에 의해 결정된다는 것이다. 만일 특정 국가에서 연합을 형성할 유인을 별로 갖지 않는 제도적 거부권 행사자가 다수 존재한다면 그 국가의 정부가 가질 수 있는 개혁능력은 심각하게 저하할 것이다. 하지만 순수한 절대다수제방식의 선거제도에서 승리한 집권정당이라면 그 정당은 정책변화의 성공을 위해 어떤 행위자 — 연립정부구성에 참여한 정당이 있다면 그 정당은 제외하고 — 의 동의도 구할 필요가 없다. 순수 절대다수제에서의 다수파 정부는 사실 개혁의 성공을 위해 개혁안들을 일괄 처리하는 전략을 취할 필요도 없다. 그러나 정부가 헤쳐 나가야 하는 거부권 행사자가 많을수록 그리고 거부권이 강할수록, 연합형성적 유연성이 해당 국가의 개혁능력에서 갖는 중요성은 더 커진다. 특정 국가의 개혁능력은, 그 국가의 정부가 낮은 수준의 연합형성적 유연성과 많은 수의 제도적 거부권 행사자를 만날 때, 약화하게 된다. 이런 경우 정책결정과정은 대단히 갈등적인 것이 되며 자칫 개혁이 교착상태에 빠질 수도 있다. 하지만 연합형성적 유연성이 높은 경우에는 정치적 교환에 의해 거부권을 극복할 수 있다.

제도적 거부권 행사자와 관련하여 세 나라는 상당한 차이가 있다. 프랑스의 의회체계는 절대다수제의 성격이 매우 강한 선거제도를 기초로 하기 때문에, 정부가 개혁의 실행을 위해 야당들의 동의를 굳이 구할 필요가 없다. 하지만 프랑스 정부도 조합주의 영역에서는 사실상 제도적 거부권 행사자에 직면하게 되는데 이는 프랑스의 노동조합과 사용자단체들이 주요 연금제도의 운영에 참여하고 있어서 그로부터 노동조합과 사용자단체들이 거부권을 가질 수 있기 때문이다(Palier, 2002). 더욱이 프랑스의 노동조합은 비록 조직률은 낮은 편이지만, 대중들을 동원할 수 있는 비공식적인 강력한 힘을 가지고 있으며 따라서 거리에서 정부의 개혁시도를 좌절시킬 수 있다. 그리하여 프랑스 정부로서는 노동조합과 자본가들로부터 암묵적인 동의라도 얻어내기 위해 광범위한 연합의 형성을 추진하지 않을 수 없다. 그런데 경제적 이해관계가 노동조합 내부적으로도 그리고 사용자단체 내부적으로도 분열되어 있기 때문에 프랑스 정부는 연합조종전략을 구사할 여지를 상대적으로 많이 가질 수 있는 편이며 따라서 연금현대화 개혁을 추진할 수 있다. 이와 대조적으로 독일은 낮은 연합형성적 유연성과 상대적으로 강한 제도적 거부권 행사자라는 특징을 갖고 있어서 이로 인해 독일 정부의 개혁능력은 상당한 제약을 안게 된다(Lehmbruch, 2000). 그런데 독일 노동조합은 매우 중요한 행위자이기는 하나, 연금개혁에서 이들의 동의가 공식적으로 필요한 것은 아니다. 하지만 독일 정부의 개혁능력에 대한 매우 심각한 위협은, 독일 연방정부를 대표하는 연방상원(Bundesrat)이다[8]. 만일 상하 양원에서의 다수파를 서로 다른 정당이 차지하는 분점정부(divided government) 상황이 벌이지게 되면, 정부가 연금개혁에 필요한 타협을 이끌어내기도 어려우며, 또 개혁이 교착상태에 빠지지 않게 하기도 대단히 어렵게 된다. 그리하여 독일에서는 야당이 연방상원에서 다수를

8 독일 연방정부는 조세에 관한 결정과 실행에도 관여하는데 이 때문에 연방정부를 대표하는 독일연방상원은 연금뿐만 아니라 복지국가정책 전반에 있어서도 매우 강력한 제도적 거부권 행사자로 존재하고 있다.

차지하게 되면 정부가 상원에서의 야당의 반대를 타개하기 위한 연합조종전략을 구사할 여지가 별로 없는 편이다. 마지막으로 스위스는 세 나라 가운데 개혁능력의 면에서 가장 문제가 적은 나라이다. 스위스는 거부권 행사자가 상당히 많은 편이지만 그만큼 연합형성적 유연성도 높아서 정부가 그 많은 거부권 행사자들을 충분히 다룰 수 있다. 따라서 새로운 개혁차원이 정책결정과정에서 유의미하게 부각되며 그래서 연금현대화를 위한 타협을 가능케 할 수 있는 것이다.

정리하면, 넷째 가설은, 새로운 개혁차원이 보다 유의미한 역할을 할 프랑스와 스위스의 두 나라가 경제적 곤경기에 연금현대화 개혁을 추진할 능력을 더 많이 가질 수 있다고 예측하는 것이다. 독일은 상황이 더 복잡하다. 독일은 연합형성적 유연성이 낮기 때문에, 분점정부 상황에 처하게 되면 정부의 개혁능력은 크게 제약된다. 하지만 집권정당이 의회 내에서 확고한 다수를 점할 수만 있다면 그 경우 정부는 연립정부에 참여한 정당들의 동의만 얻어내면 되므로 연금현대화 개혁이 가능할 수도 있다.

분석모델과 가설의 요약

앞의 3-5장에서 설명한 네 가지 가설은 연금개혁이라는 정치적 현상에 대한 대안적 설명 혹은 경쟁적 설명을 제공하는 것이 아니다. 네 가지 가설은 대륙유럽 복지국가의 탈산업적 연금개혁의 동학을 설명하기 위한 하나의 통합적 분석모델의 네 가지 구성요소이다. 이 통합적 분석모델은, 개혁의제와 행위자들의 배열, 정책개혁공간, 연합형성, 그리고 정책산출들에 영향을 미치는 결정요인들을 구체화함으로써 사회구조적 변화와 정책적 변화를 연결시킨 것이다. 분석모델이 이처럼 설계되었다는 점을 감안할 때, 각 분석단계에서의 분석결과는 그 다음 단계 분석결과의 결정요인(즉, 독립변수)이(가) 될 것이다. 따라서 여러 결정요인들의 상호작용을 파악해야만 우리들은 한 나라의 연금현대화의 동학을 온전히 이해할 수 있다. 이 책에서 제시한 네 가지 가설은 하나로 합쳐져서 대륙유럽의 연금정책이 언제, 어떻게 그리고 왜 현대화되는지(즉, 구조적 변화에 적응하는지)에 관한 결론적인 설명을 제공한다. 〈표 5-2〉는 각 국가에서 예상되는 개혁경로를 종합적으로 요약함으로써 네 가지 가설이 세 나라 각각에서 갖는 함의를 정리하고 있다.

가설의 내용을 다시 한 번 요약해보자. 먼저 프랑스의 경우는 계급과 숙련수준, 내부자-외부자 이해관계가 탈산업적 연금정치의 주요 구조적 결정요인이 될 것이며 반면 재조준화를 둘러싼 사회문화적 가치갈등은 다소 중요도가 낮을 것으로 예측된다. 이는 경제적 긴축의 시기에 프랑스 정부가 비용억제와 적립기금 도입, 그리고 특정 직업집단을 위한 표적화의 측면에서 개혁을 추진함으로써 다차원적 정책공간을 창출할 수 있음을 의미한다. 하지만, 프랑스의 경우 노동운동은 분열되어 있기 때문에 연합형성적 유연성이 비교적 높은 편이지만, 의회주의 영역에서는 광범위한 계급초월적 연합이 형성되기가 대단히 어렵다. 이론적으로 볼 때, 이와 같은 제도적 구조 하에서는 야당들의 저항을 극복하고 노동조합 일부로부터라도 동의를 얻어내기 위해 정부가 보험과 적립화, 표적화의 차원을 중심으로 개혁을 추진하게 될 가능성이 높다.

〈표 5-2〉 네 가지 가설의 요약: 프랑스, 독일, 스위스 연금정치의 예상유형

가설	프랑스	독일	스위스
H1: 구조와 제도 간의 부정합성으로 인해 급여수준과 재정방식, 수급자격 등의 측면에서 새로운 갈등전선이 형성된다.	예상 개혁의제	예상 개혁의제	예상 개혁의제
	보험 적립화 표적화	보험 적립화 표적화 재조준화	보험 표적화 재조준화
H2: 새로운 갈등전선에서의 행위자들의 배열은 계급(보험), 숙련수준(적립화), 노동시장지위(표적화/재조준화), 그리고 가치지향성(재조준화)에 따라 구조화된다.	예상 갈등전선	예상 갈등전선	예상 갈등전선
	계급갈등 숙련수준 갈등 내부자-외부자 갈등	계급갈등 숙련수준 갈등 내부자-외부자 갈등 가치갈등	계급갈등 내부자-외부자 갈등 가치갈등
H3: 정책결정자들은 다차원적인 정책공간을 창출하기 위해 다양한 개혁안을 다양한 방식으로 결합하는데 이는 특히 긴축의 시대에 두드러진다(연합조종전략).	개혁안의 예상 결합형태	개혁안의 예상 결합형태	개혁안의 예상 결합형태
	보험/적립화 보험/표적화	보험/적립화 보험/표적화 보험/재조준화	보험/표적화 보험/재조준화
H4: 연합조종전략의 성패는 연합형성적 유연성과 거부권 행사자 규모 간의 상호작용에 의해 결정된다.	정당들 간의 연합형성적 유연성 낮음. 하지만 정당들은 사실상 거부권 행사자가 아님.	정당들 간의 연합형성적 유연성 낮음. 정당들은 분점정부 상황에서는 거부권 행사자가 될 수 있음.	정당들 간의 연합형성적 유연성 높음.
	노동조합과 자본의 연합형성적 유연성 높음.	노동조합과 자본의 연합형성적 유연성 낮음. 노동조합과 자본의 거부권 행사자가 아님.	노동조합과 자본의 연합형성적 유연성 높음.
	예상 정책산출	예상 정책산출	예상 정책산출
	연금현대화 개혁 가능	비(非)분점정부 상황에서는 연금현대화 개혁 가능. 분점정부 상황에서는 개혁이 교착상태에 빠질 가능성.	연금현대화 개혁 가능

독일의 연금은 경제적 긴축과 탈산업적 욕구 모두로부터 도전받고 있는 대륙유럽 연금체제의 전형이라고 할 수 있다. 이 때문에 독일의 탈산업적 연금정치에서는 모든 갈등전선이 중요하게 부상할 것으로 예측된다. 그에 따라 행위자들 간의 동맹도 다양하게 나타날 수 있으므로 독일정부는 이러한 동맹의 다양한 가능성을 전략적으로 활용함으로써 연금개혁과정에서 정치적 교환의 기회를 창출하려 할 것이다. 하지만 독일의 연금개혁능력과 개혁결과는 정부의 전략에만 의존하는 것이 아니다. 야당이 의회에서 거부권행사자로 힘을 발휘할 수 있다면 정치적 교환은 실패할 수도 있다. 그러나 반대로 집권당이 의회에서 다수를 차지할 수 있다면, 정부는 연금의 네 가지 개혁차원 모두에 걸친 포괄적인(대개 일방적인) 개혁을 추진할 힘을 갖게 된다.

마지막으로, 스위스의 경우는 적립연금이 이미 수십 년 전부터 운영되어 왔기 때문에, 적립화는 탈산업적 연금개혁에서 의제로 등장하지 않을 것으로 기대할 수 있다. 스위스의 경우는 비용억제, 특정 직업집단을 위한 표적화, 그리고 노동시장 외부자를 위한 재조준화가 중요한 의제가 될 것이며 또한 행위자들 간의 다양한 동맹을 형성케 하는 요인이 될 것으로 예측된다. 거부권 행사자의 수도 많고 또 정당과 노동 및 자본의 연합형성적 유연성도 높다는 점을 감안할 때, 스위스에서는 정부가 여러 개혁안들을 묶어서 일괄처리하려 할 동기가 높다고 할 수 있다. 따라서 스위스의 경우 정부가 다차원적 정책공간의 기회를 잘 이용할 수만 있다면, 연금현대화의 가능성은 제법 높을 것으로 기대된다.

제2부 대륙유럽 연금개혁 성공의 결정요인들

제6장 프랑스
: 개혁의 기회로 작용한 노동조합의 분열

이 장에서는 1970년 이후 프랑스의 연금정치에 대해 분석하고자 한다. 먼저 제1절에서는 프랑스 연금정치에서 표적화와 적립화가 어떻게 프랑스 노동조합을 숙련수준 및 노동시장 지위(즉, 내부자인가 외부자인가)에 따라 분열시키면서 새로운 갈등전선으로 등장하게 되었는지를 경험적 증거들을 살펴보면서 분석할 것이다. 제2절에서는 프랑스의 우파 정부가 좌파로 하여금 전통적인 계급지지에 호소할 것인가 아니면 초계급적 연합전략을 택할 것인가의 사이에서 딜레마에 빠지게끔 하는 개혁패키지를 구상해냄으로써 노동운동 내부의 분열을 어떻게 성공적으로 이용해왔는지를 분석할 것이다. 그런 후에 행위자들의 선택과 그 선택으로 인한 결과를 노동조합의 분열 및 정책결정의 제도적 구조에 비추어 설명할 것이다. 예컨대, 프랑스에서 온건파인 개량주의적 노동조합들은 블루칼라 노동조합과 좌파정당에 대항하여 정부의 개혁안을 찬성하였다. 결국, 프랑스에서 연금개혁은 정부가 연금정치공간의 다차원성을 이용할 의지를 가지고 또 그것을 이용할 수 있었을 경우에, 좀 더 정확히 말하면 그 경우에만 가능할 수 있었던 것이다.

1970년대 이래 프랑스의 연금제도는 다른 많은 사회보장제도들처럼 중요한 개혁을 거쳐 왔다(예컨대, Levy, 2000; Palier, 2002; Vail, 2004 등 참조). 이 장에서 프랑스 연금개혁에 대해 본격적으로 살펴보기 전에 먼저 연금개혁과정에 대해 간략히 개관하고자 한다. 연금개혁을 둘러싼 논쟁은 1970년대까지만 해도 일정한 합의를 바탕으로 한 것이어서 예컨대 연금급여수준이 인상되어야 한다든지 혹은 연금체계가 좀 더 발전되어야 한다든지 하는 것들이 주요 논쟁거리를 이루고 있었다. 좌파와 우파는 연금제도 확대에 대해 서로 다른 수준을 주장하였고, 프랑스민주연합(UDF)과 공화국연합(RPR)의 우파연립정부가 1970년대에 비교적 관대한 연금개혁을 했던 것은 노동조합과 사회당 및 공산당의 보다 급진적인 요구에 대항하기 위한 전략의 성격이 강한 것이었다. 좌파 노동조합과 사회당 및 공산당은 퇴직연령을 60세로 낮추어야 한다는 주장도 하고 있었다[1]. 우파정부는 좌파세력들이 주장하는 급진적인 개혁을 실행할 경우 비용이 너무나 많이 들 것이라고 주장하였지만 그럼에도 불구하고 그들 역시 연금급여수준을 전반적으로 인상하였다. 또한 우파정부는 민간부문의 관리직 종사자들만을 대상으로 한 보충연금제도인 기존의 관리자연금(AGIRC)에 상응하는 제도로 임금노동자연금(ARRCO)을 도입함으로써 보충연금을 모든 종사자들에게 확대하는 한편 과부를 대상으로 한 연금과 어머니들을 대상으로 한 교육크레딧을 도입하여 프랑스 노령연금의

---

1 하지만 여성의 퇴직연령에 대해서는 노동계 내부적으로 상당한 견해차가 있었다. 전국노동연맹(CGT)과 공산당은 여성의 퇴직연령을 57세로 주장한 반면, 프랑스민주노조연맹(CFDT)과 사회당은 남녀 간 퇴직연령의 차등화 자체에 반대하였다.

제도적 변화를 가하였다. 또 1975년에는 근로조건이 대단히 열악한 근로자들에 한정한 것이기는 하지만 퇴직연령을 60세로 하향 조정하였다. 좌파들은 이러한 퇴직연령의 하향에 대해 모든 연금가입자들에 대해 퇴직연령을 낮추어야 한다는 자신들의 주장에 훨씬 못 미치는 개혁이라며 강한 비난을 퍼부었다.

퇴직연령은 1981년 선거에서 첨예한 대립전선을 만들어낸 중요한 쟁점이 되었다. 이 선거에서 승리하여 집권한 좌파정부는 선거 직후 모든 노동자의 퇴직연령을 60세로 하향 조정하는 한편, 1983년에는 저임금노동자를 위한 최소연금을 도입하였다. 하지만 이 두 가지 조치는 1980년대 프랑스 연금개혁의 유일한 조치로 남게 되었다. 왜냐하면 프랑스 좌파정부는 당시 막 나타나기 시작하던 재정적 · 인구학적 압력으로 말미암아 더 이상의 개혁을 추진하기가 어려운 상황에 처하게 되었고 따라서 급여수준의 인상보다는 기여금의 인상을 선호하게 되었기 때문이다(Palier, 2006). 뿐만 아니라 좌파정부는 여러 가지 정부보고서를 발표하여 연금의 축소와 재정건전성 확보 필요성을 강조하였다. 하지만 좌파정부가 이들 제안된 개혁방안을 실행한 것은 아니었다. 그들은 모든 제안된 개혁방안을 1980년대 내내 그냥 놓아두었다(Palier, 2003). 하지만 우파의 공화국연합(RPR) 정부가 들어서면서 모든 것이 변화하였다. 당시 공화국연합 정부의 총리였던 발라뒤르(Edouard Balladur)는 1993년에 일반연금(régime général)의 급여수준을 삭감하였으며, 완전연금 수령에 필요한 기여기간도 150분기에서 160분기로 상향조정하였고, 완전연금액의 계산도 과거 10년간 평균임금의 일정비율로 하던 것을 과거 25년간 평균임금의 일정비율로 하는 것으로 변경하였다. 하지만 그와 동시에 발라뒤르 개혁은 일반연금을 위한 조세수입을 증가시켰으며(일반사회보장부담금(CSG)의 1%로 정함), 교육크레딧이나 실업자를 위한 연금수급권 등과 같은 비기여급여에 충당하기 위한 특별기금인 노령연대기금(FSV)을 신설하였다. 그로부터 2년 후에 역시 우파정부의 알랭 쥐페(Alain Juppé) 총리가 공무원연금의 개혁을 위해 1993년 발라뒤르가 했던 축소조치를 재시도했는데, 이 때는 공공부문 노동조합의 거센 반격에 직면하여 결국 쥐페는 공무원연금 개혁을 철회하였다.

당시 언론으로부터 크게 주목받았던 쥐페 개혁이 실패로 돌아간 후 연금정책을 둘러싼 프랑스의 논쟁은 적립화와 개인연금과 같은 새로운 쟁점으로 옮겨갔다. 프랑스 연금제도는 적립기금을 가지고 있지 않았다. 부과방식이 함축하고 있는 세대 간 연대는 케인스주의적 계급타협의 핵심을 이루는 것이다(Palier, 2002). 하지만, 인구구조의 변화와 낮은 저축률로 인해, 순수부과방식에 의한 연금체계는 점차 부담이 되어갔다. 그리하여 1997년에는 우파정부가 그리고 2001년에는 사회당정부인 조스팽 정부가 적립화를 위한 다양한 조치들을 도입하였다. 나아가 리오넬 조스팽(Lionel Jospin) 총리는 공적연금의 재정부담을 완화하기 위해 노령연대기금에도 적립기금을 창설하였다. 하지만 이런 조치들에도 불구하고 연금개혁은 시급하면서도 첨예한 대립을 야기하는 어려운 문제로 여전히 남아 있었다. 조스팽은 1995년에 거센 반발에 직면한 바 있던 공무원연금개혁을 다시 시도하는 모험을 감행하는 대신 재정전망과 인구학적 전망에 관한 몇 가지 대단히 논쟁적인 보고서들(Charpin, Zaidman and Aubert, 1990;

Taddei, Charpin and Davanne, 1999; Teulade, 1999)을 발표함으로써 전문적인 논의를 진행시키는 데 중점을 두었다(Palier, 2002; Schludi, 2005). 또한 그는 노조에 대항했다가 실패한 쥐페의 경험을 반면교사로 삼아 연금개혁에 관한 전문적 논의와 협상을 진행하는 영구적인 위원회로 퇴직연금자문위원회(COR)를 설치하여 이 위원회를 통해 정부와 기업, 노조의 삼자가 개혁의 우선순위에 관해 합의에 도달토록 하였다. 퇴직연금자문위원회는 일부 노조로 하여금 연금개혁을 보다 실용적인 관점에서 접근토록 유도하는 등 다소간의 성과를 거두기도 했다. 하지만 그 많은 보고서와 논의에도 불구하고 사회당 정부는 연금개혁을 실행에 옮기지 않았다. 연금개혁이 실행된 것은 우파정부(프랑스민주연합(UDF)과 공화국연합의 연립우파정부)가 재집권에 성공하면서부터였다. 우파연립정부에서 새롭게 총리가 된 라파랭(Jean-Pierre Raffarin)은 2003년 개혁을 통해 공무원연금의 수급권을 축소하였으며 공공부문 연금의 완전연금 수령에 필요한 기여기간을 연장하였다. 또한 이 개혁을 통해 그는 조기퇴직을 도입하였고, 40년 초과 기여한 경우 최소연금의 급여액을 상향토록 하였다.

지난 30년간 프랑스 연금개혁에 대한 지금까지의 개관을 통해 우리는 두 가지 경향을 발견할 수 있다. 한 가지 경향은 1990년대 이후의 보험차원의 개혁은 하나같이 재정건전성 확보와 연금권리의 축소를 지향한 것이었다는 사실이다. 또 한 가지 경향은 새로운 쟁점과 새로운 갈등전선이 의제로 부상하고 있었다는 사실이다. 〈표 6-1〉은 프랑스 연금개혁에서 논쟁이 되었던 쟁점들을 시간대별로 보여주고 있다[2]. 각 개혁시기의 쟁점들은 이 책의 전반부에서 이론적으로 논의한 네 가지 갈등전선에 따라 분류되어 있다.

갈등전선의 전개

프랑스 연금체제에 대한 구조적 도전에 비추어 이 책은 이론적 틀을 제시하면서 급여수준을 둘러싼 분배갈등 이외의 새로운 갈등전선, 즉 적립화, 표적화, 재조준화 등의 새로운 쟁점을 둘러싼 새로운 갈등전선이 점차 중요해질 것이라고 주장하였다. 새로운 갈등전선이 얼마나 중요해질 것인가 하는 것은 기존의 연금제도와 탈산업적 위험프로필 간의 부조화가 얼마나 큰가에 달려있다.

〈표 6-1〉에 제시된 내용은 이러한 사실을 잘 보여준다. 프랑스에서 적립화를 둘러싼 갈등(즉, 개별적 재정방식과 연대적 재정방식 간의 갈등)은, 우파정부와 좌파정부가 공히 적립방식의 연금을 도입하고 이것이 많은 논란을 불러일으키게 된 1990년대에 와서 쟁점화하였다. 이런 적립방식연금의 도입은, 프랑스의 부과방식연금이 인구학적 · 경제적 변화에 대단히 취약하다는 1980년대의 정부보고서들(Tabah, 1986; Teulade, 1989; Commissariat général du Plan, 1991; Bruhnes, 1992)에 근거한 것이었다(Palier, 2002). 또한, 케인스주의적 경제정책 패러다임으로부터 통화주의적 패러다임으로의 전환으로 수요관리보다는 공급측 요인을 보다 중시하는 쪽으로 정책방향이 바뀌고(Hall, 1986) 이로부터 프랑스의 낮은 저축률이 문제시된 것도 적립방식의 도입에 기여한 한 요인이었다. 그래서 적립화는 단순히

2 표에는 법률에 의해 시도된 개혁, 즉 의회에서의 표준적인 정책결정과정을 거친 개혁은 모두 포함되어 있다. 1995년 집합적 합의를 통해 시도된 관리자연금(AGIRC) 및 임금노동자연금(ARRCO)의 개혁에 대한 상세한 설명으로는 Schludi (2005) 참조.

〈표 6-1〉 프랑스 연금개혁에서 갈등전선의 전개

개혁	보험	적립화	표적화	재조준화
연금법(불랭 법(Loi Boulin)), 1971	1. 연금급여 증액		1. 장애노동자 조기퇴직	1. 교육크레딧(1년간의 교육)
보충연금에 관한 법률, 1972	1. 강제가입		1. 실업자에게 연금권리 부여 2. 보충연금과의 조화 도모	
연금증액에 관한 법률, 1975a	1. 과부연금 증액 2. 과부에 대한 노동시장지원 3. 보험권리에 대한 접근 확대			1. 교육크레딧(3년간의 교육) 2. 보험권리에 대한 접근 확대
연금수급자격에 관한 법률, 1975b			1. 장기경력자 조기퇴직 2. 취업모 조기퇴직	
연금법, 1983	1. 퇴직연령 60세		1. 최저연금	
연금법, 1993(발라뒤르 개혁)	1. 퇴직연령 상향조정 2. 급여수준 인하 3. 물가연동제 4. 일반사회보장부담금(CSG) 증액		1. 비기여급여를 위한 노령연대기금(FSV) 창설	1. 비기여급여를 위한 노령연대기금(FSV) 창설
적립연금에 관한 법률, 1997(일명, 토마법(Loi Thomas))		1. 적립연금계획		
사회보장재정에 관한 법률, 1999	1. 노령연대기금 내에 적립기금 설치 2. 물가연동제			
소득적립에 관한 법률, 2001		1. 적립식 개인장기연금 2. 중소기업 기업연금		
연금법, 2003(라파랭)	1. 연금급여 수준 인하 2. 과부연금 인하	1. 적립식 개인연금	1. 공/사연금의 조화 2. 최소연금 인상 3. 장기경력자의 조기퇴직	1. 공무원에 대한 교육크레딧

개혁의제 중 한 가지 쟁점사안만이 아니라 엄청난 갈등을 야기한 쟁점이 되었다. 적립방식의 도입은 과거부터 내려오던 제도가 효과성이 없다고 선언하는 대단히 상징성이 큰 문제였던 것이다.

또한, 고용연계성이 대단히 강한 프랑스의 일반연금은 실업자들이나 비정규직 노동자 그리고 노동시장 외부자들을 배제하여 이들이 충분한 연금수급권을 갖지 못하게 하는 경향이 있다. 일반연금의 강한 고용연계성은, 실업률이 낮고, 대부분의 노동시장 외부자들이 그들의 배우자가 가진 연금수급권에 의해 간접적으로 보호를 받을 수 있었던 산업화시대에는 크게 문제가 되지 않았다. 하지만 노동시장의 탈산업화와 가족의 불안정성이 증가하면서 이들 위험집단의 불충분한 연금권리는 점차 심각한 문제가 되기 시작하였다(Palier and Mandin, 2004). 표적화(즉, 보호의 사각지대를 제거하기 위한 개혁)를 둘러싼 갈등은 1970년대부터 지속적으로 중요한 쟁점이 되어왔다. 표적화를 옹호하는 사람들은, 특정한 위험집단에 대해서는 획득권리가 아니라 욕구에 근거하여 특수한 우대조치가 취해져야 한다고 주장한다. 따라서 표적화는 연금의 제도적 구조를 보다 평등하게 만들게 되며 이는 비스마르크적 계층화원리와는 상충하는 것이다. 표적화를 반대하는 사람들은, 그와 같은 선별적 우대조치를 거부하고 일반연금의 제도적 틀 내에서의 개혁을 주장한다. 이들은 연금개혁이 모든 노동자들에게 연금급여수준의 인상을 지향하는 것이라야지 극단적인 빈곤문제에 대처하기 위해 일부 노동자들에게만 적용되는 최저연금 등을 도입하는 것이어서는 안 된다고 주장한다.

한편, 재조준화(즉, 노동시장 참여와 무관하게 연금권리를 부여하는 개혁)를 둘러싼 갈등은, 표적화와 달리, 프랑스에서는 크게 중요한 쟁점이 되지 못하였다. 이는 구조적 요인과 경로의존성 간의 상호작용으로 설명할 수 있다. 프랑스의 출산친화적인 가족정책은 다른 서구유럽국가들보다 훨씬 이른 시기에 여성의 노동시장 참여에 유리한 조건을 만들어냈다. 프랑스의 대부분의 어머니들은, 비록 많은 경우 서비스직이거나 비정규직 노동자, 즉 노동시장 외부자이긴 하지만, 노동시장에 참여하고 있다(Jenson and Sineau, 1994). 따라서 특정 직업집단을 위한 연금정책은 여성노동자들에게 직접적으로 혜택을 주게 되며, 표적화와 보험차원의 개혁을 통해 성평등도 성취할 수 있다. 이는 여성의 노동시장참가율이 낮은 나라에서 그런 개혁이 여성에게 혜택을 제대로 주지 못하는 것과는 대조적인 것이다. 그래서 1970년대에 우파정부가 시도한 재조준화 개혁들은 대부분 세 자녀 이상을 둔 취업모를 대상으로 한 것이었고, 다른 조치들과 연계되지 못한 채 취해졌다[3]. 재조준화 개혁의 중요성이 크지 않았다는 사실은, 우리들의 이론적 모델에서 예측한 바를 다시 한 번 확인해준다. 왜냐하면, 우리들의 이론적 모델에 의하면, 기존의 제도는 그 이후의 변화 단계에서 중요시될 갈등이 무엇인가를 결정하는 데 영향을 미치기 때문이다.

3 하지만 이들 개혁조치들(1971년과 1975년에 취해진)은 독일과 스위스가 1980년대와 1990년대에 취한 재조준화 개혁과 놀랄 만큼 유사하다. 프랑스에서 재조준화 개혁이 좀 더 일찍 나타날 수 있었던 것은, 한편으로는 프랑스의 출산친화적인 가족정책 때문이기도 하며, 다른 한편으로는 1968년 프랑스 여성운동이 매우 강력하였고 또 그들이 국가개입을 요구하였기 때문이기도 하다(Jenson and Sineau, 1994). 프랑스와 대비되는 사례로 독일의 여성운동은 1970년대까지 국가의 개입을 거부해왔다(Naumann, 2005).

〈그림 6-1〉 프랑스: 기간별(1971-80, 1981-90, 1992-2003) 보험차원 개혁 에 대한 행위자들의 평균적인 입장

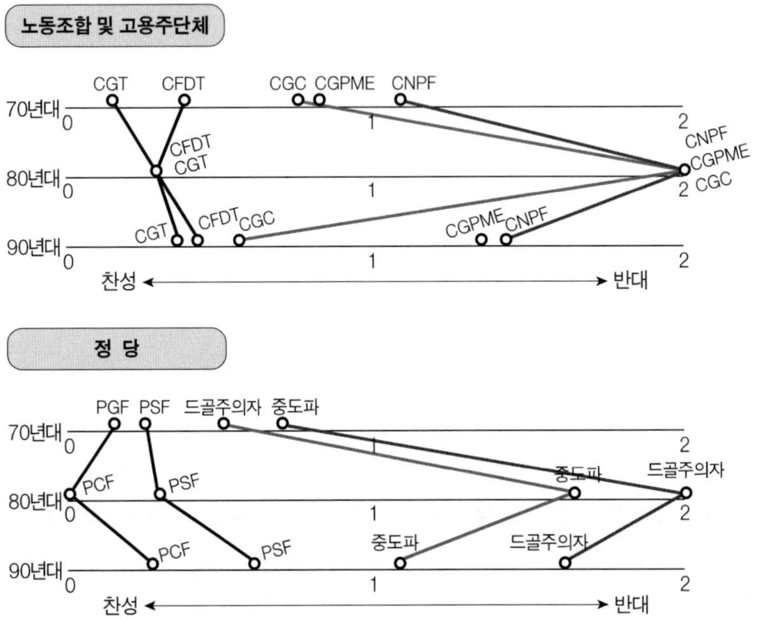

행위자 배열의 전개과정

상이한 갈등전선에 따라 형성되는 행위자들 간의 동맹은 어떠한가? 아래의 분석을 통해 보게 되겠지만, 프랑스 연금정책에 관계된 행위자들은 표적화 및 적립화에서 보험차원과는 다른 형태로 이합집산이 이루어졌다. 이는 우리가 세운 둘째 가설에 부합하는 것이다.

보험차원의 개혁은, 각 노동자들의 기여경력에 비례하여 연금권리를 변화시키기 때문에 모든 가입자들에게 영향을 미치게 된다. 따라

서 보험차원의 개혁과 관련해서는 지난 30년 동안 계급갈등이 지배적이어서 그 대립전선은 노동조합과 사용자단체 간에 그리고 좌파정당과 우파정당 간에 형성되어 왔다. 보험차원의 개혁과 관련된 행위자들의 입장과 움직임은 〈그림 6-1〉에 요약적으로 제시되어 있다[4] [5]. 그림에 나와 있는 수치는 보험관련 개혁에 대해 행위자들이 각 시기별로 가진 입장의 평균을 의미한다. 숫자 '0' 은 일반연금에서의 연금권리의 확대, 예컨대 퇴직연령의 하향조정, 임금연동제, 과부연금 등의 파생적 급여의 증액, 연금권리 축소 반대 등의 입장을 가짐을 의미한다. 반대로 수치 '2' 에 가깝게 위치한 행위자들은 보다 낮은 급여인상을 수용하거나 특히 1990년대에는 연금권리 축소까지도 수용하는 입장을 가짐을 의미한다[6].

전국노동연맹(CGT)과 프랑스민주노조연맹(CFDT)은 전 기간에 걸쳐 관대한 연금정책을 일관되게 지지해왔다. 관대한 연금정책에 대한 이러한 지지성향은, 지난 30여년간 다른 경제 · 사회정책에서와 같이 연금정책에서도 사실상 다소 우파적 성향으로 이동해온 공산당(PCF)과 사회당(PSF)에도 적용될 수 있다(Hall, 2006). 보험차원 개

---

4 프랑스의 정당지형은 1970년대 이후 큰 변화를 겪어 왔다. 여기서는 비교가능성을 위해 프랑스의 주요 정당 및 교섭단체들을 다음의 네 가지 범주로 분류한다: (1) 드골주의자들: 공화국민주연합(UDR), 공화국연합(RPR), 민중운동연합(UMP); (2) 중도파: 독립공화당(GRI), 진보와 근대민주주의(PDM) 교섭단체, 프랑스민주연합(UDF), 중도연합(UDC), 프랑스민주연합 및 중도파 교섭단체, 사회민주개혁(RDS) 교섭단체, 중도파연합(UC) 교섭단체; (3) 사회당(PSF) 계열: 사회당 교섭단체, 사회당 및 좌파급진당(PRG) 교섭단체, 민주주의 좌파 및 사회주의 좌파 연맹(FGDS) 교섭단체; (4) 공산당(PCF) 계열: 공산당 및 공화파 대표 교섭단체, 공산당 교섭단체.

5 관련된 데이터에 대해서는 <부록 1> 참조. 프랑스고용주협의회(CNPF)는 1998년에 프랑스기업연맹(MEDEF)으로 명칭을 변경하였다.

6 행위자들의 입장을 수치화한 방법에 대해서는 <부록 Ⅰ> 참조.

혁에 대한 우파들의 입장은 좀 더 다양하다. 1970년대까지만 해도 우파들 사이에서도 연금권리 확대에 대한 합의가 있었다. 실제로 프랑스민주연합과 공화국연합의 우파정부는 1971년부터 1975년 사이에 연금급여를 증액하고 과부연금을 인상하고 일반연금 및 새로 도입된 보충연금에 대한 접근을 보다 용이하게 하는 등 세 차례 이상에 걸친 개혁을 실행하였다. 또한 당시 고용주단체들도 좌파들의 보다 급진적인 개혁주장에 반대만 한 것이 아니라 우파정부의 개혁을 지지하였다. 하지만 이런 평화기는 오래가지 못해서 사회당-공산당 연립정부가 좌파들의 오랜 동안의 숙원을 이루기 위해 1983년에 퇴직연령을 60세로 낮추면서 갑작스럽게 종결되었다. 우파정당들과 기업계, 그리고 상층노동자들의 노조인 전문직연맹(CGC)은 퇴직연령 하향조정에 격렬하게 반대하였다. 이 1983년 개혁으로 인해 프랑스에서는 1980년대 내내 좌파와 우파 간에 연금정책을 둘러싸고 깊은 적대감이 형성되기에 이르렀다.

1990년대와 2000년대 초에는 연금권리 축소가 보수당 정부의 새로운 신조로 떠올랐고 1993년 연금개혁과 2003년 연금개혁이 바로 이런 신조를 실현하려는 시도였다(이들 개혁은 각기 발라뒤르 정부와 라파랭 정부에서 추진되었다). 심지어는 사회당 조스팽 정부조차도 1999년에 순임금연동제로의 전환을 지지하였다. 따라서, 좌파와 우파 간의 입장 차이는 덜 두드러지게 되었다. 하지만 긴축의 시대에도 계급갈등은 보험 차원의 개혁에 대한 행위자들의 입장 차이를 결정짓는 가장 중요한 요인으로 여전히 작동하고 있다. 즉, 사회당과 공산당은 물론이고 모든 노동조합은 연금권리 축소를 반대하는 입장을 가지고 있는 반면에 우파정당(특히 드골주의 정당)과 기업단체들은 연금권리 축소를 더 추진해야 한다는 입장을 가지고 있다. 그러므로 보험차원의 개혁을 둘러싼 좌파와 우파 간의 갈등은 1970년대 이래 꾸준히 증가해왔다고 할 수 있으며, 오늘날에도 그 갈등은 연금권리 축소에 관련된 논쟁에서 행위자들의 관계구조를 지배하는 요인으로 남아있다고 할 수 있는 것이다.

하지만, 적립화 차원의 개혁에서는 그림이 다소 다르게 나타난다. 적립방식의 연금은, 이론적으로는 모두에게 골고루 혜택을 주는 것으로 되어 있지만, 실제로는 저숙련 노동자들이나 중소기업 노동자들보다 대기업의 고소득 · 고숙련 노동자들에게 더 유리하다. 이런 점에서 부과방식 연금에서 적립방식 연금으로의 전환은 저숙련 노동자들로부터 고숙련 노동자들에게로 소득을 이전시키는 효과를 갖게 된다. 따라서, 고숙련 노동조합들(프랑스의 경우 전문직연맹이 해당되고 프랑스기독노동연맹도 어느 정도 해당된다. 이들은 금융, 보험 및 통상 등 고숙련 종사자들로 구성된 조직들이다. 제4장 참조)은 저숙련 노동조합들(주로 저숙련의 노동시장 내부자들로 조직된 전국노동연맹이 해당된다)에 비해 적립화에 더 우호적일 것이라고 생각할 수 있다. 이와 유사하게 사용자들의 경우에도 기업연금을 운영할 여력이 있는 대기업 중심의 사용자단체(프랑스고용주협의회(CNPF))는 중소기업 중심의 사용자단체(전국중소기업연맹(CGPME))에 비해 적립화에 더 호의적일 것이라고 예측할 수 있다. 정당들 중에서는, 공산당은 적립화에 반대할 것으로 그리고 우파정당들은 찬성할 것으로 예측할 수 있는데 이는 공산당은 주로 저임금 노동자들을 대변하며 우파정당들은 주로 고임금 노동자들을 대변하는 경향이 있기 때문이다. 사회당은 전체적으로 보아 아직은 우파정당들에 비해 저임금 노동자들에 더 가까운 입장을 가지고 있기 때문에(제4장 참조) 적립화에 반대하는 입장을 가질 것이라고 생각할 수 있다. 하지만, 사회당 지지자들 중 교육수준과 숙련수준이 높은 노동자들이 계속 증가해왔기 때문에 이론적으로는 두 입장 중 어느 입장이라도 가질 수 있다. 즉, 사회당은 블루칼라 노동자들의 이익을 대변하는 입장을 취할 수도 있고 사회문화전문가계급의 이익을 대변하는 입장을 취할 수도 있는 것이다.

적립방식의 연금은 1997년부터 2003년의 기간 동안 있었던 세 차례의 연금개혁에서 논의된 바 있었다. 우파인 쥐페 정부는 1997년의 토마스 법(연금기금법, 이 법은 몇 년 뒤 사회당 정부에 의해 폐지된다)에 근거하여 퇴직적립기금계획을 처음으로 도입하였다. 하지만 사회당 정부의 조스팽 총리는 2001년에 개인 및 중소기업을 대상으로 동일한 적립기금계획을 도입하였다. 그리고 보수당 정부의 라파랭 총리는 2003년에 적립기금의 가능성을 더욱 높이는 정책적 선택을 하였다. 〈그림 6-2〉에는 적립방식의 연금을 둘러싸고 좌파세력이 고숙련 노동조합과 저숙련 노동조합의 입장으로 분화되어 가는 추이가 잘 나타나 있다. 보험차원 개혁에 관련하여 〈그림 6-1〉에 제시된 세 가지 시점(1970년대, 1980년대, 1990년대)에서 나타난 입장과 달리 적립화와 관련한 좌파의 입장은 세 번의 개혁시점(1997년, 2001년, 2003년)별로 서로 다르게 나타난다. 그림에서 '0'은 적립화를 거부하거나 기금에 대한 접근과 관리를 매우 엄격히 해야 한다는 입장

〈그림 6-2〉 프랑스: 시기별(1997, 2001, 2003년) 적립화 차원의 개혁에 대한 행위자들의 평균적인 입장

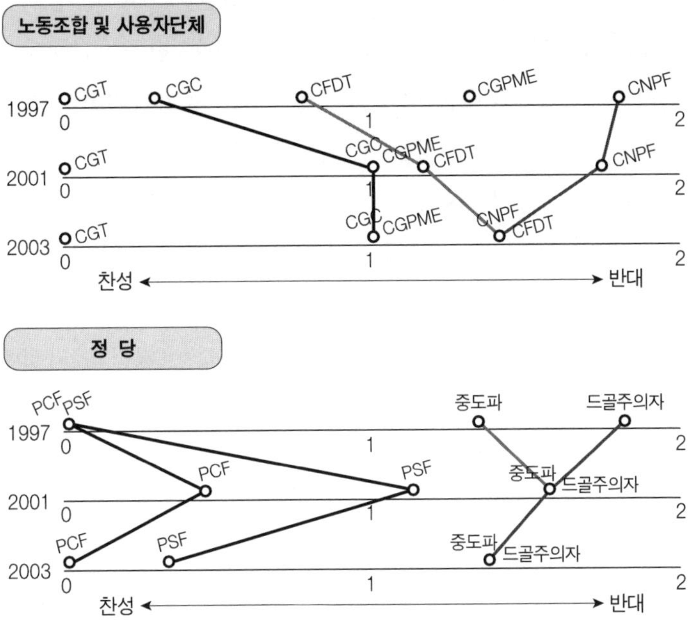

을 나타내며, '2' 에 가까우면 민간의 적립기금도 민간의 자율적 통제에 맡겨 광범위하게 허용할 수 있다는 입장을 나타낸다.

1997년의 경우에는 민간 적립연금의 도입에 대해 모든 노동조합들이 부정적인 태도를 견지하였다(그림에서 태도점수가 모두 '1' 이하이다). 하지만 그 후의 개혁, 즉 사회당 정부가 적립연금을 도입한 2001년이 되면 프랑스민주노조연맹과 전문직연맹은 이 문제에 대해 보다 온건한 입장을 보여 전국노동연맹과 다른 태도를 보이게 된다.

전문직연맹은 적립방식의 개인연금을 도입하려는 정부의 2001년 계획과 2003년 계획 모두에 대해 찬성하는 입장을 보였으며, 프랑스민주노조연맹은 그보다 더 나아가 정부가 계획한 것보다 더 강력한 적립방식의 개인연금 도입을 주장하였다. 그런데, 전문직연맹의 이러한 입장은 이 조직의 주된 구성원이 고숙련 노동자들이고 따라서 이들의 다소 특권적인 노동시장 지위를 반영한 것이라고 하더라도, 프랑스민주노조연맹이 적립방식의 개인연금을 찬성한 것은 의아한 측면이 있는 것도 사실이다. 하지만 이 역시 다음의 두 가지 사실로 어느 정도 설명이 가능하다. 즉, 첫째는 프랑스민주노조연맹의 주된 구성원은 전국노동연맹에 비하면 고숙련 노동자들이 많다는 사실이며, 둘째는 프랑스민주노조연맹의 구성원에는 일반연금의 주된 수혜자가 아닌 노동시장 외부자가 더 많다는 사실이다. 따라서 적립방식의 연금이 프랑스민주노조연맹에게 최선의 대안은 아닐 수도 있지만 그들이 일반연금을 지키기 위해 투쟁할 것이라고 기대할 수도 없는 것이다. 프랑스민주노조연맹이 바라는 연금제도는, 저임금 노동자들에게 유리한 재분배적이고 평등한 연금이면서 동시에 중 · 고임금 노동자들에게는 선택권과 연금저축을 보장해줄 수 있는 개별화된 연금이다[7]. 이런 연금제도는 프랑스민주노조연맹을 구성하는 고숙련서비스직 노동자들의 기호에 맞을 뿐만 아니라 동시에 노동시장 외부자들에게도 이익이 되는 제도일 것이다. 하지만, 전국노동연맹은 저숙련의 노동시장 내부자들을 주된 구성원으로 하고 있기 때문에 그들에게는 급여수준이 높고 기여비례 및 소득비례방식인 일반연금을 그대로

---

7 프랑스민주노조연맹과의 인터뷰, 파리, 2005년 7월 13일.

보존하는 것이 최선인 것이다. 사용자단체도 유사한 입장분포를 보인다. 전국중소기업연맹은 적립방식 연금의 도입을 "필요한 조치"라고 인정하면서도[8] 국가에 의해 엄격히 관리되는 기업연금을 주문하였다. 이는 중소기업 입장에서는 각 기업이 개별적으로 적립방식의 기업연금을 운영할 여력이 없기 때문이다. 하지만 대기업을 주된 구성원으로 하는 프랑스고용주협의회(1998년 이후에는 프랑스기업연맹)는 개인과 기업에게 가능한 한 많은 선택권과 자율을 허용할 것을 선호하였다[9]. 이러한 입장의 분포는, 적립화와 관련하여 대기업 및 중소기업 간에 입장이 다를 것이라고 예측한 가설 2와 일치하는 것이다.

마지막으로, 적립화와 관련한 정당의 입장은 공산당과 우파정당이 극명한 대조를 보인다. 중도파인 프랑스민주연합은 우파의 드골주의 정당인 공화국연합이나 민중운동연합에 비해 정부가 보다 엄격히 관리하는 적립연금의 도입을 선호한다. 사회당은 적립화와 관련하여 그 입장이 대단히 오락가락하는데 특히 집권했을 때와 그렇지 못했을 때의 입장이 크게 달라지는 경향이 있다. 사회당은 이미 1997년에 적립연금의 도입과 관련하여 크게 분열된 바 있다. 당시에는 적립연금 도입을 반대하는 세력이 당의 공식입장을 정하는 데 성공하였다. 일부 사회당 실력자들, 예컨대 도미닉 스트로스칸(Dominique Strauss-Kahn), 프랑수아 올랑드(François Hollande), 미셸 로카르(Michel Rocard) 등은 적립연금의 필요성을 주장하면서 1980년대 중반 이후

---

8 전국중소기업연맹과의 인터뷰, 파리, 2005년 7월 19일.
9 프랑스기업연맹과의 인터뷰, 파리, 2005년 7월 13일.

부터 나온 정부의 각종 보고서에 주목하면서 적립연금 도입에 찬성하는 입장을 보였다[10]. 그 후 사회당이 집권하면서 적립연금 찬성론자들이 권력을 잡게 되었고 사회당 정부는 2001년에 연금기금을 도입하였다. 하지만 그 후 다시 사회당이 선거에서 패배하여 집권에 실패하자 이번에는 적립연금에 반대하는 "노동자주의적" 입장을 가진 분파가 세력을 잡게 되었다. 이에 따라 계급갈등이 적립화에 있어서는 희석되는 경향을 보였다. 전문직 연맹과 프랑스민주노조연맹, 사용자단체 그리고 우파정당(또한 사회당의 일부 분파들까지 포함하여) 간의 계급초월적 연합은 민간의 적립연금 도입을 찬성하고 있다.

표적화와 관련해서도 계급초월적 갈등을 예측할 수 있다. 왜냐하면 표적화 개혁은, 노동시장 내부자에게 유리한 비스마르크적 연금체계의 노동시장 지위에 따른 계층화를 방지하고 보다 평등지향적인 연금체계를 만들어냄으로써 노동시장 외부자들에게 유리하게 작용하기 때문이다. 연금개혁에서 표적화의 중요성은 시간이 가면서 점점 커져왔다. 표적화는, 한편으로는 특정 위험집단들에 대한 연금의 적용을 확대하며(장기근속 노동자나 비전형 노동자들에 대해 퇴직연령을 하향조정해주거나 기여경력이 불충분한 노동자들을 대상으로 한 자산조사방식의 최저연금을 도입하거나 경력이 단절되는 특정한 기간에 대해 조세에 의한 비기여연금급여를 도입하는 방법 등을 통해), 다른 한편으로는 노동시장 지위에 기초하여 노동시장 내부자들이 누리던 특권을 축소시키는(공무원연금급여를 민간부문의 연금에 맞추어 조정하거나 관리자 대상의 보충연금을 저임금 노동자 대상의

---

10 토마 법(97-277)에 관한 의회토론 회의록, 1996년 1월 22일, p. 3705.

보충연금과 유사하도록 조정하는 방법 등을 통해) 경향이 있다. 표적화 반대론자들은 특정 위험집단의 연금권리를 강화하는 것뿐만 아니라 보험차원의 개혁을 통해 모든 가입자들의 연금권리를 강화해야 한다고 주장한다. 또한 그들은 연금권리 축소에 맞서 기존의 특권도 보호하려고 한다. 따라서, 노동시장 외부자들(여성노동자와 서비스직 노동자들이 이들의 대체적인 대표자들이다. 제4장 참조)의 상당수를 대변하고 있는 프랑스민주노조연맹과 같은 노동조직은 표적화 개혁을 지지할 것이라고 예측할 수 있으며, 전문직연맹과 같은 노동조직도 프랑스민주노조연맹보다는 덜 적극적이지만 역시 표적화 개혁을 지지할 것으로 예측할 수 있다. 반면 주로 제조업과 공공부문에 근거를 두어 노동시장 내부자들의 노동조직인 전국노동연맹은 표적화 개혁에 반대할 것으로 예측할 수 있다. 기업은 전통적으로 순수하게 기여에 기초한 연금제도를 지지하는 경향이 있지만, 여성노동자가 많은 산업부문의 사용자들은 표적화가 여성노동자들을 노동시장에 머물게 하는 비용절감 전략이 될 가능성에 주목하여(Bonoli, 2005) 표적화 개혁을 지지할 수 있다.

〈그림 6-3〉을 보면, 전문직연맹과 프랑스민주노조연맹은 시간이 갈수록 표적화 개혁을 지지하게 되는 경향을 보인다. 반면 구좌파세력, 즉 전국노동연맹과 공산당 등의 세력은 모든 사람들의 연금권리를 강화하는 보편적 개혁을 계속 선호하고 있다. 하지만 표적화와 연관하여 예상할 수 있는 내부자-외부자 갈등은 좀 더 최근에, 즉 1990년대에 와서야 나타난다. 표적화와 관련된 갈등은 1970년대와 1980년대에는 계급갈등의 양상을 훨씬 더 강하게 보였다(전문직연맹은

〈그림 6-3〉 프랑스: 기간별(1971-80, 1981-90, 1991-2003) 표적화 차원의 개혁에 대한 행위자들의 평균적인 입장

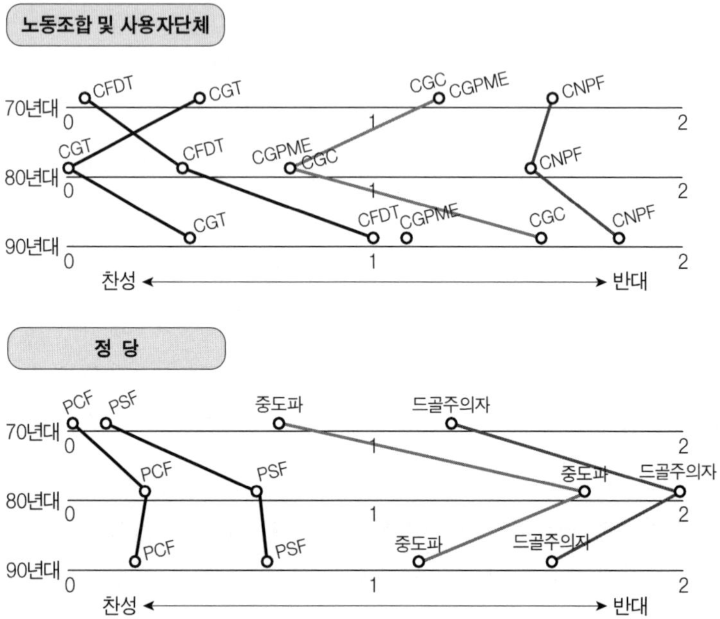

여기서 예외인데 이 노동조직은 모든 사람의 연금권리를 강화하는 보편적 개혁보다는 표적화 개혁을 오래 전부터 지지해왔다). 〈그림 6-3〉에서 '0'에 가까울수록 이는 가능한 한 많은 연금수급자들에 대해 연금급여를 인상할 것을 지지하는 입장을 나타내며, '2'에 가까울수록 자산조사에 의해 욕구가 가장 많은 것으로 판단된 집단에게만 급여를 집중해주어야 한다는 입장을 나타낸다. 그리고 그림의 각 시기는 보수당 정부가 추진한 연금개혁(1970년대), 좌파 정부가 추진한 개혁(1980년대) 그리고 다시 우파 정부가 추진한 개혁(1990년대)을

나타낸다(각 시기의 개혁에 대해서는 〈표 6-1〉 참조)[11].

1990년대에 이르기까지 프랑스민주노조연맹과 전국노동연맹은 둘 다 특정위험집단에 대한 연금개혁뿐만 아니라 노동시장 내부자와 외부자를 아우르는 모든 가입자에 대한 연금개혁을 동시에 할 것을 주장하였다. 반면 전문직연맹은, 1980년대에 사회당 정부가 도입한 관대한 최저연금을 찬성했던 때를 제외하면, 일찍부터 연금권리의 보다 표적화된 개선을 선호해왔다. 표적화에 대한 정당의 입장도 유사하게 나타나는데, 공산당은 전국노동연맹과 마찬가지로 노동시장 내부자들의 입장을 옹호하며, 사회당은 표적화 개혁에 보다 우호적이다. 그리하여 특정집단을 겨냥한 연금개혁과 공공부문에 부여된 특권의 축소를 원하는 사용자단체와 우파정당은 1990년대 이래 전문직연맹 및 프랑스민주노조연맹과 적어도 표적화 개혁에 있어서는 입장을 같이 하게 됨으로써 계급초월적 연합이 형성되어 자산조사에 의한 정액연금을 주장하게 되었다. 민주노조연맹과 전국노동연맹의 대립은 2003년에 라파랭 정부가 추진한 개혁으로 가장 극명하게 드러난 바 있다. 이 개혁을 통해 정부는 공공부문 연금의 급여수준을 민간부문의 연금급여수준에 맞추어 조정하고자 하였으며, 이에 대해 프랑스민주노조연맹과 전문직연맹은 정부의 개혁조치를 지지하였고 전국노동연맹은 정부 조치에 강력하게 반대하면서 기존의 급여수준을 지키고자 하였다. 이러한 갈등은 전국노동연맹의 지지기반이 공공부문의 저숙련 노동시장 내부자들에 있다는 사실로 설명할 수 있다. 그런데 문제는 프랑스민주노조연맹과 전국노동연맹 간의 내부자

11 조스팽 정부(1998-2002)는 표적화와 관련해서는 어떠한 개혁조치도 취하지 않았다.

-외부자 갈등이 왜 1990년대에 와서야 나타나게 되었는가 하는 점이다. 더욱이 두 노동조직의 지지기반은 1970년대 이래 별 변화가 없었다는 점을 생각할 때 이는 더욱 의문시되는 대목이다. 이 의문에 대한 답의 일부는, 프랑스의 노동조합은, 예컨대 독일의 노동조합에 비해 조합원에 의해 추동되는 정도가 덜 하며(이는 프랑스 노동조합의 조직률이 낮은 데서 기인하는 면이 적지 않다) 보다 정치적으로 행위하는 경향이 강하다는 사실(Visser et al., 2000)에서 찾을 수 있다. 이로 인해 프랑스에서는 노동조합 지도부가 그들이 지지하는 정책방향에 따라 노조의 행동을 결정할 재량이 큰 편이다. 그래서 노동조합 전략의 의도적 변경이 다른 나라에 비해 더 빈번한 편이며 또 보다 더 전격적인 경향이 있다. 프랑스민주노조연맹은 1980년대 말에 그와 같은 전격적인 전략의 변화를 보인 바 있는데 당시 그들은 전통적인 구좌파적이고 연금권리의 보호를 지지하는 입장으로부터 보다 개혁적이고 평등주의적인 입장으로 선회하였다. 1990년대에 프랑스민주노조연맹은 스스로를 "좌파도 아니고 우파도 아니"며 "확고한 개혁주의적" 입장을 가진 조직이라고 설명하였으며(Visser et al., 2000: 241), 사회정책 이슈에 대해 "책임성 있고 협력적인" 접근을 취할 것이라고 천명하였다(Palier, 2006: 125). 하지만, 필자는 프랑스민주노조연맹의 그와 같은 입장의 전환은, 1990년대 이후 모든 연금개혁의 기조는 비용억제 혹은 연금축소에 맞추어져 있었다는 사실을 고려할 때에만 이해할 수 있다고 생각한다. 긴축이라는 맥락은 이제 모든 연금개혁에 강한 영향을 끼치게 되어 연금개혁을 정합게임이 아니라 영합게임으로 만들어 버렸다. 이와 같은 새로운 상황이 도래하면서 분배갈

등이 더욱 첨예화하였기 때문에 모든 행위자들은 자신들의 이해관계와 우선순위를 재검토하지 않을 수 없게 되었다. 그리고 이러한 새로운 상황에서, 모든 노동조직들이 노동시장 내부자와 외부자에 대해 보다 관대한 연금급여를 주장했던 1970년대와 1980년대를 특징지었던 계급연대는 약화하게 되었다. 1990년대에 들어오면서 노동조합들은 자신들의 좁은 이해관계를 보호하는데 열중하기 시작했고 계급연대는 축소되어갔다. 프랑스민주노조연맹의 사회정책담당 간부에 따르면, 오늘날 노동조합은 연금권리를 더 축소할 필요가 있다는 점을 인정하는 입장을 가지고 있으며 또 저임금 노동자나 비전형 노동자, 단기경력여성 노동자들과 같이 충분한 연금권리를 쌓기 어려운 노동자들이 노후에 빈곤에 빠지지 않도록 하는 개혁조치가 우선적으로 취해져야 한다는 입장을 가지고 있다고 한다. 충분한 연금권리를 획득하기 어려운 노동자들은 제조업과 공공부문 중심의 전국노동연맹보다는 프랑스민주노조연맹에 더 많이 가입해 있다[12].

전문직연맹이 표적화 개혁을 지지하는 입장을 보이는 것은 다소 의외라 볼 수 있다. 전문직연맹은 상당히 특권적인 근로조건을 누리고 있어 표적화 개혁에 크게 의존할 필요가 없는 고숙련 노동자들을 조직구성원으로 하고 있기 때문이다. 그런데 전문직연맹의 지지기반은 제조업 부문뿐만 아니라 서비스산업부문도 포함하고 있다. 따라서 전문직연맹은 여성노동자들이 많이 진출해있는 부문을 지지기반으로 하고 있다고 할 수 있으며, 전문직연맹이 표적화 개혁에 보다 개방적인 태도를 가지게 된 것은 그 지지자들 중 여성노동자가 상대적으

12 프랑스민주노조연맹과의 인터뷰, 파리, 2005년 7월 13일.

로 많다는 사실로 일정부분 설명할 수 있다(여성노동자들은 남성에 비해 노동시장 외부자일 가능성이 더 높다)(제3장 참조). 하지만 전문직연맹이 표적화에 대해 상당히 강한 찬성입장을 가지고 있다는 사실은 이것이 단순히 지지자들의 구성만으로 설명할 수 있는 것이 아니라 그 이상의 무언가가 있음을 보여준다. 실제로 전문직연맹의 입장은 연금체제의 전체 구조 속에서 이해될 필요가 있다. 고숙련 노동자들은 적립방식의 연금을 통해 그들의 연금을 보충할 가능성을 가질 수 있다. 따라서 그들은 관대한 급여를 지급하는 일반연금에의 의존도를 줄이고 대신 기본적인 재분배를 담당하는 자산조사방식의 최저연금과 매우 큰 불평등을 내장하고 있는 보충적 개인연금(따라서 연대적 속성이 감소된 연금)이 결합된 연금체제를 선택할 수 있는 것이다 — 팔리어(Palier, 2006: 118)는 이를 프랑스 복지국가의 진보적 이원화라고 부른 바 있다[13]. 이러한 추론을 통해 우리는 우파정당과 일부 사용자단체가 그들과 직접적인 이해관계가 없는 몇 가지 표적화 개혁을 찬성하는 이유를 설명하는 데에도 도움을 얻을 수 있다.

재조준화 개혁(특히 모성에 대한 연금크레딧)은 프랑스에서는 별로 시도되지 않은 편이며(〈표 6-1〉 참조), 이와 관련된 계급연합은 비교적 큰 변화 없이 유지되고 있다(재조준화에 관련된 입장은 그림으로 표시하지 않았다). 우파 및 중도파 정당들(공화국연합과 프랑스민

13 하지만, 오늘날 프랑스민주노조연맹의 평등주의적 입장은 비교적 안정적인 것으로 보이지만 전문직연맹은 그들 구성원의 특권이 유지될 경우에만 평등주의를 지지하는 경향이 있다. 프랑스가 앞으로 추진할 가능성이 높은 개혁은 관리자에 대한 보충연금과 일반노동자에 대한 보충연금을 유사하게 조정하는 것인데, 이 문제와 관련하여 전문직연맹은 어떠한 조정도 반대하며 전국노동연맹과 동맹을 형성하여 지위에 따른 차등을 유지하고자 하고 있다. 전문직연맹의 한 간부는 "전국노동연맹은 위계를 존중하는 조직"이라고 하였다(전문직연맹과의 인터뷰, 파리, 2005년 7월 21일).

주연합)은 연금정치가 연금권리의 확대기조를 보였던 1970년대에 가족주의적 개혁을 강력하게 주창하고 지지하였다. 좌파정당과 노동조합은, 비기여연금이 비록 그들의 주된 관심사는 아니었지만 1970년대부터 일관되게 비기여연금을 지지해왔다. 따라서, 재조준화와 관련해서는 우파정당과 좌파들 간의 계급초월적 연합이 일찍부터 형성되어 재조준화에 반대하는 사용자단체와 대립해왔다. 결국 재조준화 개혁은 보수정당과 사용자단체 간의 입장대립을 초래하여 우파를 분열시킨 셈이다. 하지만 재조준화를 둘러싼 갈등전선은 개혁의제에서 거의 사라지다시피 해왔는데 이는 프랑스에서 여성의 노동시장참가율이 매우 높고 따라서 여성들이 자기 자신의 연금권리를 스스로 구축할 수 있다는 사실로 설명할 수 있다.

따라서, 시간이 지나면서 적립화와 표적화는 점차 중요한 갈등전선으로 부상하게 되었으며 이는 보험차원의 개혁도 마찬가지이다. 재정적 긴축의 상황 속에서, 이들 갈등전선들은 각기 상이한 이유로 노동을 분열시키고 있다. 보험차원의 개혁에서는 계급갈등이 여전히 작동하고 있지만, 적립화와 관련하여 노동운동은 숙련수준에 따라 분열되고 있고 표적화와 관련해서는 내부자와 외부자 간의 분열이 일어나고 있다[14]. 이렇게 되면서 노동운동 전반의 분열은 점점 더 강화

14 이 책의 전반부에서 제시한 이론적 모델에 따르면, 복지국가의 성평등에 관련된 정책도 행위자들을 분열시키는데 그 분열은 조직구성원 혹은 지지자들의 이해관계에 따라 나타날 뿐만 아니라 구성원이나 지지자들이 가진 자유의지론적 가치 및 전통적 가치에 대한 선호유형에 따라서도 나타난다. 자유의지론적 가치를 선호하는 사람들은 전통주의적 가치를 선호하는 사람들에 비해 재조준화와 표적화를 더 지지할 것이다. 프랑스의 정당과 노동조합 중에서 자유의지론적 가치를 가장 선호하는 조직은 프랑스민주노조연맹(여성노동자가 많은 서비스산업에 지지기반을 둔)과 신좌파(즉, 사회당)라고 할 수 있다(Andersen and Evans, 2003). 이 두 조직 모두 점차 표적화

〈그림 6-4〉 프랑스 연금정치에서 노동운동의 증가하는 내부적 분열: 전국노동연맹과 프랑스민주노조연맹의 평균입장 간 거리의 추이

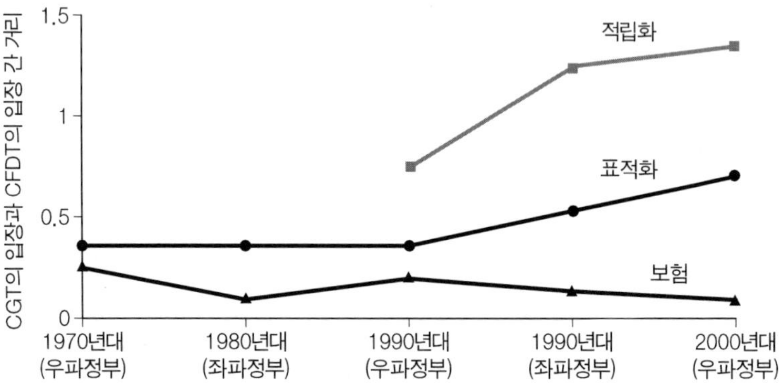

되고 있으며 그 속에서 프랑스민주노조연맹과 전국노동연맹이 주된 대립자가 되어가고 있다. 이러한 결과는 〈그림 6-4〉에 매우 분명하게 나타나고 있다. 이 그림에는 세 가지 갈등전선(보험, 적립연금, 표적화)에서 프랑스민주노조연맹과 전국노동연맹의 입장 차이가 표시되어 있다. 그림에 제시된 다섯 가지 시점은 1970년대 이래 일어난 집권정당의 교체를 나타낸다.

지금까지 프랑스 연금정책에서의 갈등전선의 전개과정에 대해 살펴보았고, 이하에서는 정책공간의 다차원성과 정치적 교환의 동학에 대해 살펴보기로 한다.

를 선호하는 입장으로 전환하고 있으며, 재조준화는 오래 전부터 지지해왔다. 하지만, 재조준화는 프랑스에서 주된 쟁점이 아니며, 표적화는 성평등이 아니라 일반적인 빈곤대책으로 개념화되어 제시되고 있다.

개혁차원의 시간적 전개와 긴축압력

앞에서 우리는 현대 연금정책형성에서의 네 가지 갈등전선을 살펴본 바 있다. 행위자들은 각 갈등전선에서 서로 다른 방식으로 연합을 형성하며, 각자의 정책선호도 갈등전선에 따라 서로 다르게 나타난다. 연금개혁을 추진하는 정부는 이러한 상황을 활용할 수 있다. 보다 구체적으로 말하면, 정부는 여러 가지 쟁점사안들을 하나의 개혁패키지 안에 묶어 포함시킴으로써 행위자들을 서로 다른 갈등전선에 따라 분열토록 유도할 수 있다는 것이다. 이 전략은 타협과 연합형성의 기회를 창출하며 따라서 개혁이 성공할 가능성을 높이게 된다. 이 책의 5장에서 살펴본 가설3이 바로 이를 말하고 있다. 정부가 각 행위자들의 서로 다른 기대를 충족시키는 여러 가지 개혁쟁점들을 결합하여 하나의 개혁안으로 만들어낼 수만 있다면, 이것은 개혁을 지지하는 모호한 합의(Palier, 2005; Schickler, 2001도 참조)(즉, 여러 행위자들이 각자 상이한 이유로 개혁안을 지지하는 광범위한 합의)를 이끌어내는 데 유리하게 작용할 수 있다. 또한, 개혁공간의 다차원성은 행위자들 간의 타협을 가능케 함으로써 개혁에 대한 반대를 극복하는 데 도움을 줄 수 있다. 행위자들은 하나의 갈등전선에서 그들이 선호하는 이익을 얻기 위해 다른 갈등전선에서 양보할 수도 있는 것이다. 타협은 특히 긴축의 시대에 매우 중요하다. 연금권리 축소에 대한 저항을 극복하기 위해 정부는 개혁의 희생자들 중 적어도 일부에게라도 보상을 해주어야 할 수 있다. 따라서 연금개혁은 여러 가지 갈등전선을 결합한 패키지안으로 제시될 것이라고 예측할 수 있으며, 이는 특히 연금개혁이 연금권리 축소를 지향한 것일 경우 더욱 그러하다. 또

〈표 6-2〉 프랑스 연금개혁의 차원성: 요인분석결과

	갈등전선	
	단일 갈등전선	복수 갈등전선
순수한 확장적 개혁	1975b, 1997, 1999, 2001(1차원적)	1971, 1921 1975a, 1983 (1차원적)
축소를 포함한 개혁		1993 (2차원적); 2003 (3차원적)

주: 요인분석은 행위자들의 입장을 부호화한 값으로 수행되었음; 요인분석의 전체 결과는 〈표 6-3〉, 〈표 6-4〉 및 〈부록 3〉 참조; 요인의 아이겐 값은 '1' 이상, 회전방식은 직각회전방식; 자료에 관한 보다 상세한 내용은 〈부록 1〉 참조.

한 그러한 개혁패키지는 그 속에 포함된 각 갈등전선에 따라 행위자들을 분열시키리라고 예측할 수 있다.

이 가설(즉, 가설3)을 검증하기 위해 필자는 각 연금개혁에 대해 요인분석을 행하여 개혁공간의 차원성을 결정하였다(상세한 분석방법에 대해서는 〈부록 1〉 참조). 만일 개혁공간이 일차원적이라면 이는 각 행위자들이 모든 개혁요소들과 관련하여 유사한 입장을 취함을 의미한다(개혁의 쟁점과 관련해서는 〈표 6-1〉 참조). 다시 말해서 일차원적 개혁공간에서는 어떤 한 행위자가 하나의 개혁쟁점에 대해 취하는 입장을 알게 되면 그 행위자가 다른 개혁쟁점에 대해 취할 입장까지도 알 수 있게 된다는 것이다. 따라서 이차원적 개혁공간에서는 동일한 한 행위자가 어느 한 개혁쟁점에 관해 취할 입장과 다른 개혁쟁점에 관해 취할 입장이 서로 독립적인 것이 된다[15].

〈표 6-2〉는 개혁패키지의 형성과 개혁의 차원성에 관한 경험적 분석 결과를 요약한 것이다. 각 개혁은 그것이 일어났던 연도로 표시되

15 예컨대, 노동조합은 연금급여의 증액에 대해서는 사회민주당의 안에 찬성할 수 있지만 기업연금의 도입과 관련해서는 사회민주당에 반대할 수 있는 것이다. 이는 연금급여 증액에 대한 한 행위자의 입장을 안다고 해서 이것이 기업연금 도입에 관한 그 행위자의 입장을 아는 데 도움이 되지 않음(두 가지가 서로 독립적임)을 의미한다.

어 있다. 총 10차례의 개혁 중 6차례는 개혁차원을 달리하는 정책요소들을 결합한 것이었다. 하지만 실제 경험적 분석에서는 단 2차례의 개혁(1993년 개혁과 2003년 개혁)만이 차원을 달리하는 정책요소를 결합한 것으로, 즉 상호독립적인 차원의 정책요소를 결합한 복합차원의 개혁인 것으로 나타났다. 프랑스의 경우 여러 갈등전선을 결합한 개혁패키지의 구성이 성공적인 개혁을 위해 반드시 필요한 조건은 아니라고 할 수 있다. 하지만 연금개혁이 연금권리 축소를 포함할 경우 개혁안이 다차원적인 것이 되리라는 예측은 강력하게 지지되었다. 실제로 연금급여의 삭감을 추진한 개혁(즉, 보험차원에서의 축소를 추진한 1993년 개혁과 2003년 개혁)은 둘 모두 표적화 또는 재조준화와 관련하여 확장적 개혁요소를 포함한 것이었다. 또 이 두 개혁은, 1993년의 경우 이차원적 개혁공간을 그리고 2003년의 경우에는 삼차원적 개혁공간을 창출함으로써, 갈등전선에 따라 행위자들을 분열시켰다.

순수하게 일차원적인 것으로 분석된 개혁에 대해서는 좀 더 추가적인 설명이 필요하다. 보수당 정부가 1970년대에 추진했던 대부분의 개혁들 그리고 1983년에 좌파 정부가 추진했던 개혁은, 사실상 상이한 여러 갈등전선을 하나의 개혁안에 묶어 넣은 패키지안이었다. 하지만 그럼에도 불구하고 경험적으로 행위자들은 단일의 계급갈등 차원(〈표 6-2〉의 右上 사분면)에 배열되었다. 표적화와 재조준화가 노동 내부의 갈등을 불러일으키는 경향이 있다는 것을 감안할 때, 이처럼 여러 갈등전선을 결합한 개혁패키지가 경험적으로는 단일차원으로 분석된 것을 어떻게 설명할 수 있을까? 그 답은 경험적으로 단일차원이라고 분석된 모든 개혁은 확장적 개혁이라는 사실에 있다. 보험차원에 있어서 그 개혁들은 모두 일반연금 체제를 유지한 상태에서 급여수준을 향상시키는 것이었다. 이는 좌파가 요구한 것의 전부는 아니지만 그것의 상당부분을 수용한 것이었다. 또한 여기서 더 나아가 당시의 개혁조치들은 연금권리를 충분히 획득하기 어려운 위험집단들을 포괄하기 위해 표적화와 재조준화까지도 시도한 것이어서 보수정당과 사용자단체의 지지도 이끌어낼 수 있었다. 앞에서 본 것처럼(〈그림 6-3〉 참조), 표적화와 관련된 계급 내적 갈등은 연금개혁이 특정집단의 이익이 다른 집단의 희생을 전제하게 되는 1990년대에 가서야 나타나게 된다. 1970년대의 연금개혁은 그와 같은 영합게임의 성격을 보이지 않았으며 따라서 기본적으로 어느 집단도 개혁으로 인해 희생을 감내해야 하는 처지에 빠지지는 않았다. 이로 인해 계급연대가 가능했으며 또한 모든 행위자가 자신들의 지지집단이 얻게 될 이익을 명분으로 개혁에 합의하는 모호한 합의도 가능하였다. 이런 연유로 당시의 개혁은 경험적 분석에서 일차원적 정책공간인 것으로 나타난 것이다.

〈표 6-2〉에서 다소 뜻밖의 분석결과를 보인 둘째의 결과는 네 가지 "순수한" 개혁이 모두 단일의 갈등전선을 포함하는 것으로 나온 것이다(표에서 左上 사분면). 1975년의 개혁(표에서 1975b)과 1999년의 개혁은 상대적으로 소규모의 개혁이었는데, 전자는 장기경력 노동자와 취업모에 대해 퇴직연령을 낮추어준 것이며 후자는 물가연동제를 도입하는 한편 일반연금의 재정안정을 위해 특별기금을 도입하는 것이었다. 하지만 더욱 놀라운 것은 매우 논쟁적인 적립화를 목표

로 한 두 차례의 개혁(1999년 개혁과 2001년 개혁)이 모두 "분할지배" 원칙을 따른 것이 아니라는 사실이다. 프랑스에서 적립연금의 도입은 거의 언제나 첨예한 의견대립을 초래했다는 점을 생각할 때, 적립화를 지향한 두 개혁을 추진하면서 정부가 그것을 완충하기 위해 보다 합의가 쉬운 정책요소를 포함시켰을 것이라고 생각할 수도 있다. 하지만 그런 일은 없었는데 이에 관한 한 가지 그럴듯한 설명은, 정부는 적립방식의 연금이 기존의 공적연금을 대체하는 대체물로 간주되는 것을 정말로 원하지 않기 때문이라는 것이다. 실제로 정부는 언제나 적립식 개인연금은 어디까지나 공적연금을 보완하는 것이지 그것을 대체할 수는 없다는 논리를 견지해왔다. 특히 사회당 정부는 적립연금을 사회정책적 개혁이 아니라 경제개혁의 일환으로 보이게 하려고 노력하였다[16]. 적립식 개인연금으로 인해 증가하는 민간저축은 프랑스의 투자자본을 축적하여 외국자본에 의한 프랑스기업의 통제를 방지하는 것이며 그것이 연금에 미치는 영향은 부수효과일 뿐이라는 것이다(민간연금을 둘러싼 논쟁에 대한 상세한 고찰로는 Palier, 2003a 참조). 따라서 적립식 민간연금을 도입하면서 여타 연금개혁 조치를 그와 결합하는 것은 정부가 그간 펴온 논리의 신빙성을 훼손할 가능성이 있는 것이다. 게다가 적립식 민간연금을 도입하는 조치는 개인저축에 대한 공적 보조를 증가시킨 것이므로 기본적으로 확장적 성격을 갖는다. 이러한 이유들로 인해 그리고 적립화의 분배적 결과를 모호하게 만드는 기술적 복잡성으로 인해(Palier, 2001), 적립화

16 Parliamentary Report Balligand, 재정위원회, No. 2594; 국회 회의록, 2000년 10월 10일; 2001년 1월 16일; 2001년 2월 7일.

를 목표로 한 개혁들은 큰 저항을 불러일으키지 않고 채택될 수 있었다.

요약하자면, 〈표 6-2〉에서 볼 수 있는 가장 인상적인 결과는, 연금 정치의 연합형성적 동학은 긴축의 맥락에서 그리고 바로 그 긴축 때문에 변화한다는 사실이다. 개혁이 확장적인 것일 때 행위자들은 급여수준과 관련한 주장을 주로 전개하며 단일한 갈등전선을 따라 입장을 달리할 뿐이다. 하지만 개혁이 축소 성격을 띠게 되면, 행위자들의 선호는 상이하고 상호독립적인(따라서 계급초월적인) 갈등전선을 따라 입장이 분화하게 된다. 따라서 긴축의 시대에 연금개혁의 정치

〈표 6-3〉 프랑스: 1993년 "발라뒤르" 연금개혁에 대한 요인분석 결과

개혁의 쟁점	보험(F1)	표적화(F2)
연금의 물가연동제	0.95	0.05
기여금(CSG) 증액	0.88	-0.09
필요 기여기간 연장	0.97	0.17
퇴직연령의 상향	0.87	0.39
비기여급여를 위한 노령연대기금(FSV) 신설	0.07	0.99
아이겐 값	3.49	1.04
설명된 변이	70%	21%
행위자	**요인점수**	**요인점수**
CFDT(서비스산업 노조)	-1.09	0.82
CGT(블루칼라 노조)	-1.07	-0.61
CGC(전문/관리직 노조)	-0.79	1.70
CNPF(대기업 사용자단체)	1.38	-0.84
CGPME(중소기업 사용자단체)	0.49	0.78
RPR(드골주의적 보수정당)	0.90	0.55
UDF(온건보수정당)	0.77	0.42
PSF(사회주의 정당)	-0.58	-0.74
PCF(공산주의 정당)	-1.05	-1.57

주: 요인분석은 행위자들의 입장을 부호화한 값으로 수행되었음; 모든 요인은 아이겐 값 '1' 이상이며, 회전방식은 직각회전방식임; 자료와 분석방법에 대한 상세한 내용은 〈부록 1〉 참조; 진한 글씨로 표시된 수치(요인적재치)는 개혁 관련 쟁점이 속한 차원을 나타냄.

〈그림 6-5〉 프랑스: 1993년 발라뒤르 개혁시 행위자들의 요인점수 산포도

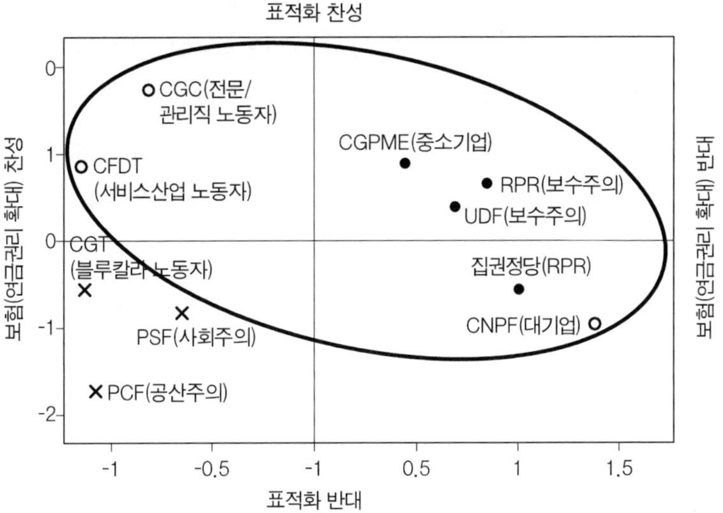

적 공간은 진실로 다차원적인 것이 되는 것이다.

이제 1993년 개혁패키지와 2003년 개혁패키지에 대한 요인분석결과를 통해 이러한 새로운 연금개혁의 정책공간을 보다 자세하게 살펴보자. 이 두 개혁을 택한 이유는 이들 개혁이야말로 연금권리의 축소를 지향한 것이며 따라서 행위자들이 직면한 상충을 잘 보여주기 때문이다. 〈표 6-3〉과 〈그림 6-5〉는 1993년 개혁과 관련한 요인분석결과와 이차원적 정책공간에서의 주요 행위자들의 위치를 보여준다[17].

가로축(〈그림 6-5〉)은 일반연금의 축소와 같은 보험차원의 개혁에 대한 행위자들의 선호를 나타낸다(〈표 6-3〉의 F1: 퇴직연령의 상향,

---

17 요인분석 결과 도출된 요인을 보험, 표적화, 적립화, 재조준화로 명명한 것은 통계분석 결과를 직접적으로 반영해서 그런 것이 아니라 각 개혁차원에서 요인적재치가 높게 나온 쟁점들에 대한 해석에 근거한 것이다.

기여기간의 연장, 기여금의 증액). 이 보험차원에서는 분배를 둘러싼 전통적인 계급갈등을 볼 수 있는데, 노동조합 및 좌파정당이 한편을 이루고 사용자단체 및 우파정당이 다른 한편을 이루어 서로 대립하고 있다. 그림에서 세로축은 표적화 차원을 나타내는데(표의 F2) 여기서는 좌파세력이 크게 분열되어 있음을 볼 수 있다. 1993년 개혁에서는 표적화 개혁의 일환으로 실업자의 연금수급권 보장과 교육크레딧 등 비기여급여의 재정을 충당하기 위해 노령연대기금을 도입하였는데 그림의 세로축은 바로 이 조치에 대한 행위자들의 태도를 나타내는 것이다. 전문직연맹과 프랑스민주노조연맹은 초기의 비판적 입장에서 선회하여(Schludi, 2005) 연대적이고 재분배적인 비기여급여에 필요한 재정을 조세를 통해 마련할 수 있는 수단으로 노령연대기금을 지지하였다. 하지만 전국노동연맹과 좌파정당의 생각은 매우 달랐다. 그들은 비기여급여는 정상적인 연금권리가 될 수 없으므로 노령연대기금으로 인해 비기여급여는 오히려 위태로워질 것이라고 주장하였다. 또한 그들에 따르면, 노후소득보장에 관련된 모든 위험은 일반연금제도의 틀 내에서 처리되어야지 별도의 제도를 창설하는 것은 바람직하지 않다는 것이다. 이와 관련하여 우파는, 대기업을 대변하는 프랑스고용주협의회(1998년 이후 프랑스기업연맹)가 노령연대기금의 매우 엄격한 관리를 주장한 것을 제외하면, 전반적으로 일관된 입장을 보였다.

그림에서 곱표(×)로 표시된 행위자는 개혁패키지 전체를 거부한 것을 의미하며, 검은 점(●)으로 표시된 행위자는 개혁패키지에 찬성하였음을 의미한다. 그리고 프랑스민주노조연맹과 전문직연맹, 프랑스고용주협의회의 입장은 흰 점(○)으로 표시되어 있는데 이는 이들이 개혁에 대해 비판적이었지만 그렇다고 해서 개혁에 반대하기 위한 행동을 실행한 것은 아니며 따라서 개혁을 용인할 수 있다는 입장이었음을 의미한다(〈그림 6-5〉에 표시된 타원은 최종적으로 형성된 개혁연합세력을 포괄한 것이다). 프랑스민주노조연맹과 전문직연맹은 보험차원보다는 표적화를 더 중요시하고 있는(이들은 보험권리의 축소에도 불구하고 개혁을 지지하였다) 반면 프랑스고용주협의회는 보험차원의 개혁을 더 중요시하는 것으로(이들은 표적화에도 불구하고 개혁을 지지하였다) 보인다. 필자는 특정 행위자가 어떤 갈등전선을 다른 갈등전선에 비해 얼마나 더 중요시한지를 측정할 독립적인 척도를 가지고 있지는 않다. 하지만 투표에 관한 방향모델(directional model)에 따르면 태도의 방향과 강도 간에는 상관관계가 존재하는 경향이 있다고 한다(Rabinowitz and Macdonald, 1989; Laver and Hunt, 1992). 즉, 어떤 축에서 극단적인 위치에 자리한 행위자는 그 축이 나타내는 갈등을 더 중요시하는 경향이 있다는 것이다[18]. 이것은 전문직연맹과 프랑스고용주협의회가 개혁을 지지하게 된 이유를 설명하는 데 도움이 되는 것 같다(프랑스민주노조연맹의 경우에는 이 설명이 좀 덜 적용되는 것 같다). 이 두 조직은 표적화 축(전문직 연맹)과 보험 축(프랑스고용주협의회)에서 좀 더 극단에 위치하였고 다른 축에서는 비교적 덜 선명한 입장을 보였기 때문이다. 이로 인해 전문직

---

18 레이버와 헌트가 수집한 증거는 정당의 입장에 대한 전문가조사에 근거한 것이다. 하지만 그들의 연구에서 상이한 갈등전선에서 매우 대조적인 태도를 보인 정당은 극단적인 이념을 가진 정당들(예컨대 공산당이나 극우정당)이었다는 점을 주의할 필요가 있다. 보다 온건한 이념을 가진 정당들은 여러 가지 갈등전선에 대해 서로 유사한 평가를 내렸다(Laver and Hunt, 1992: 133).

〈표 6-4〉 프랑스: 2003년 "라파랭" 연금개혁에 대한 요인분석 결과

개혁의 쟁점	표적화/적립화(F1)	보험(F2)	재조준화(F3)
공공부문 및 민간부문 연금의 필요기간의 조화	0.91	0.25	0.04
장기경력노동자의 퇴직연령 하향	0.84	0.23	0.39
적립식 개인연금	0.83	0.37	-0.17
최저연금 증액	0.79	0.18	0.52
과부연금 하향	0.49	0.82	0.22
연금의 물가연동제	0.20	0.95	0.19
공무원 대상 교육크레딧 상향	0.07	0.22	0.93
아이겐 값	3.11	1.89	1.4
설명된 변이	44%	27%	20%
행위자	**요인점수**	**요인점수**	**요인점수**
CFDT(서비스산업 노조)	0.70	-1.32	-0.81
CGT(블루칼라 노조)	-1.35	-0.97	0.37
CGC(전문/관리직 노조)	1.18	-1.23	-0.38
MEDEF(대기업 사용자단체)	1.19	0.52	1.73
CGPME(중소기업 사용자단체)	-0.40	0.86	1.45
UMP(드골주의적 보수정당)	0.67	0.62	0.12
UDF(온건보수정당)	0.36	1.15	-1.62
PSF(사회주의 정당)	-1.04	0.35	-0.48
PCF(공산주의 정당)	-1.44	-0.88	-0.07
집권정당(UDF)	0.13	0.99	-0.31

주: 요인분석은 행위자들의 입장을 부호화한 값으로 수행되었음; 모든 요인은 아이겐 값 '1' 이상이며, 회전방식은 직각회전방식임; 자료와 분석방법에 대한 상세한 내용은 〈부록 1〉 참조; 진한 글씨로 표시된 수치(요인적재치)는 개혁 관련 쟁점이 속한 차원을 나타냄.

연맹과 프랑스고용주협의회는 그들이 더 중요시하는 축에서 각자의 선호를 실현하기 위해 다른 축, 즉 그들에게 덜 중요한 축에서는 상대적으로 보다 쉽게 양보를 할 수 있었던 것이다. 요약하면, 1993년 개혁은 이차적인 갈등차원이었던 표적화 개혁이 보험차원에서 나타났던 계급갈등을 가로지르는 갈등차원으로 기능하였고 이로 인해 발라뒤르 정부는 개혁쟁점을 결합함으로써 좌파의 저항을 분열시키는 데 성공하였던 것이다.

2003년의 라파랭 개혁도, 몇 가지 미세한 차이가 있기는 하지만, 대체로 비슷한 양상을 보여준다. 라파랭 개혁의 정책공간은 삼차원이며(〈표 6-4〉), 이 중 앞의 두 차원은 〈그림 6-6〉에 제시되어 있다. 셋째 차원인 재조준화는 2003년 개혁에서는 취업모에 대한 연금크레딧을 주 내용으로 한 것이다. 그림에서 가로축에는 보험관련 쟁점 중 요인적재치가 높게 나온 쟁점(F2: 연금 연동제 도입, 과부연금의 감액)과 관련된 행위자들의 입장이 표시되어 있다. 가로축에서 사회당이 오른쪽으로 상당히 많이 이동하긴 했지만 여기서도 꽤 분명한 계급갈등을 관찰할 수 있다. 그림의 수직축은 표적화(F1: 최저연금, 장기경력자의 퇴직연령 하향조정, 일반연금에 맞춘 공공부문 연금의 조정) 및 적립화(공무원 대상의 적립식 개인연금 도입)에 관련된 행위자들의 태도를 나타내는데, 여기서는 좌파와 우파가 각기 내부적으로 상당히 분열되어 있는 것으로 나타난다. 프랑스민주노조연맹과 전문직연맹은 보험권리의 축소를 반대하지만, 저임금 노동자와 같은 특정한 위험집단을 포괄하고 그들에게 보다 재분배적인 방향으로 또 공공부문과 민간부문의 급여를 보다 평등화하는 방향으로 연금제도를 재조정하는 것에 찬성하고 있다. 프랑스기업연맹과 민중운동연합(드골주의), 프랑스민주연합(중도파) 역시 이러한 재조정을 지지한다. 하지만 전국노동연맹과 공산당, 사회당, 그리고 그 입장이 좀 약하긴 하지만 전국중소기업연맹은 그러한 재조정에 반대하며 현상유지를 원하고 있다. 전국중소기업연맹의 입장은 프랑스기업연맹과 비교할 때 이해할만한 것이면서 동시에 흥미로운 구석도 있다. 즉 전국중소기업연맹은 소득비례방식의 공적연금을 보존하는 데 훨씬 더 적극적

〈그림 6-6〉 프랑스: 2003년 라파랭 개혁에서 행위자들의 요인점수 산포도

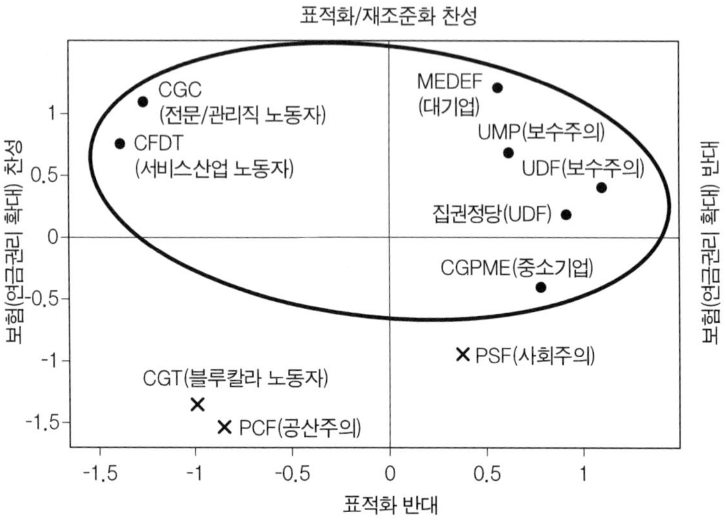

인데 이는 대기업에 비해 중소기업이 기업연금을 도입하기가 더 어렵다는 이유가 적지 않게 작용할 것이다[19].

〈그림 6-6〉에서도 각 행위자 옆에 표시된 기호[곱표(×)와 검은 점(●) 및 흰 점(○)]는 개혁패키지 전체에 대해 각 행위자가 최종적으로 택한 입장을 나타내며, 타원은 최종적으로 형성된 개혁연합을 의미한다. 그림을 보면, 2003년 개혁에서는 표적화/적립화의 차원이 매우 중요한 갈등전선이었음을 알 수 있다. 전국중소기업연맹은 자신들이 선호하는 일반연금의 급여수준 인하를 성취하기 위해 표적화 및 적립화에서의 제도적 개혁을 지지하는 양보를 하였다. 이와 반대로 전문

19 전국중소기업연맹과의 인터뷰, 파리, 2005년 7월 19일.

직연맹은 표적화와 적립화 차원의 개혁을 얻어내기 위해 급여수준의 축소를 받아들이는 양보를 하였다. 사회당은 급여수준의 축소에 대해서도 회의적인 입장이었지만 그보다는 표적화와 적립화에 대해 더 회의적이었고 결국 개혁패키지 전체를 거부하였다[20]. 프랑스민주노조연맹의 입장은 여기서도 약간 당황스러운 양상을 보여준다. 프랑스민주노조연맹은 일반연금의 축소를 강하게 반대하는 입장을 가지고 있음에도 불구하고, 최종적으로는 표적화와 적립화에서의 확장적 개혁을 지지하여 연금의 축소를 수용하였다. 이를 어떻게 설명할 수 있을까? 아마도 이 질문에 대한 답의 일부는 프랑스 노동운동이 정치화되어 있다는 사실에서 구할 수 있을 것 같다. 즉 프랑스 노동조합은 정치적 행위자로서의 성격이 더 강하기 때문에 조합원들의 단기적인 이해관계에서 벗어나서 보다 전략적인 입장을 취하는 것이 좀 더 용이하다는 것이다. 이런 사실을 고려할 때, 프랑스민주노조연맹이 2003년 개혁을 받아들인 것은, 그것이 프랑스 연금체제의 재조정을 추구하던 그들의 개혁주의적 노선에 일정부분 부합하였기 때문인 것이다.

개혁연합의 형성과 개혁능력 그리고 개혁의 산출

이 장에서는 지금까지 긴축의 시대에 프랑스 연금개혁능력에서 새로운 갈등전선의 중요성이 점차 커져왔음을 살펴보았다. 정책공간의 다차원성은 연금의 현대화를 위한 개혁패키지의 채택에 유리하게 작

---

20 프랑스는 다수결 방식을 택하고 있기 때문에, 야당들은 그들이 정부의 개혁을 반대하는 경우 반드시 한 목소리를 내야만 하며 따라서 실제 그들의 정책선호와 다소 무관하게 정부가 추진하는 개혁을 전체적으로 거부할 수밖에 없다. 따라서 2003년 개혁에 대한 사회당의 최종입장도 그것이 사회당의 실제 정책선호를 반영한 것이라기보다는 제도적으로 결정된 것이라고 할 수 있다.

〈표 6-5〉 갈등차원의 상대적 중요성: 프랑스의 1993년 및 2003년 연금개혁 에서 각 갈등차원에서의 요인점수와 최종입장 간의 상관관계

	1993년 개혁에 대한 최종 입장		2003년 개혁에 대한 최종 입장
보험(F1)	0.62	보험(F2)	0.25
표적화(F2)	0.68	표적화 및 적립화(F1)	0.88
		재조준화(F3)	0.04

주: 요인분석결과는 〈표 6-3〉과 〈표 6-4〉 참조; 자료에 대해서는 〈부록 1〉 참조.

용한다. 그래서 개혁을 지지하는 세력들 간에 예기치 못한 계급초월적 연합이 노동과 자본 간에 또는 우파정당과 좌파정당 간에 형성되기도 한다. 하지만, 그와 같은 연합형성의 성공가능성은 연합형성적 유연성과 정책결정의 제도적 구조에 의해 영향을 받는다. 예컨대, 필자가 4장에서 주장한 바와 같이, 노동조합과 사용자단체가 중앙집중적인 조직구조를 가지고 있다든지 집권정당이나 야당의 조직구조가 중앙집중적일 경우, 계급초월적 연합이 형성될 가능성은 그만큼 줄어든다. 이들 조직들이 분권화되어 있을수록 새로운 갈등전선을 축으로 한 새로운 개혁연합이 형성되고 또 그것이 변화할 가능성이 커지게 된다. 계급초월적 갈등전선의 중요도를 검증하기 위해 필자는 최종 개혁패키지에 대한 행위자들의 최종적인 입장을 부호화하였다[21]. 〈표 6-5〉는 개별 갈등차원에서의 행위자들의 입장(요인점수)과 개혁패키지 전체에 대한 행위자들의 최종입장 간의 상관관계 분석결과를 제시한 것이다.

21 이 최종적인 입장의 부호화 점수는 다음과 같다 : 0=승인, 1=거부하지만 개혁에 반대하기 위한 세력동원에는 나서지 않음, 2=거부하며 개혁에 반대하기 위한 세력동원을 추진함(파업, 국민투표, 의회 내에서의 개혁반대를 위한 표결 등 추진). 자세한 내용은 <부록 1> 참조.

프랑스에서 있었던 두 차례의 개혁(1993년 개혁과 2003년 개혁) 모두에서 새로운 갈등전선(표적화와 적립화)은 보험차원만큼이나 혹은 그보다 더 잘 행위자들의 최종입장을 설명한다. 앞에서 본 바와 같이, 보험차원은 연금개혁이 추진된 전 기간에 걸쳐 일관되게 계급갈등을 초래하는 갈등전선이었다. 그래서 새로운 갈등전선은 1993년 개혁 때에 와서야 보험차원과 유사한 정도의 영향력을 갖게 되었으며, 2003년 개혁 때에는 계급초월적 갈등이 개혁의 산출을 설명하는 데 보다 지배적인 설명력을 갖기에 이르렀다.

표적화와 적립화는 노동운동 내부의 분열로 인해 중요해지게 되었다. 모든 노동조합은 연금권리 축소에 반대하는 입장을 다 같이 가지고 있지만, 표적화와 적립화와 관련해서는 각 노동조직들의 선호가 크게 엇갈린다. 프랑스에서는 노동과 자본의 내적 분열이 심한 편이기 때문에, 계급내부의 불열이 최종적인 개혁연합의 형성에서도 중요한 요인으로 작용한다. 하지만, 프랑스의 정당체계는 다수결원칙에 근거하고 있으며, 좌파와 우파의 두 주요정치세력들의 중앙집중화는 상당히 높은 편이다(국회에서 정당 차원의 규율이 강한 편이다. 이에 대해서는 Grunberg, 2006 참조). 이는 프랑스에서는 설사 우파정당과 좌파정당의 입장이 상당히 유사하다고 할지라도 이들이(즉, 집권정당과 야당이) 개혁연합을 형성할 것을 기대하기는 어려움을 의미한다. 그리하여 계급갈등이 노동조합과 사용자단체 사이에서보다 우파정당과 좌파정당 사이에서 더 격렬하게 나타난다. 이 책의 5장에서 본 분석틀에 제시된 넷째 가설을 검증하기 위한 증거에 대한 이와 같은 해석은, 〈그림 6-7〉에 의해 더욱 분명히 지지된다. 이 그림

〈그림 6-7〉 계급갈등이 연합형성적 유연성에 미치는 영향: 프랑스 연금개혁 에 대한 행위자들의 입장 간 평균거리의 추이

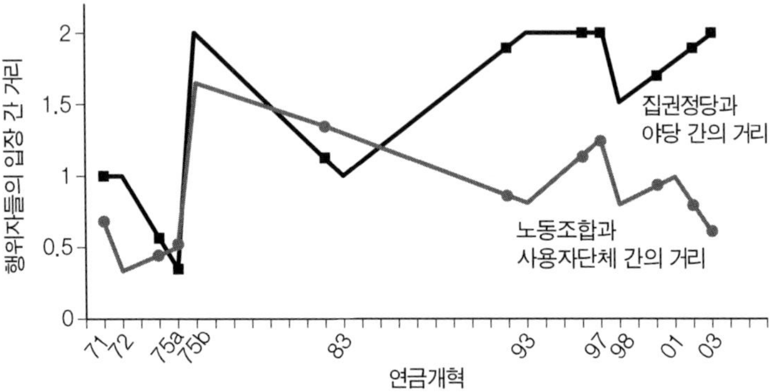

에서 계급갈등은 노동(노동조합 및 좌파정당)의 평균적인 입장과 자본(사용자단체 및 우파정당)의 평균적인 입장 간의 차이로 조작화되었다. 그 차이의 값이 '2' 이면 계급갈등이 극대화된 것을 의미하고, '0' 은 서로의 입장이 동일함을 의미한다.

대부분의 행위자들이 일반연금의 확대에 동의했던 1970년대에는 계급갈등이 그리 심하지 않았으며 이는 노사단체들 사이에서도 그러하였고 정당들 사이에서도 그러하였다. 하지만 1970년대 후반과 좌파정부가 추진한 1983년 연금개혁을 거치면서 서로의 입장은 대립으로 치닫기 시작하였다. 연금축소와 적립화가 개혁의제로 부상한 1990년대 이후, 연금개혁을 둘러싼 노동과 자본 간의 계급갈등은 줄어드는 경향을 보이고 있지만 정당 간의 계급갈등은 지속적으로 높은 수준을 유지하고 있다. 집권정당과 야당은 비록 개혁이 추진되던 초

기에 유사한 입장을 가졌을지라도 최종적으로는 완전히 정반대되는 입장으로 분열되어왔다. 예컨대, 우파정당은 2001년에 사회당정부가 추진한 민간의 적립연금 도입에 격렬히 반대하였는데, 실제로 그들은 사회당정부보다 몇 년 앞서 비슷한 적립식 연금을 도입한 바 있었으며 또 그들이 집권했을 때에는 적립방식의 도입을 추진하였다. 이는 정당들의 대립은 정책적 선호의 차이에서 기인하기 보다는 제도적 요인에서 기인한 바가 크다는 것을 시사한다.

따라서, 프랑스에서 계급초월적 연합형성과 타협유도의 전제조건으로서 연합형성적 유연성은 정당에서는 매우 낮고 노동조합과 사용자단체에서는 높은 편이라고 할 수 있다. 또한 프랑스에서는 개혁의 성공을 위해서는 노동조합의 반대를 분열시킬 필요가 있다는 사실이 계속 확인되어왔다. 연금제도 운영에서 노동조합의 발언권이 강한 편이며 또 프랑스 노동조합의 동원력은 상당히 높은 편이다. 그리하여 프랑스에서는 사회적 행위자(노동과 자본)가 사실상 거부권 행사자여서 개혁이 성공하기 위해서는 이들의 동의를 얻어야 한다[22]. 쥐페는 1995년에 개혁을 추진하면서 그것을 위한 타협에 나서지도 않았고 또 그것을 패키지화하지도 않았다. 그는 오로지 연금권리의 축소라는 개혁요소만을 내세웠고 그는 결국 실패하였다. 쥐페가 실패한 이유는, 그가 노동조합의 이질성을 간과하여 연금권리 축소에 반대할 단일대오를 형성토록 해주었기 때문이다(1995년 쥐페 개혁과 1993년 발라뒤르 개혁을 비교한 연구로는 Bonoli, 1997; Vali, 1999;

22 이와 달리, 프랑스에서 야당은 거부권 행사자가 아니다. 야당의 반대는 의회에서의 다수결원칙에 근거한 투표를 통해 무산될 수 있고, 이렇게 되면 야당은 사실상 반대할 더 이상의 수단을 별로 갖지 못한다.

Schludi, 2005; Da Conceiçao-Heldt, 2006 등 참조). 따라서, 프랑스의 연합형성적 유연성과 거부권 행사자의 규모를 감안할 때, 가설4에서 시사한 바와 같이 연합조종전략의 여지가 있다고 하겠다(제5장 참조). 만일 집권정당(정부)이 정책결정공간의 다차원성을 잘 이용한다면, 연금개혁에 필요한 계급초월적 지지를 충분히 이끌어낼 수 있을 것이다. 이는 프랑스의 연금정책은 앞으로도 연금축소와 함께 표적화 및 적립화의 차원에 입각한 개혁이 더 진전될 가능성이 있음을 의미한다. 프랑스에서는 표적화 및 적립화가 개혁연합형성이 가장 용이한 갈등전선이기 때문이다.

결론

1970년대 이후 프랑스에서 진행된 연금개혁에 대한 이 장의 분석결과는 매우 분명하다. 즉, 우리는 탈산업적 연금정치의 동학을 보여줄 풍부한 경험적 증거들을 찾을 수 있었다. 프랑스의 사례는, 개별국가의 특수한 동학을 반드시 고려해야 한다는 사실과 어느 한 갈등전선의 분석은 다른 갈등전선과 독립된 채로 이루어질 수 없다는 사실을 분명히 보여준다. 탈산업적 개혁의제를 지배해온 쟁점들을 볼 때, 이 책의 분석틀에서 제시한 첫째 가설에서 예측한 연금정치의 유형은 거의 완벽하게 입증되었다. 즉, 기본적인 연금보험체계에서의 급여수준은 언제나 중요한 쟁점이지만, 1980년대 이후 개혁의 주된 초점은 연금확대에서 비용억제 및 연금축소로 급격히 이동하였던 것이다. 이처럼 개혁의 초점이 전환되면서, 연금개혁을 둘러싼 논쟁에서 적립화는 중요한 대립지점으로 부상하였다. 연금의 재정방식을 부과방식에서 개별화된 적립기금으로 전환하자는 제안은 좌파와 우파정당이 공히 추진하였다. 재정방식의 이러한 변경은 곧 연금재정에서 세대 간 연대의 가능성에 정면으로 의문을 제기하는 것이다. 프랑스 연금정책에서 셋째의 차원은 표적화이다(첫째 차원은 보험, 둘째 차원은 적립화). 프랑스는 이미 1970년대에 여성과 저숙련 노동자, 장애인의 권리를 확대하는 조치를 취한 바 있다. 1990년대 이후에는 비전형 노동자에 초점을 맞추어 그들에게 급여를 제공하는 데 필요한 재정을 마련하기 위해 특별기금을 창설하면서 다시 한 번 비기여급여(즉, 기여금 납부에 의해 획득된 것이 아닌 특별한 욕구의 존재를 근거로 부여된 연금권리)가 중요한 쟁점으로 떠올랐다. 이와 대조적으로, 성평등이나 여성을 위한 특별한 급여 등은 그리 큰 논쟁거리가 되지 못하였다. 이는 프랑스의 경우 여성의 경제활동참가율이 높다는 사실과 프랑스가 고도로 발전된 가족정책을 가지고 있다는 사실에서 기인하는 것이다.

행위자들의 배열 및 동맹의 잠재성에 관한 분석결과는 더욱 인상적이다. 예상한 바와 같이, 보험차원의 개혁은 1980년대 이래 지속적으로 좌파와 우파정당을 대립하게 하고 노동과 자본을 대립하게 함으로써 격렬한 계급갈등을 빚어왔다(〈그림 6-1〉). 하지만 이러한 계급갈등은 적립화 및 표적화 개혁과 연관해서는 상당정도로 희석되는 경향이 있다. 적립화는 점차 노동조합들을 분열시키는 작용을 하고 있다. 전문직연맹과 프랑스민주노조연맹은 2001년과 2003년에 적립방식연금의 도입을 지지하였으며, 반면 전국노동연맹은 어떠한 적립방식의 도입도 처음부터 반대하였으며 오늘날도 여전히 반대입장을 견지하고 있다. 이러한 분열은 숙련수준의 차이에서 대부분 기인하는 것이다. 즉, 전문직연맹과 프랑스민주노조연맹은 은행 · 보험 등 고숙련서비스업에 그 지지기반을 두고 있는 것이다. 이와 유사하게, 가설 2를 통해 예측한 자본 내부적 이질성도 그대로 입증되었다. 즉, 중소기업은 대기업에 비해 적립연금의 도입에 부정적인 태도를 가진 것으로 확인된 것이다. 사회당이 적립화에 대해 모호한 태도를 취하고 있다는 사실은, 적립화를 둘러싼 갈등을 구조화하는 중요한 변수가 바로 숙련수준이라는 점을 다시 한 번 입증하는 것이다. 사회당은 저숙련 노동자(블루칼라 노동자)와 고숙련 노동자(사회문화전문가계급) 모두에 지지기반을 두고 있기 때문에, 적립연금은 사회당 내에서 항상 큰 논쟁거리이며, 사회당은 집권하느냐 그렇지 못하느냐에 따라 입장이 오락가락한다. 마지막으로, 표적화는 1990년대 이후 노동조직 내부의 분열을 더욱 강화하였다(〈그림 6-3〉). 프랑스민주노조연맹과 전문직연맹 그리고 강도는 좀 덜 하지만 사회당은 특정 위험집단을 위한 자산조사 급여의 도입을 지지하는 입장으로 전환하였지만, 전국노동연맹과 공산당은 여전히 그러한 제도는 보험원리와 일반연금을 약화시킬 것이라면서 반대하고 있다. 전통적인 보험제도를 지키려는 세력과 보다 평등주의적인 자산조사 급여를 지지하는 세력 간의 분열은, 노동시장 외부자가 가진 욕구에 대한 감수성의 차이에서 기인하는 것이다. 프랑스민주노조연맹과 전문직연맹은 표적화된 확장적 개혁을 지지하는 쪽으로 선회한 반면, 전국노동연맹은 일반적인 공적 보험제도의 틀 내에서 노동시장 내부자의 이익을 보존하려는 입장을 고수하고 있는 것이다. 프랑스 연금정치의 행위자 배열에서 프랑스민주노조연맹과 전국노동연맹의 분열은 진실로 놀라운 변화이다.

하지만, 새로운 갈등유형을 입증하는 이들 경험적 증거들은 두 가지 점에서 주의할 필요가 있다. 첫째, 계급이익의 분화는 연금정치가 영합게임의 성격을 가지게 된 1990년대에 와서야(즉, 긴축의 시대에 와서야) 분명히 가시화하였다는 사실이다. 그 전인 1970년대에는 노동조합과 좌파정당이 표적화와 재조준화와 관련해서 유사한 입장을 가지고 있었다. 그러므로, 탈산업적 계급구조로의 전환이라는 요인과 함께 긴축압력의 증가라는 요인이 작용함으로써 노동 내부적으로 그리고 자본 내부적으로 이익의 분화가 나타나게 된 것이라고 할 수 있다. 둘째, 프랑스의 사례는 갈등전선을 상호독립적인 것처럼 분석하는 것이 한계가 있음을 보여준다. 프랑스민주노조연맹이 적립화에 대해 우호적인 태도를 보이는 것과 전문직연맹과 우파정당이 표적화를 지지하는 입장을 가진 것을 이해하기 위해서는 프랑스 연금제도의 재조정이라는 전반적인 맥락에서 이를 바라보아야 한다. 새로운 개혁연합 — 개혁주의적 노동조합과 우파정당 및 좌파정당 내의 일부 분파로 구성된 — 은 대륙유럽식 연금체제를 근본적으로 재정비하여 이원화된 체제(Palier, 2002) — 평등주의적인 최저한의 보호를 제공하는 제도와 고도로 계층화되고 개별화된 체제로 구성된 — 로 재편해야 한다고 주장한다. 이러한 방식으로 프랑스 연금체제를 재편하는 구상은 우파정부가 1993년과 2003년에 추진한 개혁패키지에서 명확히 나타난 바 있다. 이 두 차례의 개혁은 일반연금의 축소와 표적화 차원에서의 확장적 개혁을 결합한 것이었다. 이들 두 개혁에서 정책공간은 다차원적인 것이었다. 뿐만 아니라 우파정부의 연합조종전략도 성공을 거두어 노동운동세력은 크게 분열되었다. 그리하여 이들 두 개혁에서 새로운 계급초월적 갈등전선이 최종적인 정책패키지에서 중요한 역할을 하였다(〈표 6-5〉). 하지만, 예상과 달리, 프랑스 정부는 연금축소와 적립화를 결합하는 패키지는 추진하지 않았다. 프랑스 정부는 적립연금을 프랑스의 저축률 제고를 목표로 하는 거시경제정책의 일환으로 개념화해왔으며 연금개혁과는 무관한 문제로 만들어왔다. 이것은 적립연금이 프랑스에서는 언제나 매우 논쟁적인 쟁점이어서 대중들에게 업적을 자랑하는 데 그리 적합한 정책의제가 아니라는 사실로 설명할 수 있다. 하지만 프랑스의 정당들과 노동조합, 사용자단체들은 적립연금을 연금개혁의 전반적인 전략의 일부로 언제나 이해해왔다. 적립화 개혁은 노동시장 외부자에게는 정액의 평등한 최저수준의 보장을 제공하고 노동시장 내부자와 고숙련 노동자에게는 불평등한 보험(즉, 적립식 연금)을 제공하는, 팔리어가 정식화한 이원적 복지국가(dualized welfare state; Palier, 2002)와 일맥상통하는 것이다. 이런 개혁이 추진된다면 그로부터 손해를 볼 가장 주된 집단은 이전의 연금체제에서 특권적 권리를 보장받았던 저숙련 및 중숙련의 노동시장 내부자들이다. 이들은 연금축소에 의해 타격을 받게 되는 반면, 최저수준 보장의 확대로부터도 아무런 이득을 얻을 수 없으며 적립방식의 민간연금 도입으로부터도 아무런 이득을 얻을 수 없다.

제7장 독일
: 다차원적 개혁정치를 가로막는 제도적 구조

지난 30여 년 간의 독일 연금정책의 전개과정을 개관해보면, 독일이 영구적 긴축의 시대에 들어간 1990년대에 오면서 변화와 개혁의 속도가 점점 빨라지고 있음을 알 수 있다. 1990년대에 발표된 대부분의 연구들(예컨대, Manow and Seils, 2000; Esping-Andersen, 1996b; Schmidt, 2000; Kitschelt, 2001 등 참조)은 독일 복지국가의 개혁능력에 대해 대단히 회의적인 태도를 보였지만, 1998년에 집권한 적록연립정부(사민당-녹색당 연립정부)가 중요한 개혁을 추진함으로써 기존의 관성(慣性)명제(thesis of inertia)가 오류임을 보여주었다. 이 장에서는 먼저 갈등전선에 대한 분석을 통해, 독일이 보험차원의 개혁으로 급여수준을 상당정도로 삭감하였음을 보일 것이며 또한 적립화와 표적화, 재조준화가 중요한 개혁의제로 부상함에 따라 좌파세력들 내에서 내부자-외부자 간 갈등과 숙련수준에 따른 갈등이 나타나게 되었음을 보일 것이다. 이처럼 독일 좌파가 내부적으로 분열되고 있다는 것이 이 장에서 수행할 갈등전선 및 정책공간에 대한 분석의 주요 결과이다. 이 분석의 다음 단계로 행할 분석에서는 독일정부가 상이한 갈등전선을 하나의 개혁패키지로 묶는 것은 두 가지 이유에서 그런 것임을 보일 것이다. 한 가지는, 독일정부가 매우 논쟁적인 개혁에 관해 노동조합과 야당으로부터 부분적인 동의라도 이끌어내기를 원하기 때문이며, 다른 한 가지는, 개혁패키지가 정부 내의 여러 다른 분파들 간의 합의를 도출하는 데 중요하기 때문이다. 하지만, 독일은 선거경쟁이 심한 편이며 노동조합과 사용자단체의 중앙집중화도 강한 편이어서, 보험차원의 개혁을 둘러싼 분배적 계급갈등이 지배적인 갈등전선으로 작용하고 있으며 이것은 표적화나 재조준화, 적립화와 같은 새로운 갈등전선이 부상하게 되는 긴축의 시대에도 마찬가지이다. 노동조합과 사용자단체는 거의 언제나 한 목소리를 내고 있으며, 정당들은 집권에 실패한 경우에는 집권정당의 개혁안에 대해 그 내용이 무엇이든 관계없이 거의 한 차례도 그것을 지지하는 경우를 찾아보기 어렵다. 따라서 정책공간 내에 계급초월적 동맹의 여지가 실제로 존재할지라도, 그렇게 해서 형성된 새로운 동맹이 정책결정의 최종단계에 가서는 결국은 해체될 위험이 상존한다. 그러므로 정부(집권정당)가 노동조합과 야당의 강한 저항에도 불구하고 개혁을 추진하려 할 경우, 그것은 오직 집권정당이 반대세력과의 역관계에서 우위를 점할 수 있을 때에만 가능하다. 만일 반대세력이 연방상원(Bundesrat)에서 거부권을 확실히 갖게 되면 독일의 개혁은 심각한 교착상태에 빠지게 되는데, 이것이 바로 2005년 가을에 대연정이 형성되는 데 궁극적으로 기여한 한 요인이다.

1970년대까지의 독일 연금제도는 보수주의적 복지국가의 비스마르크적 사회보험의 특징을 매우 분명히 가지고 있었으며, 이는 지금도 상당정도로 그러하다(Bonoli and Palier, 1998). 즉, 국민연금의 수급자격 획득은 노동시장 참여가 전제되어야 가능하며, 연금급여는 소득비례급여로 계층화 속성이 강하며, 연금의 재정은 가입자가 납부하는 기여금으로 주로 마련되고, 독일의 공적연금에서 가장 기본적인 제도인 국민연금(Gesetzliche Rentenversicherung; GRV)의 운영은 정부의 감독 하에 사회적 이해당사자들, 즉 노동과 자본이 직접적으로 관여하여 이루어진다(제3장 참조)[1]. 국민연금에 더하여 일부 기업과 산업에서는 적립방식의 기업연금이 운영되고 있기도 한데 이것이 일반적인 경향은 아니다. 독일의 국민연금제도는 소득비례원칙을 매우 강하게 견지하고 있는 관계로, 최근 지속적으로 증가하고 있는 노동시장 외부자들, 특히 비정규직 노동자나 여성 노동자 등을 배제하는 경향이 있다(Mühlberger, 2000; Schmähl and Michaelis, 2000; Riedmüller, 2000; Lepperhoff, Meyer and Riedmüller, 2001). 따라서 독일의 국민연금은 정규직 노동자와 그 가족에게는 관대한 혜택을 제공하여 퇴직 후에도 그들의 생활수준을 유지하게끔 보장해주지만(Schludi, 2005), 그런 만큼 매우 불평등하며 또 탈산업화시대의 새로운 가족구조와 노동시장구조에는 잘 맞지 않는 단점을 안고 있다.

이제 우리가 분석대상 기간으로 삼는 1970년대부터 1990년대까지 30여 년 동안 나타난 중요한 정책적 변화에 대해 먼저 개관해보자.

---

1 모든 노동자와 실업급여 수급자는 국민연금(GRV)에 의무적으로 가입된다. 수급권리는 65세까지 최소 5년 이상 보험기록이 있어야 발생한다. 1970년대에 완전노령연금의 소득대체율은 가입자의 과거 소득의 70%에 이르렀다. 완전노령연금을 받기 위해서는 40년 이상의 기여기록과 평균적인 생애소득이 있어야 한다. 공무원연금의 급여수준은 더 높아서 가입자의 최종소득의 75%에 이른다(Schludi, 2005; Busemeyer, 2005; Hering, 2004).

1970년대에 사회민주당(SPD, 사민당)과 시장자유주의를 추구하는 자유민주당(FDP, 자민당)의 연립정부는 연금급여수준을 인상하고 사회변화에 맞추어 몇 가지 제도변경을 하였다. 급여수준과 관련해서 보면, 1972년과 1974년, 1976년 세 차례에 걸쳐 시도된 개혁으로 연금수급연령은 65세에서 63세로 낮추어졌으며, 장기경력을 가진 저임금 노동자의 연금권리가 향상되었다. 또한 연립정부는 비경제활동인구(여성)와 자영업자들이 국민연금에 임의가입할 수 있도록 허용하였다. 뿐만 아니라 독일 여성계가 오랫동안 제기해왔던 이혼한 여성에 대한 연금수급권 분할 요구를 받아들여 분할연금을 도입하였으며, 1981년에는 예술가들을 위한 별도의 연금보험제도를 도입하였다. 이러한 제도개혁들은, 사민당과 자민당 연립정부가 복지정책을 빈곤대책으로서만이 아니라 사회현대화의 수단으로서도 접근해왔음을 보여준다(Nullmeier and Rüb, 1993). 또한, 경제가 성장하고 재정이 팽창하던 1970년대에 이루어진 이들 개혁은 다양한 수혜집단들의 서로 다른 욕구를 나름대로 수용한 것이어서 모든 주요 정당들로부터 지지를 얻을 수 있었다(Alber, 1987).

하지만 1970년대 중반에 경제위기가 닥치면서 연금권리의 확대는 중단되기 시작하였다. 사민당/자민당 연립정부는 1977년에 그리고 기독교민주연합(CDU, 기민련)/기독교사회연합(CSU, 기사련)과 자민당의 우파연립정부는 1983년에, 국민연금 구조는 그대로 두었지만 급여수준의 삭감을 추진하였다(이 조치를 쉴루디(Schludi, 2005: 130)는 "단기적 안정화"라고 명명하였다). 비록 제도의 구조적 변화 없이 급여수준만 삭감한 것이지만, 이 조치로 인해 독일은 1980년대에 연금지출이 실제로 감소한 몇 안 되는 나라 중 하나가 될 수 있었다(Schludi, 2005). 그 이후로 독일의 모든 연금개혁은 보험차원에 제한된 것이 되었다. 연금급여 축소로 획득한 재정적 여력을 활용하여 기민련/기사련-자민당의 우파연립정부는 1985년에 마지막으로 확장적 개혁을 추진하여 어머니를 위한 보육급여와 불완전고용경력자 또는 불완전연금권리 취득자에 대한 최저연금을 도입하였다.

1990년대에 독일은 영구적 긴축의 시대로 들어가게 되었는데, 그것은 경제성장률과 일자리가 전반적으로 하락하였기 때문이기도 하며 또 통일에 따른 비용 – 통일비용의 상당부분은 사회보험 분야에서 발생하였다(Manow and Seils, 2000) – 이 막대하였기 때문이기도 한 것이었다[2]. 이렇게 되면서 비용억제가 보험차원의 개혁을 지배하는 주제가 되기 시작했다. 1989년 개혁은 연금수급연령을 상향조정하는 한편 임금연동의 기준을 총임금에서 순임금으로 변경하였다. 이 1989년 개혁은 집권정당과 야당이 모두 지지한 마지막 개혁이었다. 그 때 이후로 독일적 연금합의(German pension consensus)(Nullmeier and Rüb, 1993; Hinrichs, 2000)는 불가능한 것이 되었다. 긴축의 시대에 독일의 연금정치도 정합게임에서 기껏해야 영합게임으로 전환된 것이다. 기민련/기사련-자민당의 우파연립정부는, 1990년대 내내 연금개혁의 초점이 연금축소에 있음을 분명히 하여 1996년에는 직업훈련기간에 대해 주어지는 크레딧을 축소하였고 이어 1997년에는 연금급여수준을 인하하는 조치를 단행하였다. 물론 이들 개혁에는 약간

2 과거 동독지역 주민의 사회보장급여수준은 1991년 이후부터 즉각적으로 과거 서독 주민의 수준으로 인상되었다. 물론 과거 동독지역 주민들이 그에 상응하는 기여기록을 가진 것은 아니었다.

의 확장적 조치가 포함되기는 해서 1996년에 주변부 노동자의 연금 가입을 허용하고 1989년과 1997년에는 어머니의 연금권리를 강화하기도 했다.

하지만, 우파연립정부가 1997년에 시도했던 급여인하조치는 발효되지 못하였는데 왜냐하면 1998년에 집권한 사민당-녹색당 좌파연립정부가 이를 무효화했기 때문이다. 사민당-녹색당 좌파연립정부는 보다 근본적인 개혁에 착수하여 1998년과 1999년에 시간제 노동자와 주변부 노동자의 가입조건을 완화하였다. 하지만 이 조치 직후 좌파연립정부는 심각한 인구학적 · 경제적 전망으로 재정압박에 직면하게 되었다. 좌파연립정부는 2000년에 장애연금을 삭감하고 장애노동자에게 주어지던 연금권리를 축소하여 국민연금의 지출을 줄이는 조치를 취하였다. 이어 매우 중요한 개혁인 2001년 리스터 개혁(Riester reform)으로 연금급여는 소득대체율 70%에서 64%로 인하되었으며 과부연금의 수준도 인하되었다. 하지만 동시에 적립방식의 개인연금과 기업연금을 도입 · 확대하였으며, 자산조사에 의한 최저연금을 강화하고 아이를 돌보는 어머니를 위한 연금크레딧을 상향하는 조치 등을 통해 여성과 부모, 저임금노동자들의 연금권리를 신장시켰다(Andersen and Meyer, 2006; Meyer, 1998)[3]. 2001년의 리스터 개혁은 공무원연금에도 적용되어 그들의 특권적 권리가 축소되었다. 마지막으로 2004년 개혁으로 연금급여는 더욱 삭감되었으며 연금수급

---

3 교육을 받는 경우에 부여되는 연금크레딧에 관한 규정이 변경되면서 첫 자녀를 출산한 경우 여성들은 출산 후 늦어도 1년 후에는 노동시장으로 복귀하는 것이 유리하게 되었으며, 둘째나 그 이상의 자녀를 출산한 여성들의 경우에는 출산 후 3년 동안은 전적으로 아이를 돌보는 것이 유리하게 되었다.

연령은 상향조정되었다. 이 개혁 역시 저임금노동자를 위한 최저소득대체율의 도입과 병행 추진되었다. 또한 가장 최근의 개혁에서 기민련/기사련은 가족급여의 인상을 주장했는데 하지만 이것은 사민당-녹색당 연립정부에 의해 거부되었다.

〈표 7-1〉에는 독일 연금개혁에서 네 가지 개혁차원 — 보험, 표적화, 재조준화, 그리고 적립화 — 이 어떻게 나타났는지가 정리되어 있다.

〈표 7-1〉 독일 연금개혁에서 갈등전선의 전개

개혁	보험	적립화	표적화	재조준화
연금개혁법, 1972	1. 퇴직연령 하향 (63세에서 자율퇴직) 2. 연금연동율 상향		1. 장기경력 저임금노동자 대상 최저연금제 도입 2. 자영업자에 대해 국민연금 임의가입 허용	1. 비경제활동인구에 대해 국민연금 임의가입 허용 2. 1년 교육시 연금크레딧 부여 (교육크레딧)
기업연금 개선에 관한 법률, 1974	1. 기업연금 급여수준 인상		1. 전직(轉職)할 경우 개인의 연금적립금 이전 보장	
혼인법 제1차 개정, 1976				1. 이혼시 분할연금 도입
연금 조정에 관한 법률, 1977	1. 연금연동제 시행연기 2. 기여수준 인상 3. 상병보험의 국민연금 기여분 인상 4. 국민연금의 지불준비기금 축소			
예술인을 위한 사회보험법, 1981			1. 예술인들을 위한 연금보험 도입	
공공예산에 관한 법률, 1983	1. 연금연동제 시행연기 2. 국민연금 기여수준 인상			

개혁	보험	적립화	표적화	재조준화
	3. 연금수급자의 상병보험 기여금 인상			
과부연금 및 교육급여 개혁, 1985			1. 최저연금 관련 규정 강화	1. 과부(寡婦) 및 과부(寡夫)연금의 조화 2. 1년 교육시 크레딧(교육크레딧) 부여
연금개혁법, 1989	1. 퇴직연령 상향 2. 연금연동의 기준을 총임금에서 순임금으로 변경		1. 최저연금 규정 강화	1. 교육크레딧 확대 2. 조기퇴직 시 교육크레딧 합산 3. 최저연금 규정 강화 4. 배우자 간 연금권리 분할에 관한 논쟁
연금개혁법, 1996	1. 퇴직연령 상향 2. 직업훈련으로 경력단절시 적용기간 단축 인정 3. 국민연금의 장애급여액 인하		1. 주변부노동자에게 국민연금 적용 확대	
연금개혁법, 1997	1. 연금급여수준 인하(급여산식에 인구학적 요소 도입, 연금수급자의 비중이 높아지면 급여가 인하되도록 함) 2. 조기퇴직시 급여삭감 3. 장애연금 인하 4. 국민연금의 재정안정성 제고(부가가치세의 1%)		1. 자산조사방식의 최저연금 도입을 둘러싼 논쟁	1. 교육크레딧 인상 2. 자산조사방식의 최저연금 도입을 둘러싼 논쟁 3. 여성에게 개별적 연금수급권 부여를 둘러싼 논쟁
사회보험법 개정에 관한 법률안, 1998	1. 1997년 법의 인구학적 요소 폐지 2. 1997년 법의 장애연금 인하 폐지		1. 시간제 노동자에 대한 국민연금 적용 확대	

개혁	보험	적립화	표적화	재조준화
주변부고용에 관한 법률, 1999			1. 주변부 노동자에 대한 국민연금 적용 확대	
장애연금 개혁, 2000	1. 장애연금 급여수준 인하 2. 급여수준이 낮은 새로운 장애연금 도입 3. 실업자의 국민연금 적용을 위해 실업보험에서 국민연금 기여금 납부			
연금개혁법, 2001	1. 과부연금 급여수준 인하 2. 국민연금의 일반적 급여수준 인하	1. 적립식 개인연금 및 기업연금 도입	1. 자산조사방식의 최저연금 도입	1. 돌봄제공자에 대한 국민연금 적용 확대 2. 배우자 간 기여와 급여의 분할 도입 3. 빈곤구제의 개별화(자녀가 부모를 부양할 의무 크게 경감) 4. 자산조사방식의 최저연금 도입
공무원연금 개혁, 2001		1. 공무원 대상의 적립식 개인연금 도입	1. 공무원의 연금급여 인하 2. 공무원의 과부연금 급여 인하	1. 공무원의 교육크레딧 인상
연금의 지속가능성에 관한 법률, 2004	1. 국민연금의 일반적 급여수준 인하 2. 조기퇴직시 급여삭감 3. 직업훈련으로 경력단절시 연금적용 축소		1. 최저 소득대체율(46%) 및 최대기여율(22%) 목표치 도입	1. 가족을 위한 연금적용 확대를 둘러싼 논쟁

갈등전선의 전개과정

이 책에서 분석하는 세 나라 가운데 독일은, 남성가장모델에 기초한 단일한 부과방식의 기여연금을 가지고 있다는 점에서 비스마르크적 체계의 특징을 가장 전형적으로 가진 국가이다. 스위스는 적립식 연금을 일찍부터 발전시켜 왔다는 점에서 독일과 다르며, 프랑스는 여성의 노동시장 참여가 일찍부터 장려되어 왔다는 점에서 독일과 스위스 두 나라 모두와 다르다. 그리하여 독일은 탈산업화로 인해 가장 큰 도전에 직면하게 되었다고 할 수 있다. 이런 점에서 독일은 1970년대 이래 세 가지 대안적인 개혁전략(표적화, 재조준화, 적립화)의 적절성이 매우 높아져왔다고 볼 수 있다. 사민당-자민당 연립정부와 기민련/기사련-자민당 우파연립정부가 여러 가지 재조준화 개혁을 추진하긴 했지만, 적립화와 표적화 개혁은 1998년 사민당-녹색당 연립정부의 집권 이후 특히 중요한 개혁의제로 부상하였다.

〈표 7-1〉은 보험차원의 개혁이 지난 30년 전 기간에 걸쳐 가장 중요한 개혁의제였음을 보여준다. 표준적인 가입자의 연금권리는 꾸준히 개선되어왔으며 1970년대 초에는 매우 큰 폭으로 강화되었다. 이것은 주요 정당들과 사회적 이해당사자들 간의 합의의 정치의 결과일 뿐만 아니라 숙련형성을 위한 투자와 지속적인 취업이력을 관대한 사회보험으로 보상하는 조정적 시장경제의 전형적인 작동유형이 반영된 결과이기도 하다(Hall and Soskice, 2001; Estivez-Abe, Iversen, and Soskice, 2001). 독일의 이처럼 관대한 국민연금은 정규직고용을 유도하고 남성가장의 소득을 효과적으로 보장해줌으로써 산업화시대에는 매우 기능적이었다. 하지만 고실업이 만성화하고 인구고령화가 진전되면서 그와 같은 관대한 국민연금은 "노동 없는 복지" (Esping-Andersen, 1996b: 66)를 특징으로 하는 경제에 매우 부적합한 것이기 때문에 아킬

레스건과 같은 약점으로 변화하게 되었다. 이러한 구조적 문제에 대해 다른 나라에서와 마찬가지로 독일 정부도 1970년대 후반부터 1990년대 초에 이르는 기간 동안은 체계적인 개혁보다는 기여수준의 인상이나 연동방식의 변경 등과 같은 응급처방적 수선으로 대응하였다. 국민연금을 보다 근본적으로 손질할 필요가 있다는 인식은 1990년대에 와서야 확산되기 시작하였는데, 이 때에도 노동조합과 좌파정당 그리고 기민련의 친노동분파는 독일의 국민연금은 안정적이며 안전하다고 주장하였다(Busemeyer, 2005). 하지만 1997년 이후 연금권리의 축소는 모든 연금개혁의 중심주제가 되었다. 기민련/기사련-자민당 우파연립정부는 1996년과 1997년에 연금권리를 크게 축소시키는 조치를 취했다. 2000년부터 2004년 기간 동안에는 사민당-녹색당 연립정부가 연금축소를 단행했는데 역설적이게도 이 좌파연립정부가 단행한 연금축소는 1990년대 우파연립정부가 추진한 그 어떤 연금축소보다 큰 폭의 것이었다(Schludi, 2005; Hering, 2004). 국민연금의 소득대체율은 2004년에 46%로 하향되는 것으로 조정되었으며(물론 경과기간이 25년으로 주어졌다), 또 2005년에 사민당정부는 퇴직연령을 65세에서 67세로 상향조정할 것이라고 발표하였는데, 이런 연금축소 시도는 몇 년 전에는 생각지도 못했던 것들이다[4]. 이 당시 사민당 정부는 국민연금이 노후에 필요한 소득 전체를 보장해야 한다고 생각해서는 안 된다고 명시적으로 언급하기도 했다.

하지만, 연금권리에 대한 태도의 이와 같은 극적인 전환은 독일 연금정치의 한 단면에 불과하다. 〈표 7-1〉은 표적화가 개혁의 둘째 축

4 퇴직연령의 상향조정은 실제로 2007년 3월에 실현되었다.

이 되어온 사실을 보여주고 있는데, 그것은 1970년대 사민당-자민당 연립정부 시기에도 그러하였고 보다 최근인 사민당-녹색당 연립정부 시기에는 더욱 그러하였다. 사민당-자민당 연립정부는 자영업자와 비취업자에게 임의가입을 허용함으로써 국민연금의 적용범위를 확장하였고 예술가들(이들은 고용이 불안정한 경우가 많다)을 위한 특별제도를 도입하였다. 한편 사민당-녹색당 연립정부는 1990년대 후반에 시간제 노동자와 주변부 노동자들을 국민연금에 포괄함으로써 그 적용범위를 확대하였고, 2001년에는 공무원들이 가진 특권적인 연금권리를 축소하였으며, 자산조사에 의한 기초연금을 도입하였다. 또한, 1998년과 1999년에는 기민련/기사련-자민당 우파연립정부도 비정규직 노동자들을 포괄하게끔 국민연금의 적용범위를 확대하였다. 이러한 개혁조치들로 인해 노동시장 외부자들에 대한 국민연금의 적용은 크게 개선되었으며 이는 보험차원의 개혁에서 일어난 연금축소를 어느 정도 보완하였다. 물론 표적화 개혁이 노동시장 외부자들 — 예컨대 여성단체나 녹색당(제4장 참조; Schulze and Jochem, 2007) — 이 요구한 만큼 이루어진 것은 아니다. 하지만 그러한 개혁이 취해졌다는 사실은, 경직된 독일의 연금체계를 탈산업적 구조변화에 맞추어 개혁하기 위한 전략이 무엇인가에 관해 지속적인 토론이 이루어지고 있음을 보여주는 것이다.

또한 우파정부는 1985년과 1997년에 몇 가지 재조준화 개혁을 실행하기도 했다. 다른 비스마르크적 복지국가와 마찬가지로 독일도 여성들은 대개 파생적 수급권만 갖기 때문에 여성에 대한 노령연금권리 보장수준은 대단히 낮다. 이 문제와 관련하여 사민당-자민당 연립정부는 이미 1976년에 이혼시 분할연금을 도입하는 등 나름의 조치를 취한 바 있었다. 하지만 보수당 정부도 전통적인 가족구조에 변화를 가하지 않고도 여성의 연금권리를 신장시킬 방법을 찾아냈는데 그것은 바로 어머니들에게 교육크레딧을 부여하는 것이었고 이는 1985년에 실행에 옮겨졌다. 처음에 이 교육크레딧은 경제활동을 하지 않는 여성에게만 적용되는 것이었다[5]. 이런 교육크레딧은 여성의 노동시장참가를 위한 유인을 제공하는 것도 아니고 또 성역할의 변화를 유도하는 것도 아니기 때문에 보수주의적 재조준화라고 할 수 있다. 하지만 그런 한계에도 불구하고 1985년 개혁은 여성의 개별적 연금권리를 강화한 것이라고 할 수 있다. 연금권리의 개별화(즉, 1인 1연금)와 여성의 노령빈곤은 1990년대 내내 끊임없는 논쟁의 가장 중요한 주제였으며 이는 특히 보편적인 최저연금 도입(이 제도의 도입은 특히 여성에게 유리할 것으로 생각되었다)을 둘러싼 논쟁에서 그러하였다.

마지막으로 적립화는 2001년에 처음으로 개혁의제로 떠올랐다. 프랑스에서처럼 독일에서도 민간 적립연금의 도입은 큰 논쟁을 불러일으켰고 또 개혁의제로도 늦게 부상하였다. 이는 연금정책의 높은 경로의존성으로 설명할 수 있다. 단일제도로 되어 있는 부과방식의 국민연금을 적립식의 연금체계로 전환하는 것은 많은 비용을 요하는 일이다. 부과방식의 국민연금에의 가입으로 인한 수익은 시간이 지남에 따라 증가하는 데다 현세대노인이 받을 연금에 필요한 기여금을

---

5 하지만 헌법재판소의 판결에 따라 1999년부터 교육크레딧은 일반적인 연금수급권에 부가 될 수 있게 되었다.

납부하면서 동시에 퇴직 후 받을 연금을 적립하기 위한 기여금을 납부하는 데 최소한 한 세대의 시간이 필요하다. 프랑스 정부는 적립연금을 비록 수사의 차원이라 할지라도 국민연금과 별개의 제도로 보이게 하고 저축률 증대를 위한 경제정책의 일환으로 홍보하여 민간의 적립연금으로 도입하였다(제6장 참조). 하지만 독일의 경우 좌파정부는 민간적립연금은 국민연금을 보완하는 성격을 가진다는 점을 강조하여 처음부터 적립연금을 국민연금의 대안으로 제시하였다.

프랑스와 독일의 이러한 차이는 어디에서 기인하는 것일까?

연합형성적 동학에 관한 분석에서 보게 되겠지만, 독일의 연금개혁은 그것이 체계적인 변화를 겨냥한 것, 즉 자산조사에 의한 최저연금과 소득비례방식의 국민연금 그리고 민간적립연금으로 구성된 다층체계로의 전환을 겨냥한 것으로 제시될 때에만 성공할 수 있었다. 다층체계로의 전환은 2001년에야 시작되었고 아직 진행 중이지만, 사민당-녹색당 연립정부가 추진한 개혁은 모두 이 방향을 지향한 것이다[6].

행위자 배열의 전개과정

독일 연금제도의 체계적 변화는 행위자들 간에 형성되는 연합이 계속 변화해왔기 때문에 가능하였다. 독일의 연금정치에서는 세 가지 경향이 중요하게 작용하였다. 첫째, 보험차원의 개혁과 관련해서는

6 쉴루디(Schludi, 2005)는 최초의 정부안이 최종적으로 결정된 개혁안보다 훨씬 더 분명하고도 일관되게 체계변화를 지향하고 있음을 보여준다. 정부가 최초에 그러한 제안을 내놓았다는 사실은, 다층체계로의 전환이 여러 가지 개별적인 개혁이 우연히 결합하여 나타나는 것이 아니라 독일정부의 일관된 의도임을 의미한다.

1980년대와 1990년대에 이르기까지 계급갈등이 지배적이었고 이런 경향은 사민당과 녹색당이 1990년대 후반에 연금권리 축소를 지향하는 쪽으로 선회하기 전까지 계속 되었다. 둘째, 계급갈등은 재조준화 및 표적화와 관련해서는 훨씬 일찍부터 희석되기 시작하였다(그 정도는 재조준화에서 더 강하였다). 노동과 자본의 주요 분파들은 노동시장 내부자에 대한 소득비례급여를 보존하기를 선호하였지만, 주요 정당들은 노동시장 외부자를 위한 일부 정책에서는 제법 공통된 입장을 보이기도 했다. 셋째, 적립화 차원의 개혁은 노동운동 내부를 숙련수준에 따라 분열시키는 결과를 낳았다. 독일의 연금개혁을 분석하기 위해 이 절에서 택한 대상기간은 프랑스와 좀 다르다. 프랑스에서와 마찬가지로(하지만 스위스와는 달리) 독일에서도 정부가 가진 이념이 개혁의 산출에 중요한 영향을 미쳤다. 따라서 1998년 이전 우파정부가 추진한 개혁과 1998년 이후 좌파정부가 추진한 개혁을 분리해서 살펴볼 필요가 있다. 독일에서 우파정당들은 1982년부터 1998년까지 집권했는데 이 기간은 통일과 영구적 긴축이라는 전환점(시기로는 대체로 1990년)에 의해 그 전과 후의 두 기간으로 구분된다.

이 책의 4장에서 논의한 바대로 보험차원의 개혁과 관련해서는 계급갈등이 우세하여 좌파정당과 노동조합이 한 편을 이루고 사용자단체와 보수정당이 또 다른 한 편을 이루어 대립할 것이라고 예측할 수 있다. 독일에서 이러한 계급갈등은 노동조합과 사용자단체에 있어서는 분석대상 전 기간에 걸쳐 그리고 정당들에 있어서는 1980년대와 1990년대에 실제로 나타났다. 하지만 1980년대 이전과 1990년대 이후에는 보험차원에 관련된 정당들의 입장은 계급갈등의 논리에 따른

〈그림 7-1〉 독일: 기간별(1971-80, 1981-90, 1991-97, 1998-2004) 보험차원 개혁에 대한 행위자들의 평균적인 입장

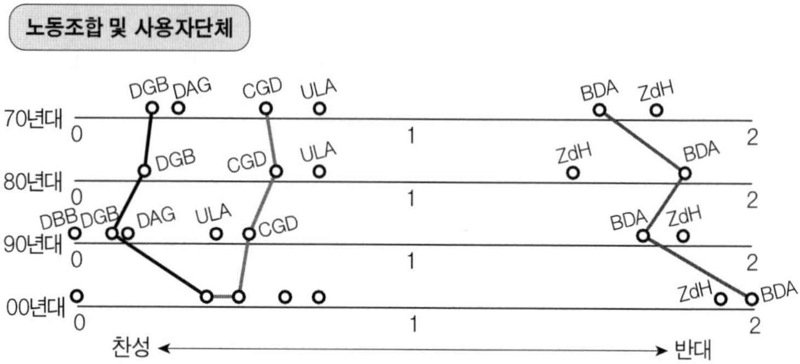

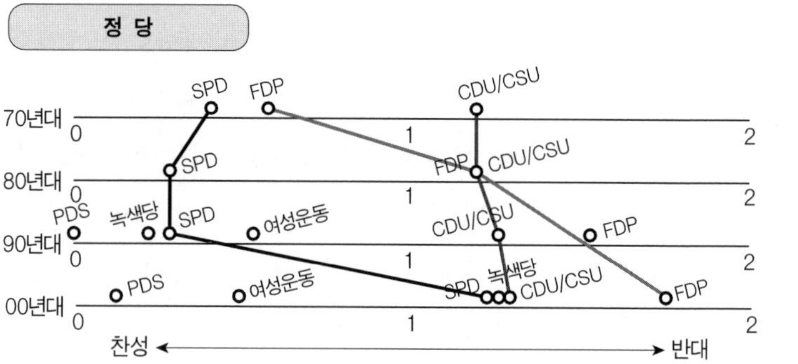

것이 아니었다.

프랑스에서처럼 독일에서도 번영과 급여확대의 시기였던 1970년대에 시도된 초기의 연금개혁은 정당들 간의 합의 속에 상대적으로 순조로웠다. 사민당-자민당 연립정부는 확장적 개혁을 추진하였고 기민련/기사련은 대체로 그에 동의하였다. 노동조합과 정당들 간의 갈등도 그리 크지 않았다. 이 시기에는 연금정치가 기본적으로 정합

게임의 성격을 가지고 있어서 연금개혁이 상이한 이해관계를 가진 다양한 집단들의 요구에 부응할 수 있었고 그리하여 독일은 후에 연금합의라고 부르게 된 상황을 경험할 수 있었다. 일부 학자들은 이 기간의 독일의 연금정치는 사실상 탈정치화된 것이라고까지 주장하기도 했다(Nullmeier and Rüb, 1993). 하지만 〈그림 7-1〉을 보면 1980년대와 1990년대에 이르러 계급갈등이 훨씬 첨예하게 되었음을 알 수 있다. 이 기간에는 국민연금에서의 연금권리를 둘러싼 분배갈등이 고조되었으며 비용억제가 가장 중요한 개혁전략으로 부상하였다. 그림에서 '0'에 가깝게 위치한 행위자일수록 그는 관대한 급여(예컨대, 퇴직연령의 하향, 총임금을 기준으로 한 연금급여의 연동, 관대한 소득비례급여 등)를 지지함을 의미하며, 그 반대쪽 즉 '2'에 가깝게 위치한 행위자일수록 보험조건을 엄격히 할 것을 주장함을 의미한다. 그리고 동일한 행위자의 시기별 입장변화를 좀 더 용이하게 추적케 하기 위해 이를 점선으로 이어놓았다.

1970년대에 주요 정당들은 연금권리의 향상을 위한 다양한 확장적 개혁조치를 대체로 다 지지하였다. 경제전망은 좋았으며 정당들은 확장적 개혁을 주거니 받거니 지지하였고 연금지출은 빠르게 증가했다(Alber, 1987). 1977년에 연금급여가 처음으로 삭감되었지만 이 조치는 실업보험이나 상병보험 등 다른 제도로부터의 급여 증액 및 수입증가로 삭감된 급여가 보완되었기 때문에 큰 갈등을 불러일으키지 않았다. 삭감된 연금급여를 다른 사회보험급여로 보완하는 전략은 특히 정당들 간의 갈등을 무마하는 데 효과적이었지만 곧 적자의 증가라는 문제에 부딪히게 되었다.

긴축의 시대가 도래하면서 이제 계급대립이 찾아오기 시작하였다. 1990년대로 가면서 노동조합과 사용자단체 간의 입장 차이는 적대적인 것으로 변화하였고 우파정당과 좌파정당 간의 갈등도 격화하기 시작하였다. 1980년대와 1990년대의 계급대립은 여러 가지 상황전개의 결과이다. 우선 이 기간에 독일노동조합연맹(DGB)과 독일사무직노조협의회(DAG)와 같은 노조정상조직들이 보다 좌파적인 입장으로 선회하였고, 사민당을 비롯한 다른 좌파정당들, 예컨대 녹색당과 민주사회당(PDS=민사당)도 보다 좌파적 입장을 취하게 되었다. 하지만 우파정당 중 자민당은 1970년대 이래 보다 우파적이고 시장자유주의적인 입장으로 전환해왔다. 1989년에는 연금급여 삭감조치가 큰 논란이 되었는데 왜냐하면 대부분의 노동조합들이 이 개혁을 급여수준 인하를 향한 일종의 전환점으로 간주하였기 때문이다[7]. 하지만 이것은 계급대립의 시작에 불과한 것이었다. 녹색당과 사민당, 그리고 노동조합이 우파연립정부가 추진한 큰 폭의 급여삭감조치(예컨대, 급여인하, 인구학적 요인, 퇴직연령 상향 등)에 대단히 격렬한 저항을 보인 것은 대개 1996년과 1997년이었다. 보수적인 연금개혁에 대항하여 단결한 좌파는 본(Bonn)에서 최초로 대중집회를 개최하였으며, 1998년 총선을 위한 선거운동에서 연금급여삭감을 주요 쟁점으로 제기하였다. 그러나 이처럼 기존의 급여수준을 유지하기 위해 대중집회까지 개최한 녹색당과 사민당은 1998년 총선 승리로 집권한 이후에는 우파적 입장으로 급선회하여 모두를 놀라게 하였다. 적록연립정부가 집권 직후 이전에 보수당 정부가 추진했던 급여삭감조치

7 서비스노조연합(ver.di)과의 인터뷰, 베를린, 2004년 9월 20일.

를 무효화한 것은 사실이지만 그보다 몇 년 후에 그들은 조기퇴직의 가능성을 축소하고 국민연금의 일반적 급여수준을 인하하는 등 우파 정부보다 훨씬 더 강력한 급여삭감을 추진하였다. 그리하여 2000년대에 들어오면서 사민당과 녹색당이 노동조합과 공산당, 여성운동과 결별함으로써 독일의 좌파는 사실상 분열되어 버렸다(사민당과 녹색당의 우파적 입장으로의 선회는 〈그림 7-1〉에 잘 나타나 있다). 2004년 개혁에서 전문가들은 의회공청회에서 연금권리를 더 이상 축소하게 되면 지극히 극소수의 가입자만이 완전연금 수급에 필요한 권리를 획득하게 될 것이라고 경고하였다[8]. 이와 대조적으로 노동조합은 보험차원 개혁에 대해 비교적 동질적인 입장을 보였다. 금속노동자들의 주된 조직인 금속노조(IG Metall)의 한 간부가 말한 바와 같이, 독일 노동운동의 과거 경험에 비추어 볼 때 노동운동은 항상 새로운 급여를 도입하기 위한 싸움보다는 기존의 급여를 지키기 위한 싸움을 할 때 더 쉽게 통일된 입장에 도달하였다[9]. 보험차원의 개혁을 둘러싼 연금정치가 전반적으로 비용억제를 지향하는 쪽으로 전환된 것이 노동운동의 통일성을 유지하는 데에는 도움이 된 것이다.

좌파정당들이 1998년 집권 이후 우파적 입장으로 급선회하게 된 것은 어떻게 설명할 수 있을까? 그 첫째 이유는 현실문제가 주는 압박이 입장 선회에 적어도 일부의 기여는 했기 때문이라고 할 수 있다. 즉, 새로 집권하게 된 좌파정당은 그들이 야당으로 있었을 때와 달리 독일연금체제가 안고 있는 재정문제에 대해 실용적인 접근을 하지 않

---

8 알버(Alber, 2001)에 의하면 그 당시 연금개혁으로 연금급여수준은 20%나 삭감되는 것으로 추정되었다.

9 금속노조와의 인터뷰, 베를린, 2004년 9월 16일.

을 수 없었던 것이다. 하지만 보다 중요한 둘째 이유는 사민당과 녹색당의 지지세력의 구성에 있다. 이 두 정당의 지지세력 중 고숙련자이면서 노동시장 외부자인 사람들, 특히 사회문화전문가계급에 속한 사람들의 비중이 점점 늘어났던 것이다(이런 경향은 녹색당에서 더욱 두드러진다). 연금급여 축소가 이들 지지자들의 물질적 이해관계를 침해하는 것은 사실이지만 사민당과 녹색당은 고숙련 노동자들에게 새로운 대안, 즉 그들로 하여금 개인적으로 연금저축을 가질 수 있게 하는 대안을 만들어주었다(독일사무직노조협의회와 화학노조(IG Chemie)와 같은 고숙련 노동조합들이 보험차원 개혁에 대해 가진 보다 온건한 입장도 참고). 또한 적록연립정부는 노동시장 외부자들(예컨대, 여성과 비정규직 노동자 등)을 위해 최저연금제도도 만들었다. 연금급여의 축소로 인해 손해를 입은 주요 집단은 저숙련 노동시장 내부자들(즉, 제조업 부문 노동조합의 주요 지지세력들)이었다. 이러한 점들은, 독일의 보험차원 개혁에 대한 행위자들의 입장은 반드시 다른 차원에서의 개혁에 대한 입장과 동시에 주목하면서 분석되어야 함을 보여준다. 연금급여 축소는 연금체제 재구조화의 일부분에 불과하기 때문이다.

적록연립정부가 1998년 이후 추진한 연금개혁 가운데 가장 큰 논란을 불러일으킨 것은 적립방식의 연금을 도입한 것이었다. 적록연립정부는 2001년에 새로운 적립식 개인연금을 창설하였을 뿐만 아니라 기업연금도 확대하였다. 이들 새로운 제도에 대해서는 그것의 연착륙을 위해 저임금 노동자들에게 상당한 보조금이 주어지게 되어 있었다는 사실에 주목할 필요가 있다[10]. 적립식 연금은 대기업의 고임

〈그림 7-2〉 독일: 재조준화 개혁(2001년)에 대한 행위자들의 평균적인 입장

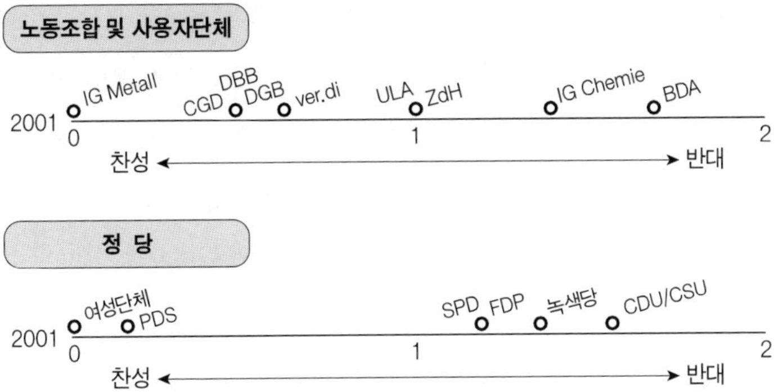

금노동자에게 더 유리한 것이기 때문에 이 책의 전반부에서 우리는 적립화 차원의 개혁은 숙련수준에 따른 갈등을 초래할 것이라는 가설을 세운 바 있다. 〈그림 7-2〉에서 보는 바와 같이, 적립화는 노동 내부의 상당한 분열을 초래하고 있다.

〈그림 7-2〉에서 왼쪽에 표시된 행위자들은 적립연금의 도입을 거부하며 도입하더라도 적립기금에 대한 엄격한 공적통제를 주장한다. 반면에 오른쪽에 표시된 행위자들은 적립방식의 개인연금 도입을 지지하며 보다 유연한 제도관리를 주장한다. 적립화 차원에서는 노동내부적 분열이 있을 것으로 예측하기 때문에 그림에는 정상노조조직뿐만 아니라 두 개의 주요 산별노조(저숙련 블루칼라노동자를 대변하는 금속노조와 고숙련 블루칼라노동자를 대변하는 화학노조)의 입장도 표시되어 있다. 주요 정당들은 적립식 민간연금이 독일의 노후

10 정부는 적립식 개인연금을 보조하기 위해 연간 20억 유로의 예산을 결정하였다. 기업연금과 관련해서는, 기업이 자사노동자들의 기업연금을 위한 부담금을 납부한다면 사회보장부담금을 감액해주도록 하였다.

소득보장체제를 인구학적으로 보다 지속가능한 것으로 만들어줄 수단이 될 것으로 보아 그것의 도입을 대부분 찬성하고 있다. 〈그림 7-2〉에서 볼 수 있는 인상적인 모습은 노동조합이 내부적으로 심하게 분열되어 있는 모습이다. 블루칼라노동자들의 주요 조직인 금속노조는 적립식 연금에 매우 강하게 반대하고 있는 반면, 노조 정상조직들(즉, 공공부문의 정상조직인 독일공무원노조연맹(DBB)과 기독교 노동조합 조직인 독일기독노동조합(CGD), 서비스산업부문의 조직인 서비스노조연합, 그리고 가장 규모가 큰 정상조직인 독일노동조합연맹은 보다 온건한 입장을 가지고 있다(물론 단일제도로 구성되는 국민연금을 확실히 선호하는 점에서는 이들이 차이가 없기는 하다). 하지만 화학노조는 적립연금 도입을 좀 더 빨리 받아들여서 기업연금에 대한 정부부조를 협상하는 등 보다 실용적인 태도를 취하였다[11]. 이런 연유로 화학노조는 노동자들의 기업연금을 위한 부담금 납부에 동의한 사용자들과 계급초월적 합의를 도출할 수 있었다. 오늘날 화학산업 부문은 비교적 좋은 조건의 기업연금을 운영하고 있는 반면, 금속산업이나 서비스산업 부문은 그렇지 못하다. 특히 서비스산업이 그런 것에는 단속적 경력을 가진 여성노동자가 많은 것이 큰 이유이다[12]. 이러한 사실들은 적립화 차원의 개혁이 숙련수준에 따른 분열을 초래함을 잘 보여준다. 고숙련산업 부문은 저숙련산업 부문이나 중소기업에 비해 적립방식의 연금을 좀 더 용이하게 운영할 수 있다. 따라서, 우리는 화학노조와 대기업 중심의 사용자단체인 독일사용자

11 금속노조와의 인터뷰, 베를린, 2004년 9월 16일.
12 서비스노조연합과의 인터뷰, 베를린, 2004년 9월 20일.

〈그림 7-3〉 독일: 기간별(1971-80, 1981-90, 1991-97, 1998-2004) 표적화 차원의 개혁에 대한 행위자들의 평균적인 입장

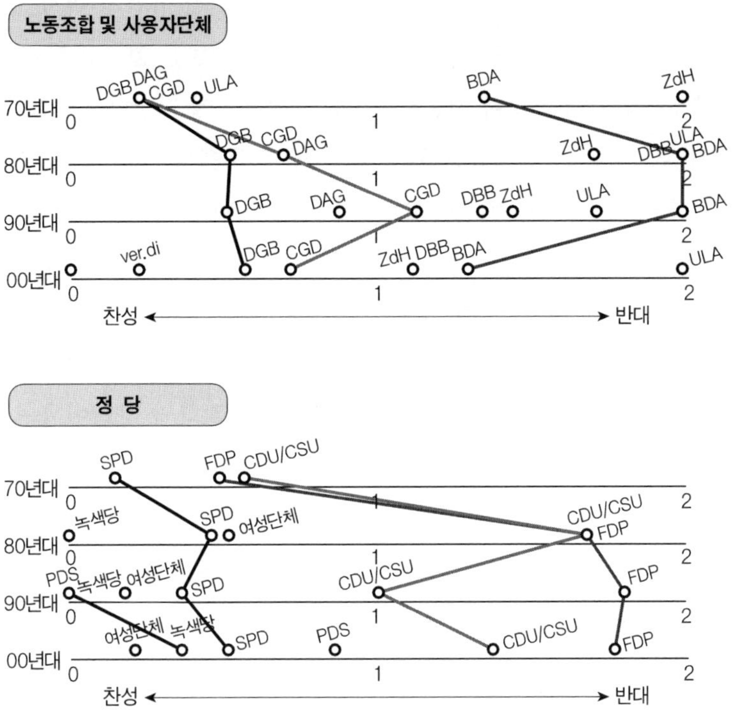

단체전국연합회(BDA)가 블루칼라노동자와 서비스산업 부문을 주요 기반으로 하는 노동조합과 중소기업 중심의 사용자단체인 독일수공업총협회(ZdH)에 비해 적립화에 더 호의적인 입장을 보이는 사실을 이런 점에서 이해할 수 있다. 전체적으로, 적립연금의 도입은 노동운동의 부문 간 분열을 더욱 강화하였으며 따라서 계급이 아니라 숙련수준에 따른 동맹의 가능성을 만들어냈다[13].

그런데, 독일 연금정치에서 계급갈등은 적립화 차원에 의해서만 희석된 것이 아니라 표적화 차원의 개혁에 의해서도 희석되어왔다. 표적화를 옹호하는 행위자들(〈그림 7-3〉에서 '0'에 가깝게 위치한 경우)은, 조세에 의해 운영되는 보충적인 급여의 제공을 통해 퇴직 후 소득격차를 완화하는 보다 평등주의적인 연금제도를 희망한다. 이들과 달리, 표적화에 반대하는 행위자들(〈그림 7-3〉에서 '2'에 가깝게 위치한 경우)은 연금급여는 등가원칙을 충실히 따라 기여금에 비례해야 하며 따라서 지위 차별이 유지되어야 한다고 주장한다. 전통적인 소득비례 혹은 기여비례방식의 연금은 정규직의 노동시장 내부자에게 유리한 반면 표적화 개혁은 저임금 노동자들과 노동시장 외부자들의 연금권리를 향상시키는 것이기 때문에, 표적화의 차원에서는 내부자-외부자 갈등이 증가할 것이라고 예측할 수 있다. 적립화와 달리 표적화는 시간이 갈수록 좌파 내의 분열뿐만 아니라 우파 내의 분열도 증가시키는 경향이 있는 것 같다. 〈그림 7-3〉의 왼쪽을 보면, 대부분의 노동조합들은 시간이 갈수록 표적화에 대해 부정적인 태도를 갖는 것으로 나타난다. 하지만 오른쪽을 보면, 기민련/기사련과 일부 사용자단체들이 시간이 갈수록 표적화에 대해 유연한 태도를 갖게 됨을 볼 수 있다. 중요 행위자들이 표적화에 대해 보이는 태도변화를 좀 더 분명히 볼 수 있게 하기 위해 이들의 입장은 점선으로 연결되어 있다.

1970년대는 보험차원의 개혁처럼 표적화 차원의 개혁에게도 특별한 기간이었는데 이 때에는 주요 정당들이 모두 개혁에 합의했기 때

---

13 독일노동조합연맹과의 인터뷰, 베를린, 2005년 4월 8일; 금속노조와의 인터뷰, 베를린, 2004년 9월 16일.

문이다. 노동조합과 더불어 모든 정당들은 자영업자나 노동시장 외부자, 저임금 노동자 등 특정위험집단을 위한 확장적 개혁을 지지하였다. 이 번영과 확장의 시대에 오직 사용자단체만이 표적화에 반대하였다. 1980년대에도 노동조합은 주요 야당인 사민당과의 연대를 유지하면서 표적화 개혁을 지지하였다. 하지만 1980년대와 1990년대의 기간은 좌파에게 중요한 변화가 일어나기 시작한 기간이기도 하다. 정당 및 의회정치 영역에서는 녹색당이 새로운 자유의지론적 좌파의 대변자를 자처하면서 창당(1980년)되었다. 녹색당은, 곧 표적화의 주요 옹호자가 되어 사회보험방식의 연금보다는 조세에 의해 운영되는 재분배적인 연금의 강화를 주장하기 시작하였다. 실제로 녹색당은 노동시장 외부자를 국민연금에 포괄할 것을 지속적으로 주장해왔을 뿐만 아니라 재분배적이고 보다 평등주의적인 보편적 연금제도로의 체계적인 전환을 주장해왔다. 사민당은 녹색당의 이러한 전략을 기존의 사회보험방식의 연금을 대체하는 것이라기보다는 보완하는 것이라고 생각했지만 기본적으로 녹색당의 주장에 동조하였다. 하지만, 독일사무직노조협의회, 독일기독노동조합, 독일공무원노조연맹과 같은 주요 고숙련노동조합들은 1980년대와 1990년대 내내 이 전략에 대해 부정적인 입장을 보였다(이들의 부정적 입장은 〈그림 7-3〉에서 확인할 수 있다). 실제로 이 노동조합들은, 등가원칙으로부터 이득을 얻을 수 있고 더 이상의 재분배에 관심을 가질 이유가 별로 없는 노동시장 내부자들을 대변한 조직들이다. 따라서, 노동조합이 비정규직 노동자에 대한 연금권리 부여를 어느 정도 지지하기는 하지만, 그들은 독일복지국가의 가장 기본적인 원칙은 사회보험이라고 항상 주장해왔다. 1990년대에 고숙련노동조합들(예컨대, 독일사무직노조협의회, 독일기독노동조합, 독일공무원노조연맹, 그리고 관리직노조연합(ULA) 등)은 신좌파의 주장에 대항하여 기여비례급여를 유지해야 한다고 강하게 주장하였다. 노동조합과 좌파정당 간의 이러한 분열은 이들을 지지하는 계층이 노동시장 내부자와 외부자로 서로 다르기 때문이다. 우파정당 및 사용자단체들과 함께 주요 노동조합들은 노동시장 내부자들이 비스마르크식 사회보험체제에서 누리고 있던 특권을 유지하려고 했다. 이런 점에서, 서비스산업 부문의 노동조합인 서비스노조연합이 최근으로 오면서 표적화를 더욱 지지하게 된 것은 충분히 이해할 수 있는 대목이다. 서비스노조연합의 이러한 태도로 인해 적어도 표적화에 있어서 독일노동운동의 일부가 좌파정당의 입장과 가까워지게 되었다. 서비스노조연합은 조합원은 50% 이상이 여성노동자들인데 이들은 기여방식에 근거한 연금보험체제에서 제조업 부문 노동자들보다 훨씬 불리한 처지에 놓여 있다[14]. 노동조합들의 입장은 이처럼 전개되었는데, 한편 2000년대에 와서 표적화 차원의 갈등양상은 약간 더 변화하게 되었다. 적록연립정부는 2000년대에 들어오면서 공공부문 연금제도가 부여하고 있는 지위에 따른 특권을 해체하는 작업에 착수하였다. 예컨대, 2001년 연금개혁은 공무원연금에도 그대로 적용되는 것이었다. 급여구조를 보다 평등화하려는 이 조치는 좌파를 분열시켰는데, 이 분열은 민간부문 대 공공부문에 따른 것이었고 계급적인 것은 아니었다. 실제로 민간부문의 노조정상조직들(서비스노조연합, 독일노동조합연맹, 독일기독

14 서비스노조연합과의 인터뷰, 베를린, 2004년 9월 20일.

노동조합)은 좌파정당의 조치를 지지하여 공무원연금은 민간노동자들의 연금에 맞추어 조정되어야 한다고 주장하였으며, 반면에 공공부문 노동조합인 독일공무원노조연맹과 공산주의 정당인 민주사회당(PDS=민사당)은 공무원연금 삭감에 관련된 어떠한 조치에도 반대하였다.

우파세력 내에서도 변화가 일어났다. 1970년대에 기민련/기사련은 사민당-자민당 연립정부의 표적화 개혁을 지지했지만, 1980년대에는 기민련/기사련과 자민당 모두 독일 연금체제의 재구조화를 거부하였다. 1990년대에도 기독교민주주의자들은, 비록 그들이 1996년과 1997년 개혁을 통해 비정규직 노동자들에게 특별한 연금권리를 부여했지만, 독일 연금의 체계변화는 거부하였다. 또한 자민당과 독일사용자단체전국연합회(대기업 중심의 사용자단체)는, 사회적 급여는 노동자의 노동시장에서의 성과를 반영해야 한다고 주장하면서 보험원리를 수정하려는 어떠한 시도에 대해서도 반대하였다. 하지만, 2000년대에 들어 공무원연금의 특권 폐지가 쟁점으로 부상하면서 우파세력 내에도 좌파와 유사한 상황이 전개되기 시작하였다. 주요 사용자단체인 독일사용자단체협의회와 독일수공업총협회는 민간부문 노동자에게 부과되었던 것과 동일한 희생이 공무원에게도 부과되어야 한다고 주장하면서 공무원연금의 삭감을 공개적으로 지지하였다. 하지만, 자민당과 기민련/기사련 등의 주요 우파정당들은 공공부문과 민간부문 연금체제를 유사하게 조정하는 것에 회의적인 태도를 유지하였다. 사용자단체와 우파정당의 이러한 입장 차이로 인해 우파세력 내의 이질성이 강화되었다. 이런 점에서, 표적화는 우파

〈그림 7-4〉 독일: 기간별(1971-80, 1981-90, 1991-97, 1998-2004) 재조준화 차원의 개혁에 대한 행위자들의 평균적인 입장

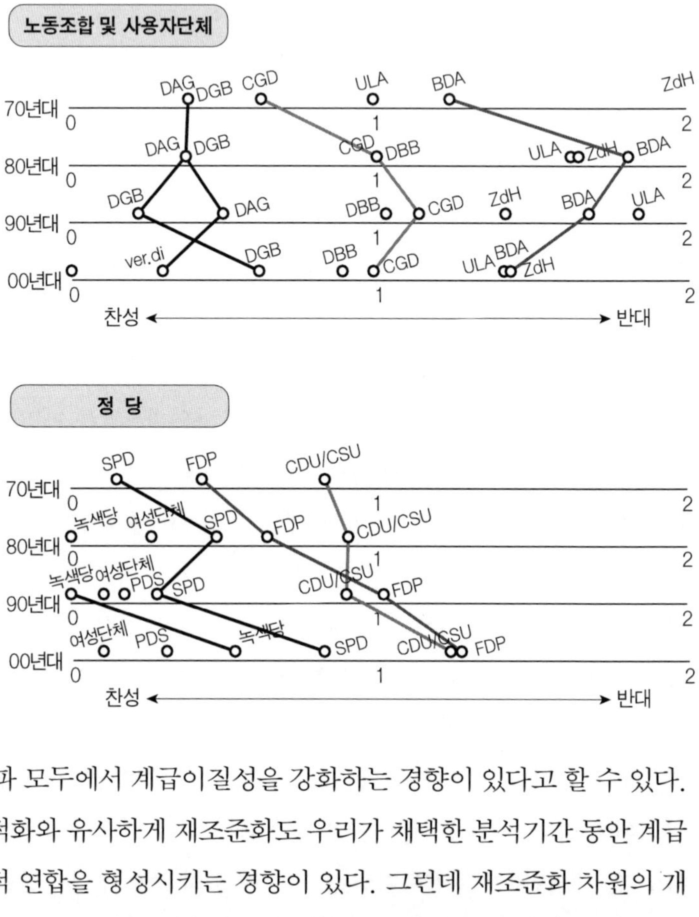

와 좌파 모두에서 계급이질성을 강화하는 경향이 있다고 할 수 있다.

표적화와 유사하게 재조준화도 우리가 채택한 분석기간 동안 계급초월적 연합을 형성시키는 경향이 있다. 그런데 재조준화 차원의 개혁은 노동시장 내부자와 외부자 간의 갈등뿐만 아니라 좌파 및 우파 정당 간의 가치동맹의 가능성도 만들어낸다. 독일에서 재조준화는 대개 여성에게 연금권리를 보장해주는 조치로 나타났는데, 이들 조

치는 자산조사에 의한 최저연금의 도입(이것은 단속적 취업경력을 갖는 경우가 많은 여성노동자에게 유리하다)이라든지 여성에 대한 특별한 연금권리의 부여(예컨대, 이혼시 연금권리의 분할이나 교육 크레딧 등)와 같은 방법으로 추진되었다. 〈그림 7-4〉에서 '0'에 가까울수록 이는 연금권리를 보다 성평등적인 것으로 재구조화하는 조치나 혼인에 관계없이 연금권리를 개별적으로 부여하는 조치를 지지함을 의미한다. 재조준화를 반대하는 사람들은, 연금권리를 기여기록에 엄격히 연계시키는 기여비례적인 연금급여를 지지한다(〈그림 7-4〉에서 '2'에 가까운 입장). 〈그림 7-4〉를 전체적으로 보면, 재조준화 차원의 개혁은 노사관계에서보다는 의회정치에서 더 중요한 쟁점임을 알 수 있다. 주요 정당들은 거의 대부분 노동조합이나 사용자단체들보다 재조준화에 더 개방적인 태도를 보이고 있다. 이는 사실 당연한 것이기도 한데, 왜냐하면 재조준화는 비경제활동인구에게 더 이익이 되는 개혁조치이기 때문이다. 하지만 그럼에도 불구하고 노동 내부적으로 재조준화에 대한 입장에 중요한 차이가 있으며, 또 우파정당들의 재조준화 관련 입장에도 시기에 따른 변화가 있었다.

〈그림 7-4〉에서는 세 가지 사실이 중요하다. 첫째, 1970년대와 1980년대에는 대부분의 정당들이 재조준화 개혁에 대해 찬성하였지만, 1990년대와 2000년대에는 녹색당과 여성단체, 그리고 약간 강도는 약했지만 사민당 정도만이 재조준화 개혁과 성평등의 추구를 지지하였다. 재조준화를 찬성한 이 후자의 행위자들은 우파정당 및 노동조합에 비해 여성과 노동시장 외부자의 이익을 대변하는 데 더 적극적이었다(4장 참조). 또한 그들은 재조준화를 가치의 문제로 이해하

고 있었다. 1990년대에 들어오면 녹색당 내부에서는 독일의 사회보험 체계로는 탈산업적 사회구조에 대응하기가 어렵다는 인식이 나타나게 되고 이로부터 독일식 사회보험 체계를 보편주의적이고 개별화된 체계로 전환시켜야 한다는 주장이 녹색당 내에서 중요한 논지로 등장하게 되었다. 사민당도 1990년대에 오면서 녹색당의 이런 전략에 점차 호의적인 태도를 보이기 시작했으며, 이에 따라 1998년 총선을 위한 선거운동에서 두 정당은 보충적 최저연금의 도입을 중요한 쟁점의 한 가지로 제기하였다. 우파연립정부가 추진한 1997년 개혁에 관한 의회논의에서 녹색당 대표였던 안드레아 피셔(Andrea Fischer)는 우파정부가 시대에 뒤떨어진 가부장적 시스템을 그대로 고집하면서 변화하는 사회현실에 눈을 감고 있다고 비판하였다. 즉, "임기응변적인 몇 가지 특별조치로는 여성들의 열악한 노후소득보장 문제를 해결하는 데 충분치 않다. 너무나 많은 사람들이 규범에 따를 수 없다면, 즉 연금정책의 등가원칙에 따를 수 없다면 그것은 사람들의 잘못이 아니라 규범 자체가 잘못임을 말하는 것" 이라고 주장하였다[15]. 이런 입장에 따라 적록연립정부는 집권 후에 최저연금을 크게 강화하였다. 하지만 그와 동시에 새로운 방향의 개혁도 추진하였는데 그것은 비경제활동인구에 대한 교육크레딧 부여보다는 노동시장참가율의 증가를 통한 여성의 연금권리 향상을 추진한 것이다[16].

---

15 하원의 본회의 의사록: 독일연방하원, 13. 제198회기. 회의 1997년 10월 10일: 17,870. (본문의 발언은 필자의 번역)

16 2001년 개혁은 연금급여를 인상하였고 자녀를 한 명 둔 어머니로 하여금 일을 그만두기보다는 시간제 일자리라도 일을 하는 것이 유리하게끔 인센티브를 제공하였다. 2004년에 사민당 대변인은 의회에서 최선의 노후소득보장은 사회보험이 적용되는 정규직 일자리라고 말하였다(하원 본회의 의사록: 독일연방하원 14. 제147회기. 회의 2001년 1월 26일: 14,405).

여성의 연금권리 향상을 위해서 예컨대 비경제활동여성에 대한 크레딧 부여 등과 같은 방법과 여성의 경제활동참가 증가와 같은 방법 중 어느 것이 최선의 방법인가를 둘러싸고 논쟁이 있는데 이 점을 염두에 두고 이제 〈그림 7-4〉에서 볼 수 있는 둘째의 결과에 대해 살펴보자. 그것은 바로 우파정당들(기민련/기사련, 자민당)이 재조준화에 대해 다소 개방적인 태도를 가지고 있다는 사실이다. 실제로 1970년대의 자민당은 사회정책에 대해 좌파자유의지론적 입장을 가지고 있었고, 이들이 전통적인 우파적 입장으로 옮아간 것은 1980년대에 와서이며 그것도 상당히 점진적으로 이루어진 것이었다. 1990년대와 2000년대에 와서 자민당은 모든 사람의 상품화를 주장하는 입장을 갖게 되면서 여성에게 특권을 부여하는 것에 대해 좀 더 부정적인 입장으로 바뀌었다. 하지만 기민련/기사련은 여성의 연금권리를 항상 옹호하는 입장을 취해왔다. 물론 그 근거는 좌파자유의지론자들과 다르다. 실제로 보수당정부는 1985년에 여성에 대한 교육크레딧을 도입했으며 1989년과 1997년에는 이를 더 확대하였다. 우파정당들이 이처럼 성평등 지향적인 조치를 취한 것은 부분적으로는 독일연방법원의 판결에 기인한 측면도 있지만, 이들이 여성의 교육활동을 진실로 높이 평가하고 있다는 사실을 반영한 것이기도 하다. 이것이야말로 보수주의적 재조준화 – 보다 일반화해서 말하면 보수주의적 현대화 – 이다. 왜냐하면 우파정당의 그런 조치는 성역할의 변화 없이 여성의 연금권리를 향상시키는 조치이기 때문이다(Nullmeier and Rüb, 1993). 어쨌든 그리하여 여성의 연금권리 향상이라는 목표는 거의 언제나 정당들 간의 계급초월적 합의를 이끌어내는 경향이 있다.

마지막으로 〈그림 7-4〉의 셋째 결과는, 재조준화는 노동과 자본을 대표하는 사회적 이해당사자들의 주요 관심사가 아니라는 사실이다[17]. 독일사무직노조협의회(고숙련 화이트칼라 노동자를 대변)와 독일노동조합연맹(블루칼라노동자를 대변)과 같은 정상조직들이 재조준화를 지지한 것은 사실이지만, 그들은 그것의 주된 지지자가 아니었으며 그것을 적극적으로 요구하지도 않았다. 이들보다 좀 더 보수적인 노동조합들(독일공무원노조연맹과 독일기독노동조합)은, 낮은 수준의 교육크레딧에 대해 지지를 보낸 것을 제외하면, 엄격한 기여비례식 사회보험방식을 옹호해온 사용자단체에 가까운 입장을 보이기까지 하면서 재조준화에 대해 대단히 소극적인 태도로 일관하였다[18]. 하지만 일부 노동조합, 특히 서비스산업 조직인 서비스노조연맹은 2000년대에 와서 재조준화에 보다 적극적인 태도를 보였다[19]. 그리고 2000년대에 오면 사용자단체들도 재조준화에 대해 좀 더 개방적인 입장으로 선회하여 여성의 노동시장 참여를 중시하게 되었다[20](하지만, 그들은 확장적 재조준화는 과부연금의 삭감과 병행되어야 한다고 주장했다[21]).

---

17 서비스노조연합과의 인터뷰, 베를린, 2004년 9월 20일; 독일노동조합연맹과의 인터뷰, 베를린, 2005년 4월 7일.

18 독일사용자단체전국연합회와의 인터뷰, 베를린, 2004년 9월 21일; 독일수공업총협회와의 인터뷰, 베를린, 2004년 9월 21일.

19 서비스노조연합과의 인터뷰, 베를린, 2004년 9월 20일.

20 기업들이 이처럼 여성의 연금권리에 대해 좀 더 호의적인 태도를 갖게 된 것은, 가치지향성에서 기인한 것이기도 하지만 보다 중요하게는 그간 연금급여수준이 상당정도로 삭감됨에 따라 등장한 새로운 문제 때문이었다. 즉, 연금권리의 큰 축소로 여성은 완전연금을 위한 권리를 도저히 획득할 수가 없게 되었으며, 이에 따라 여성노인의 심각한 빈곤문제는 여성의 노동시장참가를 증가시키는 방법으로 해결하든지 아니면 최저연금수준을 대폭 인상하여 해결할 수밖에 없게 된 것이다(Anderson and Meyer, 2006).

〈그림 7-5〉 독일 연금정치에서 좌파의 내부적 분열: 사민당/녹색당과 노동조합의 평균입장 간 거리의 추이

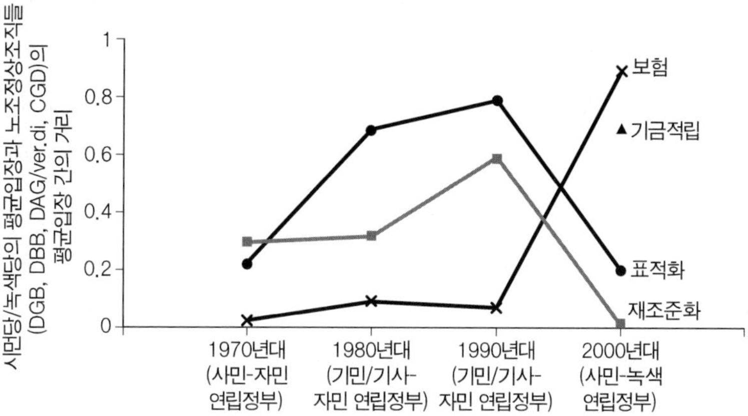

결국, 행위자들의 입장이 네 가지 갈등전선을 따라 어떻게 나타나고 변화해왔는가를 분석한 결과 우리는 두 가지 흐름을 발견할 수 있었다. 첫째의 흐름은, 노동조합과 좌파정당이 연금정치의 분배문제를 둘러싸고 깊게 분열되어왔다는 것이다. 〈그림 7-5〉는 사민당과 녹색당의 평균입장과 모든 노조정상조직들의 평균입장 간의 거리를 표시한 것이다.

노동운동과 좌파정당 간의 관계는 좌파정당이 집권하느냐 그렇지 못하느냐에 따라 달라지는 것 같다. 〈그림 7-5〉에는 각 시기별 집권정당도 함께 표시되어 있다. 1970년대에는 좌파정부와 노동운동 간에 큰 차이가 없다. 이 시기는 아직 번영과 확장의 시기였고, 노동조합은 그들이 비록 표적화와 재조준화의 적극적인 옹호자는 아니었을

21 독일사용자단체전국협의회와의 인터뷰, 베를린, 2004년 9월 21일.

지라도 그것에 관련하여 정부정책을 지지하고 있었다. 표적화 및 재조준화와 관련하여 노동조합과 좌파정당의 입장 차이는 우파정당이 집권한 시기에 더 크게 벌어졌다. 앞에서 본 것처럼, 사민당과 녹색당은 독일의 연금체제를 탈산업적 사회구조에 맞게끔 조정하는 것을 그들의 주요 의제로 삼았다(이에 관해서는 녹색당이 훨씬 더 적극적이었다). 하지만 노동조합은 그들의 주된 지지기반인 노동시장 내부자에게 유리한 독일의 사회보험식 연금체제를 지키고자 하였고, 우파정당의 보수적 재조준화에 대해 좌파정당보다 더 회의적인 시각을 가졌다. 그런데 좌파정당과 노동조합의 이와 같은 입장은 1998년에 사민당과 녹색당이 집권에 성공하면서 급격하게 변화하게 되었다. 노동조합은, 1970년대에 그랬던 것처럼, 좌파정부의 표적화 및 재조준화 개혁을 지지하였으며, 좌파정부가 여성의 연금권리 향상과 여성의 노동시장참여 증가를 연결시키기 시작하면서 더욱 더 그것을 지지하게 되었다. 하지만, 좌파정부가 보험차원의 개혁에서 연금권리의 대폭적인 축소를 주된 개혁으로 추진하고 적립식 민간연금의 도입을 시도하면서, 노동조합과 좌파정부들이 서로 공유할 수 있는 입장의 여지는 점점 사라지게 되었다. 사민당과 녹색당의 그와 같은 입장전환으로 좌파는 내부적으로 커다란 분열을 겪게 되었고 그에 따라 독일 연금정치의 지형도 크게 바뀌게 되었다. 독일 노동조합은 의회정치영역과 정부영역에서 그들의 주요 동맹자를 잃게 되었다. 사민당 역시 연금축소를 둘러싸고 내부적으로 분열되었지만, 당 내 친노조 분파가 의회에서 차지하는 비중이 1970년대나 1980년대에 비해 많이 약화되어 집권 사민당이 당 내 기반과 독립적으로 정책을 추진할 수

〈그림 7-6〉 독일 연금정치에서 노동운동의 내적 이질성: 독일 노동조합들의 입장 간의 거리 추이

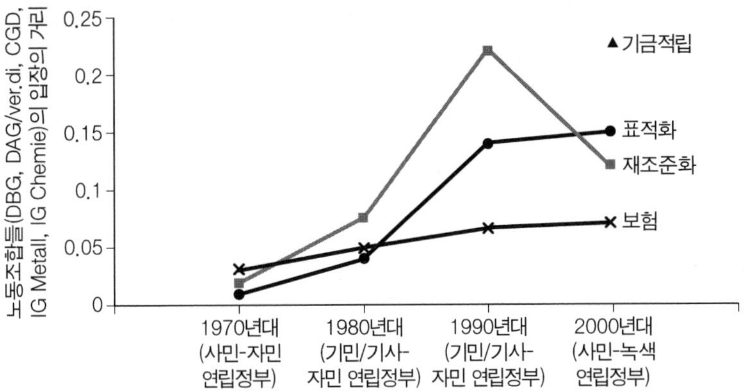

있는 여지가 증가하였고 이로 인해 사민당에 대한 노동조합의 영향력은 더 퇴조하였다[22]. 연금권리를 축소해야 한다는 사용자단체의 주장은 1990년대의 보수당정부 시절보다 적록연립정부 시절에 훨씬 더 잘 반영되었다[23]. 그리하여 연금권리를 축소하는 한편 이 축소분을 보충적인 최저연금으로 보완하려는 좌파정부의 새로운 개혁방안은 독일 좌파세력을 내부적으로 크게 분열시키는 결과를 초래하였다(독일 연금정치에서 노동조합의 영향력 퇴조에 관해서는 Häusermann, 2010b 참조).

네 가지 갈등차원에서의 행위자들의 입장의 추이를 분석함으로써 발견할 수 있는 두 가지 주요 흐름 중 둘째의 흐름은 노동운동 내부의

---

22 독일노동조합연맹과의 인터뷰, 2005년 4월 8일(또한, Trampusch 2004도 참조).

23 독일사용자단체전국연합회와의 인터뷰, 2004년 9월 21일; 독일수공업총협회와의 인터뷰, 2004년 9월 21일.

이질성이 증가해왔다는 것인데, 이것은 좌파정당과 노동조합의 입장을 비교하는 것만으로는 분명하게 파악하기가 어렵다. 프랑스에서와 마찬가지로 독일에서도 연금개혁은 최근으로 올수록 노동조직들의 이해관계를 갈라놓아 오늘날 독일 연금정치에서 노동을 단일한 행위자로 이야기하는 것은 더 이상 타당하지 않게 되었다. 〈그림 7-6〉은 민간부문의 주요 노동조합들의 선호의 변이(즉, 노동내부의 변이)를 나타낸 것이다[24].

프랑스와 마찬가지로 독일 노동조합들도 1980년대까지는 상당정도로 의견이 통일되어 있었다. 번영의 시대에 연금개혁은 기본적으로 정합게임이었으며 따라서 노동자들 간 연대도 비교적 용이하였다. 보험차원의 개혁과 관련하여 노동조합들은 우리가 채택한 분석기간 전체에 걸쳐 일관된 입장을 보이고 있다. 즉, 노동조합들은 모두 관대한 연금급여를 주장하며 연금권리 축소에 한 목소리로 반대해왔다. 하지만 1990년대에 들어오면서 노동 내부의 균열이 조금씩 나타나기 시작하여, 일부 노동조합, 특히 독일기독노동조합과 독일사무직노조협의회들은 표준화나 재조준화로 인한 평등주의적 연금제도에 대해 비판적인 입장을 표방한 반면 독일노동조합연맹은 그에 대해 지지하는 입장을 표방하였다. 표적화와 재조준화는 독일 노동운동 내에서 1998년 이후부터 매우 큰 쟁점으로 부상하였는데, 이렇게 된 데에는 독일노동조합연맹이 이들 차원의 개혁에 대해 보다 지지적인

24 이 <그림 7-6>과 관련된 분석에서는 공공부문 노조인 독일공무원노조연맹을 제외하였다. 왜냐하면 독일공무원노조연맹은 표적화와 재조준화에 대해서는 항상 민간노조들보다 훨씬 더 보수적인 태도를 보여 왔고, 따라서 독일공무원노조의 입장을 분석에 포함할 경우 이것이 노동 내부의 변이를 불필요하게 증폭시키기 때문이다.

입장을 취한 것이 한 몫을 하였으며 또한 2001년에 서비스노조연합이 출범하게 된 것도 큰 계기가 되었다. 하지만 1998년 이후 노동운동을 더욱 결정적으로 분열시킨 것은 바로 적립화 차원의 개혁이었다. 프랑스의 사례에서 보았지만, 적립식 개인연금을 수용하는 실용적 전략으로 보다 빨리 선회하는 조직은 대개 고숙련노동조합이다. 독일의 경우 그것은 화학노조로서 이들은 2001년 개혁에서 기존의 연금수준에 대한 위협도 보았지만 그와 동시에 증가하는 정부보조를 바탕으로 기존의 기업연금을 향상시킬 기회도 보았던 것이다. 그리하여 적립식 연금이라는 새로운 연금정치의 차원이 등장하면서 각 산별노조의 입장을 조율하는 일은 더욱 어렵게 되었다[25]. 전체적으로, 갈등전선에 관한 분석은, 프랑스에서와 마찬가지로 독일에서도 연금정치에서 계급갈등은 상당히 희석되어왔음을 보여준다. 그리하여 1990년대와 2000년대의 연합형성적 동학은 매우 분명히 다차원적인 것이 되었다.

개혁차원의 시간적 전개와 긴축압력

이 책에서 택한 분석틀의 셋째 가설에 따르면, 정치인들은 개혁에 대한 지지자들을 가능한 한 많이 확보하기 위해 상이한 갈등차원에 속한 정책요소들을 결합시켜 하나의 개혁패키지로 제시하는 경향이 있는 것으로 가정되었다. 번영의 시대에는 이 전략이 이해관계가 각기 다른 여러 집단들의 요구에 부응할 수 있어서 이른바 모호한 합의

25 독일노동조합연맹과의 인터뷰, 베를린, 2005년 4월 8일; 금속노조와의 인터뷰, 베를린, 2004년 9월 16일.

를 이끌어내는 데 도움이 되었다. 이러한 연유로 독일에서는 1980년대 후반까지 연금개혁에 관련하여 주요 행위자들이 대체로 합의를 할 수 있었던 것이다. 하지만 필자가 주장하는 것은 개혁패키지를 만드는 전략은 개혁에 대한 저항(합의가 아니라)이 나타나는 긴축의 시대에 더욱 중요하다는 것이다. 앞의 6장에서 프랑스 연금정치에 대한 분석을 통해 우리는 프랑스의 우파 정부가 노동운동의 분열을 교묘하게 활용하여 연금축소에 대한 좌파의 저항을 약화시켰음을 보았다. 독일의 1990년대 연금정치는 이와 같은 프랑스의 사례와 상당히 유사하다. 하지만 좌파 정부 스스로가 연금축소를 주창하고 있는 2000년대 독일의 연금정치는 프랑스와 조금 다르다고 할 수 있다. 하지만 적록연립정부는 노동조합뿐만 아니라 내부적으로도 연금축소에 대한 강력한 저항에 부딪혔다. 좌파정당의 입장선회는 매우 큰 논란을 불러 일으켰으며, 사민당 내 친노동계는 적록연립정부가 채택한 정책에 대해 엄청난 비판을 쏟아내었다. 이런 점에서 개혁패키지를 만들어내야 할 유인이 독일의 경우도 프랑스 못지않게 컸다고 할 수 있다.

여기서도 개혁패키지와 다차원성을 검증하기 위해 각 개혁에 포함된 갈등전선의 수와 정책개혁공간의 경험적 차원성을 비교하였다. 경험적 차원성은 각 개혁에 대한 행위자들의 입장에 대한 요인분석을 통해 결정되었다. 〈표 7-2〉에는 그 분석결과가 제시되어 있다.

표에서 연도는 연금개혁이 추진된 연도이다(개혁 내용은 〈표 7-1〉 참조). 16차례의 개혁 중 11차례의 개혁에서 정부는 상이한 갈등차원을 묶은 개혁패키지를 만들었다. 또한, 개혁패키지의 제안이 연금축소에 대한 저항을 극복하기 위한 중요한 전략이라는 우리의 예측대

〈표 7-2〉 독일 연금개혁의 차원성: 요인분석 결과

	갈등전선	
	단일 갈등전선	복수 갈등전선
순수한 확장적 개혁	1976, 1981, 1999(1차원적)	1972, 1974, 1985, 1998(1차원적)
축소를 포함한 개혁	1977, 1983(1차원적)	2001(3차원적) 1989, 1997, 2004(2차원적) 1996, 2000, 2001b(1차원적)

주: 요인분석은 행위자들의 입장을 부호화한 값으로 수행되었음; 요인분석의 전체 결과는 〈표 7-3〉, 〈표 7-4〉 및 〈부록 4〉 참조; 요인의 아이겐 값은 '1' 이상, 회전방식은 직각회전방식; 자료에 관한 보다 상세한 내용은 〈부록 1〉 참조.

로, 연금축소가 개혁조치에 포함되는 9차례 중 7차례에 걸쳐 개혁패키지가 제안되어 패키지안이 지배적인 전략임을 보여고 있다.

순수하게 확장적인 개혁은 일차원적 갈등차원인 것으로 분석되었다. 1976년에 사민당-자민당 연립정부는 이혼시 연금권리의 분할제도를 도입하였고(재조준화); 1981년에는 예술가 대상의 연금보험제도를 도입하였다(표적화); 또한 1999년에 적록연립정부는 주변부 노동자를 연금에 포괄하여 국민연금의 적용범위를 확대하였다(표적화). 이 세 차례의 개혁은 순수하게 확장적인 것으로서 각 개혁마다 한 가지의 정책요소만으로 추진되었다(〈표 7-2〉의 左上 사분면). 이들 세 차례의 개혁은 범위가 제한적인 — 따라서 재정적 함의가 크지 않은 — 것이었고 대상으로 하는 위험프로필이 명백하고 또 그것에만 초점을 둔 것이었기 때문에, 큰 논쟁을 불러일으키지 않았다. 따라서 그래도 번영의 기운이 남아 있던 1970년대 후반과 1980년대 초에는 대부분의 정당들과 노동조합이 표적화와 재조준화를 지지하였고 사용자단체들도 정부의 개혁에 크게 저항하지 않았다. 하지만 월임금

630마르크 이상의 주변부 노동자를 국민연금에 포괄하려는 1999년의 개혁에 대해서는 다소간의 논란이 벌어졌다. 주변부 노동자는 1999년 개혁 수 년 전부터 빠르게 증가해왔으며 좌파 정부는 기업의 주변부 노동자 남용을 금지하려고 하였다. 실제로 주변부 노동자들은 복지국가로부터 적절한 보호를 받지 못하고 있었을 뿐더러 기업에게 대단히 자유롭게 활용할 수 있는 값싼 노동력이었기 때문에 정부와 노동조합은 이들로 인해 정규직고용이 위협받는다고 생각하였다[26]. 게다가, 정부는 주변부 노동자들에게 기여금을 부과함으로써 국민연금의 수입을 늘릴 생각도 하고 있었다[27]. 노동조합은 주변부 노동자 고용을 더욱 엄격히 제한할 것을 주장한 반면 기업과 우파정당은 보다 유연한 고용을 주장하였기 때문에, 주변부 노동자를 국민연금에 포괄하려는 개혁조치는 의회에서 다수를 차지한 집권정부에 의해 양측의 반대에도 불구하고 의회를 통과하였다.

〈표 7-2〉의 우상 사분면에 있는 네 차례의 개혁은 순수하게 확장적 개혁이었지만 복수의 갈등전선에 속하고 따라서 상이한 집단으로부터 지지를 얻을 수 있었다. 1970년대의 연금개혁은 특히 흥미로운데 이는 당시 정부가 사민당-자민당의 계급초월적 연립정부였기 때문이다. 그래서 당시 정부는 연금권리의 확대(보험차원의 개혁)와 표적화

---

26 주변부 노동 고용관계에 관한 새로운 규정을 위한 법률 초안의 노동・사회위원회 보고 및 제안서. 독일연방하원 14. 회기 1999년 3월 1일. 문서 14/441.

27 정부의 최초의 개혁안은 기업이 주변부 노동자의 임금에 기초하여 부담금을 납부하는 것이었다. 하지만 주변부 노동자는 자신도 기업과 동등하게 기여할 것인지를 선택토록 되어 있었다. 만일 주변부 노동자가 기여금 납부를 선택하지 않는다면 기업이 납부하는 부담금은 국민연금 회계로 들어가지만 주변부 노동자는 연금수급권을 가질 수 없게 되어 있었다. 이 안은 사회보험원리로부터 벗어난다고 하여 기업과 노동조합 양측으로부터 비판받았다(의회 공청회 의사록, 1999년 2월 10일). 정부의 이 안은 후에 의회에서 변경되었다.

및 재조준화 개혁을 함께 추진하였다. 실제로 사민당-자민당 연립정부의 사회정책은 언제나 사회전반적인 변화를 지향한 것이었는데 이것이 바로 그 연립정부가 유지될 수 있는 기반이었기 때문이다(Nullmeier and Rüb, 1993). 이와 유사하게 기민련/기사련-자민당 우파연립정부도 1985년에 표적화 개혁과 재조준화 개혁을 병행 추진함으로써, 비록 여성의 연금권리와 관련하여 훨씬 더 근본적인 개혁을 요구하는 사민당 및 녹색당의 주장에는 미치지 못한 개혁이지만, 좌파로부터 일정한 지지를 얻을 수 있었다[28]. 표 우상 사분면의 개혁 중 앞의 세 차례의 개혁(1972, 1974, 1985년 개혁)은 번영의 시대에 추진되어 상충관계를 초래하지 않았다. 이로 인해 분배갈등은 크게 나타나지 않았고 계급연대도 가능하여 이 세 차례의 개혁은 계급갈등이라는 단일한 갈등차원만 가진 것으로 분석되었다. 마지막으로 사회보험법 수정을 추진한 1998년 개혁은 사민당과 녹색당이 집권에 성공한 직후 이전 보수당 정부가 추진했던 1997년 급여삭감을 무효화한 것이었기 때문에, 좌파정당이 총선에서 거둔 승리의 직접적인 결과였다. 물론 총선에서 패배한 우파정당들은 1998년 개혁에 즉각 저항하였고 사용자단체도 이 저항에 참여함으로써 이 개혁을 둘러싸고 좌파와 우파 간 명백한 계급갈등이 초래되었다.

다소 놀라운 결과는 순수히 축소적 개혁이면서도 성공적으로 실행

---

28 이 1985년 개혁에서 노동조합과 좌파정당 간의 긴장이 명백히 나타났다. 사민당과 녹색당은 여성에 대한 보다 평등한 급여구조를 지지한 반면 노동조합은 보험원리에 충실할 것을 주장하였으며 또한 연금권리를 스스로 획득한 고숙련 여성노동자들의 이해관계를 옹호하는 입장을 취하였다(의회 토론 의사록: 독일연방하원 10. 제147차 회기. 회의 1985년 6월 21일: 10,909. 의회공청회에서의 독일노동조합연맹과 독일사무직노조협의회의 발언, 1985년 2월 28일).

된 1977년 개혁과 1983년 개혁이다. 이것을 어떻게 설명할 수 있을까? 그 답의 일부는 이 개혁들이 여러 분야에서 혜택의 축소를 실행한 재정건전성 강화조치라는 보다 넓은 맥락 속에서 추진된 것이라는 사실에서 찾을 수 있다. 이에 따라 연금축소는 여러 가지 혜택축소 가운데 하나에 불과하였다. 이와 달리 초기의 연금축소조치들은 쉴루디(Schludi, 2005)가 말한바 단기적 안정화만을 추구한 것이었다. 즉, 그것들은 급여결정에 관련된 몇 가지 변수의 수준을 낮추는 데에만 집중하였던 것이다(이는 홀(Hall, 1993)에 따르면 일차적 변경이다). 또한, 1977년과 1983년의 개혁은 연금지출의 축소와 함께 수입의 추가적인 증가를 병행하였다. 마지막으로 이 개혁들은 연금연동제 및 재정 규칙을 변경하여 연금축소를 추진하였다. 피어슨(Pierson, 1996)은 이런 방법은 연금축소의 분배적 결과를 모호하게 만들고 그것이 단지 기술적인 요소를 변경시킨 결과인 것처럼 보이게 하기 때문에 연금축소라는 인기 없는 개혁을 추진하는 한 전략이 된다고 주장하였다. 하지만, 이들 개혁에서 추진된 축소가 비록 1990년대 후반의 축소에 비해 그 폭이 크지 않은 것은 사실이지만, 그렇다고 해서 그 개혁들이 합의에 의해 혹은 적어도 암묵적 동의에 의해 추진되었다고 생각해서는 안 된다. 노동조합과 야당은 이 두 개혁을 크게 비판하였다. 이들 개혁안은 의회 내에서 전체 재정건전성 강화프로그램에 대해 실시된 다수결 투표에 의해 겨우 채택될 수 있었다. 정당들 간의 연금합의는 야당이 연금권리 축소에 대한 저항을 적절히 조직해내지 못할 경우에만 존재하였다.

〈표 7-2〉에서 가장 인상적인 결과는, 1990년대 이후 긴축의 시대에

연금축소를 지향한 모든 개혁이 복수의 갈등전선을 결합한 패키지로 추진되었다는 사실이다(〈표 7-2〉의 右下 사분면). 이들 개혁에서 정부는 행위자들을 상이한 갈등전선을 따라 분열시킴으로써 개혁에 대한 저항을 약화시키고자 하였다. 하지만, 1996년과 2000년 개혁에서 표적화와 관련하여 취해진 약간의 양보조치는 당시 개혁의 정책공간을 다차원적인 것으로 만드는 데 충분치 못하였다. 2001년의 공무원연금 개혁 역시 공공부문과 민간부문 간의 갈등으로 이어져 단일차원적인 것이었다. 당시 공무원연금 개혁에 대한 주요 저항세력은 당연히 독일공무원노조연맹이었지만, 지방정부의 공공부문 노동자들의 조직과 공산당도 저항에 나섰으며 또 놀랍게도 자민당까지 당시의 저항에 동참하였다. 공공부문 노동자들은 공무원연금의 급여축소를 반대하였으며, 공무원연금을 민간부문 연금과 조화롭게 조정하는 방안 — 이렇게 조정되면 공무원연금은 조세에 의해서가 아니라 기여금에 의해서 재정이 마련되는 것으로 바뀌게 된다 — 에 대해서도 반대하였다.

하지만, 지난 20년에 걸쳐 추진된 개혁 중 가장 중요하고 가장 결정적인 것이라고 평가된(이러한 평가는 쉴루디(Schludi, 2005)와 힌리히스(Hinrichs, 2000), 슐츠와 요헴(Schulze and Jochem, 2007) 그리고 필자가 인터뷰한 많은 사람들이 내린 평가이다) 네 차례의 개혁이 모두 다차원적 정책공간을 결과한 것은 우연이 아니다. 이 네 차례의 개혁(1989년, 1997년, 2001년 및 2004년 개혁)을 통해 추진된 연금축소는, 독일 연금체제의 구조 자체를 변경시키면서 그 축소의 폭이 점차 커져왔다. 실제로 마지막 개혁 이후 독일 연금체제의 제1범주인 국민연금은 더 이상 적절한 노후소득보장 수단을 의도한 것이라고 할 수 없게 되었다. 하지만 국민연금의 이러한 축소는 재조준화와 표적화 그리고 보다 후에는 적립연금의 도입과 같은 확장적 조치와 병행되었다. 이처럼 다양한 갈등차원이 개혁안에 결합됨으로써 다차원적인 정책공간이 창출되었다. 우리가 실시한 요인분석은, 개혁이 새롭고도 "예기치 못한" (Pierson, 2001: 427) 방식으로 행위자들을 분열시켰으며 기본적으로 인기가 없을 수밖에 없는 연금개혁을 추진할 기회를 만들어냈음을 잘 보여준다. 1989년 개혁은 연금축소를 최저연금 강화 및 교육크레딧 확대(1년에서 3년으로)와 결합시켰다(후술할 사례연구 참조). 1997년 개혁은, 연금축소와 함께 최저연금의 도입이나 여성에 대한 연금적용의 확대, 고등교육에 대한 교육크레딧 등과 같은 쟁점이 포함되었고 이들 쟁점들이 둘째의 독립적인 갈등차원을 구성하여 정치적 교환의 가능성(이에 대한 좀 더 발전된 논의로는 Haüsermann(2009) 참조)을 제공하였기 때문에, 이 개혁 역시 다차원(이차원)적인 것이었다(부록의 〈표 A-4-7〉 참조). 하지만, 최종적으로 보수 정부는 교육크레딧을 상향하는 것으로만 그쳐 녹색당이나 여성단체와 같은 자유의지론자들이 요구해온 최저연금 도입에는 크게 미치지 못하였으며[29], 또한 노동시장 참가 여성에 대한 연금권리의 향상을 주장해온 독일사무직노조협의회(고숙련노동조합)의 요구에도 미치지 못하였다[30]. 따라서 1997년 개혁은 대단히 큰 논쟁에 휩싸

---

29 안드레아 피셔(녹색당)의 발언. 의회 토론 의사록: 독일연방하원 13. 제198차 회기. 회의 1997년 10월 10일: 17,868.

30 하지만 독일사무직노조협의회는 녹색당이 주장한 최저연금 도입은 반대하였다(공청회를 위한 서면진술서, 1997년 7월 18일).

였으며 1998년 총선에서 좌파가 승리하는 데 기여하였다.

2001년 개혁은 적록연립정부의 새로운 연금개혁전략을 잘 보여준 개혁이었다. 즉, 기존의 단층체제(single-pillar)의 사회보험 연금체제를 보편주의와 보험원칙이 결합되고 부과방식 연금과 적립방식 연금이 결합된 다층체제(multi-pillar)의 연금으로 전환시키려는 것이 그 주된 내용이었다(후술할 사례연구 참조). 2004년 개혁은 이 전략을 계속 추구한 것으로 연금축소를 추가로 단행하였는데 노동조합은 이에 격렬히 저항하였다. 노동조합은 개혁을 거부하고 최저소득대체율의 보장을 요구하였다. 또한 야당은 가족에 대한 급여의 향상을 주장하면서 재조준화 차원의 개혁에 대해 문제를 제기하였다(부록의 〈표 A-4-11〉 참조). 적록연립정부는 노동조합의 요구에 대해서는 다소간의 양보를 하였지만 비경제활동 여성에 대한 추가적인 재조준화 조치는 거부하였다. 정부는 보육인프라에 대한 투자야말로 일을 통해 스스로의 연금권리를 획득하는 여성에 대한 직접적인 지원이라고 주장하였다[31]. 하지만, 적록연립정부가 최종적으로 목표 최저소득대체율 46%를 법률에 규정하였지만 노동조합은 여전히 개혁에 반대하였다. 이는 정부의 양보조치가 실제로는 집권정당 내의 좌파계열을 겨냥하면서 집권정당 내 개혁추진동력을 확보하기 위한 것이었음을 보여준다.

이제 아래에서는 이러한 새로운 연금개혁전략의 두 가지 매우 인상

---

31 "여성의 노동시장 참가의 증가만이 궁극적으로 노후의 연금권리, 특히 여성의 연금권리를 향상시킬 것이다. 따라서 정부는 보육인프라의 개선에 특별히 우선순위를 두고자 한다. 즉, 정부는 보육시설의 개발을 위해 40조 유로를 투자한다. 또한 3세 미만 아동의 보육을 위해 추가로 매년 15조 유로를 지원할 것이다." (공적연금보험의 지속적인 재정안정에 관한 법률안에 대한 건강・사회보장위원회 보고서. 독일연방하원 15. 회기 2004년 3월 10일. 문서 15/2678, p. 12).

〈표 7-3〉 독일: 1989년 개혁에 대한 요인분석 결과

개혁의 쟁점	재조준화/표적화 (F1)	보험 (F2)
교육크레딧 인상	0.876	0.395
조기퇴직시 교육크레딧 합산	0.926	0.295
배우자 간 기여 및 수급권 분할	0.871	0.116
연금 최저기준 강화	0.673	0.707
퇴직연령 상향	0.355	0.845
연금의 순임금 연동제	0.119	0.937
아이겐 값	2.98	2.35
설명된 변이	49%	39%
행위자	**요인점수**	**요인점수**
독일 여성평의회(German Women' s Council)	-1.54	0.55
녹색당	-0.98	-1.10
가족단체연합(Union of Family Organizations)	-0.88	0.43
FDP 자유민주당(자유주의)	-0.84	1.54
SPD 사회민주당(사회민주주의)	-0.66	-0.32
DGB 독일노동조합연맹(블루칼라노동자)	-0.30	-1.33
DAG 독일사무직노조협의회(사무직노동자)	-0.25	-0.82
CDU/CSU 기독교민주연합/기독교사회연합(보수주의)	0.36	0.46
CGD 독일기독노동조합(고숙련노동조합)	0.37	-0.19
ZdH 독일수공업총협회(중소기업 사용자단체)	0.50	0.95
DBB 독일공무원노조연맹(공공부문 노동자)	1.24	-1.71
BDA 독일사용자단체전국연합회(대기업 사용자단체)	1.29	1.03
ULA 관리직노조연합(고숙련노동자)	1.70	0.50

주: 요인분석은 행위자들의 입장을 부호화한 값으로 수행되었음; 모든 요인은 아이겐 값 '1' 이상이며, 회전방식은 직각회전방식임; 자료와 분석방법에 대한 상세한 내용은 〈부록 1〉 참조; 진한 글씨로 표시된 수치(요인적재치)는 개혁 관련 쟁점이 속한 차원을 나타냄.

적인 예를 보다 자세히 살펴보기로 한다. 이를 위해 프랑스의 사례와 가장 유사하다고 할 수 있는 독일의 1989년 개혁과 2001년 개혁을 선택하였다.

〈표 7-3〉과 〈그림 7-7〉은 1989년 연금개혁에서 행위자들이 취한 입장에 대한 요인분석결과를 제시한 것이다. 표적화와 재조준화 차원에 속한 개혁쟁점들(교육크레딧, 분할연금 등)과 보험차원에 속하

〈그림 7-7〉 독일: 1989년 개혁에서 행위자들의 요인점수 산포도

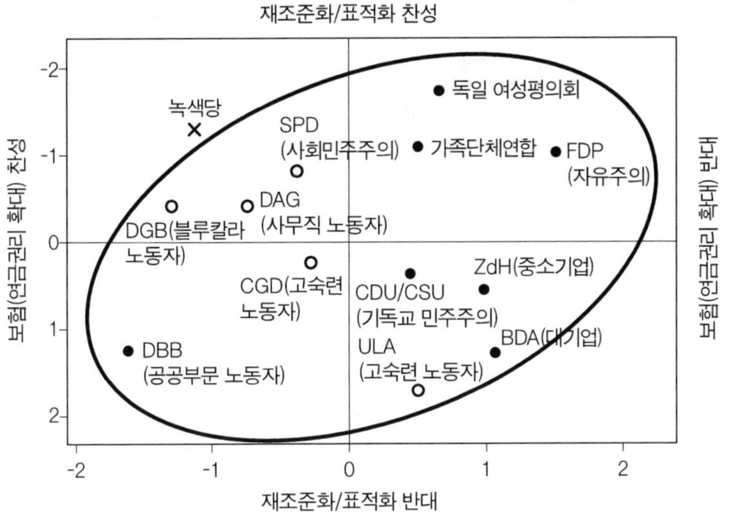

는 개혁쟁점들(퇴직연령의 상향, 순임금 기준 연동제 등)은 행위자를 서로 다른 방식으로 분열시키며, 최저연금이라는 쟁점은 이들 두 쟁점의 중간 정도에 위치한다. 보험과 표준화 및 재조준화는 두 개의 서로 독립적인 갈등축을 이루며 이는 〈그림 7-7〉의 축에 잘 나타나 있다. 그림에서 가로축은 보험차원(〈표 7-3〉 에서 F2)에서의 행위자들의 배열을 나타내며, 세로축은 표적화/재조준화 차원(〈표 7-3〉 에서 F1)에서의 행위자들의 배열을 나타낸다[32].

재조준화 개혁을 가장 적극적으로 지지한 행위자는 복지단체와 사민당, 녹색당, 그리고 자민당이었다. 노동조합들은 재조준화에 대해

32 <그림 7-7>에서는 표준화/재조준화에 찬성하는 입장이 위쪽에 위치시키게 하기 위해 세로축을 뒤집어 배치했다.

서는 찬성하는 입장이었지만, 연금축소에는 강하게 반대하여 〈그림 7-7〉의 보험차원에 해당하는 축으로 보면 왼쪽에 위치해 있다. 그리고 좌파정당들은 노동조합에 비해 재조준화와 표적화를 더 지지하는 것으로 나타난다. 재조준화에 대해 좌파정당들과 우파의 자민당이 찬성하는 것으로부터 우리는 새로운 개혁방향에서 사회주의와 자유주의 간의 가치동맹의 가능성을 확인할 수 있으며, 반면에 보험차원에서는 노동조합 및 좌파정당 그리고 사용자단체 및 우파정당 간의 전통적인 계급대립을 찾아볼 수 있다. 하지만, 〈그림 7-7〉을 통해 1989년 당시에 이미 사민당이 보험차원 개혁에서 상당히 중도적 입장으로 기울어 있다는 사실을 볼 수 있다. 1989년 개혁에서 사민당은 기민련과 타협(연금타협(Rentenkompromiss), Nullmeier and Rüb, 1993 참조)하게 되었는데, 그것은 사민당의 입장이 이미 상당히 온건화되어 있었기 때문이기도 하며 재조준화와 관련된 사민당의 요구가 기민련에 의해 일부 수용되었기 때문이기도 하다.

6장에서 본 바와 같이, 그래프에서 행위자의 위치를 표시한 기호들은 개혁에 대한 그들의 최종 입장을 나타낸 것이며(곱표(×) – 개혁 거부; 검은 점(●) – 개혁 찬성, 흰점(○) – 비판적이지만 수용), 큰 타원은 최종적으로 개혁을 지지하게 된 행위자들을 모두 포괄한 것이다. 녹색당은 개혁패키지를 명시적으로 거부한 반면, 사민당과 노동조합은 개혁에 비판적이었지만 그에 반대하기 위한 세력동원에 나서지는 않았다(그래서 〈그림 7-7〉에서 녹색당은 검은 점으로, 사민당 및 노동조합들은 흰점으로 표시되어 있다). 그림의 보험축(가로축)에서 오른쪽에 위치한 행위자들은 대부분 개혁패키지를 찬성한 행위자들이다. 이런 점에서, 비록 재조준화 차원에서의 일부 양보를 얻어낸 것으로 사민당과 노동조합이 1989년 개혁을 용인한 것이 사실이긴 하지만, 그 당시 독일 연금개혁에서 재조준화는 주된 갈등전선이 아니었던 것이다. 하지만 그렇다고 해서 보험차원의 개혁을 둘러싼 계급갈등이 개혁의 막바지 단계까지 지배적인 갈등전선이었던 것도 아니다. 실제로 당시 대부분의 좌파세력들은 최종적으로는 개혁패키지를 어떤 형태로든 수용하였다[33].

1989년 연금개혁은, 재조준화와 표적화 차원에서의 계급초월적 연합형성이 당시 독일에서는 아직 충분히 발현되지 못하고 있었음을 보여준다. 그리하여 행위자들의 최종입장을 설명함에 있어서 행위자들의 선호보다는 전략적 · 제도적 고려가 더 유용하다. 하지만, 재조준화와 표적화 차원에 따른 연합형성은 사민당-녹색당 연립정부가 추진한 2001년 연금개혁에서는 훨씬 더 분명한 형태로 나타나게 된다. 〈표 7-4〉를 보면, 2001년 개혁에서 주요 쟁점은 연금축소(과부연금의 삭감, 전반적인 급여수준의 삭감)와 재조준화 요소의 확대(수급권의 개별화, 교육크레딧 확대, 분할연금) 및 표적화(최저연금)인 것으로 나타난다. 또한 적립화가 재조준화 및 표적화와 별도의 독립적인 정책요소로 등장하였다.

〈그림 7-8〉은 재조준화 및 표적화 그리고 보험차원의 개혁을 두 차원으로 하여 행위자들의 입장을 표시하였다. 이 그림을 통해 녹색당

---

33 심지어는 독일공무원노조연맹도 1989년 개혁을 수용하였다. 이들의 이런 이해하기 어려운 태도는 당시의 연금개혁이 공무원연금에는 손을 대지 않는 것이었다는 사실 외에도 독일공무원노조연맹이 당시 집권정당이었던 기민련/기사련과 전통적으로 긴밀한 관계를 형성해오고 있었다는 사실로 설명할 수 있다.

〈표 7-4〉 독일: 2001년 개혁에 대한 요인분석 결과

개혁의 쟁점	재조준화/표적화(F1)	보험(F2)	적립화(F3)
빈곤구제의 개별화(부양의무 대폭 완화)	0.865	0.172	-0.051
최저연금 도입	0.744	0.045	-0.231
교육크레딧 확대	0.682	0.446	0.270
분할연금 도입	0.872	-0.164	0.103
과부연금 축소	-0.165	0.926	-0.161
연금의 전반적인 급여수준 인하	0.305	0.912	0.0013
적립방식의 개인연금과 기업연금 도입	-0.047	-0.970	0.948
아이겐 값	2.649	1.956	1.064
설명된 변이	38%	28%	15%
행위자	**요인점수**	**요인점수**	**요인점수**
녹색당	-1.69	1.30	0.21
독일 여성단체 평의회 German Women' s Council	-1.50	0.10	0.94
IG Metall 금속노조(블루칼라노동자)	-1.18	-1.06	-0.16
DAG 독일사무직노조협의회(사무직 노동자)	-0.88	-0.34	-1.30
PDS 민주사회당(공산주의)	-0.73	-0.93	-0.13
SPD 사회민주당(사회민주주의)	-0.53	0.95	1.00
DGB 독일노동조합연맹(블루칼라노동자)	-0.44	-1.20	-1.21
SPD/Gruene 집권정당(적록연립정부)	-0.41	0.66	0.08
IG Chemie 화학노조(고숙련 노동자)	-0.06	-0.14	0.11
가족단체연합 Union of Family Organizations	0.33	-0.55	0.27
BDA 독일사용자단체전국연합회(대기업 사용자단체)	0.40	1.72	0.06
FDP 자유민주당(자유주의)	0.64	1.11	1.13
ZdH 독일수공업총협회(중소기업 사용자단체)	0.87	1.49	-1.51
독일가족연맹 German Family Union	1.18	0.21	0.83
ULA 관리직노조연합(고숙련 노동자)	1.25	-1.10	-1.62
CDU/CSU 기독교민주연합/기독교사회연합(보수주의)	1.79	0.00	2.07

주: 요인분석은 행위자들의 입장을 부호화한 값으로 수행되었음; 모든 요인은 아이겐 값 1이상이며, 회전방식은 직각회전방식임; 자료와 분석방법에 대한 상세한 내용은 〈부록 I〉 참조; 진한 글씨로 표시된 수치(요인적재치)는 개혁 관련 쟁점이 속한 차원을 나타냄.

은 앞의 개혁에서처럼 표적화와 재조준화를 가장 적극적으로 옹호한 행위자임을 알 수 있으며, 사민당도 노동조합들보다 표적화와 재조준화를 더 지지하였다는 것을 알 수 있다. 하지만 사민당과 녹색당은

〈그림 7-8〉 독일: 2001년 개혁에서 행위자들의 요인점수(요인1과 요인2)의 산포도

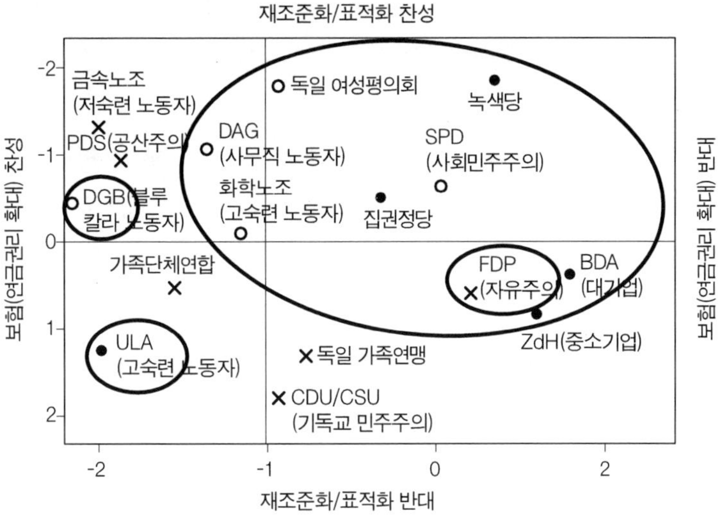

앞서 살펴본 것처럼, 보험차원에서는 오른쪽으로 크게 이동하여 큰 폭의 연금축소를 지지하였다. 이로 인해 보험차원의 개혁을 둘러싸고 노동조합과 좌파정당은 명백하게 분열되었다. 또한, 〈그림 7-8〉을 통해, 기민련/기사련, 가족단체, 그리고 중소기업들은 재조준화와 관련하여 보다 보수적인 입장을 지지함을 알 수 있다. 2001년 개혁에서 적록연립정부는 여성들이 노동시장에 진출하도록 유도하는 인센티브를 마련하고자 하였다. 우파는 이러한 인센티브가 전통적인 가족구조에 위협이 될 수 있다는 이유로 그에 반대하였다. 또한 우파는, 이러한 반대의 연장선상에서, 분할연금과 개별화된 최저연금(이것이 도입되면 이는 자녀가 빈곤한 퇴직부모를 더 이상 부양하지 않아도

됨을 의미한다)에 대해서도 이들이 사회보험의 기본단위로서 가족을 약화시킬 우려가 있다는 이유로 반대하였다. 주요 사용자단체인 독일사용자단체전국연합회와 자유주의 정당인 자민당은 표적화나 재조준화에 대해 그리 강한 선호를 보이지 않았다. 그들은 연금축소와 적립연금 도입을 가장 우선시하였다.

프랑스의 사례에서처럼, 독일의 경우에도 행위자들의 선호만으로는 최종적인 개혁연합을 정확히 예측하기 어렵다. 〈그림 7-8〉에서 녹색당과 사용자단체는 개혁패키지를 확실히 지지하였지만(검은 점(●)으로 표시), 일부 노동조합(특히 금속노조)과 시민사회의 복지단체, 그리고 민사당(PDS)은 개혁패키지 전체를 거부하였다(곱표(×)로 표시). 이들 행위자들의 중간 정도에 독일노동조합연맹과 독일사무직노조협의회, 화학노조와 같은 노조정상조직들이 위치하는 데 이들은 2001년 개혁에 대해 매우 비판적이었지만 끝내 반대세력화를 동원하거나 조직하지는 않았다(흰점(○)으로 표시). 사민당은 실제로는 2001년 개혁을 지지하였지만 그림에서는 노조정상조직들과 같은 부류로 보아 흰점으로 표시하였다. 이것은 당시 사민당이 내부적으로 분열되었기 때문이다. 이런 점에서 혹자는 표적화 및 재조준화 차원의 정책요소를 포함시켜 노동조합을 분열시키려는 정부의 전략은 실패한 것이라고 주장할 수도 있을 것이다. 왜냐하면 개혁과정에서 노동조합은 개혁에 대해 비판적인 입장을 유지하였기 때문이다. 하지만 개혁패키지는 노동조합의 분열만을 겨냥한 것이 아니라 집권정부 내부에서의 지지를 확보하기 위한 것이기도 하였다. 집권에 참여한 정당들이 2001년 개혁을 지지한 것은 오직 이 개혁이 여러 갈등전선을 결합한 것이었다는 사실에 의해서만 이해될 수 있다. 사민당과 녹색당은 2001년 개혁이 표적화와 재조준화, 적립화에 있어서 혜택의 확대를 지향한 것이었기 때문에 그리고 오직 그랬기 때문에 연금의 대폭적 축소라는 개혁을 실행할 수 있었다.

요컨대, 개혁은 상충관계를 내포한 패키지로 설계되었다. 예컨대, 최저연금의 도입은 과부연금의 삭감을 통해 절약되는 재원을 기초로 한다는 식이었다. 정부는 이 문제들이 노동조합에게 우선적인 문제가 아니라는 사실을 잘 알고 있었지만 동시에 그것들이 사민당과 녹색당의 오랜 요구에 반응하는 것이라는 사실도 잘 알고 있었다. 표적화와 재조준화, 적립화 그리고 보험차원에서의 축소를 결합함으로써 정부는 새로운 연금체제, 즉 과거보다 덜 관대한 그렇지만 동시에 과거 전통적인 연금체제의 남성가장 중심적인 구조로부터 그리고 노동시장으로부터 소외되어왔던 사회집단들의 욕구와 요구에 좀 더 감응적인(sensitive) 새로운 연금체제를 출범시킬 수 있었다[34]. 이 새로운 연금체제는, 또한, 적립식 개인연금 및 기업연금의 도입으로 계층화의 여지를 남겨놓았다. 독일사용자단체전국연합회와 같은 사용자단체들은, 연금축소로 절감되는 재정이 재조준화 및 표적화로 인해 발생하는 비용을 능가하였기 때문에 2001년 개혁을 지지하였다. 실제로 독일사용자단체전국연합회는 의회의 공청회에서 재조준화를 위한 개혁은 "대단히 타당하다" 고 주장하였다[35]. 하지만 노동조합은

---

34 하지만 기민련은 2001년 개혁이 두 자녀 이상을 둔 비취업모의 상황을 그리 개선시킬 여지가 없다는 이유로 그에 매우 비판적이었다(의회 의사록). 적록연립정부는 기민련의 바램과 달리 취업여성의 연금권리 향상에 점점 더 높은 우선순위를 두어왔다. 의회 토론과정에서 사민당의 한 의원은 "최선의 노후소득보장책은 사회보험이 적용되는 일자리"라고 주장하였다(의회 의사록, 번역은 필자).

기존의 연금권리 수준을 지키는 것이 최대 관심사이기 때문에, 새로운 연금체제로의 전환과 같은 개혁은 받아들이기 쉽지 않은 것이다 (Haüsermann, 2010b도 참조).

하지만, 2001년에 최종적인 개혁연합 형성에서 재조준화도 표적화도 보험차원도 그 어느 것도 분열의 차원이 되지 않았다는 사실에 주목해야 한다. 〈그림 7-8〉에서 행위자들이 두 축에서 어디에 위치하고 있는가에 관계없이 행위자들의 실제 최종입장은 매우 다양하다. 재조준화 및 표적화를 지지한 행위자들 중 좌파정당은 개혁패키지를 지지하였지만 노동조합들은 많은 경우 그것을 거부하였다. 연금축소를 지지한 행위자들 중 사용자단체와 집권정당은 개혁을 지지하였지만 야당(기민련/기사련)은 개혁을 거부하였다. 이런 결과는, 다음과 같은 사실, 즉 독일의 경우 개혁연합의 형성은 행위자들의 선호에 의해서도 영향을 받지만 그와 동시에 권력분산의 동학이나 연합형성적 유연성, 정책결정의 제도적 틀 등에 의해서도 영향을 받는다는 사실에서 기인하는 것이다.

개혁연합의 형성과 개혁능력 그리고 개혁의 산출

지금까지의 분석은, 독일의 연금정치에서는 새로운 갈등차원의 중요성이 점점 커져왔다는 점을 보여준다. 지난 20년 동안 추진된 주요 개혁에서 새로운 갈등차원은 서로 독립적인 갈등전선을 형성하면서 그에 따라 행위자들을 분열시켜왔다. 이러한 개혁공간의 다차원성은

---

35 공청회에서 의회 위원회에 제출한 독일사용자단체전국연합회의 서면진술서, 2000년 12월 8일, 위원회문서 14/1090: p. 196.

수혜자 집단과 노동조합의 저항을 극복할 가능성을 넓혔다. 어떤 행위자가 비록 연금축소에 반대하는 입장을 가지고 있다고 해도 만일 그가 둘째 차원의 개혁(그것이 표적화이든 재조준화이든 혹은 적립화이든)에 찬성한다면, 그 사회는 개혁능력을 확보할 가능성이 생기는 것이다.

하지만, 연금축소를 둘러싸고 노동조합 · 좌파정당과 사용자단체 · 우파정당 간에 발생하는 갈등은 연합형성적 유연성이 낮은 경우에는 더 악화될 수 있다. 노동운동이 중앙화되고 집권정당과 야당이 당내 규율이 강할 경우 개혁이 교착상태에 빠질 위험이 상존한다. 이런 상황이 발생하면, 새로운 갈등전선이 양극화한 갈등을 극복하지 못하여 계급초월적 연합형성을 유도하지 못할 수도 있다. 6장에서 본 것처럼, 다수결 체제를 가진 프랑스에서 좌파정당과 우파정당은 비록 그들이 집권했을 시에는 서로 매우 유사한 개혁을 추진하였다 할지라도, 최종개혁패키지에 동의할 수가 없다. 이와 달리 프랑스의 노동조합은 분열되어 있고, 따라서 이 때문에 개혁주의적 노동조합과 전통적인 노동조합 간의 선호의 차이는 최종개혁패키지에 대한 입장의 차이로 곧바로 연결될 수 있었다. 독일에서는 정당과 노동, 자본이 모두 중앙화되어 있다(5장 참조). 독일은 비례대표제를 채택하고 있음에도 불구하고 정부 구성에서 지난 30년 동안 좌파(사민당, 녹색당)와 우파(기민련/기사련, 자민당)의 대결을 부추기는 양극화적 논리가 점점 더 강화되어왔다(Lehmbruch, 2000). 노동조합과 사용자단체는 수평적 · 수직적으로 중앙화되어 있다. 따라서 우리는 좌파정당과 노동조합 양자가 모두 연금축소를 반대하게 되면, 새로운 갈등

〈표 7-5〉 갈등차원의 상대적 중요성: 독일의 1989년, 1997년, 2001년 및 2004년 개혁에서 각 갈등차원에서의 요인점수와 최종입장 간의 상관관계

	1989년 개혁에 대한 최종 입장	1997년 개혁에 대한 최종 입장	2001년 개혁에 대한 최종 입장	2004년 개혁에 대한 최종 입장
보험	0.55	0.716	0.336	0.025
표적화/재조준화	0.141	0.536	0.072	0.738
적립화			0.369	

주: 요인분석결과는 〈표 7-3〉, 〈표 7-4〉 및 〈표 A-4-7〉, 〈표 A-4-11〉 참조; 자료에 대해서는 〈부록 1〉 참조.

전선이 존재하더라도 독일의 연금정치에서는 보험차원에 관련된 계급갈등이 지배적인 갈등이 되리라고 생각할 수 있다. 하지만 실제 독일에서 좌파정당은 보험차원의 개혁에서 점점 우경화되는 길을 걸어왔기 때문에 상황은 보다 복잡하다. 연합형성적 유연성 결여에 관한 가설이 옳다면, 좌파정당의 우경화로 정부개혁에 대한 노동조합의 저항은 약화되어야 할 것이며 또 우파정당은 실체적인 이유에서보다는 선거경쟁의 이유에서 비용억제에 반대하게 될 것이다. 결국 연합형성적 유연성의 결여는 갈등전선을 희석시키며, 이론적으로 확인된 갈등전선의 어느 것도 지배적인 것이 되지 못하게 할 것으로 예측할 수 있다.

필자는 다차원적 갈등전선을 초래한 모든 개혁에 대해 이 연합형성적 유연성 결여의 가설을 검증하였다. 〈표 7-5〉는 경험적으로 결정된 개별 갈등차원에 대한 행위자들의 입장(요인점수)과 개혁패키지에 대한 행위자들의 최종입장 간의 상관계수를 제시한 것이다[36]. 상관계수가 0.5보다 크게 나온 경우 그것은 개별 갈등차원이 연합형성을 설

명하는 데에 중요하다는 것을 시사하는 것이므로 그 경우에 대해서는 모두 음영 표시를 하였다.

〈표 7-5〉를 보면, 적록연립정부의 1998년 집권이 독일 연금정치에서 연합형성적 동학을 크게 변화시켰음을 알 수 있다. 우파정당(기민련/기사련 및 자민당)이 집권하고 있을 때에는 보험차원의 개혁이 주된 갈등전선으로 떠올랐다. 1989년에 연금개혁이 성사되었는데 그것은, 관련된 모든 주요 행위자들이 개혁에 관해 타협에 도달할 수 있었고, 노동조합과 사민당이 개혁에 반대하는 세력동원에 나서지 않았기 때문이다. 하지만 노동조합과 사민당은 1989년 개혁에서 시도된 연금권리 축소에 대한 부정적인 태도를 거두지는 않았다. 이들의 이런 부정적인 태도로 인해 1989년 개혁에 대한 최종적인 입장은 보험차원의 개혁에 대한 행위자들의 입장과 가장 관련성이 높은 것으로 나타난다. 하지만, 분배적 계급갈등은 기민련/기사련 및 자민당의 보수정당이 집권하고 있던 때에 시도된 1997년 개혁에서 훨씬 더 심각하게 표출되었다. 충분히 예측할 수 있는 바이지만, 사민당과 노동조합은 비용억제적인 개혁조치를 거부하였을 뿐만 아니라 1997년 개혁 전체를 거부하였다(이와 같은 개혁 전체의 거부는 당시 임박했던 1998년 총선을 위한 선거운동이 적지 않게 작용하였다). 녹색당과 사민당은 집권보수정당이 제안한 가족을 위한 급여의 인상과 교육 및 돌봄노동에 대한 연금권리 강화에 찬성했지만, 그것 때문에 보수정

36 개혁패키지에 대한 최종입장의 부호화는 다음과 같다: 0=승인, 1=거부하지만 개혁에 반대하기 위한 세력동원에는 나서지 않음, 2=거부하며 개혁에 반대하기 위한 세력동원을 추진함(파업, 국민투표, 의회 내에서의 개혁반대를 위한 표결 등 추진). 자세한 내용은 <부록 1> 참조.

당의 개혁패키지를 받아들일 수는 없었다. 따라서 표적화와 재조준화가 중요한 논쟁거리로 부각되었지만 보험차원을 둘러싼 갈등이 종국적으로는 더 지배적이었다.

그런데, 이와 같은 갈등구조는 적록연립정부가 2000년 이후 대담한 연금축소를 단행하면서 대단히 크게 변화하였다. 2001년 개혁의 경우 당시 부상하였던 세 가지 갈등전선은 그 어느 것도 행위자들의 최종적인 입장을 설명하지 못한다. 2001년 개혁에서 적록연립정부는 재조준화차원의 개혁에 대해 노동조합 및 여성단체와 유사한 입장을 취했다. 하지만 당시 관련 행위자들은 그것으로는 만족할 수 없었다. 왜냐하면 그들이 집권연립정부의 유화책(노동조합과 여성단체의 요구와 유사한 재조준화차원의 개혁을 추진한 것)에 부여한 중요도는 부차적인 것이었기 때문이다. 하지만 그렇다고 해서 보험이나 적립화 차원의 개혁이 중요한 역할을 했던 것도 아니었다. 일부 고숙련노동조합은 적립식 연금의 도입을 사실상 지지하였지만, 노동운동이 중앙화되어 있었기 때문에 노동조직들이 2001년 개혁에 대해 한 목소리로 반대하는 것이 가능하였다[37]. 의회 영역에서 보면, 좌파연립정부가 시도한 연금축소는 보수당 정부가 1997년 개혁에서 추진했던 연금축소와 상당히 유사한 것이었다. 따라서 정책선호로만 보면 좌파연립정부의 2001년 개혁은 우파의 야당들로부터 지지를 받았어야 한다. 하지만 당시 야당은 자신들이 1997년에 추진했던 개혁이 좌파정당들에 의해 무산된 사실에 대해 분개하고 있었다. 그에 따라 당시

---

37 서비스노조연합과의 인터뷰, 2004년 9월 20일. 서비스노조연합의 대표자는 만일 2001년 당시에 보수정당이 집권하고 있었더라면 개혁에 대한 그들의 저항은 더욱 완강했을 것이라고 자신하였다.

야당이었던 우파정당들은 정책선호가 아니라 선거정치의 대결 차원에서 2001년 개혁을 전면 거부하였다. 흥미롭게도, 제도적으로 그리고 선거정치적으로 동기화된 이와 같은 행동은 2004년 연금개혁의 결과를 설명하는 데에도 효과적이다. 정책선호로만 보면, 2004년 개혁에서 시도된 강력한 지출삭감조치는 우파정당과 좌파정당 그리고 사용자단체로부터 지지를 얻었어야 한다. 하지만, 기독교민주주의자들은 2004년 개혁에 대해 강하게 비판하였다. 게다가 그들은 개혁에 반대하는 논리를 만들어내는 데 상당한 어려움을 겪기까지 하였지만 개혁에 반대하였다. 의회에서의 토론과정에서 그들은 개혁에 대한 반대를 절차상의 근거를 들어 정당화하였으며, 또 가족을 위한 개선책이 부족하다고 비판하였다. 하지만 재조준화에 관한 논쟁(즉 가족을 위한 개선책을 둘러싼 논쟁)은 개혁을 지연시키는 술책이었으며, 실제로는 자신들의 요구에 상당히 부합하는 개혁안을 거부하기 위해 우파정당들이 필요로 했던 하나의 근거로 작용하였다.

따라서, 좌파정당이 보험차원의 개혁에서 우경화한 것은 독일 연금정치에서의 연합형성적 동학을 완전히 바꾸어 놓았다. 연합형성적 동학이 이처럼 변화한 것은 우리가 앞에서 본 가설4의 내용, 즉 연합형성적 동학은 행위자들의 선호에 의해서만 결정되는 것이 아니라는 내용을 대단히 잘 증명하고 있다. 스위스와 같이 연합형성적 유연성이 높은 나라에서는, 사민당과 녹색당과 같은 좌파정당의 입장선회가 모든 정당들에 대해 새로운 계급초월적 연합형성을 촉진하는 경향을 띤다. 하지만 독일에서는 선거에서의 정당간 경쟁으로 인해 이러한 연합형성적 가능성이 창출되기 어렵다. 또한, 노동조합과 사용자

〈그림 7-9〉 계급갈등이 연합형성적 유연성에 미치는 영향: 독일 연금개혁에 대한 행위자들의 입장 간 평균거리의 추이

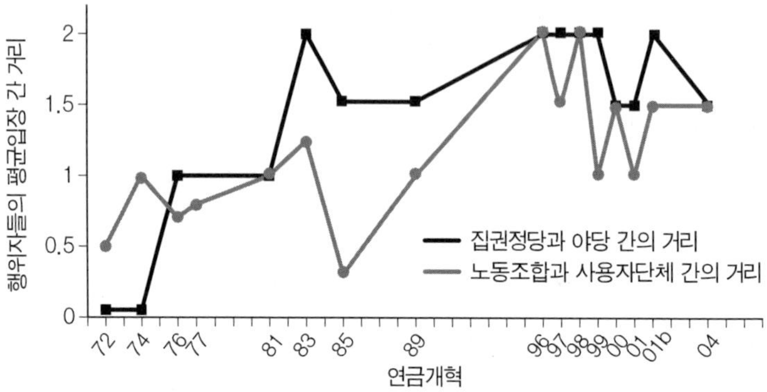

단체의 중앙집중화 정도가 높기 때문에, 표적화나 적립화 등과 관련하여 사용자단체와 일부 노동조합이 계급초월적 연합을 형성할 가능성도 현실화하기 어렵다.

〈그림 7-9〉는 이러한 분석결과를 잘 나타낸다. 이 그림의 그래프는 노조정상조직들(독일노동조합연맹, 독일사무직노조협의회, 독일기독노동조합)과 사용자단체들(독일사용자단체전국연합회, 독일수공업총협회)의 최종 입장과 주요 정당들(기민련/기사련, 자민당, 사민당, 녹색당)의 연방하원에서의 투표행위에 기초하여 작성한 것이다. 그래프는 긴축의 시대에 접어들면서 계급갈등이 고조되고 있음을 보여준다.

표적화 및 적립화와 관련하여 사용자단체와 일부 노동조합 간에 형성된 계급초월적 연합으로 인해 계급갈등이 1990년대의 평균적인 수준보다 낮게 유지되었던 프랑스와 달리, 독일의 계급갈등은 언제나

평균수준보다 높은 수준을 유지해왔다. 이러한 갈등은 노동과 자본 간에 상당히 분명히 드러나며, 집권정당과 야당 사이에는 더욱 더 선명한 간극을 만들어내고 있다. 1980년대 후반까지만 해도 독일에서 연금개혁은 그리 논란거리가 아니었다. 이 때는 그래도 번영의 시기여서 연금개혁이 정합게임의 성격을 가졌기 때문이다. 하지만, 1989년에 연금급여 축소가 시도되면서 계급갈등은 빠르게 고조되었고 이러한 계급갈등의 고조는 우파정당의 변화와 좌파정당의 첫 개혁이 시도된 1996년부터 1999년 기간에 특히 두드러지게 나타났다. 노동과 자본 간의 적대관계는 적록연립정부 하에서 다소 누그러졌는데 이는 노동조합이 초기에는 좌파정부에 반대하는 세력동원에 나서지 않았기 때문이었다. 노동조합의 지도자 중 한 사람이 말한 바와 같이, 만일 2000년대 초반의 개혁이 우파정부에 의해 추진되었더라면 노동조합은 그에 대해 더 격렬하게 저항했을 것이다[38]. 노동조합이 반대세력 동원에 적극적으로 나서지 않았기 때문에 적록연립정부가 추진한 개혁에 대한 노동조합의 저항은 그리 격렬하지 않았으며 심지어는 최종 개혁안을 두고 일정한 타협도 가능하였다(Schulze and Jochem, 2007). 하지만, 전체적으로 보아 노동조합은 개혁이 지향한 새로운 방향에 대해 일관되게 반대하는 입장을 가졌다.

좌파와 우파 간의 대립이 고조되어온 것은 정당 간 관계에서도 매우 분명히 나타난다. 1980년대 후반까지만 해도 선거정치 영역에서 연금정치가 부상된 적은 거의 없었으며 연금개혁은 대개 정당들 간의 합의에 의해 처리되었다. 하지만 긴축의 시대에 돌입하면서 정당 간

38 서비스노조연합과의 인터뷰, 2004년 9월 20일.

갈등은 대단히 빠른 속도로 상승하였으며, 한 번 상승한 갈등은 그 이후로 계속 높은 수준으로 유지되었고 심지어는 정책선호가 상당히 유사해진 뒤에도 갈등수준은 낮아지지 않았다. 1990년대 이후 추진된 거의 모든 개혁에서 야당은 집권정당의 개혁안을 거부하였다. 가장 최근의 개혁(즉, 2004년 개혁)에 와서야 사민당의 내부분열로 인해 정당 간 대립이 약간 완화되었다. 정당 간의 극한대립이 순전히 선거정치로 인해 나타나고 있다는 사실은 2004년 개혁에서 매우 분명히 드러난 바 있다. 이 개혁 추진과정에서 기민련/기사련은 지속가능성 요소 ― 인구학적 기준에 따라 연금급여수준을 인하하는 제도적 장치 ― 를 거부하였다. 그런데 여기서 지속가능성 요소는 보수당 정부가 1997년 개혁시 도입했던 인구학적 요소를 약간 업데이트한 것으로 사실상 그것과 동일한 것이다. 두 개혁(즉, 2004년 개혁과 1997년 개혁)은 매우 유사하다. 따라서 우파정당과 좌파정당이 두 개혁에서 보인 완전히 반대되는 투표행위는 정책선호가 아니라 선거정치로만 설명할 수 있다.

집권정당이 다수를 차지할 수 있는 경우에는, 정당 간 극한대립과 노사 간 대립이 독일 연금정치의 개혁능력을 심각하게 저해하지는 않는다. 흔히 독일의 정책결정과정과 관련하여 거부점이 상당히 많다고들 하지만, 연립정부가 고유하게 안고 있는 제약점들을 제외하면, 실제로 그러한 지적은 특수한 상황에서만 적용될 수 있다. 독일연방상원의 거부권은 상원과 하원의 다수세력이 서로 다를 경우에만 의미가 있다. 따라서 정책공간의 다차원성은 연립정부 내부의 거부점을 우회하도록 해주며, 또 집권정당이 안정적인 다수를 확보하고 있는 경우에는 야당을 분열시켜야 할 필요가 반드시 있는 것도 아니다. 그러나 세력균형이 야당에게로 기울어 있을 때에는 거부점이 개혁능력에 부과하는 비용은 증가한다(Lembruch, 2000; Manow and Burkhart, 2004). 이런 상황은 긴축의 시대에 두 번 나타난 바 있다. 첫째는, 보수당 정부가 추진한 1996년 개혁을 사민당이 연방상원에서 저지하려고 시도했던 때이다. 하지만 당시 개혁은 직접적인 축소효과가 없는 정책요소를 많이 가지고 있었기 때문에 사민당의 저항에도 불구하고 보수당 정부는 축소적 개혁을 실행할 수 있었다. 둘째는 적록연립정부가 집권했던 기간인데, 이 기간에 추진된 많은 개혁은 보수정당이 다수를 차지한 연방상원의 승인을 필요로 하는 것들이었기 때문에 문제는 더욱 심각하였다. 독일은 집권정당과 야당 간의 연합형성적 유연성이 대단히 낮기 때문에, 개혁이 교착상태에 빠지게 되면 매우 심각한 문제로 화하는 경향이 있다[39]. 이런 문제들은 결국 2005년에 대연정이 성립되는 데 기여한 한 요인이었다.

결론

라이프리드와 오빙거(Leibfreid and Obinger, 2003)는 독일의 연금개혁은 그리 큰 변화를 결과하지 못했다고 주장한 바 있지만, 독일의 탈산업적 연금정치에 관한 여기서의 경험적인 분석은 1989년부터 2004년에 이르는 기간 동안 행위자배열과 연합형성에서 나타난 변화로 독일의 연금체제는 패러다임적 전환을 경험하였음을 보여준다.

---

39 2001년 개혁법안은 두 부분으로 나뉘어졌는데, 한 부분은 연방상원의 승인을 필요로 하는 것이었고 다른 한 부분은 그것이 필요 없는 것이었다. 이것은 일부라도 상원의 승인을 우회하려는 한 방안이었다.

네 가지 탈산업적 갈등차원 – 보험, 표적화, 재조준화, 적립화 – 이 1970년대 이후 추진된 독일의 연금개혁에서 모두 중요한 의제로 부상해왔다. 보험차원에서의 일련의 확장적 개혁이 있은 후, 독일 경제는 곧 1977년 이후부터 긴축과 비용억제의 시대로 접어들었다. 하지만, 확장적 연금개혁은 그 뒤에도 상당히 오랜 기간 동안 개혁의제를 주도하였는데, 특히 최저연금의 강화나 주변부 노동자들에 대한 연금적용 확대, 교육크레딧의 도입 및 확대, 적립식 개인연금의 도입 등과 관련하여 그러하였다. 이처럼 개혁논쟁에서 다양한 의제들이 등장해왔다는 사실은 우리들의 이론적 모형에서 예측한 바를 확증해주는 것이다. 즉, 독일이 산업시대로부터 물려받은 연금체제는 거의 모든 점에서 탈산업주의의 도전에 대응하기에 부적합하다는 것이다.

상이한 개혁차원에서 행위자들의 배열은 서로 다르게 나타난다고 가정한 가설2를 확증해주는 증거들도 상당히 강력한 편이다. 행위자들의 입장이 분화해가는 것은, 적립화와 표적화, 재조준화에 관련된 개혁에서 노동 내부의 분열이 증가해가는 것에서 가장 잘 드러나고 있다(〈그림 7-6〉 참조). 긴축의 시대에 접어들면서 노동조합은 자신들의 좁은 이해관계를 지키려는 입장을 취하게 되었다. 과거에 한 목소리를 낼 수 있었던 사안에 대해 이제 노동조합은 그들의 핵심지지층의 이익을 대변하는 입장으로 점차 전환해갔다. 화학노조나 관리직노조연합, 독일사무직노조협의회와 같은 고숙련노동조합들은 금속노조와 같은 저숙련 블루칼라 노동조합에 비해 적립화에 더 호의적인 입장을 취하게 되었다. 표적화와 재조준화(정도는 좀 덜하다)도 노동 내부의 분열을 초래하여, 노동시장 외부자의 상당수를 대변하는 노동조합(서비스노조연합과 같은)과 내부자들의 노동조합(독일 공무원노조협의회, 관리직노조연합, 독일사무직노조협의회) 간의 간극을 벌려놓았다. 고숙련노동조합 및 서비스부문 노동조합과 유사하게, 녹색당과 사민당도 시간이 갈수록 적립화와 표적화, 재조준화에 대해 호의적인 입장으로 선회하게 되었다. 이러한 입장의 전환은 좌파정당을 지지하는 새로운 집단들(고숙련 노동자, 여성 노동자, 비정규직 노동자, 노동시장 외부자 등)이 직면하는 위험프로필을 반영한 것이다. 다른 한편 이런 입장전환은 새로운 좌파지지집단들이 옹호하는 자유의지론적이고 평등주의적인 가치를 반영한 것이기도 하다.

1990년대 후반까지는 보험차원 개혁에서의 행위자 배열은 프랑스와 유사한 유형을 보였다(즉, 노동과 자본 간 갈등과 좌파정당과 우파정당 간 갈등의 증가)(〈그림 7-1〉 참조). 하지만 1998년에 적록연립정부를 구성한 사민당과 녹색당은 급속도로 우경화하였으며 매우 큰 폭의 연금축소를 주장하고 이를 실행에 옮겼다. 좌파정당이 비용억제로 입장을 선회하면서 독일 연금정치에서 행위자배열은 그 구조가 완전히 변화하였으며 좌파정당과 노동조합 간에 엄청난 갈등을 유발하였다(〈그림 7-5〉 참조). 신좌파세력이 이처럼 예기치 못하게 입장을 전환하게 된 사실을 설명할 문헌은 아직 나오지 못하고 있다. 키첼트(2001)는 신좌파 정부가 연금축소를 시도할 수 있었던 원인에 관해 다소간의 이론적 암시를 제시하고 있다. 즉, 한편으로 당시에 사민당과 녹색당에게는 "약한 선거적 상충관계" (Kitschelt, 2001: 275)가 존재했다는 것이다(다시 말해서 유권자들 입장에서는 사민당과 녹색당을 빼면 달리 선택할 친복지적인 정당이 없었다). 다른 한편으로 좌파정당은 복지국가 옹호세력으로 이미 명성을 구축해놓았다는 것이다. 따라서, '중국으로 간 닉슨(Nixon-goes-to-China)' 논리(Ross, 2000)에서처럼, 좌파정당은 연금축소를 시도하더라도 유권자들로부터 "차악(次惡)" 으로 인식되어왔다는 것이다(Kitschelt, 2001: 275). 이 두 주장은 사민당과 녹색당이 연금축소 개혁에 성공한 이유를 설명할 수는 있지만, 이들 두 정당이 왜 그들의 전통적인 정책목적을 버리고 연금축소에 나서게 되었는지를 설명하기는 어렵다. 이와 관련하여 필자는 두 가지 설명을 제시하고자 한다. 첫째는, 무엇보다 이들 두 정당의 지지기반이 변화했다는 사실을 주목할 필요가 있다는 것이다. 두 정당은 점차 사회문화전문가계급에서 지지기반을 넓혀가게 되었는데(이런 경향은 녹색당이 좀 더 두드러진다) 이들 계급은 고숙련자들이며 유연고용에 종사하는 경우가 많고 매우 자유의지론적인 가치를 가지고 있다. 두 정당을 지지하는 유권자들(많은 경우 여성들이다)은 남성가장중심 복지국가의 주된 수혜자들이 아니며, 따라서 기존의 연금수준을 지키는 것 보다는 적립화나 재조준화에 더 관심이 많다. 둘째 설명은, 지지기반의 변화와 관련된 것이긴 하지만 그보다는 연금개혁의 가치적 측면에 좀 더 초점을 둔 설명이다. 키첼트(2001)는 자유의지론자들과 권위주의자들 간의 사회문화적 가치의 분열이 독일과 같은 나라에서는 특히 중요하며, 정당들이 경쟁하거나 공적을 다투는 장이 경제적 축이 아니기 때문에 그러한 가치의 분열이 복지국가 축소를 억제하고 있다고 주장한다. 하지만, 필자는 키첼트의 이런 주장을 뒤집는 것이 보다 적합하다고 본다. 독일에서 사회문화적 가치의 분열은 연금개혁을 방해한 것이 아니라 오히려 그 반대였다. 가치의 분열은 정당들로 하여금 연금개혁에 나서게 하였다. 왜냐하면 연금개혁에 나선 정당은 성평등이나 수급권의 개별화, 외부자 보호 등과 같은 자유의지론적 정책요소를 도입함으로써 연금축소를 보상할 수 있기 때문이었다.

이런 보상논리는 좌파와 우파를 막론하고 집권정당들이 제시한 개혁패키지에서 분명히 드러난다. 1990년대 이후, 연금축소를 포함한 모든 개혁안은 재조준화나 표적화, 적립화에서 확장적 정책요소를 반드시 포함하였다. 이렇게 하여 제안된 개혁패키지는 행위자들을 매우 다양한 방식으로 분열시켜 다차원적인 정책공간을 창출하였고 이는 다시 정치적 교환을 가능케 하였다. 1989년에 보수당 정부는 정치적 교환을 통해 좌파로부터 일정한 지지를 얻을 수 있었으며, 1998년 이후에는 정치적 교환으로 인해 좌파 정부는 연립정부 내부의 단결을 유지할 수 있었고 일부 고숙련 노동조합과의 연합도 구축할 수 있었다. 하지만, 주요 노조정상조직들의 핵심적인 지지기반은 블루칼라노동자들(즉, 저숙련 노동자들이며 전통주의적 가치를 가진)인 관계로 독일 연금개혁의 새로운 지향성은 적록연립정부와 노동조합 간에 깊은 분열로 이어졌다(〈그림 7-5〉 참조). 독일 복지국가에 대한 포괄적인 개혁은 좌파 내부의 계급결속을 깨뜨리는 커다란 희생을 치르고서야 가능했던 것이다.

하지만 그럼에도 불구하고, 독일의 경우 집권정당이 의회에서 다수를 확보할 수 있는 한, 연금개혁능력이 훼손되지는 않는다. 그러나 권력균형이 야당에게 유리한 쪽으로 기울게 되면, 개혁교착은 독일에서 심각한 문제가 되어버린다. 독일에서는 선거정치적 대립으로 말미암아 정당 간 연합형성적 유연성이 크게 저해되고 있는데 이러한 상황은 적록연립정부가 집권한 기간에 특히 분명하게 나타났다. 이 기간에 보수야당은 그들의 실제 정책선호와는 무관하게 적록연립정부가 내놓은 개혁이면 그것이 어떤 것이든 그에 반대하였다. 이와 같은 연합형성적 유연성의 결여는 결국 2005년에 사민당과 기민련/기사련 간의 대연정 형성을 결과하는 데 기여하였으며, 이는 독일 연금개혁에서 새로운 시대의 출발을 예고하는 것이다.

제8장 스위스
: 타협의 매개체로서의 재조준화

이 장에서는 먼저 1980년대 이후 스위스 연금정치에서 보험차원의 개혁(비용억제)에 더하여 표준화와 재조준화가 중요한 갈등전선으로 작동해왔다는 점을 살펴볼 것이다. 또한, 경험적 분석을 통해 표적화와 재조준화가 계급 내적 분열을 어떻게 초래했는지 그리고 심지어는 비용억제와 관련하여 관찰할 수 있는 계급갈등과는 대단히 대조되는 연합형성유형으로서 사회주의자들과 자유주의자들 간의 가치동맹의 형성까지도 어떻게 초래했는지를 볼 것이다. 마지막으로 이 장에서는, 다수의 거부지점이 존재하고 권력이 대단히 분산화되어 있으며 따라서 합의의 도출이 무엇보다 중요시되는 스위스의 제도적 특징이 연금제도를 처음 도입할 때부터 지금까지 항상 매우 중요한 역할을 해왔다는 사실을 볼 것이다. 1970년대 이전의 경우 그와 같은 분산화된 의사결정제도는 스위스 연금지출의 신속한 증가를 가로막는 요인이었다. 하지만 최근에 스위스의 의사결정시스템은 연합형성적 유연성과 연합조종전략의 여지를 넓힘으로써 개혁을 촉진하는 역할을 하고 있다. 그리하여 스위스에서는 절충의 현대화(modernizing compromises)(Bonoli, 2005; Levy, 1999)가 개혁의 성공을 위한 필요조건이 되었다.

스위스의 탈산업적 연금정치에 대한 분석을 위해 먼저 1970년대 초 이래 연금개혁의 궤적을 개관해보자. 스위스에서는 몇 년 간의 격렬한 정치적 갈등 끝에 1971년에 헌법 개정을 통해 다층연금체제(보편연금과 대조되는 것으로서) 개념이 채택되었다. 좌파와 노동조합은 제1층의 부과방식 연금을 강화하고자 하였으며, 우파는 기업연금을 통해 연금적용범위를 확장하고자 하였다. 우파는 1971년의 국민투표 결과에 따라 자신들의 정책을 실행에 옮기게 되었다. 하지만 좌파세력에게 일정한 양보를 하지 않을 수 없어서 개정 헌법에 제1층의 부과방식 연금은 노후에 적정한 생활수준을 보장해야 한다는 규정을 명시하여 연금급여 인상의 여지를 남겨놓았다. 그리하여 연금급여 인상은 1972년 연금보험(Alters-und Hinterlassenversicherung; AHV)에 대한 제8차 개혁에서 강력한 의제로 떠올랐다. 이 1972년 개혁에서 제1층의 공적연금(즉, 연금보험)의 급여수준은 25% 인상되었고, 연금급여는 임금과 물가를 조합한 지수에 연동되도록 결정되었으며, 기여금 인상과 연방정부 보조금의 도입으로 수입도 강화되었다. 이러한 제8차 개혁은 당시 번영의 시대적 분위기를 반영한 것이었지만(Kriesi, 1980), 개혁의 재정조건은 그 직후 악화하기 시작하였다. 1976년에 추진된 연금보험 제9차 개혁은 1970년대 중반의 경제위기를 반영하여, 이미 연금축소의 정책요소를 포함하고 있었다. 즉, 연금수급자격 획득에 필요한 최소기여기간을 연장하였으며, 배우자를 위한 연금급여가 감액되었다. 또한 자영업자와 경제활동은퇴자에 대한 특권도 축소하였다. 그 이후에도 제1층 연금급여의 인상에 필요한 재정여력은 계속 축소되었다. 스위스 연금정책에서의 대전환은 1982년에 일어났는데 이 때 제2층의 기업연금(berufliche Vorsorge; BVG)이 크게 강화되었다. 민간기업의 연금보험은 그 전부터 존재해왔던 것이지만, 1982년 개혁에서 기업연금의 적용범위가 크게 확대되었고 또한 가장 중요한 것으로 고용이 안정되고 연소득이 25,000 프랑 이상인 모든 노동자는 기업연금에 의무적으로 가입하도록 결정되었다[1]. 이 개혁은 기업연금을 저임금 노동자들에게도 확대함을 의미하는 것이었다(그 이전에는 기업연금이 고숙련 노동자들에게만 적용되는 특권과 같은 것이었다)[2]. 하지만 제1층의 연금급여수준이 헌법에서 규정한 수준보다 훨씬 낮은 수준에 머물러 있었기 때문에, 자산조사방식의 보충연금(Erganzungsleistung; EL)의 급여가 요양원에 거주하는 퇴직자들에 대해 1985년과 1996년에 인상되었다(이러한 급여인상은 장기요양보험의 대체물로 이루어진 것이었다). 1985년 개혁은 비용억제를 지향한 조치도 포함하고 있는데, 즉 보충연금 수급권을 결정할 때 연금수령자의 자산(즉, 부동산)을 좀 더 많이 고려하도록 하였던 것이다.

---

1 이 금액(대략 16,000 유로)은 제1층 연금의 연간최대급여액과 일치한다. 따라서 제2층의 기업연금은 이 소득수준 이상에 대해서만 보험을 제공한다는 것이며 이는 기업연금이 제1층의 공적연금(연금보험)을 보충하는 것임을 의미한다.

2 1982년에 제2층의 기업연금의 적용범위가 크게 확대되었음에도 불구하고, 기업연금은 여전히 여성과 비정규직 노동자들을 배제한 것이었다(Branger, 2000; Leuzinger-Naef, 1998; Rechsteiner, 2002). 1990년대 초반까지도 노동시장 참여 남성의 18% 그리고 노동시장 참여 여성의 50%는 제2층의 기업연금에 가입하지 못하고 있었다(Bundesamt für Sozialversicherungen, 1995). 2002년에 이르면, 기업연금의 적용범위는 취업여성의 35%로 향상된다. 하지만 그럼에도 불구하고 취업여성은 기업연금에서 제공되는 급여의 22% 밖에 받지 못하고 있었다(CONSOC Recherche, 2003).

제2층 기업연금은 1994년에 다시 한 번 중요한 변화를 맞이하게 되는데, 이 때 기업연금의 적립금이 가입자의 노동시장 이동에 따라 함께 이전될 수 있도록 하였다. 이 조치가 취해지기 전에는, 노동자들이 직장을 옮길 경우 이전 직장에서 그들이 기여금을 납부하여 쌓은 적립금의 대부분을 포기할 수밖에 없었다(이 때문에 과거 기업연금은 황금사슬이라 불리기도 하였다). 또한 제2층 기업연금에도 이혼한 경우 분할연금제도가 도입되었고, 여성노동자가 결혼하는 경우 본인의 기여금 적립금을 지급하던 제도를 폐지하였다. 이들 두 조치는 재조준화 요구에 따른 것이었다. 노후소득보장에서 성평등을 보다 강화하기 위한 거대한 변화(Luchsinger, 1995; Lepperhoff, Meyer, and Riedmüller, 2001)는 1995년 제1층의 공적연금에 대한 제9차 개혁에서도 시도되었다. 이 개혁으로 연금기여금과 급여는 배우자 사이에 분할될 수 있게 되었으며, 여성들은 노동시장에서 퇴장한 기간만큼 교육크레딧을 받게 되었다. 하지만 이 개혁에서 이처럼 여성들에 대한 혜택을 증가시켰지만 다른 한편 여성의 퇴직연령을 62세에서 64세로 상향시키는 축소 조치도 취하였다.

1990년대 중반에는 스위스 연금체제에 대한 인구학적 도전에 관한 관심이 크게 고조되기 시작하였는데, 이것은 스위스 사회보험의 재정전망에 관해 두 차례에 걸쳐 발표된 정부보고서(IDA Fiso 1, 1996; IDA Fiso 2, 1997)의 영향도 크게 작용한 것이었다. 이에 따라 2003년의 기업연금 개혁에서는 연금수급권을 축소하고 여성의 퇴직연령을 65세로 상향 조정하였다. 하지만 그와 동시에 비정규직 노동자와 시간제 노동자 등에 대한 기업연금 적용을 확대함으로써 새로운 위험집단을 겨냥한 확장적 개혁조치도 취하였다. 더욱 최근에는 가장 기본적인 공적연금인 연금보험에 대한 제11차 개혁에서는 연금급여를 큰 폭으로 삭감하는 조치(퇴직연령의 상향, 과부연금의 감액 등)를 취하고자 하였다. 하지만, 비용억제에만 주로 초점을 둔 이 개혁은 국민투표에서 좌파에게 패배함으로써 좌절되었다.

프랑스 및 독일과 마찬가지로, 스위스에서도 연금체계의 가장 기본적인 제도요소에 관련된 개혁(즉, 보험차원의 개혁)은 1990년대 이후에 와서는 비용억제와 연금권리 축소만을 지향하는 경향을 보여왔다. 그리하여 보험차원의 개혁은 연금축소와 거의 동의어가 되어버렸으며 매우 논쟁적인 개혁의제가 되었다. 하지만 그럼에도 불구하고 보험차원의 개혁을 둘러싼 갈등이 스위스 연금개혁에 관련된 유일한 갈등차원인 것은 결코 아니었다. 표적화 및 재조준화 차원의 개혁이 갖는 중요성 역시 지속적으로 커져왔다. 〈표 8-1〉은 이 장에서 분석할 개혁과 개혁쟁점을 일목요연하게 보여주고 있다.

〈표 8-1〉 스위스 연금개혁에서 갈등전선의 전개

개혁	보험	표적화	재조준화
헌법 개정, 1971	1. 헌법에 목표 급여수준을 도입		
연금보험(AHV) 제8차 개혁, 1972	1. 급여수준 25% 인상 2. 연금연동폭의 인상 3. 매년 13번째 연금급여 도입 4. 연금보험에 대한 공적 보조금 감액 5. 연금기여금 인상		
연금보험(AHV) 제9차 개혁, 1976	1. 임금과 물가의 결합지수에 연금 연동 2. 수급자격 획득에 필요	1. 취업한 연금수령자가 납부해야 할 기여금 인상	

개혁	보험	표적화	재조준화
	한 최소 기여기간 연장 3. 배우자에 대한 파생적 급여 삭감 4. 연금보험에 대한 공적 보조 증액	2. 자영업자의 기여금 인상	
기업연금(BVG)에 관한 법률, 1982	1. 적립식 기업연금 확대 2. 제1층 연금과 제2층 연금을 결합한 목표 급여수준 도입	1. 정규직 노동자의 기업 연금 가입 의무화	
보충연금(EL) 제2차 개혁, 1985		1. 자산조사방식 보충연금의 급여수준 인상 2. 장기요양환자에 대한 보충연금 급여 인상 3. 자가(自家)소유자에 대한 급여 인상 4. 부유한 연금수령자에 대한 급여 인하 5. 상병시 본인부담분 인상 6. 급여 오·남용 방지대책 강구	
기업연금 적립금 이전에 관한 개혁(적립금자유이전에 관한 법률, Freizügrigkeitsgesetz; FZG), 1994		1. 노동시장 이동시 기업연금 적립금의 이전 보장 2. 제2층 연금제도 간 조화 도모	1. 여성의 결혼시 당해 여성의 기업연금 적립금을 지급하던 제도 폐지 2. 이혼시 제2층 기업연금의 수급권 분할제도 도입
연금보험(AHV) 제10차 개혁, 1995	1. 퇴직연령을 62세에서 64세로 상향 2. 유연퇴직연령제 도입(조기퇴직시 연금급여 비례적 삭감)		1. 배우자 간 기여금 및 급여 분할제도 도입, 여성 대상의 교육크레딧 도입
보충연금(EL) 제3차 개혁, 1996		1. 수급자격 결정시 공제하는 월세금액 상향 2. 외국인 대상 보충연금의 대기기간 단축	

개혁	보험	표적화	재조준화
		3. 자가소유자에 대한 보충연금 인상 4. 수급자격에 관한 정보 제공 개선	
기업연금(BVG) 제1차 개혁, 2003	1. 기업연금 급여수준 삭감 2. 여성의 퇴직연령을 64세에서 65세로 상향 조정	1. 저임금 노동자에 대한 기업연금 적용 확대 2. 시간제 노동자에 대한 기업연금 적용 확대 3. 가입상한소득 도입	1. 과부에 대한 기업연금 급여 도입
연금보험(AHV) 제11차 개혁, 2003	1. 여성의 퇴직연령을 64세에서 65세로 상향 조정 2. 과부연금의 급여수준 삭감 3. 유연퇴직연령제 도입(조직퇴직시 연금급여 비례적 삭감) 4. 연금연동제 축소	1. 자영업자의 기여금 인상	

갈등전선의 전개과정

〈표 8-1〉은 보수적 복지국가의 탈산업적 연금정치에서 새로운 갈등전선의 중요성이 점점 커져간다는 우리들의 이론적 예측을 잘 확정해주고 있다.

이 책의 제3장에서 우리는 가설1을 통해 한 나라의 연금제도와 탈산업적 위험구조 그리고 경제적 긴축 간의 부정합에 따라 새로운 갈등이 빈번히 나타날 것이라고 예측한 바 있다. 스위스 연금정치에서 적립화 차원의 갈등이 부재한 사실과 표적화 및 재조준화 차원의 갈등이 부상해온 사실들은 가설1의 예측이 올바른 것임을 보여준다.

프랑스와 독일과 달리, 스위스에서는 적립화가 독자적인 갈등차원을 구성하지 않았다. 이는 스위스에서 적립방식의 연금이 매우 발달했다는 점을 생각할 때 다소 의아하게 여길 수도 있다. 하지만 3장에서 본 것처럼 적립화 차원의 갈등은 적립방식의 도입과 부과방식의 유지를 둘러싼 정치적 갈등을 의미하는 것이다. 이 갈등은, 6장과 7장에서 본 것처럼, 프랑스와 독일에서는 상당한 논쟁을 불러일으켰다. 하지만 스위스의 경우 이 갈등은 1972년에 대부분 해소되었고 따라서 그 이후의 정책논쟁에서는 적립방식과 부과방식을 둘러싼 논쟁이 중요한 논쟁으로 나타나지 않게 된 것이다[3]. 다층연금체제로의 성공적인 전환 – 그리고 적립방식 연금을 둘러싼 갈등의 성공적인 해결 – 이 가능했던 원인은 스위스 연금체계가 그 전부터 가지고 있던 제도적 구조로 설명할 수 있다. 스위스에서는 기업단위로 운영되는 적립방식의 기업연금이 상당히 오래 전부터 존재해왔고 따라서 많은 사람들이 이미 적립방식 연금의 혜택을 받고 있었다. 그리하여, 프랑스와 독일과 달리, 스위스에서는 적립방식의 도입이 연금정책의 연대적 전통을 파괴하는 낯선 요소라기보다는 기존 연금제도의 실용적 발전으로 인식된 측면이 더 강하였다. 스위스 정부는 다층체계를 구성하는 각 층의 연금에 대해 목표급여수준을 헌법에 명시함으로써(1982년에 과거소득의 60%에 해당하는 급여가 제1층과 제2층 연금에 의해 보장되어야 한다고 명시되었다), 다층연금체제가 전반적인 연금급여수준의 상향과 조화로울 수 있음을 분명히 하였고 이를 통해 제도설계를 둘러싼 논쟁을 보호의 수준을 둘러싼 논쟁으로 전환시킬

---

3 다층연금체계의 도입을 놓고 실시된 1971년 국민투표에서 스위스 국민들은 적립방식과 부과방식을 두고 극심한 대립을 보였다. 헌법 조항은 사실상 제1층의 연금보험을 보편적이고 유일한 소득비례연금으로 확립해야 한다는 공산주의자들의 주장에 대응하기 위한 것이었다. 하지만 공산주의자들의 주장은 급진좌파 이외의 집단들로부터는 지지를 받지 못하였다. 공산주의자들의 주장은, 다층연금체제와 연금보험의 부과방식 및 제2층의 적립방식을 결합한 재정방식을 지지하여 우파정당과 사민당이 구축한 연합전선에 패배하였다.

수 있었다. 그리하여 〈표 8-1〉에 정리된 바이지만, 제2층의 기업연금에 대한 개혁은 기업연금의 재정방식이 아니라 제도적 특성(즉, 보험차원, 표적화, 재조준화)에만 초점을 둔 개혁으로 전개되었던 것이다. 프랑스의 재조준화 사례에서 본 것처럼, 스위스에서 적립화가 독자적인 갈등차원을 구성하지 않는다는 사실은, 기존의 제도적 구조는 이후 정책의제에서 나타날 갈등의 성격을 형성한다는 순서론(sequencing argument)을 지지하는 좋은 사례인 것이다.

적립화와 달리 표적화는 스위스 연금개혁에서 1980년대 이래 중요한 정책요소로 부상하였는데 이는 스위스의 기존 연금체계가 대단히 강한 계층화 요소를 가지고 있어서 노동시장 외부자를 배제하였기 때문이다. 표적화 차원의 개혁은 다양한 조치들을 포괄한다. 각 조치들은 각기 차이가 있지만 그들 모두는 계층차별적인 연금체계를 보다 평등한 체계로, 급여가 균질적인 체계로, 또는 심지어는 자산조사방식의 체계로 전환함으로써 특정 직업집단이 가진 특수한 욕구를 보다 적절히 충족시키려는 목표를 공통적으로 가지고 있다. 스위스 연금정치에서 표적화 개혁은 세 가지 유형의 조치로 나타났다. 첫째는 지위에 따른 특권을 축소하는 조치이다. 이는 예컨대 자영업자와 취업한 연금수령자의 연금기여금을 인상하는 것 등이다. 하지만, 둘째 유형의 표적화 개혁은 이보다 더 폭넓은 것이었는데 이것은 특정 위험집단을 겨냥하여 최저연금을 도입하거나 그들에게 연금가입을 확대하는 조치로 나타났다. 자산조사방식에 기초한 보충연금을 지속적으로 강화해온 것이 이런 유형의 표적화 개혁을 잘 보여준다. 처음 보충연금이 도입될 당시 이 제도는 한시적으로만 작동되고 제1층의 연금보험이 충분히 성숙하면 폐지될 것으로 생각되었다. 하지만 긴축의 시대가 도래하고 제1층 연금보험 급여의 인상이 점점 어려워지게 되면서 보충연금은 노인빈곤을 예방하는 효과적인 수단으로 간주되기 시작하여 영구적인 제도로 자리 잡게 되었다(Leu, Burri, and Priester, 1997; Bundesamt für Statistik, 2003; Bundesamt für Sozialversicherungen, 2003). 마지막 셋째 유형은 노동시장 외부자에 대한 배제를 완화하기 위한 방안의 하나로 기업연금을 개혁하는 전략으로 나타난 유형이다. 특히 1994년과 2003년에 저임금노동자와 비정규직노동자 그리고 여성노동자에 대한 기업연금의 적용을 보다 용이하게 하기 위한 기업연금 개혁이 시도되었다.

그러나 스위스 연금정치에서 가장 두드러진 새로운 갈등전선은 재조준화이다. 스위스 노동시장은 성별에 따른 차별이 매우 심하여 대부분의 여성은 노동시장에서 퇴장해 있거나 그렇지 않으면 시간제로 취업해있다(Wanner and Ferrari, 2001). 이로 인해 노동시장 참여에 기초한 수급자격 부여나 소득비례방식의 급여는 매우 성차별적인 급여구조를 낳게 된다. 이것이 남성가장중심의 사회구조가 잘 유지될 때에는 크게 문제가 되지 않는다. 즉 대부분의 여성들은 남편이 획득한 연금권리를 통해 충분한 사회보험혜택을 누릴 수 있기 때문이다. 하지만 가족의 불안정성이 증가하고 성평등 요구가 늘어나면서 비스마르크적 사회보험구조는 사회현실과 점점 멀어지게 되었다. 따라서 1990년대에 나타난 스위스의 재조준화 개혁은 사회보험권리를 개별화하여 그것을 시민적 지위와 무관하게 만드는 방향을 지향하였다. 예컨대, 1994년 제2층 기업연금 개혁에서 여성이 결혼하면 그녀에게 기업연금 적립금을 일시불로 지급하던 제도가 폐지되었으며 또한 이혼시 배우자였던 자들에게 기업연금 적립금이 분할되도록 하는 제도가 도입되었다. 또한, 1995년 개혁에서는 제1층의 연금보험의 기여금과 급여를 배우자 간에 분할하는 제도가 도입되었는데 이는 제1층 연금의 수급권도 개별화한(즉, 1인 1연금을 도입한) 조치였다.

표적화 및 재조준화와 달리, 보험차원의 개혁은 스위스 연금개혁의 전체 기간에 걸쳐 매우 중요한 의제였다. 1970년대와 1980년대에 시도된 대부분의 개혁은 정규직 노동자의 연금급여수준을 인상하는 것이었지만, 1990년대에는 보험차원의 개혁이 거의 대부분 비용억제와 긴축에 초점을 두면서 개혁의 방향이 완전히 바뀌었다. 여성의 퇴직연령은 제1층 연금과 제2층 연금에서 공히 상향 조정되었으며, 제2층의 기업연금의 급여수준은 삭감되었다. 2003년에 시도된 연금보험 개혁은, 비록 실패하긴 했지만, 연금의 연동주기를 과거 매년에서 매 3년으로 연장하여 연금의 연동정도를 축소하고자 하였다.

행위자 배열의 전개과정

연금개혁 이면에 놓인 정치는 어떤 것인가? 정치적 행위자들은 세 가지 갈등전선에서 어떻게 이합 집산하였는가? 아래의 논의에서 보겠지만, 보험차원에 관련된 개혁쟁점들은 지속적으로 계급갈등을 초래하는 경향을 보이지만 표적화와 재조준화와 관련된 쟁점들은 계급갈등을 희석시키는 경향을 보였다. 이 두 가지의 대조되는 경향은 자료에서도 잘 나타난다. 한편으로, 표적화와 재조준화 개혁은 이해관계의 계급 내적 이질화를 초래하였는데, 왜냐하면 이 개혁들은 노동시장 외부자를 기반으로 하는 행위자들로부터 주로 지지를 받았고 노동시장 내부자를 대변하는 노동조합이나 정당들로부터는 보다 소극적인 묵인을 받은 정도였기 때문이다. 다른 한편, 모든 행위자들의 입장을 이해관계로 다 설명할 수 있는 것은 아니다. 이는 특히 시장자유주의를 옹호하는 자유민주당(FDP, 자민당)이 그러한데 이 정당은 표적화 개혁에 대해 꽤 호의적이었으며 재조준화 개혁에 대해서는 더 호의적이었다. 개별화 지향적이고 평등지향적인 개혁에 대해 사회주의자들과 자유주의자들의 지지가 증가해 가는 현상은, 가치의 대립, 즉 자유의지론적 가치와 전통주의적 가치 간의 대립이라는 관점에서 이해해야 한다. 이하 본문에 제시된 그림들은 연금개혁을 둘러싼 정치적 갈등의 지배적 유형을 확인해보기 위해 세 가지 갈등전선 각각에 대해 행위자들의 배열을 표시한 것들이다.

예상대로, 보험차원의 개혁은 전체 기간에 걸쳐 좌파정당 및 노동조합과 우파정당 및 사용자단체를 서로 대립하게 하였다. 〈그림 8-1〉은 보험차원의 갈등전선에서의 행위자들의 입장 및 입장의 변화를 1970년대와 1980년대 그리고 1990년대 및 2000년대에 나타난 모든 보험차원 관련 개혁쟁점에 대한 행위자들의 평균적 입장에 따라 표시한 것이다. 이 그림에는 실용성을 고려하여 가장 중요한 행위자들의 입장만 표기되어 있다. 그림에서 '0' 은 관대한 연금권리, 예컨대 퇴직연령의 하향 조정이나 급여수준의 인상, 임금 기준 연동제, 배우자를 위한 높은 수준의 파생적 급여, 적용범위의 확대 등을 지지하는 입장을 의미한다. '2' 는 그 반대, 즉 연금지출의 억제와 연금권리의 축소를 지지하는 입장을 의미한다. 노조정상조직인 스위스노동조합연

〈그림 8-1〉 스위스: 기간별(1971-80, 1981-90, 1991-2003) 보험차원 개혁에 대한 행위자들의 평균적인 입장

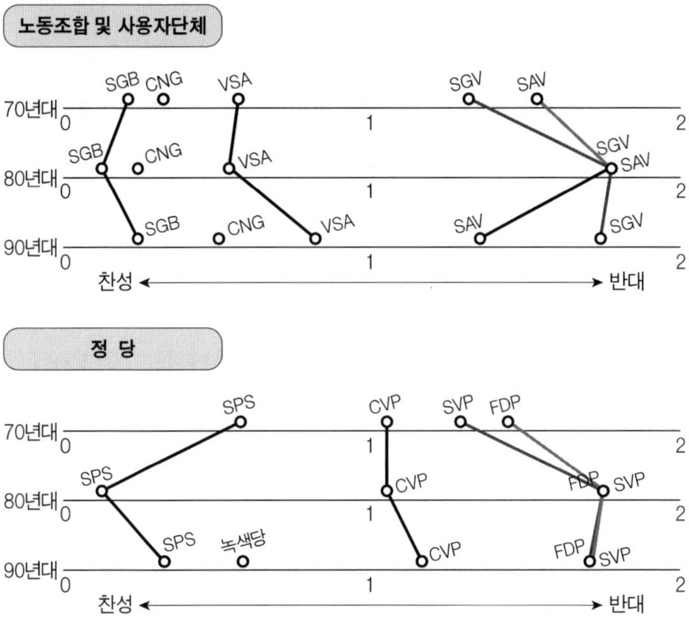

맹(SGB)과 기독교민주주의 노동조합인 기독국민노조(CNG), 그리고 사회민주주의 정당인 사민당(SPS)은 모두 개혁의 전 기간에 걸쳐 관대한 연금권리를 일관되고 강력하게 지지하였다. 화이트칼라 노동조합인 스위스사무직노조협의회(VSA)와 녹색당은 이 문제와 관련하여 좀 더 온건한 입장을 취하였다. 한편, 스위스경영자단체연합회(SAV)(대기업 대변)와 스위스중소기업연합회(SGV)는 시장자유주의를 옹호하는 정당인 자민당 및 보수주의를 옹호하는 정당인 국민당

(SVP)와 더불어 관대한 연금권리를 반대하는 입장을 취하였다. 기독교민주주의 정당인 기독교민주당(CVP, 기민당)은 중도적인 입장을 취하였다. 이들 행위자들의 입장은 그들이 대변하는 집단의 이해관계를 직접적으로 반영한 것이다. 좌파정당과 노동조합은 전체 노동계급 중 저숙련 혹은 외부자(예컨대, 블루칼라노동자, 저숙련서비스직 노동자, 사회문화전문가계급 등; 보다 자세한 것은 4장 참조)를 대변하며, 자본가와 고숙련의 노동시장 내부자(자본축적자들)의 이해관계에 저항한다. 자본가와 고숙련의 노동시장 내부자들은 시장자유주의 정당인 자민당의 주요 지지기반이다. 국민당의 입장은 유일하게 그들의 가장 중요한 지지기반, 즉 저숙련의 블루칼라노동자들의 이해관계와 상충한다. 하지만 국민당은 상당수의 중소기업으로부터도 지지를 받고 있어서 이들의 경제적 이해관계를 대변하고 있다는 사실도 명심할 필요가 있다. 국민당이 블루칼라노동자들로부터 받는 지지는 주로 문화적 쟁점과 관련하여 그런 것이다(Kitschelt, 1997; Bornschier, 2010). 흥미롭게도 스위스에서는 보험차원을 둘러싼 계급갈등이 시간이 갈수록 더욱 심해졌다. 즉, 행위자들(정당이 좀 더 심하지만)의 입장 간 간극은 1970년대에 비해 1980년대와 1990년대에 더 많이 벌어졌다. 이러한 대립의 심화는 연금개혁이 축소지향적인 성격을 띠게 된 것의 직접적인 결과이다. 1970년대에만 해도 연금확대를 위한 일부 개혁조치에 대해서는 전반적인 합의가 있었지만, 긴축의 시대에 들어가게 되자 연금개혁에 관한 좌파와 우파의 입장은 적대적인 것으로 변화하였다.

하지만, 표적화 차원을 표현한 〈그림 8-2〉에서 우리는 보험차원과

〈그림 8-2〉 스위스: 기간별(1971-80, 1981-90, 1991-2003) 표적화 차원의 개혁에 대한 행위자들의 평균적인 입장

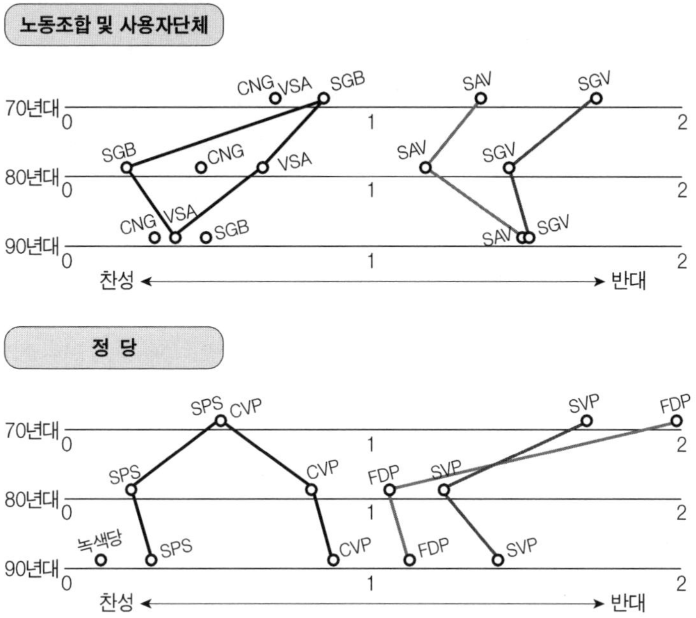

는 다른 갈등구조가 나타나리라 기대하는데, 그것은 즉 내부자와 외부자 간의 갈등이 나타나리라는 것이며 이렇게 기대하는 이유는 표적화 개혁이 내부자보다는 외부자에게 보다 직접적으로 혜택을 주는 것이라는 데에 있다. 그림에서 '0'은 관대한 표적화 급여를 지지함을 의미하며, '2'는 그러한 표적화 개혁을 반대함을 의미한다. 그런데 우리의 기대와는 다소 상반되게, 〈그림 8-2〉에 나타난 모습은 계급갈등의 모습과 매우 닮아 있는 듯 보인다. 즉, 노동조합과 좌파정당 그

리고 어느 정도는 기민당까지 포함하여 이들은 지위에 따른 특권의 축소, 자산조사에 기초한 연금급여의 인상, 노동시장 외부자에 대한 적용범위의 확대를 지지하여 우파정당 및 사용자단체와 대립하고 있다. 이것은 내부자-외부자 간 갈등가설, 즉 노동시장 내부자를 기반으로 한 노동조합은 연금에 자산조사원칙을 도입하는 데 반대하고 등가원칙의 유지를 찬성할 것이라는 가설의 타당성을 의심하게 하는 사실로 생각될 수 있다. 하지만 왜 이런 일이 벌어지게 되었는가는 충분히 설명할 수 있다. 자산조사에 기초한 보충연금의 급여수준을 둘러싼 논쟁은 보험차원을 둘러싼 논쟁처럼 어느 정도는 분배를 둘러싼 계급투쟁과 유사한 성격을 띠게 된다. 자산조사방식의 최저연금에 대한 노동조합의 반대는 지금도 존재한다. 1985년에 스위스노동조합연맹과 사민당은 보험원리로부터 부조원리로 "슬그머니 옮겨가는 것"에 반대한다고 명시적으로 밝힌 바 있다[4]. 하지만 개혁에 관련된 논쟁을 분석해보면, 이들 행위자들은 보충연금을 축소된 연금권리의 기능적 등가물로 간주하여 보충연금의 급여수준을 가능한 한 높이려는 실용적 입장을 취한 것으로 나타난다.

하지만 표적화 개혁과 관련하여 좌파와 우파가 대립한다는 것은 이야기의 일부일 뿐이다. 표적화 개혁에 관련된 행위자들의 배열에는 분배적 계급갈등과는 다른 두 가지 중요한 경향이 있었다는 사실에 주목할 필요가 있다. 첫째, 노조정상조직들(스위스노동조합연맹과 기독국민노조)은 표적화의 주된 지지자이었던 적이 없었다는 사실이

4 보충연금(EL) 제2차 개혁에 관한 자문에서 스위스노동조합연맹과 사민당이 제출한 서면진술서(1984년 4월 25일).

다. 이는 특히 제2층의 기업연금을 탈산업적 노동시장에 맞추어 개편하려는 시도가 나타났던 1990년대 이후 더욱 그러하였다. 예컨대, 기업연금 적립금의 이전은 고숙련노동조합인 스위스사무직노조협의회(VSA, 적립금 이전을 위한 개혁의 대중적 요구를 주도한 조직)와 업종별 노조(예컨대, 간호사들의 노조인 스위스간호사협회(SBK)), 그리고 녹색당과 사민당의 주요 요구였다. 노동조합이 노동시장 외부자와 비정규직 노동자에 대한 연금의 적용확대를 찬성한 것은 사실이었지만 그들이 그런 정책적 노력을 주도한 세력은 결코 아니었다. 기업연금 적용범위의 기준에 관한 서면진술에서 스위스노동조합연맹은 적용기준의 하향은 그들의 전반적인 전략에 부합하지 않으며, 제1층 연금의 확장적 개혁이 우선되어야 한다고 진술하였다[5]. 따라서 1990년대에 녹색당과 사민당, 그리고 고숙련노동조합인 스위스사무직노조협의회는 표적화 차원에서의 확장적 개혁을 지지하는 주요 세력이었는데, 이는 이들 조직들이 여성과 노동시장 외부자들(예컨대, 사회문화전문가들이나 저숙련 노동자들; 4장 참조)로부터 많은 지지를 받고 있었기 때문이다. 반면에 노조정상조직인 스위스노동조합연맹과 기독국민노조는 저숙련의 내부자들의 이익을 주로 대변하고 있었기 때문에 표적화 개혁보다는 보험차원의 개혁에 더 주력하였다.

표적화 개혁에서 나타난 둘째 경향은 우파의 분열로 이는 〈그림 8-2〉에서도 확인할 수 있다. 기민당은 표적화 개혁에 대해 우호적인 입장을 취하고 있으며 시장자유주의 정당인 자민당은 중도적 입장으

---

5 기업연금 2003년 개혁에 관한 자문과정에서 스위스노동조합연맹이 제출한 서면진술서(1998년 12월 17일).

로 전환해왔다. 반면에 사용자단체와 우파정당인 국민당은 표적화 개혁에 반대하고 있다. 이러한 우파들 간의 분열이라는 새로운 계급 내적 갈등은 2003년의 기업연금 적용기준 하향조정과 관련하여 스위스중소기업연합회가 자신들의 입장을 천명한 성명서에서 상세하게 논의된 바 있다. 이 성명서는 "우파진영이 이번 개혁에서 각자의 서로 다른 이해관계를 추구한 나머지 한 목소리를 내지 못하고 있다" 고 하면서 이를 문제로 지적하고 있다[6]. 스위스중소기업연합회와 스위스경영자단체연합회는 조정공제(coordination deduction)•의 하향에 반대하였지만 보험회사들은 기업연금의 적용범위 확대를 찬성하였다. 자민당은 내부적으로 의견이 갈라져 있었지만 기업연금을 노동시장 외부자에게 확대 적용하는 것에는 호의적이었다. 그리하여 스위스중소기업연합회는 2003년 개혁에서 좌파와 자유주의자 그리고 금융부문이 거대하게 결탁한 "건전하지 못한 동맹" 이 나타날 우려가 있다고 경고하였다[7]. 이 사례는 자민당이 표적화 개혁과 노동시장 외부자에 대한 보호의 확대에 대해 보다 개방적인 태도를 가진 쪽으로 전환해간 점을 잘 보여준다. 하지만 자민당이 기존의 소득비례연금에 강한 이해관계를 가진 자본축적자계급의 정당임을 감안할 때, 이 당의 그와 같은 입장변화는 어떻게 설명할 수 있을까? 이해관계에 기초한 설명만으로는 이 변화를 이해하기에 충분치 않다. 그에 대한 설명은

• 옮긴이 주) 조정공제는 기업연금에 가입할 수 있는 하한소득이라 할 수 있다. 즉, 조정공제에 해당하는 금액보다 임금이 낮으면 기업연금에 가입되지 않는 것이다. 따라서 조정공제를 낮춘다는 것은 기업연금의 적용범위를 저임금노동자로 넓히는 의미를 갖는다.

6 스위스중소기업연합회가 그 회원조직에게 보낸 성명서의 4페이지(2002년 1월).

7 스위스중소기업연합회가 그 회원조직에게 보낸 성명서의 4페이지(2002년 1월).

표적화 개혁이 성평등과 개별화(연금수급권의 개별화)에 호의적인 자유의지론적 가치와 그렇지 않은 전통주의적 가치 간의 갈등을 유발하는 경향이 있다는 사실에서 찾을 수 있다. 스위스의 자본축적자계급은 자유의지론적 가치구조를 가지고 있으므로(4장의 2절 참조) 이러한 가치에 기반한 접근이 자민당의 입장변화를 설명할 수 있다. 따라서 자민당 내의 일부 세력은 사회문화적 근거에서 표적화 개혁을 지지하였던 것이며 이로 인해 사회주의자와 자유주의자 간의 가치동맹이 형성될 기회가 생겨났던 것이다.

스위스 복지국가 개혁에서 사회주의와 자유주의 간의 동맹 가능성은, 여성의 연금권리에 보다 직접적으로 영향을 미치는 재조준화 개혁을 둘러싼 논쟁에서 더욱 분명하게 드러났다. 여성은 남성에 비해 외부자일 가능성이 더 높기 때문에 재조준화 개혁은 내부자-외부자 갈등을 초래할 것으로 생각할 수 있다. 또한 재조준화 개혁은 노동시장 참여자와 비경제활동인구 사이의 균열과 남성중심사회와 보다 진보적인 사회의 가능성을 둘러싼 가치갈등까지 초래할 것으로 생각할 수 있다.

〈그림 8-3〉은 표적화와 관련하여 찾아볼 수 있었던 것과 같은 세력동맹이 재조준화에서 더욱 분명하게 드러남을 보여준다. 1990년대에 재조준화와 관련된 개혁쟁점은 네 가지였다. 1994년의 기업연금 개혁에서는 이혼시 분할연금을 도입하였으며, 혼인시 여성에게 일시불로 지급된 기업연금적립금 지급제도를 폐지하였다. 1995년의 연금보험 개혁에서는 배우자 간 기여금과 급여의 분할제도를 도입하였으며, 자녀 출산 후 노동시장에서 퇴장한 여성에 대해 교육크레딧을 부여하

는 제도를 도입하였다. 2003년의 기업연금 개혁에서는 과부(寡夫)연금을 도입하여 성평등의 진작에 기여하고자 시도하였다. 표적화 개혁에서와 마찬가지로, 녹색당과 사민당, 그리고 고숙련노동조합인 스위스사무직노조협의회는 재조준화 개혁의 주된 지지세력이었으며, 저숙련 노동자들을 대변하는 노조정상조직들은 그렇지 않았다. 전자의 행위자들(녹색당, 사민당, 스위스사무직노조협의회)은, 주로 남성이고 저숙련직인 블루칼라 노동시장 내부자들의 이익을 대변하는 스위스노동조합연맹과 기독국민노조와 달리 노동시장 외부자(고숙련이든 저숙련이든)와 여성으로부터 많은 지지를 받고 있다는 점에서 이들이 재조준화에 대해 보이는 입장은 충분히 수긍할 수 있는 것이다. 예컨대, 1994년 기업연금 개혁에서 기독국민노조는 분할연금의 도입을 차후 개혁과제로 미루어 두자고 제안하였지만 사민당과 녹색당은 이혼이라는 새로운 사회적 위험에 대한 해결책을 하루빨리 마련해야 한다고 주장하였다[8]. 표적화 개혁에서와 마찬가지로 여기서도 노동조합은 재조준화 개혁에 반대하지 않았다. 하지만 그들의 소극적인 태도는 그들이 보험차원 개혁에 비해 재조준화 개혁에 관심이 덜 하다는 사실을 보여준다.

재조준화 개혁에 관련된 행위자들의 배열을 설명함에 있어서 가치에 기초한 접근이 유용하다는 사실은 개혁의 초기 주창과정을 살펴보면 더 잘 알 수 있다. 원래 배우자 사이에 연금을 분할하는 방안은, 자민당 소속 의원이었던 코넬리아 퓌에크(Cornalia Füeg)의 주장에 따

---

8 기업연금 1994년 개혁에 관한 자문과정에서 기독국민노조가 제출한 서면진술서(1991년 3월 28일).

라 1979년에 처음 논의선상에 떠올랐다. 표적화에서처럼 재조준화와 관련해서도 자민당이 이를 지지하는 것은 이해관계에 기초한 접근보다는 가치에 기초한 접근에 의해서 설명할 수 있다. 사회민주주의를 지지하는 유권자들에는 노동시장 외부자와 자유의지론자들이 많이 있는데, 자민당은 노동시장 내부자들을 지지기반으로 한 정당이지만 가치의 면에서 보면 자유의지론자들의 정당이기도 하다. 따라서 자민당의 일부 구성원들 — 이들은 대부분 여성들이다 — 은 남성가장 중심적인 복지국가가 성평등의 측면에서 보이는 부정적인 요소들에 매우 민감하며, 이 문제를 해결하기 위해 좌파정당의 의원들과 동맹을 형성해왔다. 실제로 1994년 개혁 당시 추진되었던 이혼시 분할연금 도입과 관련하여 절충안을 고안해낸 주체는 바로 자민당 대표였던 릴리아네 나브홀쯔(Liliane Nabholz)였다. 또한, 1995년 개혁이 시도될 당시, 사민당 소속 여성의원들과 자민당 소속 여성의원들은 강한 동맹을 형성하여 여성에 대한 연금권리의 강화와 배우자 간 연금분할의 도입을 강력하게 추진하였다. 이들 여성의원들은 그들이 속한 정당 내부에서의 상당한 반대가 있었음에도 불구하고 그렇게 하였다[9]. 젠티(Senti, 1994: 333) 역시 "연금제도의 그와 같은 제도적 변화는 분배갈등보다는 가치갈등을 유발하였다" (필자의 번역)고 지적하여 필자와 유사한 결론을 내리고 있다. 분할연금과 교육크레딧 도입을 반대한 사람들은, 그 제도의 도입으로 초래될 추가적인 지출을 근거로 반대한 것이 아니라 연금권리의 개별화에 따라 결혼과 가족구조에

9 사민당(연금보험 제10차 개혁을 담당한 의회위원회 위원)과의 인터뷰, 2001년 6월 28일; 자민당(연금보험 제10차 개혁을 담당한 의회위원회 위원이자 연방여성문제위원회 전임 회장)과의 인터뷰, 2001년 6월 21일.

〈그림 8-3〉 스위스: 1990년대 재조준화 차원의 개혁에 대한 행위자들의 평균적인 입장

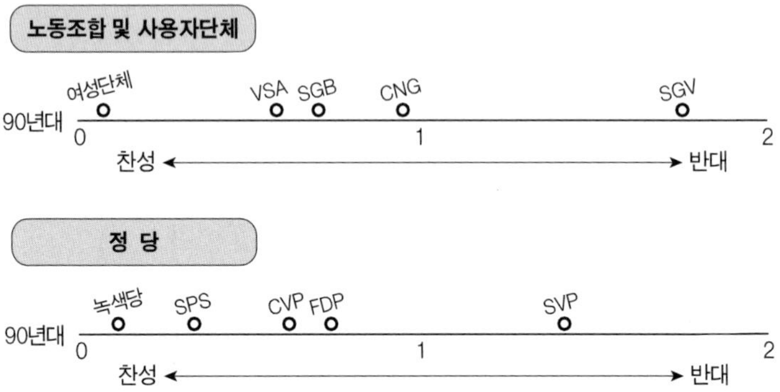

부정적인 영향이 초래될 수 있다는 우려를 근거로 내세워 반대하였다 (Senti, 1994).

재조준화에 대한 반대는 주로 중소기업을 대변하는 사용자단체인 스위스중소기업연합회와 우파의 보수정당인 국민당으로부터 나온 것인데, 이러한 반대는 노동시장 내부자들의 이해관계와 그들이 가진 가치를 근거로 하여 설명할 수 있다. 스위스중소기업연합회와 국민당은 둘 다 자본가 및 노동시장 내부자(전자는 중소기업, 후자는 소규모자영업자와 블루칼라노동자)의 이익을 대변할 뿐만 아니라 전통주의적 가치를 가진 사람들을 대변해왔다(4장 참조). 우리는 앞에서 재조준화가 노동시장 참여자와 비경제활동인구 간의 계급초월적 갈등도 유발할 것이라고 가정한 바 있다. 그런데 노동시장에 참여하지 않고 있는 여성들은 거의 조직화되어 있지 않기 때문에 사실 이 가설

〈그림 8-4〉 스위스 연금정치에서 좌파의 내부적 분열의 증가: 사민당/녹색당과 스위스노동조합연맹/기독국민노조의 평균입장 간 거리의 추이

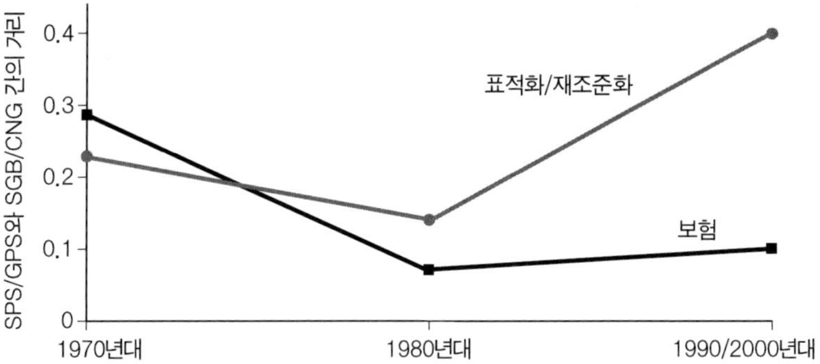

을 검증하는 것은 매우 어려운 일이다. 이 문제를 다소라도 완화하기 위한 대리지표로 여기서는 여성단체의 입장을 살펴보았다(〈그림 8-3〉 참조). 예상대로 여성단체는 노동조합을 비롯한 그 어떤 행위자들보다 재조준화를 강하게 지지하는 것으로 나타났다.

결국 우리가 살펴본 기간에 걸쳐 스위스 연금개혁과정에는 두 가지 경향이 나타났다고 할 수 있다. 첫째, 표적화 및 재조준화와 관련하여 좌파정당과 노동조합 간의 분열이 시간이 갈수록 커져왔다(이 중 재조준화와 관련된 분열이 더 크다). 이 분열은 녹색당 및 사민당 그리고 노조정상조직인 스위스노동조합연맹 및 기독국민노조 사이에서 가장 분명하게 나타났다. 〈그림 8-4〉는 표적화 및 재조준화와 관련된 녹색당/사민당의 입장과 기독국민노조/스위스노동조합연맹의 입장 간의 거리가 시간에 따라 어떻게 나타났는지를 표시한 것이다. 값이

〈그림 8-5〉 스위스 연금정치에서 사회주의-자유주의 간 가치동맹의 형성: 사민당/녹색당과 자민당의 평균입장 간 거리의 추이

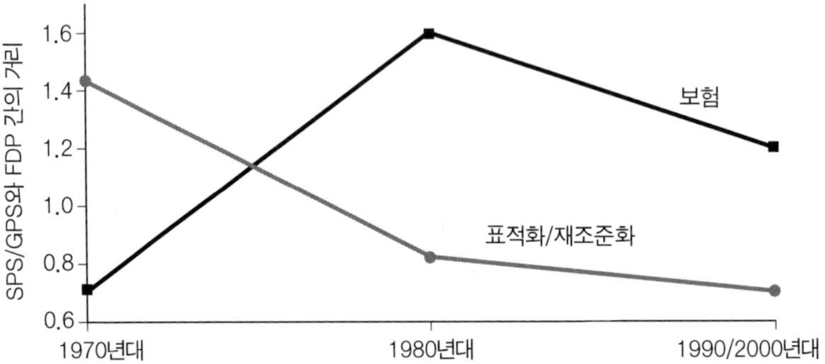

작으면 그것은 두 행위자들 간의 입장 차이가 적다는 것을 의미하며 값이 크다면 그 반대이다. 1970년대에 노동조합은 사민당보다 연금급여 인상을 훨씬 더 강하게 주장하여 보험차원의 개혁을 둘러싸고 좌파 내부적으로 많은 논쟁이 있었지만 그 이후로 연금축소가 개혁의제로 떠오르면서 나타난 계급 간 대립의 격화에 따라 좌파는 보험차원 개혁에 대해 상당히 통일된 입장을 가지게 되었다. 그러나 표적화와 재조준화에 관련된 좌파의 입장은 내부적으로 훨씬 이질성이 강함을 보여준다. 이러한 좌파 내부적인 입장의 차이는 재조준화가 외부자를 중심에 둔 개혁이 중요한 의제로 부상하면서 더욱 커지게 되었다.

하지만 이와 같은 좌파 내부적인 입장의 분열 혹은 통일은 스위스 연금정책 재구조화의 한 면만 보여주는 것이다. 스위스 연금개혁정치에서 발견할 수 있는 둘째의 경향은, 표적화 및 재조준화와 관련한

사회주의자와 자유주의자 간의 가치동맹의 실현가능성에 관련된 것이다. 〈그림 8-5〉는 보험차원의 개혁은 우파 및 좌파 행위자들 간의 대립을 초래하는 경향이 있지만, 표적화와 재조준화는 이들 간에 타협이 가능한 영역임을 잘 보여준다. 그림에서 큰 값은 좌파정당과 자민당 간의 입장 차이가 크다는 것을 의미하며, 작은 값은 그 반대, 즉 동맹형성의 가능성이 높음을 의미한다. 보험차원의 개혁은 1970년대까지는 큰 갈등요인이 아니었는데, 이는 이 당시 좌파정당과 우파정당은 모두 급여수준의 향상에 대체로 동의하고 있었기 때문이었다. 하지만 재정여력이 제한되어 가면서, 연금축소를 둘러싼 갈등은 행위자들 간의 입장 차이를 낳는 중요한 축이 되었다. 이러한 보험차원의 개혁과 달리 표준화 개혁은 1970년대에는 좌파정당과 우파정당의 분열을 유발하는 요인이었다. 그 당시 논쟁은 자영업자와 노동자의 연금기여금 수준을 동등하게 하는 문제에 주로 집중되었다. 좌파정당은 모든 가입자에 대해 기여수준을 동등하게 해야 한다고 주장한 반면, 자민당은 그들의 지지기반의 하나인 자영업자들의 특권을 보존하려고 노력하였다. 하지만 그 이후 상황이 변화하여 노동시장 외부자를 겨냥한 재조준화와 표적화 개혁이 개혁의제를 지배하게 되면서 좌파 행위자들과 자유주의적 행위자들의 사이는 더 가까워지게 되었다.

이와 같은 갈등전선의 전개로 인해, 특히 오늘날과 같은 긴축의 시대에도, 연금의 현대화를 위한 개혁의 기회가 만들어질 수 있었다. 이하에서는 다차원적 정책공간에서의 연합형성적 동학에 대해 살펴본다.

개혁차원의 시간적 전개와 긴축압력

프랑스와 독일 연금개혁정치에 대한 분석을 통해 우리는 정부와 정당의 지도부가 상이한 갈등전선에서 나타나는 행위자들의 이합집산을 어떻게 교묘하게 활용하는지를 볼 수 있었다. 특히 개혁이 연금권리의 축소를 포함할 경우 이러한 현상은 더욱 두드러지게 나타났다. 즉, 연금축소를 다른 갈등전선에서의 확장적 개혁과 결합한 개혁안은 정책공간을 다차원적인 것으로 만들고 또 모호한 합의의 가능성을 높여 성공적인 전략이 될 수 있었던 것이다. 이러한 분석결과는, 우리가 앞에서 제시한 이론적 모형, 즉 정책결정자들은 상이한 갈등전선에 관련된 정책요소들을 결합한 개혁패키지를 제시함으로써 개혁에 대한 지지를 이끌어내고 개혁에 대한 반대를 분열시킨다는 이론적 모형을 확증해준다. 그런데 이러한 이론적 예측이 프랑스와 독일에서 검증되었다면, 그것은 절대다수의 형성이 특히 중요한 스위스에 있어서는 훨씬 더 강하게 검증되어야 한다. 스위스는 매우 많은 거부지점이 존재하며 또 특히 국민투표제가 운영되고 있기 때문에, 기존의 급여구조를 변경시킨다는 것은 매우 어려운 일이다. 스위스의 정책결정에 관한 기존의 연구들(Sciarini, 1999; Trechsel and Sciarini, 1998)은 이런 사실을 너무나 분명히 보여주고 있다. 즉, 이들 기존 연구에 의하면, 예컨대, 스위스에서 어떤 법안이 국민투표에서 통과될 확률을 50% 이상 가지려면 의회에서 이미 2/3 이상의 찬성표를 얻었어야 한다는 것이다. 그리하여 정책결정자들은 합의도출이나 아니면 적어도 절충안의 모색이라도 할 유인이 매우 강하게 존재한다.

이런 점에서 우리는 스위스의 연금개혁은 여러 가지 갈등전선을 결

〈표 8-2〉 스위스 연금개혁의 차원성: 요인분석결과

	갈등전선	
	단일 갈등전선	복수 갈등전선
순수한 확장적 개혁	1971,1972(1차원적) 1996(2차원적)	1982,1994(1차원적)
축소를 포함한 개혁	1985(2차원적)	1976, 1995, 2003(BVG)(2차원적) 2003(AHV)(1차원적)

주: 요인분석은 행위자들의 입장을 부호화한 값으로 수행되었음; 요인분석의 전체 결과는 〈표 8-3〉, 〈표 8-4〉 및 〈부록 5〉 참조; 요인의 아이겐 값은 '1' 이상, 회전방식은 직각회전방식; 자료에 관한 보다 상세한 내용은 〈부록 1〉 참조.

합한 것으로 추진될 것이라 예상할 수 있으며(이는 특히 긴축의 시대에 더욱 그러할 것이다), 이와 같은 다양한 갈등전선의 결합은 다차원적인 정책공간을 창출해낼 것이라 예상할 수 있다. 앞의 두 개의 장들에서와 마찬가지로, 여기서도 이 가설을 검증하기 위해 〈표 8-1〉에 정리된 각 개혁에 포함된 갈등전선의 수를 확인하고 또 그와 함께 요인분석을 통해 각 개혁의 차원성을 판별하였다. 그 결과는 〈표 8-2〉에 정리되어 있다[10].

우리의 가설은 정책결정자들이 상이한 갈등전선을 결합하리라는 것이다. 하지만 〈표 8-2〉의 왼쪽 행에 있는 네 차례의 개혁은 이러한 우리들의 가설과 배치되는 결과를 보여주고 있다. 1970년대에 시도된 초기의 두 차례의 개혁(다층연금체계에 관한 헌법 규정, 연금보험 제8차 개혁)은 보험차원에 관련된 정책요소들만을 포함하였다. 경험적으로 볼 때, 이 두 차례의 개혁은 좌파와 우파 간의 갈등을 유발하여 일차원적인 것으로 분석되었다. 이는 충분히 이해할 수 있는 바인데,

10 이 요인분석은 개혁에 관한 공청회에 참여한 모든 행위자들의 입장을 포함하여 수행되었다(<부록 1> 참조).

1970년대까지만 해도 아직 복지국가의 번영기적 성격이 남아 있어서 각 행위자들이 급여수준의 확대에 동의할 여지가 제법 많았기 때문이다(Kriesi, 1980). 프랑스와 독일에서처럼 정책결정자들은 긴축의 시대에 접어들고 나서야 상이한 갈등전선을 결합하기 시작하였다. 놀라우면서 또 설명을 필요로 하는 것은, 자산조사방식의 보충연금에 대해 취해진 두 차례의 개혁(즉, 1985년 개혁과 1996년 개혁, 〈표 8-2〉의 왼쪽 행에 있다)이다. 두 개혁은 사실 표적화 개혁의 요소만을 가지고 있었다. 하지만 이들 두 개혁은, 요인분석에서 이차원적인 것으로 나타난 데서 볼 수 있듯이, 서로 다른 두 가지 논리에 따라 행위자들을 분열시켰다. 요인분석 결과가 이차원적인 것으로 나온 것과 관련하여 혹자는 이는 이들 두 개혁이 모두 표적화라는 단일 갈등전선에 관련된 것이라는 이론적인 판단과 모순되는 것이 아닌가 생각할 수 있다. 하지만, 둘째의 갈등전선(즉, 두 개의 갈등전선 중 표적화를 제외한 갈등전선)도 쉽게 설명할 수 있다. 왜냐하면 두 차례의 개혁 모두에서 일부 행위자들은 극소수의 특권층이 누리는 이익을 보조하려 했기 때문이다. 즉, 두 차례의 개혁에서 우파는 부유한 연금생활자들의 특권의 처리와 관련하여 분열되었던 것이다. 1985년 개혁은 보충연금의 수급자격 결정시 연금생활자들의 자산을 모두 — 소득만이 아니라 — 고려하도록 관련 제도를 개정하고자 하였다. 1996년 개혁은, 이와 반대로, 노인들이 자신들의 집을 떠나지 않게끔 하기 위해 자가소유자들의 보충연금 수급권을 좀 더 우대하고자 하였다. 이 두 차례의 개혁에서 일부 우파정당, 특히 자유당(LPS)과 사용자단체인 스위스중소기업연합회는 보충연금 개혁의 전반적인 기조가 아니라 특정문제에 대해 매우 다른 입장을 취하였다. 전체적으로 그들은 소폭의 급여인상만을 지지했지만, 좌파세력과의 계급초월적 연합의 형성을 통해 부유한 연금생활자 특히 자가를 소유한 연금생활자의 이익을 지키는 데 적극성을 보였다. 우파의 행위자들 중 일부의 행위자들만이 그와 같은 특수한 지대추구논리에 동조하였기 때문에 요인분석 결과는 이차원적인 것으로 나온 것이다.

〈표 8-2〉의 오른쪽 행에 있는 여섯 차례의 개혁은 연합조종전략(즉, 상이한 갈등전선을 하나의 개혁패키지에 결합하는 전략)을 잘 보여주는 예들이다. 앞에서 우리는 이런 전략은 연금축소를 포함한 개혁에서만 나타나리라고 예측하였지만, 제2층의 기업연금에 대한 두 차례의 개혁(1982년과 1994년)은 패키지안이 순수하게 확장적인 개혁에서도 나타날 수 있음을 보여준다(〈표 8-2〉의 右上 사분면). 이 두 사례에서 패키지안은 개혁에 대한 모호한 합의를 유도하기 위한 것(Palier, 2005), 즉 다시 말해서 상이한 욕구에 대해 상이한 방식으로 대응함으로써 개혁지지세력을 다수세력으로 구축하기 위한 것이었다. 실제로 이 두 차례의 개혁에서 시도된 기업연금 적용범위의 확대는 우파와 좌파 모두에게 큰 논란을 불러일으킨 방안이었다. 1982년 개혁에서 고숙련노동조합인 스위스사무직노조협의회는 기업연금 급여수준의 강화에 대해 찬성하였지만 노조정상조직인 스위스노동조합연맹과 기독국민노조는 회의적인 태도를 보였다. 하지만 당시의 개혁이 저임금 노동자들에게도 적용범위를 확대하는 것이었기 때문에 노동조합들은 결국 모두 개혁에 찬성하게 되었다. 그 결과 갈등차원은 일차원적인 것이 되었다. 1994년 개혁에서는 재조준화 및 표

적화 요소가 결합됨으로써 사회주의자와 자유의자들 간의 거대동맹이 형성되었으며 소수의 사용자단체들만이 개혁에 반대하였다. 이들 두 차례의 개혁에서 상이한 갈등전선의 결합은 정책결정자들에게 모호한 합의를 이끌어낼 여지를 부여하였다.

〈표 8-2〉의 오른쪽 아래 사분면에 표시된 개혁은 이론적으로 예측한 연합조종전략을 그대로 보여준다. 여기에 표시된 네 차례의 개혁은 보험차원의 축소와 표적화 및 재조준화 차원의 확장을 결합한 것이다. 가능한 한 많은 행위자들의 지지를 묶어내려고 했던 앞선 개혁사례들과 달리 이들 네 차례 개혁은 저항을 분열시키는 전략에 중점을 두었다. 이 전략은 특히 긴축의 맥락에서 매우 중요하다. 1976년의 개혁안은 지출억제를 제안한 최초의 안이었는데, 이것은 1960년대와 1970년대 초반까지의 번영의 기운이 끝나가고 있음을 보여준 것이었다. 당시 이 개혁안은 많은 논란을 불러일으켰으며 연금정책으로서는 국민투표에 부쳐진 최초의 사례였다. 좌파는 연금축소에 반대하였으며, 우파는 기여금 및 국가보조금 인상에 반대하였다. 개혁안은, 희생의 대칭성 혹은 고통분담의 대칭성을 확보하기 위해, 연금생활자(수혜자)와 가입자(기여금 납부자) 그리고 납세자들에게 희생을 골고루 분산시키는 일련의 재정건전성 제고방안을 추가하였다. 보다 구체적으로 개혁안은, 전반적인 연금급여수준을 삭감하는(보험차원) 한편 자영업자들이 누리던 특권을 폐지하였다(표적화). 우파는 전자의 조치를 지지하였으며, 좌파는 후자의 조치를 지지하였다. 이와 유사하게, 1995년과 2003년 개혁에서도 보험차원에서의 축소적 개혁을 재조준화 및 표적화 차원에서의 확장적 개혁(녹색당과 사민

당의 요구에 따른)과 결합하였다(이 두 개혁에 관한 보다 상세한 내용은 뒤의 사례연구 참조).

하지만, 2003년 연금보험 개혁에서는 다차원적 정책공간을 창출하려던 시도가 실패하였고, 이 개혁은 국민투표에서 좌절되었다. 이 개혁안은 보험차원에서의 대폭적 축소를 제시한 반면 자영업자에게 부여된 특권에 대해서는 소폭의 축소만을 제안한 것이었다. 따라서 2003년 개혁은 일차원적인 것이 되었다(즉, 이 개혁안이 촉발한 계급갈등이 압도적으로 지배적인 갈등이 되었다). 개혁안은 이차원적 개혁공간을 창출할 만한 균형성을 결여한 것이었다. 전반적인 연금급여수준을 삭감하고자 했으면서 그에 더하여 과부연금도 삭감하고자 하였으며, 여성의 퇴직연령도 상향조정하려고 하였다. 즉, 이전의 개혁안들과 달리 2003년 개혁안은 연금축소가 재조준화나 표적화에서의 확장적 정책요소와 결합되지 못하였다. 게다가 정부는 피부양자인 배우자의 연금권리와 과부의 연금권리를 축소하고자 하였으며(형식적 성평등 실현을 근거로), 또한 대부분이 여성들인 시간제 노동자에 대한 기업연금 적용 확대에 대해서는 반대하였다. 이로 인해 자민당의 일부 여성의원들은 의회논의과정에서 개혁안의 균형성을 회복하려고 시도하였다. 이들은 재조준화 개혁이 좌파의 지지를 이끌어낼 수 있음을 알고 있었으며, 따라서 일방적으로 연금축소만을 강조할 뿐 연금제도의 현대화를 위한 일관된 전략을 결여하고 있는 당시 개혁안을 비판하였다. 즉, 여성의원들은, "제1층 연금보험에서 과부연금을 삭감한 것을 보면, 정부가 여성의 노동시장 참여를 당연시하고 있음을 알 수 있다. 하지만 그럼에도 불구하고 정부는 제1층 연금

〈표 8-3〉 스위스: 1995년 연금보험 제10차 개혁에 대한 요인분석결과

개혁의 쟁점	재조준화 (F1)	보험 (F2)
기여와 급여를 배우자 간에 분할	0.95	-0.08
퇴직연령의 유연화	0.77	0.51
퇴직연령의 상향 조정	0.05	0.97
아이겐 값	1.50	1.21
설명된 변이	50%	40%
행위자	**요인점수**	**요인점수**
GPS 녹색당	-1.34	-1.22
LdU 독립당	-1.12	1.14
EKFF 연방여성평의회 (Federal Women's Commission)	-0.98	0.49
SPS 사회민주당	-0.85	-1.41
FDP 자유민주당	-0.63	0.95
SAV 스위스경영자단체연합회	-0.39	0.86
여성동맹(Alliance F)	-0.19	0.50
기업연합(Economiesuisse)	-0.08	1.05
SVP 국민당	0.41	0.24
SGB 스위스노동조합연맹	0.59	-1.01
CVP 기독교민주당	1.03	-0.60
SGV 스위스중소기업연합회	2.31	1.08

주: 요인분석은 행위자들의 입장을 부호화한 값으로 수행되었음; 모든 요인은 아이겐 값 '1' 이상이며, 회전방식은 직각회전방식임; 자료와 분석방법에 대한 상세한 내용은 〈부록 1〉 참조; 진한 글씨로 표시된 수치(요인적재치)는 개혁 관련 쟁점이 속한 차원을 나타냄.

보험을 저임금노동자와 시간제 노동자에게 확대 적용하기를 거부하고 있다" 고 비판하였던 것이다[11]. 자유주의 가치를 옹호하는 정치인의 이 발언은, 우파 정치인들이 사회주의자와 자유주의자 간의 가치동맹의 가능성과 연합조정의 가능성을 인지하고 있었음을 보여주는 것으로서 위에서 본 가치분열을 입증하는 또 하나의 증거이다.

앞의 장들에서와 마찬가지로, 새로운 연합형성적 동학을 보여주는

11 자민당 에게르세기(Egerszegi) 의원의 발언. 연금보험 제11차 개혁에 관한 의회토론 속기록, 하원, 2001년 5월 7일(번역은 필자).

〈그림 8-6〉 스위스: 1995년 연금보험 제10차 개혁에서 행위자들의 요인점수 산포도

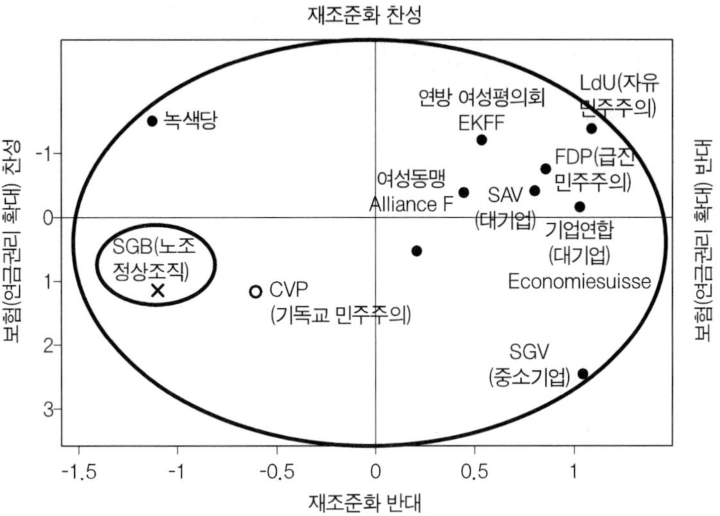

두 가지 사례, 즉 1995년 개혁과 2003년 개혁에 대해서는 좀 더 상세하게 살펴본다. 1995년 개혁과 2003년 개혁은 보험차원에서는 꽤 일관된 계급갈등을 보여주었으며, 표적화 및 재조준화 차원에서는 사회주의자와 자유주의자 간의 새로운 동맹형성의 가능성을 보여주었다.

〈표 8-3〉과 〈그림 8-6〉은 1995년의 제1층 연금보험 개혁과 관련된 요인분석 결과와 이차원적 정책공간에서의 행위자들의 입장을 제시한 것이다(1995년 개혁에 대한 보다 자세한 설명으로는 Bonoli, 1999; Häusermann, Mach and Papadopoulos, 2004 참조). 〈그림 8-6〉에서 가로축은 보험차원의 개혁(F2; 퇴직연령 상향 조정)에 대한 행위자들의 입장을 나타내며, 세로축은 재조준화 차원의 개혁(표에

서 F1; 분할연금 도입 및 퇴직연령의 유연화)에 대한 행위자들의 입장을 나타낸다. 이를 통해 발견할 수 있는 다음의 몇 가지가 중요하다. 첫째, 독일과 유사하게, 녹색당은 연금정책의 현대화를 주창하면서 재조준화를 지지하는 주요세력이다. 둘째, 사회주의자-자유주의자 동맹은 재조준화와 관련하여 형성되었다(이 동맹에 참여한 행위자들은 〈그림 8-6〉의 위쪽에 위치해있다). 이 동맹은 사민당과 녹색당, 그리고 자민당뿐만 아니라 독립당(LdU), 스위스경영자단체연합회, 여성단체들까지 포함하는 것이었다. 재조준화에 대한 반대는 보수정당인 기민당과 중소기업을 대변하는 스위스중소기업연합회로부터 나왔다. 셋째, 노조정상조직인 스위스노동조합연맹이 재조준화에 대해 보인 제한적인 태도는 놀라운 것이다. 스위스노동조합연맹이 재조준화 개혁을 명시적으로 거부한 것은 아니었고 단지 온건한 입장을 취하였을 뿐이다. 하지만 연맹은 퇴직연령문제가 가장 시급한 문제라고 주장하였다[12]. 그리하여 사민당은 재조준화 차원에서는 스위스노동조합연맹과 확실히 대립하였다. 하지만 보험차원의 개혁과 관련하여 사민당은 분명한 친분배적 입장을 취하고 있었으므로 스위스노동조합연맹과 함께 할 수 있었다. 따라서 보험차원에서는 좌파와 기민당이 우파정당 및 사용자단체와 대립함으로써 꽤 분명한 좌파-우파 간 갈등을 볼 수 있다. 사용자단체와 자유주의 정당이 그림의 우상사분면에 집중되어 있는 것은 스위스에만 독특한 것이며 신(新)정치

12 스위스노동조합연맹의 입장과 스위스경영자단체연합회의 현대화 찬성입장은 전략적 사고의 결과일 가능성이 있다. 스위스경영자단체연합회의 그런 입장은, 퇴직연령의 상향조정이 이루어진다면 연합회가 분할연금을 수용할 용의가 있음을 암시하는 것이었다. 스위스노동조합연맹의 입장은 일부 현대화 조치를 위해 퇴직연령을 상향조정하는 안은 연맹이 받아들이기 어려움을 보이려는 것이었다.

차원(Kitschelt, 1994; Pierson, 2001)이 스위스에서 특히 강하다는 사실을 시사한다. 사회주의자-자유주의자 간 가치동맹에 참여한 자유주의자들이 바로 이들이다.

앞의 장들에서 본 것처럼, 그림에 표시된 표식들은 전략적으로 결합된 개혁패키지 전체에 대한 행위자들의 최종입장을 나타내며, 타원은 최종적으로 형성된 개혁연합을 의미한다[13]. 노조정상조직인 스위스노동조합연맹은 개혁을 거부하였으며 따라서 개혁에 반대하는 국민투표 캠페인을 전개하였다. 하지만 연금축소를 선호하는 모든 행위자들은 개혁을 지지하였다(그림에서 검은 점(●)으로 표시). 재조준화에 대해 매우 보수적인 입장을 가지고 있는 스위스중소기업연합회도 연금축소에 우선순위를 두고 찬성하였다. 하지만 더욱 놀라운 사실은, 의회에서 다수를 차지하고 있던 기민당이 개혁 초기에 스위스노동조합연맹과 유사한 입장을 취하였음에도 불구하고 개혁을 저지하기 위한 세력동원에 나서지 않았다는 사실이다. 이들은 국민투표에서 스위스노동조합연맹과 함께 하기를 원하지 않았으며 의회에서 타협된 절충안을 지지하였다. 가장 중요한 것은 녹색당과 사민당의 입장이다. 녹색당은 연금축소를 반대하였고 그런 반대 입장의 강도와 유사한 강도로 재조준화 개혁을 지지하고 있었다. 하지만 최종적으로 녹색당은 분할연금 도입을 우선시하는 입장을 취하게 되었는데 이로 인해 1995년 개혁에서 가치갈등이 주요 갈등차원으로 부상하였

13 일부 자유주의 의원들은 연금축소에 대한 좌파의 반대를 분열시키기 위해 보험차원의 정책요소와 재조준화 차원의 정책요소를 주로 결합하는 전략을 사용하였다(연방사회보험사무소와의 인터뷰, 2006년 6월 21일; 자민당(노령연금 제10차 개혁을 담당한 의회위원회 위원이며 스위스경영자단체연합회의 전직 임원)과의 인터뷰, 취리히, 7월 4일).

〈표 8-4〉 스위스: 2003년 기업연금(BVG) 제1차 개혁에 대한 요인분석결과

개혁의 쟁점	표적화/재조준화 (F1)	보험 (F2)
기업연금 적용기준 하향 조정	0.82	0.33
시간제노동자에 대한 특별 자격요건 도입	0.92	0.15
과부(寡夫)연금 도입	0.83	0.14
가입상한소득 도입	0.79	0.38
급여수준 삭감	0.24	0.83
퇴직연령 상향 조정	0.19	0.85
아이겐 값	2.91	1.70
설명된 변이	49%	28%
행위자	**요인점수**	**요인점수**
GPS 녹색당	-1.69	0.32
프로테스탄트 여성단체 (Protestant Women's Organization)	-1.57	-0.75
CNG 기독국민노조	-1.28	0.43
SPS 사회민주당(사회민주주의)	-1.06	-1.20
여성 기독교민주주의자들	-0.84	0.10
VSA 스위스사무직노조협의회	-0.71	0.24
SBV 건설업 부문의 사용자단체	-0.33	0.81
CVP 기독교민주당(기독교민주주의)	-0.22	0.18
SBV 은행가 협회	-0.14	1.77
FDP 자유민주당(급진민주주의)	0.05	0.50
VPOD 공공서비스종사자협의회(공공부문노조)	0.12	-1.48
LPS 자유당	0.50	0.72
SGB 스위스노동조합연맹	0.54	-2.32
SAV 스위스경영자단체연합회	0.79	0.66
농민연합(Farmers' Union, SBV)	0.89	-0.38
Gastrosuisse(요식업주 단체)	0.90	0.83
SVP 국민당	1.06	0.30
SGV 스위스중소기업연합회	1.68	0.60

주: 요인분석은 행위자들의 입장을 부호화한 값으로 수행되었음; 모든 요인은 아이겐 값 1이상이며, 회전방식은 직각회전방식임; 자료와 분석방법에 대한 상세한 내용은 〈부록 I〉 참조; 진한 글씨로 표시된 수치(요인적재치)는 개혁 관련 쟁점이 속한 차원을 나타냄.

다. 사민당 지도부는 개혁을 국민투표에 부치자고 요구한 자신들의 요구를 둘러싸고 크게 분열되었다. 사민당은 연금축소에 강하게 반

대하고 있었지만, 당 소속의 몇몇 영향력 있는 여성의원들은 사민당으로 하여금 분할연금 도입을 지지하도록 유도하였다[14]. 당 내부 투표를 거친 후 사민당은 1995년 개혁안을 최종적으로 수용하기로 결정하였다. 이 결정은 사회정책 형성에서의 사민당의 전통적인 동지였던 스위스노동조합연맹과 사실상 대립하는 것이었다. 스위스노동조합연맹에게, 경제활동에 참여하지 않는 여성에 대해 새로운 급여를 도입하는 조치는 일하고 있는 여성의 퇴직연령을 상향 조정하는 조치에 비하면 중요성이 떨어지는 것이었다. 하지만 이혼한 여성을 위한 사회적 재조준화는 사민당이 오래 전부터 의제로 삼아왔던 것이었다(Häusermann et al., 2004; Häusermann, 2010b)[15]. 이로써 재조준화는 노동조합주의적인 구좌파와 자유의지론적 신좌파를 분열시킬 가능성을 안고 있는 새로운 갈등전선으로 부상하게 되었다.

그로부터 8년 후인 2003년의 기업연금 개혁은 좌파 내부의 분열을 보여주는 또 하나의 사례가 되었다. 〈표 8-4〉에 제시된 첫째 요인(F1; 〈그림 8-7〉의 세로축)은 표적화(저임금노동자와 시간제노동자에 대한 적용 확대, 가입가능소득의 상한 설정)와 재조준화(과부(寡夫)연금 도입)를 둘러싼 갈등을 나타내며, 둘째 요인(F2; 〈그림 8-7〉의 가

14 사민당(연금보험 제10차 개혁을 담당한 의회위원회 위원)과의 인터뷰, 베른, 2001년 6월 28일; 사민당(연금보험 제10차 개혁을 담당한 의회위원회 위원이자 스위스노동조합연맹의 전직 회장)과의 인터뷰, 2001년 7월 11일.

15 1995년 개혁을 수용하기로 하는 결정이 내려진 직후 사민당은 개혁패키지에 포함된 연금축소를 결코 받아들일 수 없는 당 내 친노동좌파세력을 달래기 위한 방책의 일환으로 "퇴직연령의 조정이 없는 연금보험 제10차 개혁"을 요구하는 대중운동을 개시하였다. 하지만 사민당의 이 요구는 국민투표에서 거부되었는데 이는 충분히 예상할 수 있는 결과였다. 그것은 당내 투표에서 패배한 친노동좌파를 달래기 위해 내놓은 양보안에 불과했던 것이다.

〈그림 8-7〉 스위스: 2003년 기업연금(BVG) 제1차 개혁에서 행위자들의 요인 점수 산포도

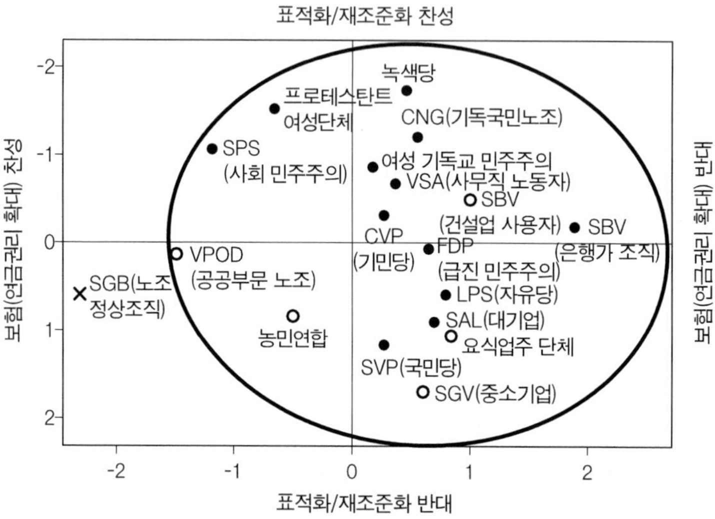

로축)은 보험차원(연금급여수준의 삭감, 연금연동제 축소, 과부연금의 급여삭감)의 갈등을 나타낸다.

2003년 개혁에서, 녹색당과 여성단체, 사민당 그리고 일부 온건 노동조합(여성노동자들을 지지기반으로 하는 기독국민노조와 스위스 사무직노조협의회)은 재조준화 개혁을 명백히 지지하는 입장을 취하였다. 이들에게 노동시장 외부자와 여성을 제2층 기업연금에 포함시키는 것은 여성의 경력흐름상의 특성을 인정케 하고 여성의 노동시장 참여를 유도하는 유인을 확립하기 위한 투쟁이었다[16]. 이들은 국민당

16 자민당 및 사민당(2003년 기업연금 개혁을 담당한 의회위원회 위원들)과의 인터뷰, 베른, 2002년 6월 6일.

과 농민연합, 스위스중소기업연합회의 연합세력과 맞닥뜨리게 되었다. 이 후자의 행위자들은 특정 집단만을 대상으로 기업연금의 적용범위를 확대하는 방안에 반대하였는데, 그것은 이들이 그 이전에 기업연금에 편입된 저임금 노동자와 시간제 노동자의 상당수를 이미 고용하고 있었기 때문이었다[17]. 이와 대조적으로, 대기업 사용자와 고숙련 노동자들을 고용한 사용자들(스위스경영자단체연합회나 스위스은행협회 등)은 이 조치에 호의적이었는데 이는 왜냐하면 대기업들은 그들이 고용한 시간제 노동자들을 기업연금에 포함시키더라도 이들을 관리할 능력이 충분하였기 때문이다. 게다가 은행부문(예컨대, 은행과 보험회사)은 기업연금에 직접적인 이해관계를 가진 당사자로서 기업연금의 확대로부터 이득을 얻을 수 있는 위치에 있기도 했다. 하지만 제2층 기업연금을 비정규직 노동자에게 적용하는 문제를 둘러싸고는 사용자단체와 노동조합 모두가 각자 내부적으로 분열되었다. 기독국민노조와 스위스사무직노조협의회는 기업연금의 비정규직으로 확대 적용을 항상 주장해왔지만, 스위스노동조합연맹은 그에 회의적이었으며 비정규직노동자 보호는 기업연금보다는 제1층의 연금보험(기업연금보다 더 재분배적이다)의 확대를 통해 시도하는 것이 더 우선되어야 한다는 입장이었다.

〈그림 8-7〉에서 보듯이, 노동 내부적 갈등은 표적화와 재조준화에서보다는 분배(즉, 보험차원의 쟁점)를 둘러싼 분열에서 더 강하게 나타난다. 스위스노동조합연맹은 연금축소를 결사적으로 반대하였다. 하지만 기독국민노조나 스위스사무직노조협의회와 같은 조직들

---

17 스위스중소기업연합회와의 인터뷰, 베른, 2002년 6월 6일.

은 연금축소에 대해 훨씬 더 온건한 입장을 취하였는데 이는 이들 노동조직들이 새로운 위험집단에 대한 연금의 적용확대를 더 우선시하고 있었음을 보여준다. 앞선 1995년 개혁에서처럼, 2003년 개혁에서도 표적화와 재조준화와 관련하여 사회주의자-자유주의자 간의 가치동맹의 가능성이 생겨났다. 2003년 개혁패키지에 대한 행위자들의 최종입장을 보면 좌파의 분열이 매우 분명하게 드러난다. 스위스노동조합연맹은 2003년 개혁에 대해 가장 비판적이며 사민당은 찬성하고 있다. 전체적으로 보아, 표적화와 재조준화를 지지하는 행위자들은 개혁에 찬성하였는데, 그들은 그렇게 함으로써 보험차원 개혁에 대한 그들의 선호보다 표적화와 재조준화 개혁에 대한 선호를 더 우선하게 되었다. 1995년과 2003년의 두 차례 개혁은 새로운 갈등차원이 좌파를 분열시키는 경향이 있으며 또 보험차원에서 지배적으로 나타나는 계급갈등을 희석시키는 경향이 있다는 사실을 매우 잘 보여준다. 여기에는 정책결정에 관련된 스위스의 제도적 맥락이 중요한 역할을 하였는데, 왜냐하면 정책공간에서의 선호배열의 새로운 유형은 최근의 스위스 연금정책의 산출과 지향성으로 직접적으로 전환되었기 때문이다.

개혁연합의 형성과 개혁능력 그리고 개혁의 산출

다차원적인 정책공간에서 많은 행위자들은 불가피하게 상충관계에 직면하게 된다. 이런 상충관계는 정책선호에서도 나타나며(예컨대 어느 한 갈등차원에서의 이득을 위해 다른 갈등차원에서 양보를 하는 것 등) 정치적 동지관계에서도 나타난다. 좌파정당과 노동조합은 오랜 시간 동안 계급적 결속과 조직적 긴밀성을 보여온 역사적 전통을 가지고 있으며, 이는 우파정당과 사용자단체들도 마찬가지이다. 이로 인해 행위자들이 국민투표 캠페인에서나 선거 국면에서 그들의 전통적인 정치적 동지였던 다른 행위자에게 맞선다는 것은 대단히 어려운 일이다. 프랑스의 경우 다수결 선거제도를 가지고 있기 때문에 우파정당과 좌파정당이 비록 실제로는 정책적 선호가 아무리 유사하다 하더라도 계급초월적 합의를 형성한다는 것은 거의 불가능하다. 이와 유사한 경향은 독일에서도 발견되는데 독일의 경우 노동조합과 사용자단체는 그들이 유사한 정책선호를 가지고 있다 해도 타협안을 만들어내기가 거의 불가능하다. 이는 독일의 노동조직과 사용자단체가 가진 수직적 · 수평적 집중화 때문이다. 따라서, 연합형성적 유연성은 연금정책 선호의 다차원성이 실제로 어느 정도나 새로운 계급초월적 개혁연합의 형성을 유도할 수 있는가를 결정하게 되는 것이다.

하지만, 스위스의 행위자 배열과 정책결정의 제도적 구조는 높은 수준의 연합형성적 유연성을 보장해줄 뿐만 아니라 (5장 참조), 다른 한편으로는 직접민주주의적 국민투표에서 개혁을 성공적으로 통과시키기 위해서는 매우 거대한 다수파를 필요로 하게 한다(Immergut, 1992; Bonoli, 2000, 2001). 노동조합과 사용자단체는 분산화되어 있다. 또 거대연정이 필요하기 때문에 정부구성의 논리는 대단히 합의지향적이다. 따라서 행위자들은 특정 개혁에 관한 연합형성을 보다 유연하게 선택할 수 있고 따라서 계급초월적 연합형성의 실현가능성이 그만큼 높다. 이렇게 볼 때, 스위스의 경우 상이한 갈등전선을 결

〈표 8-5〉 갈등차원의 상대적 중요성: 스위스의 1976년, 1995년 및 2003년 개혁에서 각 갈등차원에서의 요인점수와 최종입장 간의 상관관계

	1976년 개혁에 대한 최종입장	1995년 개혁에 대한 최종입장	2003년 개혁에 대한 최종입장
보험(F1)	0.372	0.516	0.474
표적화(F2)	0.724		0.482
재조준화(F3)		0.521	

주: 요인분석결과는 〈표 8-3〉, 〈표 8-4〉 및 〈표 A-5-2〉 참조; 자료에 대해서는 〈부록 1〉 참조.

합하여 추진되는 개혁에서는 계급갈등이 반드시 지배적인 갈등이 되지 않으리라 생각할 수 있다. 앞에서와 같이 여기서도 이 가설을 검증하기 위해 각 갈등전선에서의 행위자들의 입장(요인점수)과 개혁패키지 전체에 대한 행위자들의 최종입장 간의 상관관계를 보았다[18]. 행위자들의 최종배열과 가장 상관성이 높은 갈등전선(요인)이 해당 개혁에서 가장 지배적인 갈등차원이다.

〈표 8-5〉를 보면, 보험차원에서의 계급갈등은 표에 제시된 세 차례의 개혁 어느 것에서도 가장 지배적인 갈등차원은 아니었던 것으로 나타난다. 심지어 1976년 개혁에서는, 좌파들이 보험차원에서의 삭감에 반대하고 있었음에도 불구하고 표적화 개혁으로 인해 그들이 개혁에 찬성하였기 때문에, 표적화가 가장 지배적인 갈등차원이었다. 그 후의 두 차례의 개혁에서는 보험차원이 표적화 또는 재조준화와 함께 거의 유사한 정도의 지배적인 갈등차원이었다. 1995년 개혁에서 연금축소를 지지한 모든 행위자들은 개혁을 찬성하였고 좌파들은 개혁에 회의적이었다. 하지만 녹색당과 사민당이 연금축소에도 불구

18 최종입장의 부호화 점수는 다음과 같다 : 0=승인, 1=거부하지만 개혁에 반대하기 위한 세력동원에는 나서지 않음, 2=명백한 거부.

하고 최종적으로 개혁을 지지하게 되면서 그러한 회의적인 태도는 많이 희석되어버렸다(Häusermann, 2006). 2003년 기업연금 개혁에서는 보험차원과 표적화 차원 모두에서 개혁에 대한 저항이 분열을 보였다. 사민당과 일부 여성단체는 기업연금의 적용확대를 위해 급여수준의 삭감을 수용키로 하였고 이로써 그들이 노동시장 외부자와 자유의지론적 가치를 중요시하고 있음을 보여주었다. 또한 일부 사용자단체와 우파정당은, 노동시장 외부자에 대한 적용확대에 못마땅한 입장이긴 했지만, 개혁안에서 제시된 급여삭감으로 인해 개혁을 지지하게 되었다. 어떤 갈등차원도 다른 차원을 압도하는 갈등차원으로 떠오르지 않았다는 사실은 연합형성적 유연성의 중요성에 관한 증거라고 할 수 있다. 개혁주의적 노동조합의 입장전환이 비교적 장기적인 새로운 정치적 갈등구조를 만들어낸 프랑스와 달리 스위스에서 개혁연합의 형성은 가변적이고 유연하다. 각 개혁 때마다 개혁연합이 새롭게 형성되었다.

프랑스에서처럼 스위스에서도 표적화와 재조준화 차원의 등장은 연금정치의 결정적 갈등차원이었던 계급갈등을 희석시켰다. 이는 특히 계급갈등이 더욱 심각해질 수 있는 긴축의 상황에서 나타났다는 점에서 주목할 만한 것이다. 이런 점을 염두에 두고 의회정치의 영역과 노사관계 영역을 살펴보자. 스위스의 거대연립정부는 글자 그대로 의회에서 야당의 반대를 무력화시키기 때문에 집권정당과 야당의 입장 차이를 살펴보는 것은 스위스 정당체계에서의 계급갈등을 측정하는 데 있어서 거의 아무런 정보도 주지 못한다. 이런 이유로 여기서는 좌파정당(사민당, 녹색당, 노동당(PdA))과 우파정당(자민당, 자유당, 국민당)의 입장을 비교하는 방법을 택하였고, 대개 중도적 입장을 취하는 기독교민주주의 계열의 정당은 제외하였다. 노동과 자본 간의 계급갈등과 관련해서는 노동조합들(스위스노동조합연맹, 기독국민노조, 스위스사무직노조협의회, 공공서비스종사자협의회, 그리고 입장을 표명한 경우 그런 산별노조)의 평균입장과 사용자단체들(스위스경영자단체연합회, 스위스중소기업연합회, 그리고 입장을 표명한 경우 그런 산업별 사용자단체)의 평균입장을 비교하였다. 만일 연합형성적 유연성에 관한 가설4가 옳다면, 계급갈등은 의회정치영역과 노사관계영역 모두에서 전체 기간에 걸쳐 그리 강하지 않아야 한다. 이렇게 생각하는 데에는 시기별로 서로 다르게 나타난 두 가지 이유가 있다. 1970년대에는 비교적 경제성장의 기운이 유지되었기 때문에 계급양극화가 낮을 수 있었고, 그 이후에는 긴축의 시대가 시작되었지만 표적화와 재조준화가 계급양극화를 희석시키고 계급 간 타협의 여지를 제공하였기 때문에 계급양극화가 낮을 수 있었다는 것이다.

〈그림 8-8〉은 가설4가 옳음을 보여주고 있으며 또한 연금정치에서 내부자-외부자 갈등과 가치분열이 매우 중요한 역할을 한다는 사실도 보여주고 있다. 그림의 세로축에서 '2' 는 극단적인 계급갈등을 의미하며 '0' 은 계급 간 입장이 완전히 동일함을 의미한다. 〈그림 8-8〉에서 우리는 세 가지의 중요한 사실을 발견할 수 있다. 첫째, 전체적으로 계급갈등의 수준이 낮은데 이것은 연합형성적 유연성이 높다는 것과 계급타협 및 합의추구를 위한 제도적 유인이 강하다는 것을 보여준다. 어떤 개혁에서도 계급갈등이 계급 간 양극화로까지 치닫지는 않았다[19]. 프랑스와 비교해보면 이 점이 더욱 잘 드러난다. 프

〈그림 8-8〉 계급갈등이 연합형성적 유연성에 미치는 영향: 스위스 연금개혁 에 대한 행위자들의 입장 간 평균거리의 추이

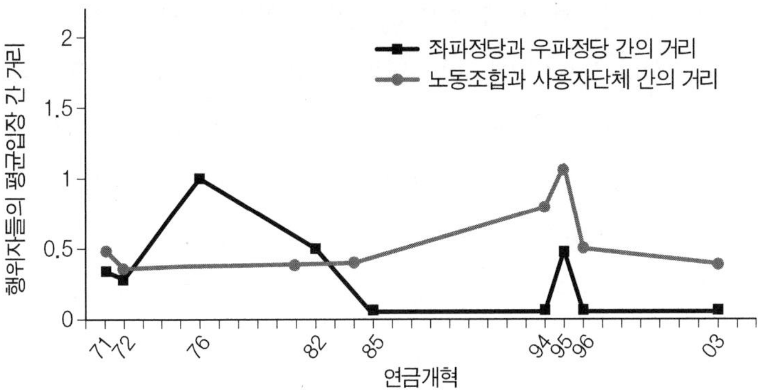

랑스에서는 좌파정당과 우파정당 간의 갈등이 1975년 이후 '1' 아래로 내려간 적이 한 번도 없었지만, 스위스에서는 그런 갈등이 '1' 위로 올라간 적이 없다. 둘째, 좌파정당과 우파정당 간의 계급갈등은 1982년 이전까지는 대체로 노사 간의 갈등수준보다 높았다. 노사 간 의견대립은 번영의 시대에 사실 낮았으며 1976년의 제한적 개혁 때에는 노사 각기 내부분열이 발생하여 계급갈등은 높은 수준으로 발전하지 않았다. 하지만 좌파정당 중에서 노동당은 1970년대의 모든 개혁에서 비판적 입장을 취하여 어떠한 계급타협도 거부하였다. 좌파정당과 우파정당 간의 초기의 의견대립은 거의 전적으로 노동당의 탓으로 돌려도 무방하다. 하지만 이런 상황은 1985년 이후 녹색당이 등장하면서 완전히 바뀌게 된다. 이로부터 우리는 〈그림 8-8〉을 통해

19 물론 예외가 있다. 즉, 국민투표에서 부결된 것으로 본문의 <그림 8-8>에 표시하지 않은 2003년 연금보험 제11차 개혁이 그것이다. 이 개혁에서는 계급 간 양극화가 극에 달하였고 바로 이것 때문에 국민투표에서 부결되었다.

발견할 수 있는 셋째의 사실로 옮겨가게 되는데, 그것은 즉 1980년대 이후로 의회정치영역에서의 계급갈등은 노사관계영역에서보다 항상 낮았다는 사실이다. 긴축으로 인해 보험차원에서의 계급갈등이 증가하는 경향을 보이기는 하지만 이런 경향은 노사관계영역보다 의회정치영역에서 훨씬 덜 두드러진다. 이러한 사실은, 표적화와 재조준화에 대한 정당의 우호적인 태도가 각 정당이 노동시장 외부자의 이해관계를 대변하고 자유의지론적 가치를 옹호한 데서 기인한 것이라는 가설을 입증하는 증거가 될 수 있다. 실제로 좌파정당들은 노동시장 외부자(고숙련이든 저숙련이든) 그리고 보다 일반적으로는 여성의 상당수를 대변하며 자유의지론적 가치에 대해 보다 수용적이다. 반면에 노동조합들은 대개 노동시장 내부자들 그리고 보다 보수적인 블루칼라노동자들을 대변하고 있다. 따라서 좌파정당, 그 중에서도 특히 녹색당은 표적화와 재조준화와 관련하여 보상을 받을 것이 확실하다면 보험차원에서는 기꺼이 양보를 할 용의가 있지만, 표적화와 재조준화 차원의 개혁을 결코 보험차원의 개혁만큼 중요시 할 수가 없는 노동조합으로서는 그런 양보가 불가능할 수밖에 없다(이러한 입장 차이가 노동 내부적으로 나타난 것에 대해서는 Häuserm-ann, 2010b 참조).

새로운 사회적 욕구 및 요구에 대한 그와 같은 감수성의 차이는, 스위스의 정책결정과정에 관한 최근의 연구들(예컨대, Häusermann et al., 2004; Sciarini, Nicolet, and Fischer, 2002; Ballestri and Bonoli, 2003; Jegher, 1999 참조)에서 관찰되어온 바 정책결정의 장으로서 의회의 역할이 점점 커져가는 현상을 설명하는 한 요인이 된다. 사실

전통적으로 스위스에서는 의회가 정책결정의 장으로서는 가장 중요하지 않은 장이었다. 왜냐하면 중요한 결정은 의회로 가기 전에 노사간에 혹은 행정부 차원에서 시도되는 타협과정에서 다 이루어졌기 때문이다. 스위스의 1960년대와 1970년대의 정책결정과정에 관한 연구들은 의회는 행정부와 노동조합 그리고 사용자단체가 이미 합의한 법안을 단순히 통과시키는 역할을 하는 데 불과하다는 사실을 일관되게 보여준다(Kriesi, 1980; Zehnder, 1988; Poitry, 1989; Sciarini, 1999)[20]. 하지만 사회정책분야 — 연금정책이든 실업보험이든 노동시장정책이든 장애보험이든 — 에서 이와 같은 관행은 1990년대 이후 크게 변화하게 되었다(이에 대한 개관으로는 Bonoli, 2006 참조). 최근의 거의 모든 개혁에서 의회는 개혁안을 상당정도로 재작성하였다. 뿐만 아니라, 더욱 놀라운 사실은 새로운 사회적 욕구 및 요구에 부응하기 위한 정책요소들은 전부 오직 의회에서만 합의에 도달할 수 있었다는 사실이다[21]. 1990년대 이후 하원의 사회정책위원회는 많은 개혁에서 주도적인 역할을 수행하였으며 사회주의-자유주의 간의 가치동맹의 주요 장이었다. 이처럼 의회의 역할이 증가하면서 이는 정당이 노동 및 자본으로부터 조직적으로 자유로워지게 되는 한 계기가 되었다. 산업주의 시대에는 노동조합의 지지기반 및 지도부와 정당의 지지기반 및 지도부는 매우 긴밀히 얽혀있었다. 하지만 오늘날 사

20 "일반적으로 보아, 스위스 의회 — 즉, 의회정치영역의 정당체계 — 는 노사가 이미 해놓은 결정에 대해 경미한 '수정'을 하는 정도의 역할만 한다"(Kriesi, 1980: 589)(번역은 필자).

21 그러한 예로는, 연금보험 제10차 개혁에서의 분할연금 및 교육크레딧, 1995년 실업보험 개혁에서의 노동시장정책, 2003년 기업연금 개혁에서의 비정규직 노동자로의 적용 확대, 장애보험 개혁에서의 활성화정책, 2003년 보육기반 확충을 위한 연방보조금 등이다.

민당 지지세력은 노동조합의 지지세력과 다소 거리가 있으며 이는 특히 여성이나 노동시장 외부자로부터의 지지와 관련하여 그러하다(Armingeon and Beyeler, 2000). 이러한 현상은 우파정당과 사용자단체 사이에서도 나타나고 있다. 경제적 경쟁의 압력이 증가하면서, 개별 기업과 사용자단체들은 노동에 대해 수용적 전략을 취할 동기를 점점 잃어가고 있다(Mach, 2006). 그리하여 1990년대 이후 노동과 자본 간에는 입장대립과 계급갈등이 점점 격화되어 왔지만, 정당들은 새로운 사회적 욕구 및 요구(표적화와 재조준화)에 대응할 수 있었으며 따라서 계급타협을 위한 기회를 만들 수 있었다.

스위스의 제도적 구조는 개혁의 성공을 위한 필요조건으로 합의추구를 요구하는 경향이 있는데 특히 정당들이 이러한 합의를 필요로 한다. 2003년 연금보험 개혁은 이 점을 잘 보여준다. 이 개혁은, 프랑스의 1995년 쥐페 개혁에서와 비슷하게, 연금축소에만 초점을 맞추었으며 표적화든 재조준화든 좌파가 받아들일만한 가시적인 어떤 양보안도 포함하지 않았다. 의회에서의 타협을 거쳐 일시적인 절충이 이루어졌으나 이 절충안도 자신들의 정치적 힘을 과대평가한 우파정당들에 의해 파기되었다. 이처럼 우파정당들이 절충안을 파기함으로써 녹색당과 사민당 내의 사회주의자-자유주의자 간 가치동맹을 주도했던 세력의 입지가 축소되었고 이에 따라 좌파정당과 노동조합들이 일치단결하여 개혁에 저항하게 되었다. 이로써 개혁안은 직접민주주의의 국민투표에 의해 부결되었다.

결론

스위스의 탈산업적 연금정치에 대한 분석을 통해 우리는 연금개혁의 성공을 위해서는 다차원성이 중요하다는 사실을 보여주는 많은 증거를 볼 수 있었다. 우리가 예측한 바대로, 비용이 많이 들고 매우 계층차별적인 스위스 연금체제와 탈산업주의 및 긴축압력의 도전 간의 부조화로 인해 연금축소와 표적화, 재조준화가 정책의제로 부상하였다. 적립화는 주요 쟁점이 되지 못하였는데, 이는 왜냐하면 스위스에서는 1970년대 초반부터 적립방식의 기업연금이 연금체제의 일부로 이미 자리 잡고 있었기 때문이다. 가장 놀라운 것은, 재조준화가 1990년대에 매우 지배적인 갈등전선이 되었다는 사실이다. 이것은, 그 이전부터 대단히 성차별적이었던 스위스의 연금체제(Leitner and Obinger, 1996; Leitner, Ostner, and Schratzenstaller, 2004)와 탈산업적 고용 및 가족구조 간의 모순에서 기인한 것이다.

이들 새로운 갈등전선에서의 행위자들의 배열의 변화를 알리는 증거는 다소 간접적이지만 그럼에도 불구하고 충분히 인지할 수 있다. 행위자 배열의 변화는, 1980년대와 1990년대 이후 증가한 계급갈등의 대상이 된 보험차원의 개혁과 관련하여 매우 분명하게 나타난다. 지지계급의 사회구조적 성격과 다른 입장을 보인 유일한 행위자는 국민당이다. 국민당은 그 지지계급이 블루칼라노동자들임에도 불구하고 개혁의 전체 기간에 걸쳐 연금축소와 지출억제를 옹호하였다. 하지만 전체적으로, 보험차원은 개혁과정에서 노동과 자본 간 갈등을 초래하였다. 표적화 차원에서의 내부자-외부자 갈등은 처음에는 크게 두드러지지 않았다. 왜냐하면 스위스의 노동조합들은, 비록 자산조사방식의 보충연금으로부터 혜택을 입을 집단이 자신들을 지지하는 집단은 아니었지만, 보충연금의 확대를 지지하였기 때문이다. 하지만, 이를 좀 더 자세히 보면, 단일 개혁에서의 행위자들의 입장을 통해 그들의 배열을 예측할 수 있다. 표적화 개혁은 노동조합이 주도한 적이 한 번도 없었으며 전부 녹색당과 사민당, 그리고 고숙련노동조합인 스위스사무직노조협의회가 주도하였다. 이들 후자의 행위자들은 노동시장 외부자들의 이해관계에 훨씬 더 민감하였으며, 새로운 사회적 위험(신사회위험)이 집중해있는 사회구조적 계급을 동원하는 데 더 적극적이었다. 또한 스위스의 연합형성의 재구조화에서 가장 인상적인 사실은, 표적화 및 재조준화와 관련하여 사회주의자-자유주의자 간 가치동맹이 실현되었다는 사실이다. 정당정치 영역에서 이 가치동맹은 신좌파(녹색당과 사민당)와 자민당 사이에 이루어진 것이었다. 이 가치동맹은 1990년대의 개혁에서는 몇 차례 중요한 역할을 하였고, 또 그것은 구좌파와 신좌파 간의 분열도 설명해준다. 구좌파와 신좌파 간의 분열은 1990년대 후반 독일에서 나타난 적록연립정부와 노동조합의 분열과 매우 유사하다. 하지만 이와 관련하여 스위스가 가진 독특한 점은, 신좌파가 새로운 동맹세력으로 자유의지론적 가치를 가진 자본축적가계급을 발견하였다는 점이다. 이런 점에서 스위스의 사례는 탈산업적 연금정치에서 가치의 중요성을 보여주는 가장 극적인 사례라 할 것이다.

스위스의 이해집단과 정당의 구조는 연합형성적 유연성을 높이는 역할을 하며, 또 정책결정의 제도적 구조는 국민투표라는 위험을 피하기 위해 절대다수를 형성케 하는 유인을 제공한다. 따라서 스위스의 정책결정자들이 다양한 갈등전선을 하나의 패키지로 결합하여 행위자들 간의 타협을 유도하려 애쓰는 것은 일면 당연한 일이다. 스위스의 사례는 연합조종전략이 연금축소에 대한 저항을 분열시키는 데에 기여할 뿐만 아니라 초기의 확장지향적 개혁에서도 개혁에 대한 지지를 한데 모으는 데 중요했다는 점을 잘 보여준다. 하지만 그럼에도 불구하고, 이 책의 가설3에서 말한 바와 같이, 개혁패키지가 계급내적 분열을 초래하여 다차원적인 개혁공간을 창출하게 되는 것은 오직 긴축의 맥락에서만 그러하다(스위스의 경우 1976년 개혁, 1995년 개혁 그리고 2003년 개혁). 그리고 정책결정의 제도적 구조로 인해 그러한 다차원성은 거대한 계급초월적 타협으로 그리고 거대한 개혁연합의 형성으로 이어졌다. 그리하여 최종 개혁패키지에 대한 행위자들의 입장을 설명하는 데에는 표적화 및 재조준화 차원(즉, 내부자-외부자 갈등과 가치갈등)이 계급갈등만큼 혹은 그보다 더 중요하게 되었던 것이다. 따라서 계급갈등은 낮게 — 특히 정당들 간에 — 유지될 수 있었으며, 1990년대에는 일련의 체계전환적 연금개혁이 가능했던 것이다. 하지만 스위스 사례는 개혁능력이 행위자(즉, 정책정자들의 연합조정전략)에 의해 직접적으로 영향을 받는다는 사실을 잘 보여준다. 예컨대 2003년에 정책결정자들은 대폭적 축소와 소폭의 재조준화를 결합한 개혁안을 내놓았는데 이렇게 되자 연금축소가 지배적인 갈등차원이 되었고 그에 따라 심각한 계급양극화를 초래되었으며 결국 국민투표에서 개혁안은 부결되었다.

결론적으로, 우리는 앞의 분석을 통해 스위스의 탈산업적 연금정치의 개혁능력과 개혁산출과 관련하여 두 가지의 중요한 통찰을 얻을 수 있다. 첫째, 개혁은 긴축의 시대에도 가능하며 또 제도적 경로의존성에도 불구하고 가능한데, 하지만 개혁의 성공은 정책결정자들이 과거의 경험으로부터 얻은 교훈을 살려 다양한 이해관계에 부응하고 다양한 개혁논리에 부응할 수 있도록 균형 잡힌 개혁안을 제시할 때에만 오직 그럴 때에만 성공할 수 있다. 둘째, 따라서 긴축의 맥락에서 스위스 연금개혁은 지출억제와 연금축소를 지향한 것이기도 하였지만 뿐만 아니라 표적화와 재조준화를 지향한 것이기도 하였다.

제9장 결론
: 개혁산출과 정치적 함의

지난 30여 년 동안, 프랑스와 독일, 스위스의 연금체제는 중요한 변화를 경험해왔다. 이러한 변화에 대해 그것이 이룬 급여삭감의 범위로 볼 때 상당히 근본적인 변화라 할 수도 있지만(OECD, 2007), 그 변화를 패러다임적 변화라 할 수 있다면 그것은 단지 급여수준의 대폭적 삭감 때문만은 아니다. 그 변화를 변혁적이라 하는 것은 그것으로 인해 대륙유럽 연금체제의 제도적 구조 자체가 두 가지 점에서 변화했기 때문이다. 첫째는, 노후소득보장을 위한 정책수단이 다원화되어 상이한 소득집단과 위험집단을 위한 다양한 정책수단이 갖추어졌다는 것이다. 프랑스와 독일은 그들이 가진 기본적인 연금제도(일반연금, 국민연금) 외에 저소득층 등을 위한 조세방식의 최저소득보장과 고소득층을 위한 적립방식의 연금제도를 갖추게 되었다. 이렇게 하여 세 나라의 연금체제는 저소득층에 대해서는 보다 재분배적인 것이 되었고 고소득층에 대해서는 보다 비스마르크적인(즉, 보다 소득비례적이고 불평등한) 것이 되었다. 이와 유사한 다층체계가 스위스에서는 1970년대부터 발전해왔다. 그것은 기본적인 공적 연금보험을 한편으로는 자산조사방식의 보충연금과 그리고 다른 한편으로는 고소득자와 고숙련 노동자들을 대상으로 한 적립방식의 기업연금과 결합한 체제이다. 둘째의 변화는, 세 나라의 개혁이 모두 남성가장모델로부터 벗어나는 방향을 지향하여 노동시장 외부자 — 대부분 여성 — 가 노동시장 외부자에게 연금권리를 의존해야 하는 상황을 없애나가기 시작하였다는 것이다. 최저연금 수급권은 고용경력이 불연속적인 사람들에게 혜택을 주기 위한 한 방안이다. 그 외 다른 방안은 성평등에 보다 초점을 둔 것들이다. 세 나라 모두에서 교육크레딧이 도입되었으며, 연금제도의 적용범위가 비정규직노동자와 시간제노동자를 포괄하도록 확대되었다. 남성가장모델로부터의 가장 인상적인 결별은 1990년대 중반 스위스에서 일어났다. 이 때 스위스는 사회보험의 초점을 부부가 아니라 개인에게 맞추었는데, 이것은 기여금과 급여 모두에서 연금을 배우자 간에 분할하여 부부의 연금이 별도의 계정에서 관리되게 함으로써 달성되었다.

프랑스와 독일, 스위스는 제도변화에서 네 가지 유사한 흐름을 공유한다: (1) 노후소득보장을 위한 최저연금의 강화, (2) 적립방식의 개인연금 또는 기업연금의 강화, (3) 연금정책에서 성평등의 향상, (4) 연금축소(즉, 기본적인 연금제도에서 보험권리의 축소). 이들 네 가지 흐름을 모아 보면, 이것은 세 나라가 가졌던 대륙유럽식 연금정책의 모습을 변화시키고 있다고 할 수 있다. 여기서 분명히 할 것은, 필자가 이들 세 나라에서 충분히 성숙한 다층연금체제가 이미 등장했다거나 또는 이들 세 나라 연금체제의 분배효과가 이제 더 이상 성차별적이지 않다는 주장을 하는 것이 아니라는 점이다. 하지만, 이 책이 보여준 것은, 산업주의 시대부터 발전해온 대륙유럽식 연금체제의 논리로부터 확실히 벗어난 일련의 체제 개혁이 진행되어왔다는 사실이다. 이들 개혁들은 보다 더 근본적인 변화를 위한 출발일 수도 있으며, 혹은 가능성은 낮지만 더 이상 진전하지 못하고 멈출 수도 있다. 하지만, 장기적으로 볼 때 – 연금정치는 항상 장기적으로 볼 필요가 있지만 – 지난 20년 혹은 30년간의 체제개혁은 과거 대륙유럽 복지국가에 전형적인 것으로 간주되어왔던 것과는 상당히 다른 연금체제를 위한 경로를 설정했다는 사실은 의심의 여지가 없다.

이 책에서 필자는 대륙유럽 복지국가의 제도적 변혁은 구조적 변화의 결과라는 점을 보이고자 노력하였다. 지난 수십 년간의 개혁으로부터 나타날 탈산업적 복지국가는 산업적 복지국가와는 다를 것이다. 그것은 행위자와 리더십, 이데올로기, 기능적 문제압력 때문이 아니라 탈산업사회가 산업사회와 다르기 때문이다. 사회구조적 변화는 정당과 이익집단에게 영향을 미치며 따라서 전략 및 제도와 함께 정책결정과정과 정책적 산출에도 영향을 미치게 된다.

연구결과의 비교

첫째 연구결과: 다양한 개혁의제

구조적 변화 – 노동시장의 탈산업적 변화, 새로운 가족유형의 등장, 문화적 가치의 변화 등 – 가 자동적으로 연금개혁의제를 형성하는 것은 아니다. 하지만, 구조적 변화가 기존 제도의 논리와 모순될 때 부정합성이 발생하기 시작하고 이 부정합성은 기존 제도를 유지하려는 행위자와 기존 제도를 현대화하려는 행위자 사이에 갈등을 유발할 수 있다. 지난 30-40년간 프랑스와 독일, 스위스에서 나타났던 연금개혁을 둘러싼 논쟁의 지향성을 설명함에 있어서 이 부정합성 명제는 꽤 효과적이다. 독일 연금제도는 구조적 변화로 인해 거의 모든 면에서 상당한 도전에 직면해 있었다. 인구학적 변화와 경제적 변화로 인해 연금의 재정적 지속가능성은 위협받고 있었으며, 탈산업적 노동시장은 새로운 사회적 위험을 창출하였고, 남성가정모델에 기초한 연금제도는 여성의 경력흐름을 체계적으로 차별하고 있었다. 이와 같은 복합적인 도전으로 인해 1970년대 이래 독일의 연금개혁 의제는 매우 다양하였다. 관대한 급여수준, 부과방식의 재정방식, 배제적인 자격기준 등 이 모든 것들이 의문시되기 시작하였다. 그리하여 독일에서는 보험, 적립화, 재조준화, 그리고 표적화 모두가 개혁의제의 중요한 차원을 구성하였다. 프랑스에서도 유사한 경향이 발견된다. 다만 프랑스에서는 여성의 노동시장참가율이 높은 관계로 재조준화는 다른 개혁쟁점에 비해 덜 중요하였다. 그래서 프랑스 연금개혁에서는 보험, 적립화, 표적화가 지배적인 갈등차원이었다. 이들과 달리 스위스에서는 재조준화가 매우 중요한 개혁의제를 구성하였다. 이는 스위스는 여성의 경제활동참가율이 매우 낮고 연금체제가 매우 성차별적인 방식으로 발전해왔기 때문이었다. 따라서 스위스에서는 재조준화와 표적화 둘 모두가 연금현대화에서 중요한 의제였다. 연금축소압력은 스위스가 프랑스와 독일보다 약하였는데 이는 스위스에서는 관대한 연금보험의 발전이 늦었던 반면 적립방식의 기업연금이 일찍부터 발전하였기 때문이다.

따라서, 보험, 적립화, 표적화 그리고 재조준화는 탈산업적 연금개혁의제를 체계화하는 데 이론적으로나 경험적으로나 매우 유용한 범주임이 증명되었다. 이론적으로, 각 나라에서 경험적으로 관찰할 수 있는 모든 개혁관련 쟁점들은 네 가지 범주 중 한 가지로 명확하게 분류할 수 있다. 경험적으로, 네 가지 차원 각각의 일관성은 모든 행위자들의 입장에 관한 요인분석의 일차원적 결과를 통해 확증할 수 있다. 하지만, 보험과 적립화 차원은 경험적으로 별개의 차원이지만, 표적화와 재조준화는 둘 모두 노동시장 외부자들을 보다 평등하게 처우하는 것에 관련된 것이기 때문에 서로 연관된다.

그러므로, 이 책의 중요한 첫째 연구결과는 탈산업적 연금개혁은 연금축소만이 아니라 매우 다양한 서로 다른 개혁차원에 관계된다는 것이다. 혹자는 표적화나 재조준화 개혁은 연금축소를 위한 보조적인 보상물에 불과한 것이므로 그것들이 그 자체로 독자적인 중요성을 가질 수 있는지에 대해 의문을 제기할 수도 있을 것이다. 이 책은 표적화와 재조준화 개혁이 독자적인 중요성을 가질 수 있다는 강력한 증거를 제시하였다. 성평등 요구와 불안정 위험집단을 겨냥한 연금제도의 개선 요구는, 거의 모든 행위자들이 연금권리의 확장을 주장하고 연금축소는 아직 쟁점으로 떠오르지 않았던 1970년대의 프랑스와 독일에서 이미 제기되었다. 이들과 유사한 주장이 스위스에서도 1970년대부터 제기되었다 — 스위스에서는 그 강도가 좀 약했다. 이러한 요구가 초기부터 개혁의제로 떠올랐다는 것은 이들이 단지 연금축소를 달래기 위한 유인책이 아니라 그 자체로 독자적인 구조적 토대를 가진 개혁차원임을 보여주는 것이다.

둘째의 연구결과: 계급초월적인 갈등전선

다양한 개혁의제의 등장은 행위자들의 이합집산과 동맹의 변화와 함께 일어난다. 탈산업적 연금개혁의 초기(1980년대까지의 기간)에는 네 가지 갈등전선의 등장이 진정으로 다차원적인 개혁공간을 만들어내지 못하였다. 그 당시에는 모든 개혁차원들이 유사한 행위자 배열을 만들어냈으며 따라서 노동계 내부의 분열도 그리 일어나지 않았다. 이는 충분히 이해할 수 있는 일이다. 이 때까지만 해도 복지국가는 성장의 기운을 가지고 있었고 따라서 확장적 개혁을 지향하는 좌파세력이 내부적으로 연대와 단결이 가능했던 것이다. 하지만 초기 단계에서의 좌파의 연대와 결속이 강했다고 해서 이로 인해 계급갈등이 연금개혁을 지배하는 갈등이 되었던 것은 아니다 — 이는 2장에서 우리가 정식화한 가설과 다른 것이다. 오히려 1970년대에는 좌파와 우파를 막론하고 그리고 특히 정당들 사이에 연금 확대에 대한 합의가 있었다. 사용자단체들은 연금확대에 다소 회의적이었지만 그렇다고 그것에 명시적으로 반대한 것은 아니었다.

그러나 긴축의 시대가 도래하면서 연금정치는 정합게임에서 영합게임으로 변화하였고 행위자들의 선호는 보다 강렬해지기 시작하였다. 또한, 계급구조에도 변화가 나타나면서 정당과 노동조합 지지층에도 변화가 생겨났고 이로 인해 행위자들의 입장 분화는 더 가속화하였다. 이에 따라 1980년대부터 개혁과정에서의 행위자들의 배열은 각 개혁차원마다 서로 달리 나타나기 시작하였다. 이로 인해 세 나라 모두에서 계급초월적인 갈등전선이 보다 분명하게 나타나게 되었다.

이 책에서 예측한 대로, 연금축소를 둘러싼 논쟁은 점점 격렬해졌으며 이러한 논쟁으로 노동과 자본이 서로 대립하였고 좌파정당과 우파정당이 서로 대립하였다. 최근에 신좌파정당들이 연금축소에 대해 좀 더 수용적인 태도를 가지게 되면서 이러한 대립은 약간 완화되었다. 신좌파정당의 입장 변화를 가장 극적으로 보여주는 사례는 독일 사민당(SPD)과 녹색당이다. 1998년에 집권한 사민당과 녹색당 연립정부(적록연립정부)는 전임 우파연립정부보다 훨씬 더 급진적인 연금축소를 주창하였다. 산업화 시대 노동조합과 전통적인 동지관계에 있었던 좌파정당이 이처럼 변화하게 된 데에는, 좌파정당의 지지자들 중 고숙련 노동자들이 점차 증가해왔다는 사실과 좌파정당이 표적화와 적립화, 재조준화에 대한 선호가 커지게 되었다는 사실이 크게 기여하였다.

적립화는 행위자들을 계급구조가 아니라 숙련수준에 따라 분열시켜 신좌파정당과 노동조합 간의 대립과 저숙련 노동자들과 고숙련 노동자들 간의 대립을 초래한다. 독일에서 적립화는 노동내부의 이질성을 크게 증가시켜 특히 저숙련부문 노동조합(예컨대, 금속노조)과 고숙련 노동자들을 대변하는 노동조합(예컨대, 화학노조) 간의 대립을 증가시켰다. 적립화와 관련된 분열은 프랑스에서도 유사한 형태로 나타나서 고숙련노동조합인 전문직연맹(CGC)과 블루칼라노동자들을 대변하는 전국노동연맹(CGT)이 대립하였다. 스위스에서조차 화이트칼라 노동조합인 스위스사무직노조협의회(VSA)는 블루칼라 노동조합인 스위스노동조합연맹(SGB)에 비해 언제나 적립방식의 기업연금에 더 호의적이었다. 따라서 적립화는 세 나라 모두에서 노동내부의 분열을 초래했던 것이다. 뿐만 아니라 적립방식 연금의 도입은 대기업과 중소기업의 이해관계도 서로 대립시켜 그런 점에서도 계급갈등을 희석시키게 된다.

하지만 적립화는 노동의 결속을 해치는 탈산업적 현대화 차원 중 하나에 불과하다. 표적화와 재조준화와 관련된 내부자-외부자 갈등에서 또 다른 분열이 초래된다. 프랑스의 경우 프랑스민주노조연맹(CFDT)은 비정규직 노동자를 최저연금으로 포괄하는 방안을 지지하는 입장으로 변화해간 반면 전국노동연맹(CGT)은 사회보험의 등가원칙을 고수해야 한다고 맞섰다. 독일에서도 유사한 분열이 나타나서, 서비스산업 노조인 서비스노조연합(ver.di)은 제조업부문의 (저숙련) 노동조합인 금속노조와 대립하였다. 스위스에서는 노동시장 외부자들을 대변할 뚜렷한 조직이 없었기 때문에 노동운동은 비교적 덜 분열되었다. 하지만 스위스에서 내부자-외부자 갈등은 내부자의 이해관계를 대변하는 노동조합과 외부자의 욕구에 점차 민감하게 된 좌파정당 간에 나타났다. 이와 유사한 대립, 즉 내부자를 대변하는 노동조합과 신좌파정당 간의 대립은 독일에서도 나타났다. 반면 프랑스의 사회당은 노동조합에 좀 더 가까운 입장을 취하였다(이는 구좌파인 공산당과의 경쟁 때문이기도 하다). 결국, 표적화와 재조준화는 좌파에 속한 행위자들의 배열을 확실히 변화시켰다고 할 수 있다. 하지만 자본 측에서는 내부자-외부자 갈등이 별로 강하지 않다. 독일사용자단체전국연합회와 스위스경영자단체연합회와 같은 사용자단체(둘 다 대기업을 대변한다)가 노동시장 외부자인 여성노동자들의 특수한 욕구와 이해관계에 점차 민감하게 대응하고 있음을 보여주는 증거도 있다. 하지만 전체적으로 사용자단체들은 외부자를 특화하여 그들의 권리를 신장시키는 것에 회의적이다. 온건우파정당들은 노동시장 외부자와 관련하여 또 다른 입장을 가지고 있다. 스위스의 경우 온건우파의 핵심지지세력인 자본축적자계급은 자유의지론적 가치 지향성을 가지고 있다. 그리하여 스위스에서는 시장자유주의를 표방하는 자유민주당(FDP)이 노동시장 외부자의 이해관계에 부응하고 양성평등을 추구하는 정책에서 신좌파정당의 동맹세력이 되는 경우가 제법 있다. 사회주의자-자유주의자 동맹은, 연금정치에서 전통적인 계급갈등 전선을 희석시키는 또 하나의 재구조화(적립화에서의 숙련수준에 따른 갈등과 표적화 및 재조준화에서의 노동 내적 이질성에 더하여)라고 할 수 있다. 하지만 그것은 이 책에서 대상으로 삼은 분석기간의 마지막 시점(즉, 2004년)에 이르기까지는 스위스에 한정된 독특한 현상이다. 독일의 경우 1998년부터 2005년까지 적록연립정부가 외부자의 이해관계를 중시한 개혁을 추진하면서 자유의지론적 가치의 중요성이 커져갔으나 그렇다고 해서 그것이 정당들 간의 가치동맹의 실현으로까지 이어진 것은 아니었다. 그 이후 거대연정이 성립되면서 선거경쟁은 가치연합에 더 유리한 환경으로 변화하였다. 프랑스의 경우에는 사회주의자-자유주의자 간 가치동맹이 나타나지 못하였는데 이는 프랑스에서 우파정당을 지지하는 사람들은 일반적으로 전통주의적 가치를 가지고 있기 때문이다.

요약하면, 프랑스, 독일, 스위스 세 나라의 탈산업적 연금정치는 세 가지 서로 다른 행위자 배열에 의해 특징지워진다고 할 수 있다. 연금축소는 노동 대 자본이라는 갈등전선을 축으로 논란이 되었으며, 적립화 차원에서는 고숙련노동자 대 저숙련노동자 그리고 대기업 대 중소기업의 이해관계가 대립하였고, 표적화와 재조준화와 관련해서는 내부자-외부자 간 갈등이 좌파의 분열을 초래하였으며 또한 자유의지론적 가치와 전통주의적 가치 간의 대립이 신좌파와 구좌파 간의 분열을 초래하였다.

셋째의 연구결과: 연합조종전략의 보편적 활용

각 갈등차원마다 행위자들의 배열이 서로 다르게 나타났다는 점을 볼 때, 우리는 탈산업화 시대 대륙유럽 연금정치에서 정책공간은 확실히 다차원적인 것이 되었다고 말할 수 있다. 긴축시대의 압력이 점차 심화되어 가는 상황에서, 정책결정자들은 이러한 다차원성을 전략적으로 활용할 방안(즉, 연합조종전략)을 찾는 데 더욱 노력하게 되었다. 연합조종전략은 몇 가지 상이한 갈등차원을 하나의 개혁안 내에 결합시키는 것인데, 실제로 1990년대 이후 프랑스와 독일, 스위스에서 시도된 개혁 중 성공한 개혁은 모두 연금축소를 적립화나 표적화 또는 재조준화 차원의 확장적 개혁과 결합한 것이었다. 모든 개혁패키지는 행위자들을 독립적인 몇 가지 차원에 따라 분열시켰는데 이것은 행위자들의 정책선호에 관한 요인분석을 통해 검증하였다. 따라서 지출억제 지향적 개혁정책과 다차원적인 개혁공간의 창출이 놀랄 정도로 동시에 나타나는 것은 구조와 전략 모두로부터 비롯된 것이라 할 수 있다. 우선 긴축이라는 구조적 조건은 행위자들로 하여금 핵심지지층의 요구에 민감케 함으로써 자신들의 이해관계에만 집중하도록 강제하고 또 다차원적인 정책공간에서 나타날 수 있는 조종의 여지를 만들어내게 된다. 하지만 다른 한편 개혁공간의 다차원성은 전략의 결과이기도 하다. 1980년대 중반까지 정책결정자들은 소폭의 급여삭감과 기여금 인상을 함께 추진하였다. 하지만 경제적 어려움이 증가하면서 이런 정책의 가능성은 없어졌다. 이 때문에 정책결정자들은 연금축소를 다른 대안적인 혜택의 증가로 보완함으로써 연금체제 자체를 재구조화하는 방향으로 개혁의 지향성을 바꾸게 되었다.

우리가 살펴본 세 나라 모두에서 다차원적 개혁공간이 시간적으로 동시에 나타나고 있다는 사실과 1990년대 이후 시도된 연금축소는 모두 개혁패키지를 통해 시도되었다는 사실은, 개혁패키지가 의도적인 연합조종전략의 산물이라는 점을 보여주는 강력한 증거이다[1]. 이와 같은 연합조종전략을 통해 각 국의 정부는 개혁을 지지하는 광범위한 계급초월적 연합을 형성시킬 수 있었다. 하지만 이러한 연합조종전략의 성공 여부는 정당과 노동조합 그리고 사용자단체가 연합형성에 있어서 얼마나 유연성을 가질 수 있느냐에 따라 달라진다. 프랑스와 독일의 경우에는, 집권정당과 야당이 선거정치에서 극단적으로 대결하는 경향이 있기 때문에 설사 집권정당과 야당의 정책선호가 별로 다르지 않은 경우라 할지라도 야당까지 포괄한 연합을 형성하기가 거의 불가능하다. 그리하여 이들 두 나라에서는 좌파정당과 우파정당 간의 갈등이 높은 수준으로 계속 나타난다. 이것은 스위스의 상황과 매우 대조적인데, 스위스에서는 정당들이 연합형성적 유연성을

---

1 프랑스의 경우 적립화 개혁이 개혁패키지에서 항상 제외되어왔다는 사실도 이를 뒷받침하는 또 하나의 증거이다. 실제로 프랑스에서 적립식 개인연금의 도입은 매우 큰 논란을 불러일으켰다. 따라서 프랑스 정부는 적립식 개인연금을 투자와 저축의 증가를 위한 경제정책이라고 선전함으로써만 적립식 연금의 도입을 추진할 수 있었다.

많이 가지고 있기 때문에 정당 간 갈등이 상대적으로 낮다. 스위스의 중요한 두 차례의 개혁인 1995년과 2003년 개혁은 모든 주요 정당의 지지를 받았다. 연합형성적 유연성이 스위스의 개혁능력을 향상시켰던 것이다. 프랑스도 개혁능력이 비교적 높은 편인데 왜냐하면 프랑스의 경우 집권정당이 개혁을 추진함에 있어서 야당의 동의를 반드시 얻어야 하는 것은 아니기 때문이다. 또한 프랑스와 스위스의 경우는 노동조합의 분열로 인해 개혁능력이 더 잘 유지될 수 있었다. 이러한 분열로 인해, 각 노동조합의 정책선호의 이질성은 최종 개혁패키지에 대한 입장에 그대로 반영되었다. 이로 인해 집권정당은 노동조합의 일부 세력의 동의만으로도 개혁을 추진할 수 있었다. 하지만 노동조합이 수직적 · 수평적으로 훨씬 중앙화되어 있는 독일은 상황이 더 복잡하다. 독일 노동조합은 1990년대 후반까지도 비교적 단일한 목소리를 낼 수 있었으며, 이것이 독일정부가 노동운동의 반대를 무릅쓰고 개혁을 추진하기 어려웠던 중요한 요인이었다. 하지만 보다 최근으로 오면서 독일 노동운동은 점점 분열되기 시작하였다. 서비스산업의 몇 가지 노동조합은 2001년에 단일조직, 즉 서비스노조연합(ver.di)을 결성하였으며, 이로써 독일노동조합연맹(DGB)을 제조업노조가 지배하던 현실이 변화하기 시작하였다. 노동조합의 핵심 구성원들의 위험프로필이 다양화하고 있다는 점에서, 그와 같은 조직상의 변화는 노동조합의 결속력을 약화시키는 역할을 하고 있다. 이러한 경향으로 인해 노동조합의 거부권이 약해지면서 독일 정부가 개혁을 추진할 조건은 과거보다 좋아지고 있다. 집권정당이 의회 내에서 확고한 다수를 형성할 수만 있다면, 집권정당과 야당 간의 연합형성적 유연성이 결여되어 있다는 사실이 독일 정부의 개혁능력에 아무런 방해가 되지 않는다. 왜냐하면 집권정당은 연립정부 내에서만 타협안을 만들어내면 개혁안은 의회를 통과할 수 있기 때문이다. 하지만 선거정치에서의 정당 간 양극화적 대립이 연합형성적 유연성에 미치는 부정적 영향은, 하원과 상원에서 다수파가 동일정당에서 나오지 않을 경우 크게 문제가 될 수 있다. 바로 이 문제가 2005년에 적록연립정부가 붕괴되고 거대연정이 성립된 한 원인이다.

여기서 연합형성적 유연성과 연합조종전략에 관한 이러한 분석결과가 거부지점과 개혁능력에 관한 연구에 어떤 함의를 갖는지에 대해 잠시 살펴보자. 필자는 거부권 행사자가 많은 국가의 정부는 연합조종전략에 나설 것이라고 예측하였다. 거부권 행사자가 연합형성적 유연성을 얼마나 많이 가지느냐에 따라 정부의 연합조종전략은 성공할 수도 있고 실패할 수도 있다. 이와 달리 권력의 중앙집중화가 높은 국가의 정부는 개혁의 추진을 위해 일방적인 전략을 취할 것이다. 앞에서 프랑스와 독일, 스위스를 통해 우리들이 발견한 증거는 분권화된 체제에서 연합조종전략이 중요하다는 사실을 입증하는 것일 뿐만 아니라 거기서 더 나아가 모든 정부는 다차원적 개혁정치와 개혁패키지를 구축하는 데 관여하고 있다는 사실을 입증하고 있다. 심지어 독일과 프랑스는 의회의 다수파가 상 · 하원에서 다르지 않거나 혹은 노동과 자본의 거부권이 공식적인 것이 아닌데도 정부는 개혁의 성공을 위해 연금축소를 다른 보상책과 결합시켰다. 이것은 긴축시대의 정치에 관한 피어슨(Pierson, 2001)의 이론에 비추어 설명할 수 있다. 즉, 성숙한 복지국가는 복지국가를 지지하는 세력을 창출한다는 것이다. 따라서 긴축의 시대에 그리고 복지축소를 시도하는 정부는 모두 연합조종전략에 기대지 않을 수가 없다는 것이다. 이것은 탈산업시대 복지국가 현대화를 둘러싼 정치에 중요한 통찰을 제공해준다. 즉, 그것은 개혁능력은 거부지점의 수가 작을수록 커진다고 전제해온 기존의 연구들과는 상충하는 강력한 함의를 제시하는 것이다. 긴축의 시대에는 거부지점의 수와 개혁능력 간의 관계가 역전되는 것 같다. 정부가 성공적인 정책변화를 위한 전제조건으로 광범위한 연합(의회 내의 형식적 혹은 실질적 거부권 행사자와의 연합이든 또는 집권블록 내에서의 연합이든)을 형성해야 하는 상황에서는 합의의 정치와 타협의 전통을 가진 나라가 비교우위를 점하게 되는 것이다. 그리하여 많은 수의 거부지점(즉, 권력을 분산적으로 가지고 있는 많은 수의 기관들)은 개혁능력의 방해물에서 개혁능력의 자산으로 바뀌게 된다. 스위스와 프랑스, 독일의 연금정책 개혁에서 관찰된 경험은 이러한 사실을 잘 보여준다.

탈산업적 연금개혁정치의 전개에 관한 이 책의 분석결과에 대한 지금까지의 개관을 보고 혹자는 정책결정자들이 다차원적 정책공간의 성격을 충분히 이해하고 성공적인 개혁연합의 구축을 위해 그들이 필요로 하는 타협을 정확히 계산하고 있다는 결론을 내릴지도 모르겠다. 하지만 만일 그런 결론을 내린다면 그것은 잘못된 것이다. 왜냐하면 그것은 정책결정자들이 여러 서로 다른 차원들 간의 교환비율을 정확히 계산할 수 있다고 생각하는 것으로 그들의 능력을 지나치게 높게 평가하는 것이기 때문이다. 이것은 정책결정자들이 실제로는 행위자들의 배열구조를 제대로 인식하지 못하고 있음을 보여주는 사례 두 가지만 살펴보아도 충분히 알 수 있다. 한 가지는 프랑스에서 1995년에 시도된 공무원연금 개혁(쥐페 개혁)이며 다른 한 가지는 스위스의 2003년 연금보험 개혁이다. 이 두 개혁은 엄청난 저항을 불러일으켰고 결국 스위스의 2003년 개혁은 국민투표에서 그리고 프랑스의 1995년 개혁은 파리의 거리에서 좌절되었다. 이 책에서 제시한 이론모형에 비추어 볼 때 이 두 개혁의 실패는 놀라운 일이 결코 아니다. 이 두 개혁에서는 기존 연금권리의 축소가 연금체제의 확장적 현대화를 지향하는 그 어떤 방안과도 결합되지 않았다. 그 두 개혁에 관여했던 정책결정자들은 합리적이지 않았으며 또 연합형성의 기회와 제약을 과소평가했던 것이다. 하지만 프랑스의 사례는 정책결정자들이 실패로부터 학습을 한다는 사실도 보여준다. 쥐페 개혁의 실패를 거울삼아, 사회당 정부는 타협과 교환을 촉진하기 위한 기구를 만들었다. 즉, 사회당의 조스팽 총리는 노사정 대표 및 기타 사회집단의 대표로 구성된 영구자문기구로 퇴직연금자문위원회(COR)를 창설하였다. 그 후 집권한 우파연립정부의 라파랭 총리는 그와 같은 준비작업의 혜택을 입어 1995년에 쥐페 정부가 시도했던 연금축소를 표적화 차원의 현대화 개혁과 결합함으로써 일부 노동조합의 지지를 얻어 결국 2003년 개혁을 성공시킬 수 있었다.

기준선: 대륙유럽 연금정치의 새로운 모습

이제 지금까지의 분석결과에 대한 요약을 마무리하면서 필자는 프랑스와 독일, 스위스의 탈산업적 연금현대화의 새로운 정치가 갖는 특징에 대해 살펴보고자 한다. 프랑스의 경우 노동조합운동은 프랑스민주노조연맹과 전문직연맹으로 대표되는 개혁주의 분파와 전국노동연맹으로 대표되는 블루칼라 노동세력 분파로 분열되어왔다. 전자는 프랑스의 연금체제를 이원적 복지국가(Palier, 2002) 방향으로 재편하는 것에 어느 정도 동의하고 있지만, 후자는 비스마르크적 사회보험원칙을 보존해야 한다고 주장하고 있다. 우파정부는 노동조합의 이러한 상황을 이용하여 연금축소와 표적화, 적립화 차원에 걸친 광범위한 개혁을 추진해왔다. 연금축소를 지향한 개혁에서, 표적화는 정부(집권정당)와 사용자단체 그리고 개혁주의 분파의 노동조합 간에 계급초월적 개혁연합이 형성되게 만든 중요한 갈등전선으로 기능하였다.

스위스의 연금정치는 지난 20년 동안 상호연관된 두 가지 경향을 보여주었다: (1) 첫째는 신좌파정당(사민당과 녹색당)과 노동조합 간에 내부자-외부자 갈등이 증가해왔다는 것이며, (2) 둘째는 신좌파정당과 자유주의 정당 사이에 자유의지론적 가치동맹이 나타났다는 것이다. 이러한 경향들 때문에, 좌파정당과 우파정당, 그리고 사용자단체들 간의 광범위한 계급초월적 동맹은 1990년대 연금현대화를 추동한 중요한 요인이 되었다. 이들은 지출억제와 재조준화 그리고 표적화를 지향한 연금개혁을 함께 추진하였다. 하지만 이러한 동맹이 스위스 연금정치에서 언제나 변함없이 유지되었던 것은 아니다. 연합형성적 유연성은 여전히 높으며, 각 개혁과정마다 새로운 광범위한 합의가 추구되어야 한다.

독일은 행위자 배열에서 가장 격렬한 변화를 겪었다. 보수당 정부가 1990년대 초에 연금현대화를 위한 개혁패키지를 성공시킨 바는 있지만, 좌파세력 내의 전통적인 결속을 전복시킨 결정적인 계기가 된 것은 1998년 이후 사민당과 녹색당 연립정부가 추진한 연금축소였다. 그 개혁 이후로 자유의지론적 신좌파(지출억제와 재조준화, 적립화를 지지)와 블루칼라 노동조합(산업주의 시대 사회보험의 유지를 주장) 간의 분열이 분명해지기 시작하였다. 정부정책의 방향전환도 노동운동 내부의 내부자-외부자 갈등을 고조시켰고 이에 따라 노동운동의 거부권은 더욱 약화되었다. 이에 따라 독일의 연금체제는 집권정당이 의회 내에서 다수파를 확고하게 점유하는 한 다층체계로의 전환이 가능하게 되었다. 하지만 저항이 너무 강할 경우 독일의 개혁능력은 붕괴하는 경향이 있는데, 적록연립정부가 붕괴하게 된 원인 중의 하나가 바로 그것이었다.

다른 대륙유럽 국가에 대한 함의

이 책은 프랑스와 독일 그리고 스위스의 연금개혁을 분석함으로써 대륙유럽 복지국가 개혁 일반을 개념화하는 이론적 분석틀의 타당성을 검증하고자 하였다. 이 책의 연구는 단일 연구로서 이것이 더 많은 나라 그리고 더 많은 정책영역에 상세한 부분까지 적용되기는 어렵겠지만, 이 책의 분석결과가 대륙유럽국가들의 연금개혁 궤적에는 적용될 수 있다고 할 수 있다. 그리하여 이하에서는 기존의 연구들을 토대로, 연금체제의 성격이 프랑스와 독일, 스위스와 유사하게 대륙유럽적 비스마르크적 특성을 가지고 있는 다섯 개 나라, 즉, 네덜란드와 스웨덴, 이탈리아, 스페인, 오스트리아의 개혁의제와 연합형성적 동학, 그리고 개혁산출에 대해 간략히 살펴보고자 한다[2]. 네덜란드와 스웨덴, 그리고 이탈리아의 경험은 이 책에서 분석한 동학을 매우 전형적으로 보여준다. 즉, 이들 국가의 정부는 연합조종전략의 활용에 의해 저항을 분열시킴으로써 예기치 않은 개혁기회를 만들어낼 수 있었다. 한편 의회정치와 노사관계 영역에서 연합형성적 유연성이 낮은 스페인과 오스트리아는 매우 흥미로운 예를 보여준다. 스페인 정부는 제도적 · 전략적 혁신을 통해 개혁교착상태를 피할 수 있었다. 한편 오스트리아의 연금개혁 궤적은 선거정치적 경쟁과 노동조합의 중앙화가 연금현대화에 가한 브레이크를 잘 보여준다.

네덜란드의 연금제도는 일찍부터 이층체제로 발전해와서 스위스와 가장 유사한 모습을 보인다. 제1층 연금인 노령연금(Algemene Ouderdomswet; AOW)은 공적인 정액방식의 보편적 연금이며 법률에 의해 관리 · 운영되며, 제2층 연금은 적립방식의 준(準)강제적인(quasi-mandatory) 기업연금으로서 임금노동자의 90%가 가입되어 있고 정부의 감독 하에 노사가 운영한다. 스위스와 유사하게, 네덜란드도 적립방식의 기업연금이 일찍부터 발달해왔기 때문에 연금개혁 때 적립화는 중요한 쟁점이 되지 않았고, 주로 보험차원의 개혁과 재조준화 및 표적화 차원의 개혁이 쟁점이 되었다. 네덜란드에서는 이미 1980년대부터 몇 가지 연금현대화 개혁이 실행되었는데, 예컨대 1987년에 실행된 제2층 기업연금의 이전가능성 향상이라든지 1985년에 실행된 노령연금 급여의 배우자 간 분할 등이 그 예이다

---

2 이들 다섯 나라의 연금궤적에 관한 논의를 위해 참조한 기존 연구는 다음과 같다 : 네덜란드, Anderson(2007), Hemerijck and Marx(2010); 스웨덴, Anderson and Immergut(2007), Schludi(2005); 이탈리아, Natali and Rhodes(2008), Ferrera and Jessoula (2007), Natali(2003), Baccaro(2002); 스페인, Chulià(2007), Guillén (2010), Natali and Rhodes (2008); 오스트리아, Schludi(2008), Busemeyer(2005), Schulze and Schludi(2007).

(Anderson, 2007). 이 개혁들은 기본적으로 연금권리를 축소시키지 않는 확장적 개혁이었으므로, 개혁패키지로 제시되지 않았어도 충분히 지지를 얻을 수 있었다. 하지만 1990년대 중반에 좌우연립정부(보라색 정부)가 재정건전성과 지출억제를 강조하기 시작하면서 개혁을 둘러싼 논란은 커져갔고 개혁은 더 어려워지기 시작하였다. 네덜란드의 정당체계는 높은 연합형성적 유연성을 보장하며 따라서 정부는 기여금을 인상(보험차원의 개혁)하는 한편 국공채에 투자하는 연금기금의 도입을 추진함으로써 1996년 제1층 연금 개혁에서 다차원적인 타협을 이끌어낼 수 있었다. 기여금의 인상(사회민주주의를 지향하는 노동당(Partij van de Arbeid; PvdA)이 주창)과 연기금의 창설(자유주의 정당인 자유민주국민당(Volkspartij voor Vrijheid en Democratie; VVD)과 기독교민주주의를 지지하는 기독교민주당(Christien Democratisch Appèl; CDA)이 주창)을 결합함으로써 의회 내에 거대한 개혁연합이 형성되었다. 하지만 1990년대 네덜란드에서 실행된 가장 중요하고 강력한 개혁은 제2층의 적립방식 기업연금 개혁이었다. 1991년 이후 몇 차례에 걸쳐 발표된 녹서를 통해 좌우연립정부는 기업연금 개혁의 목표를 지출억제와 현대화의 이중목표로 제시하였다. 정부는 급여계산의 기준소득을 최종소득에서 평균소득으로 전환하고, 비혼 동거인들에게도 유족연금을 혼인부부와 마찬가지로 보장하며, 시간제 노동자에게 기업연금의 적용범위를 확대해야 한다고 주장하였다. 노동과 자본은 기업연금의 적용범위 확대에 대해서는 별로 반대하지 않았지만 급여계산의 기준을 평균임금으로 전환하는 데 대해서는 명백한 반대입장을 표명하였다. 정부와 노사 간

의 격렬한 논쟁이 벌어지는 과정에서, 1996년에 당시 수상이었던 빔 코크(Wim Kok)는 급여계산 기준소득의 변경을 주장하면서 그 근거로 그것의 지출억제효과가 아니라 재조준화와 표적화 차원의 개선을 들었다. 즉 그는 "최종소득을 기준으로 연금급여를 계산하는 것은 잘못된 연대의 예이다. 왜냐하면 최종소득을 기준으로 할 경우 평균임금보다 임금수준이 높은 사무직노동자들이 너무 많은 이익을 보기 때문"이라고 주장하였다(Anderson, 2007: 745). 그는 급여계산 기준소득을 평균임금으로 전환함으로써 절감되는 연금재정은 노동시장 외부자와 비정규직 노동자들을 기업연금 내로 편입시키는 데 활용할 수 있다고 주장하였다. 여러 노동조합들과의 길고도 고통스러운 타협의 과정을 거친 끝에, 노사와 정부는 1997년에 지출억제조치와 연금적립금의 이동성 증진, 남성가장중심주의 완화 그리고 기업연금 적용범위의 확대에 동의하는 최종합의에 도달하였다. 개혁공간의 다차원성과 높은 연합형성적 유연성, 대화와 타협의 강력하고도 제도화된 전통 덕분에 연합조종전략은 성공을 거두었다.

1994년 스웨덴 연금체제의 개혁도 다차원적 정치와 연합조종전략의 중요성을 잘 보여주는 좋은 사례이다. 1994년 이전의 스웨덴 연금은 제1층의 사회보험방식의 정액연금인 기초연금(AFP)과 제2층의 부과방식의 확정급여형 소득비례연금(Allmän Tilläggspension; ATP)으로 구성되어 있었다. 1994년 개혁으로 조세에 의한 최저보증연금이 도입되었고, 과거의 제1층 및 제2층의 공적연금(기초연금과 소득비례연금)은 함께 명목확정기여식(notional defined-contribution)의 부과방식 연금으로 재편되었으며, 완전적립방식의 강제가입 개인연금(적립식 개인계정제도)이 새로 도입되었다. 따라서 1990년대 스웨덴 연금개혁에서는 네 가지 개혁차원 ― 보험, 적립화, 표적화, 재조준화 ― 이 전부 개혁의제가 되었으며, 이 이제들은 1991년 이전 스웨덴 사민당의 연금개혁안과 1992년에 우파의 빌트(Bildt) 정부가 제시한 개혁안 둘 모두에 포함되어 있었다. 당시의 개혁은 그 이전에 이미 진행되고 있던 과정의 연장선상에 있는 것이었기 때문에, 자유주의자와 보수주의자 그리고 중도파로 구성된 우파연립정부는 의회 내에 연금개혁 실무위원회를 구성하여 사회민주당을 참여시켰으며, 이 실무위원회에 스웨덴 연금체제의 재정적 지속가능성을 제고할 방안과 기여와 급여 간의 연계를 강화할 방안, 그리고 장기적인 저축을 증가시킬 방안을 마련할 임무를 부여하였다. 이렇게 하여 추진된 1994년 개혁의 내용과 이 개혁이 거의 모든 정당과 노동조합, 그리고 사용자단체의 지지를 받게 된 이유를 살펴보면, 스웨덴의 사례는 연합조종전략의 동학과 높은 연합형성적 유연성의 중요성을 완벽히 보여준 사례임을 알 수 있다. 먼저 연금축소와 관련하여, 1994년 개혁은 15-30 규칙(취업경력이 30년 이상인 경우 완전연금을 지급하되 급여수준은 임금이 가장 높았던 15년 기간의 평균임금을 기준으로 계산하는 규칙)을 생애소득을 기준으로 한 명목확정기여방식으로 전환하였으며, 연금급여가 임금과 연동되도록 하였다. 15-30 규칙의 폐지는 고숙련 화이트칼라 노동자들에게 가장 큰 손실을 가져다주는 반면, 취업경력이 긴 저숙련 노동자들에게는 상대적으로 그 영향을 약한 것이었다. 이와 같은 연금축소 조치는, 재조준화 차원의 개혁(배우자 간 연금분할, 돌봄과 고등교육에 대한 크레딧)과 표적화 차원의 개혁(조세방식의 최저보증연금) 그리고 적립화 차원의 개혁(연금기여금 중 2.5% 부분은 개별 투자기금에 의무적으로 투입)과 결합되었다. 이것은, 공적연금보험의 유지를 원하는 사민당의 요구와 등가원칙의 강화를 원하는 자유주의자들의 요구, 그리고 돌봄의 인정을 원하는 보수주의자들의 요구에 부응하기 위한 것이었다. 개혁에 대한 가장 큰 도전은 연금축소에 대한 노동조합의 반대였다. 스웨덴 노동조합은 대단히 중앙화되어 있어서 연합형성적 유연성이 낮은 편이다. 하지만 1994년 개혁 당시 스웨덴 노동조합은 상당히 분열되어 있었다. 화이트칼라 노동조합인 사무직연맹(Tjänstemännens Centralorganisation; TCO)은 생애소득을 기준으로 한 급여산식으로의 전환이 고숙련노동자들에게 가장 큰 피해를 주므로 그에 반대한 반면, 가장 중요한 노조정상조직인 전국연맹(Landsorganisationen i Sverige; LO)은 그 문제에 있어서 의견이 분열되었으며 따라서 침묵을 지켰다. 전국연맹 내부적으로, 금속노동자들(블루칼라의 노동시장 내부자들)은 연금축소에 반대하였지만 공공부문 노동자들의 노동조합은 연금축소를 지지하였다. 공공부문 노동자들의 대부분은 여성들이며 저임금노동자들이었다. 이들 중 상당수는 최저보증연금이 향상된다면 그로부터 이익을 얻을 수 있는 상황에 있었다. 또한 많은 여성 노동자들은 대단히 오랜 취업경력(그리하여 대개 30년 이상의 가입경력을 갖고 있다)을 가지고 있음에도 불구하고 연금개혁 전에는 그러한 자신들의 경력이 적절히 고려되지 못하는 상황에 있었다(Anderson and Immergut, 2007). 앤더슨과 마이어(Anderson and Meyer, 2003)는 1994년 연금개혁에서 가장 큰 이득을 본 집단은 저임금 노동자들과 단속적 고용경력을 가진 사람들인데 이들은 최저보증연금으로부터 더 많은 혜택을 받게 되었기 때문이라고 주장한다. 따라서, 교묘한 연합조종전략을 통해 거대한 정치적 연합이 형성되면서 개혁은 노동조합의 가장 적절한 분파로부터의 지지까지 끌어냄으로써 스웨덴 연금체제를 크게 변화시키게 되었다.

노동조합의 분열이 스웨덴의 연금개혁이 성공하는 데 결정적인 요인이었는데, 이는 기술관료적 성격의 디니(Dini) 정부 집권기인 1995년에 가장 중요한 연금개혁을 겪은 이탈리아에서는 더욱 더 그러하다. 이탈리아의 연금은 대단히 관대한 편이었는데, 이것이 경제침체 그리고 유럽경제통화동맹(EMU)과의 관계문제로 심각한 긴축압력에 직면하기 시작하였다. 이러한 상황에서 정부는 등가원칙을 강화한 새로운 급여산식의 도입과 퇴직연령 유연화(조기퇴직시 급여의 선형적 삭감을 동반한), 그리고 연공연금(seniority pension)의 단계적 폐지를 골자로 하는 개혁안을 제시하였다. 이와 같은 대폭적 연금축소안은, 노동조합의 격렬한 저항을 불러일으켰다. 노동조합은 그들의 핵심지지층인 노동시장 내부자들의 연금권리를 보호하려고 하였다. 이탈리아의 연금개혁에서도 결정적인 요소는 적립화와 표적화였다. 이 두 쟁점은 이탈리아의 기존 연금체제에서 적립식 개인연금이 거의 존재해오지 않았고, 또 종속적 노동자와 공공부문 노동자 그리고 자영업자들은 불리한 처지에 놓여 있었기 때문에 어떤 면에서는 다소 자연스럽게 개혁의제로 부각되었다. 그리하여 기술관료적이었던 디니 정부는 적립방식의 보충연금 도입 – 관리운영에서 노조가 중요한 역할을 하게 하였다(Natali, 2003) – , 자영업자의 기여금 인상, 공공부문과 민간부문의 보험조건의 형평성 증진, 그리고 자녀양육에 대한 크레딧 도입을 제안하였다. 나탈리와 로즈(Natali and Rhodes, 2008: 36)에 의하면, 정부의 목적은 "노후소득보장의 혜택에서 소외된 계층을 연금체제 내로 포괄할 수 있도록 재정부담을 재조정함으로써 형평성과 효율성을 동시에 달성하는 것" 이었다. 1990년대 중반 이탈리아의 정당은 매우 분열이 심하였고 기술관료적 집권정부는 상대적 자율성과 신임을 얻고 있었다는 점을 생각할 때, 의회에서의 연합형성적 유연성은 개혁에 관한 타협을 가능케 할 정도가 되었다. 사용자단체인 전국산업연맹(Confindustria)은 연금축소의 폭이 충분치 않다는 명분으로 개혁안에 동의하지 않았다. 하지만 사용자단체는 개혁에 반대하는 세력 동원에는 나서지 않았으며, 따라서 가장 중요한 저항은 노동조합으로부터 나왔다. 노동조합은 자영업자의 기여금 인상에 대해서는 수용적 태도를 보였지만, 연금개혁 적용의 경과기간을 놓고는 연금축소로부터 영향을 받을 노동자들의 피해를 줄이기 위해 정부와 협상을 벌였다. 하지만 경과기간을 두더라도 연금축소가 미칠 영향을 완전히 없앨 수는 없었다. 이러한 상황에서 노동운동은 세 주요 조직으로 분열되어 있는데다 그 조직구조와 조정력 등의 면에서 구조적 취약성을 가지고 있어서 이것이 정부의 개혁능력에 유리하게 작용하였다. 이탈리아의 노동세력은 강력한 조정력을 가진 지도부가 부재하여 좀처럼 단일의 통일된 입장을 가질 수가 없었다. 노동세력은 정부 개혁안에 대한 찬반여부를 놓고 자체 비밀투표를 실시하였는데, 이 때 450만명의 노동자들이 투표에 참여한 가운데 그 중 64%가 정부개혁안에 찬성하는 결과가 나왔다. 또한 노동 내부의 이질성이 여러 노동부문의 투표행위를 통해 드러났다(Baccaro, 2002). 투표행위는 정부의 개혁안이 어떤 영향을 미치느냐에 따라 노동부문에 따라 달리 나타났고 따라서 투표결과는 노동조합의 서로 다른 투쟁전통을 반영한 것으로 나타났다. 결국 개혁은 성공하였는데, 이는 정부의 개혁안이 비정규직 노동자들과 중·고소득계층들 그리고 연금축소로부터 별 영향을 받지 않는 민간부문의 내부자들 간에 이질적인 승자연합을 유도한 반면 패자는 자영업자들과 민간부문의 젊은 노동자들로 제한할 수 있었기 때문이었다.

네덜란드와 스웨덴, 이탈리아는 모두 정당과 노동조합의 연합형성적 유연성이 높은 사례들이다. 스페인은 절대다수제 선거제도로 인해 중앙화된 정당체제를 가지고 있어 이들 세 나라와는 상황이 다르다. 그럼에도 불구하고 스페인은 1997년 톨레도 협약(Toledo Pact)을 통해 연금제도의 중요한 개혁을 성공시켰다(Chulià, 2007). 그러나 이러한 스페인의 사례가 연합형성적 유연성의 중요성에 관한 이 책의 연구결과를 부정하는 것은 아니다. 오히려 그 반대이다. 스페인의 사례는 다수파 정부라 할지라도 긴축의 시대에는 개혁에 성공하기 위해서 타협과 절충에 나서야 한다는 사실을 보여주는 사례이다. 실제로 톨레도 협약은 스페인사용자단체연맹(Confederacion Espanola de Organizaciones Empresariales; CEOE)과 주요 노동조직인 일반노동조합(Union General de Trabajadores; UGT) 및 노동자평의회(Comisiones Obreras; CC.OO)의 지지뿐만 아니라 집권 우파정당과 야당인 사회민주당의 지지를 받아 실현된 것이었다. 어떻게 이것이 가능했을까? 유럽경제통화동맹의 압력과 긴축 그리고 사회부조의 결여 등과 상황이 1990년대에 스페인에서 사회보장제도의 강화와 확대 모두가 필요하다는 데 대한 합의를 가능케 하였다(Guillén, 2010). 우파정부는 스페인 사회보장제도의 합리화 방안을 마련하기 위해 1996년에 모든 정당의 대표가 참여하는 의회위원회를 설치하였다. 이런 노력의 결과 탄생한 톨레도 협약은, 기여기간의 연장 및 최종급여의 인하에 기초한 새로운 급여산식의 도입(연금축소), 여러 보험제도 간 기여금의 형평성 제고(표적화), 노동시장 외부자와 과부, 고아들을 위한 최저연금 증액(재조준화), 무기여 연금급여를 위해 조세로 지원하는 지불준비기금의 신설(표적화) 등 다양한 방안을 포괄한 협약이었다. 구일렌(Guillén, 근간)에 따르면, 이 개혁은 핵심노동자들의 연금권리를 축소하고 비핵심노동자들의 연금권리는 소폭 개선한 것이다. 스페인의 개혁패키지는, 연금권리를 축소하고 비기여연금급여의 재정조달을 위해 특별기금을 신설한 프랑스의 1993년 발라뒤르 개혁과 놀랄 만큼 유사하다. 하지만 프랑스에서는 이러한 이원화 전략(Palier and Martin, 2007)이 야당인 좌파정당의 큰 반대에 부딪혔다. 그렇다면 어떻게 하여 유사한 개혁전략이 스페인에서는 그처럼 좌파와 노동조합으로부터 동의를 얻을 수 있었을까? 톨레도 협약은 근본적인 목표만 진술하고 있을 뿐 그 목표의 실현을 위한 구체적인 수단은 명시하고 있지 않았다. 그리하여 노동조합은 연합형성에서 비교적 높은 유연성을 발휘할 수 있었다. 하지만 이보다 더 중요한 것으로 프랑스와 스페인을 결정적으로 다르게 만든 요인은, 톨레도 협약은 스페인의 연금체제는 적립방식으로의 전환이라든가 또는 단순히 최저수준의 보호만을 제공한다든가 하는 방향으로 근본적으로 재편되는 일은 없을 것이라는 점을 분명히 하였다는 점이다(Chulià, 2007). 따라서 노동조합은 개혁 후에도 공적사회보험이 스페인 연금체제에서 여전히 가장 중요한 제도로 남게 될 것이라는 확신을 가질 수 있었다. 하지만 프랑스의 전국노동연맹은 특별적립기금(즉, 노령연대기금)이 보험원칙의 해체를 위한 수순에 불과하다는 이유로 그에 반대하였다(6장 참조). 스페인 사례에서 더욱 놀라운 것은 야당인 사회민주당이 개혁에 찬성했다는 사실이다. 출리아(Chulià, 2007)는 이 "대연합" 이 일어난 이유와 관련하여, 당시 우파정당과 좌파정당은 연금축소가 선거에서 두 당 모두에게 대단히 부정적인 영향을 미칠 것이라고 예상하고 있었으며 따라서 두 당은 비공식적으로 만나 연금축소를 선거에서 쟁점으로 삼지 않기로 합의하였다는 사실을 든다. 이는 필자가 앞에서 언급한 바를 잘 보여주는 훌륭한 증거이다. 즉, 긴축의 시대에는 다수파 정부라도 일방적으로 행동할 수가 없다는 것이다. 그리고 긴축의 시대에 권력분산은 개혁능력을 제약하는 요소가 아니라 오히려 개혁능력을 제고하는 자산으로 전환된다는 것이다. 유사한 맥락에서, 출리아(Chulià, 2007: 545)는 "톨레도 협약으로 이 정책영역은 수많은 거부권 행사자들이 존재하는 장으로 전환되었다" 고 말하는데 이는 다수파의 중앙집중도가 높은 정부가 개혁의 성공을 위해 자발적으로 거부권의 수를 증가시켰음을 의미하는 것이다.

연합형성적 유연성의 결여가 연금개혁과 관련하여 어떤 결과를 낳는가는 여기서 살펴볼 마지막 사례인 오스트리아 사례에서도 찾아볼 수 있다. 오스트리아는 매우 높은 급여수준과 지출수준을 가진 전형적인 대륙유럽형 연금체제를 가진 나라이다. 하지만 1990년대에 와서 오스트리아는 주요 정당들 - 기독교민주주의적 보수정당인 국민당(Österreichische Volkspartei; ÖVP)과 사회민주주의 정당인 사회민주당(Sozialdemokratische Partei Österreichs; SPÖ)(이 두 정당은 2000년까지 연립정부를 이루었다) — 과 오스트리아노동조합연맹(Österreichischer Gewerkschaftsbund; ÖGB)을 중심으로 매우 중앙화되어 있고 조직화가 잘 되어 있는 노동운동 사이에 경쟁이 점점 격화되기 시작하였다. 그리하여 오스트리아의 연금개혁은 1990년대 내내 연금축소를 지향한 일련의 시도들 그리고 그것이 유발한 통일된 노동운동으로부터의 격렬한 저항으로 점철되었다(Schludi, 2005; Schulze and Schludi, 2007). 1994년과 1995년 두 차례에 걸쳐 시도된 연금축소 개혁은, 오스트리아노동조합연맹의 반대뿐만 아니라 블루칼라노동자들의 지지를 갈망하고 있던 외르크 하이더(Jörg Heider)가 이끌었고 당시 급부상하고 있던 극우정당인 자유당(Freiheitliche Partei Österreichs; FPÖ)의 반대에 부딪혀 집권정당에 의해 거의 완벽히 철회되었다. 1996년에 연금권리의 축소와 조기퇴직 제한을 목표로 한 개혁시도가 또 다시 시도되었지만 이 역시 두 집권정당(국민당과 사민당)이 서로 연금축소의 영향이 자신들의 지지층에게 가지 않도록 하려는 바람에 흐지부지되고 말았다. 개혁 교착상태에 봉착한 오스트리아 연립정부는 1997년에 외부적 자극을 찾아 나섰고 그리하여 독일의 연금전문가인 베르트 뤼루프(Bert Rürup) 교수에게 자문을 요청하였다. 뤼루프 교수는, 당연하게도, 연금축소 조치(예컨대, 연금급여 기준기간의 15년에서 20년으로의 연장, 조기퇴직 제한, 공무원연금 축소 등)를 노동시장 외부자를 위한 연금적용 확대 조치(즉, 표적화 및 재조준화)

와 결합한 다차원적인 패키지안을 권고하였다. 하지만, 우리가 살펴본 다른 나라들과 달리 오스트리아에서는 외부자에 대한 연금확대조치를 포함한 연합조종전략이 노동운동을 분열시키는 데 실패하였다. 오스트리아의 노동운동은 대단히 중앙화되어 있어서 개혁안에 대해 단일한 대오로 저항하였던 것이다. 2000년 이후 집권한 우파정부는 노동시장 외부자를 위한 연금현대화만으로는 개혁의 성공을 위한 충분한 지지를 끌어낼 수 없다는 사실을 깨달았다. 연금축소에 대한 보상은 기득권을 누리고 있는 행위자들에게도 주어졌어야 했던 것이다. 그리하여 국민당과 자유당 연립정부가 추진한 2003년 개혁은 연금급여의 삭감을 포함하는 한편 몇 가지 양보조치도 포함시켰다. 즉, 국민당을 지지하는 보수층들에게는 자녀양육을 위해 노동시장에서 퇴장하는 취업모를 위한 유인책이 보상으로 주어졌고, 자유당을 지지하는 블루칼라노동자들 그리고 노동조합들에게는 특별연금과 고된 업무 종사자를 위한 고난기금(hardship fund)이 보상으로 주어졌다. 이 개혁이 다차원적 연합조종전략의 예인 것은 분명하지만, 그럼에도 불구하고 이것은 오스트리아 연금체제에 체계적 수준의 그 어떤 변화도 가하지 못하였으며 반대로 기존의 배분체계를 강화하는 결과만 초래하였다. 이러한 제한적 개혁과 내부자 보상의 결과 오스트리아는 다른 대륙유럽국가들에 비해 훨씬 소폭의 연금현대화와 정책혁신을 이루었다. 이는 연합형성적 유연성의 결여가 그 직접적인 원인이다.

여타 정책영역에 대한 함의

이 책에서 필자는 다차원적 개혁정치라는 이론적 분석틀을 연금개혁에 적용하였다. 이는 노후소득보장은 "산업주의적 복지국가의 초석" (Bonoli, 2006: 21)으로서 연합형성을 결정짓는 탈산업적 결정요인에 관한 주장을 검증하는 데 좋은 사례이기 때문이다. 하지만 필자는 이 책에서 전개한 논리는 다른 정책영역에도 적용된다고 — 더 한층 강한 이유로 — 주장한다. 물론, 개혁에 관련된 구체적인 정책차원과 행위자들의 배열은 정책영역에 따라 다를 것이다. 하지만 기본적으로 탈산업주의는 복지국가의 모든 정책영역에서 다차원적 정책공간이 형성된다는 함의를 갖는다. 따라서 대륙유럽 복지국가의 현대화를 이해하기 위해서는 그 현대화 과정을 추동하는 연합형성적 동학에 대한 이해가 선행되어야 하는 것이다.

여기서 필자는 이 책에서 채택한 분석모형을, 탈산업주의로부터 가장 근본적으로 도전받고 있고 또 오늘날 대부분의 나라에서 가장 뜨거운 논쟁의 중심에 있는 가족정책에 적용해봄으로써 그것이 어떻게 일반화될 수 있는지에 대해 간략히 살펴보기로 한다. 프랑스와 독일, 스위스는 연금보다는 가족정책에서 더 많은 차이를 보이지만, 그 이면에 놓인 탈산업적 개혁의 동학은 꽤 비슷한 편이다(이에 관한 보다 자세한 논의로는 Häusermann, 2006 참조). 보수주의적 가족정책은 산업주의 시대 대륙유럽 복지체제의 전형적인 특징 가운데 하나이다(van Kersbergen, 1994). 대륙유럽적 가족정책의 주요 수단 중의 하나는 가족수당(family allowance) 형태의 현금이전이다. 이 가족수당은 사용자와 노동자가 납부하는 또는 사용자가 단독으로 납부하는 기여금에 의해 재정이 조달되었다. 이런 재정방식이 채택된 것은 가족수당이 전통적으로 남성가장에게 그가 번 수입의 일부로 지급되었기 때문이다. 가족수당은, 특히 그것이 남성가장의 정규고용에 근거하여 지급되는 것인 한, 보수주의적 가족정책의 일환이라고 할 수 있는데 왜냐하면 그것은 아동과 여성의 남성가장에 대한 의존을 강화하기 때문이다. 또한 가족수당은 대개 보편적이다(즉, 자산조사가 없다). 그런데 가족수당이 보편적인 것은 그것이 사회정책이어서라기보다는 가족주의(familialism)의 수단이기 때문이다. 가족수당의 주요 목적은 빈곤감소에 있는 것이 아니라 사회의 기본단위로서의 가족을 강화하는 데 있는 것이다. 뿐만 아니라 가족수당을 통해 제공되는 현금이전은 여성의 노동시장참여를 억제하는 역할을 한다. 왜냐하면 현금으로 제공되는 가족수당은 일·가정 양립(conciliation of work and care)을 촉진하는 것이 아니라 부불(不拂)돌봄노동(unpaid care work)을 보상해주는 것이기 때문이다[3].

전통적 정책과 탈산업적 구조변화 간의 부정합성에 주목해보면, 우리는 대륙유럽국가들의 가족정책은 현금급여의 관대성과 현금급여 수급자격 기준 모두에서 문제에 직면하고 있음을 알 수 있다. 이 두 가지 문제는 탈산업적 가족정책의 현대화에 관한 논쟁이 벌어지는 두 가지 차원에 관련된다. 첫째, 가족에 대한 현금급여의 관대성은 부모의 탈상품화 정도(즉, 노동시장 참여라는 제약으로부터 어느 정도나 자유로울 수 있는가)에 영향을 미친다. 이것은 좌파와 우파 사이에 형

---

3 1950년대와 1960년대에는 이처럼 부불돌봄노동을 보상받는 것이 현대적인 것이었다. 자녀를 둔 여성이 일하지 않을 권리를 누리는 것은 중간계급에게 사회적·경제적 진보와 부의 상징으로 생각되었다(Naumann, 2005).

성되었던 고전적인 갈등전선으로서 여기서는 가족에 대한 국가의 지원을 옹호하는 사람들(특히 구좌파에 속하는 정당과 기독민주주의자, 그리고 노동조합)과 시장자유주의를 옹호하는 사람들(시장자유주의적 우파정당과 자본)이 대립한다. 둘째, 가족에 대한 현금급여의 수급자격 기준을 둘러싼 논쟁은 가족정책이 가족에 초점을 맞추어야 하느냐 아니면 개인에 초점을 맞추어야 하느냐의 문제와 관련된다. 여기서는 가족에 초점을 두어야 한다는 보수적 주장과 개인에 초점을 두어야 한다는 주장이 대립한다. 따라서 그것은 사회적 현대화에 관련되며, 자유의지론자와 전통주의자 간의 대립을 초래한다. 이 두 가지 갈등전선(가족에 대한 현금급여의 수준, 현금급여의 수급자격 기준)은 분석적으로는 서로 독립적이다. 이 둘을 서로 교차시키면 가족정책 현대화와 관련하여 네 가지 정책지향성을 생각해 볼 수 있다. 첫째는, 낮은 수준의 현금급여를 주소득자에게 지급하는 것으로 이렇게 되면 돌봄제공자는 주소득자(가장)의 노동시장소득에 의존하게 된다. 이것이 바로 고전적인 남성가장모델이다. 둘째는, 높은 수준의 현금급여를 돌봄제공자에게 직접 지급하는 것으로 이렇게 되면 부불돌봄노동(주로 여성이 수행하는)의 가치가 인정된다. 하지만 전통적인 성역할은 그대로 고착된다. 이것은 가족정책의 보수적 현대화 전략이라 할 수 있다. 셋째는, 자유주의적 진보주의 모델로서 여성의 "상품화"를 촉진하기 위해 일·가정 양립을 지원하는 정책이다. 이런 종류의 정책은, 노동시장 참여에서 단절이 없는 남성적 경력구조를 그대로 둔 채 거기에 여성의 경력생애를 맞추려는 것으로 성역할에 있어서는 큰 변화를 가져오지 못한다. 넷째는, 개입주의적 진보주의 모델로서 부와 모 모두가 직장과 가사에 동등하게 참여하게끔 하려는 정책이다. 이들 네 가지 지향성(혹은 모델)은 대륙유럽 가족정책의 현대화에 관련된 개혁공간의 다차원성과 직접적으로 연관된다. 이 책에서 전개한 주장을 생각할 때, 정책결정자들은 이와 같은 정책공간의 다차원성을 활용해야 하며, 행위자들 간의 정치적 교환이 가능하게끔 개혁패키지를 구상해내야 한다. 정책결정자들은 상이한 현대화 정책을 결합함으로써 개혁에 필요한 정치적 지지를 모호한 합의의 형태로 모아낼 수도 있으며, 또는 어느 한 차원에서의 급여삭감을 다른 차원에서의 확대로 보상해줄 수도 있다. 프랑스와 독일, 스위스에서 지난 20년 동안 진행된 가족정책 개혁을 간략히 개관해보면 이 책에서 주장한 분석틀의 타당성을 확인할 수 있을 것이다.

프랑스는 전간(戰間)기간 중에 대가족을 대상으로 하는 관대한 아동수당에 기초한 강력한 출산유도적 가족정책을 발전시켰다. 또한 1970년대부터는 사회당정부와 보수당정부 모두 보육시설을 확충하는 데 많은 노력을 기울였다. 그리하여 프랑스의 가족정책 지출은 매우 높은 수준에 도달하였다. 하지만 1990년대에 접어들면서 긴축의 시대가 도래하고 이로 인해 가족정책의 선택의 폭은 점점 좁아지기 시작하였다. 이와 함께 고실업이 지속되면서 여성의 높은 노동시장 참가율에 의문을 제기하는 보수주의자들의 주장이 힘을 얻기 시작하였다(Jenson and Sineau, 2001). 하지만 보수주의자들의 그러한 주장은 여성주의자들과 좌파정당, 그리고 고숙련 여성노동자들을 고용한 기업들의 일 · 가정 양립정책 요구와는 배치되는 것이다. 그리하여 보수당정부는 1994년에 프랑스의 가족정책을 다양한 집단들에게 서로 다른 유인과 혜택을 제공하는 다원화된 체제로 재편하려는 개혁안을 설계하였다(가족관계법[Loi relative à la famille]). 이 개혁으로 보편적인 가족수당은 점차 자산조사급여로 전환하게 되었다(이는 가족정책의 사회화라 불리기도 하는데, 이에 대해서는 Commaille, Strobel, and Villac, 2002 참조). 하지만 이와 동시에 정부는 그러한 급여삭감을 두 가지 측면에서 보상해주었다. 첫째, 정부는 둘 이상의 자녀를 둔 저숙련 여성노동자들로 하여금 3년 동안 노동시장에서 퇴장할 수 있게끔 관대한 교육급여(부모교육수당[Allocation parentale d' education; APE])를 제공하도록 하였다. 이것은 보수주의자들의 요구를 들어주기 위한 전략임과 동시에 실업보험의 재정부담을 완화하기 위한 전략이었다. 둘째, 보수당정부는 보모(保姆)에 대한 조세혜택과 보조금(자녀양육수당[Allocation pour la garde de l' enfant à domicile; AGED]과 보육교사가정고용지원수당[Allocation pour l' emploi familial d' une assistante maternelle agrégée; AFEAMA])을 확대함으로써 고숙련 여성노동자들로 하여금 노동시장에 계속 머물 수 있도록 하였다. 이러한 정치적 교환 전략을 통해 정부는 보수주의자들과 기업 그리고 일부 노동조합으로부터 개혁에 대한 지지를 이끌어낼 수 있었다(Vallat 2002). 보수당에 이어 집권한 사회당정부는 2000년 개혁(사회보장재정법[Loi de financement de la sécurité sociale 2000])에서 가족정책의 구조를 근본적으로 바꾸지는 않았지만, 일 · 가정 양립정책(보육시설 확충)과 개입주의적 진보주의 모형의 현대화(예컨대, 아버지휴가와 시간제노동에 종사하는 부모에 대한 수급권 부여 등)에 보다 중점을 두었다. 이처럼 다양한 개혁목표를 결합시킴으로써 정부는 신좌파와 노동조합 그리고 기업의 광범위한 개혁연합을 형성시킬 수 있었다. 많은 연구자들(Commaille et al., 2002; Fagnani and Letablier, 2005)이 프랑스 가족정책의 구조를 모순적이고 일관성이 결여된 것이라고 비판하지만, 필자는 가족정책 이면에 놓인 정치를 고려할 때(즉, 가족정책의 발전을 추동한 연합형성적 동학을 고려할 때) 가족정책이 다양한 지향성을 가진 것은 당연한 것이라고 본다. 정치적 교환, 다시 말해서 상이한 지지층을 위한 상이한 정책의 결합은 정책변화를 위한 필수조건(conditio sine qua non)인 것이다.

독일의 가족정책은 언제나 프랑스보다 단순하였으며 또 전통적으로 남성가장모델을 지향하는 성격(예컨대, 가족에 대한 현금이전에 중점을 두는 정책기조 등)을 가지고 있었다(Gerlach, 2005). 하지만 가족정책의 이러한 전통주의적 지향성은 저출산을 초래하는 비효과성을 안고 있었을 뿐만 아니라 성평등을 요구하는 자유의지론자들의 주장과 여성의 노동시장참여 증가를 요구하는 시장자유주의자들의 주장에 의해 정치적으로도 도전받게 되었다. 이러한 상황에서 정부(당시 적록연립정부)가 채택한 연합조종전략은 2000년의 양육수당법(Bundeserziehungsgeldgesetz) 개혁에서 그 좋은 예를 찾아볼 수 있다. 당초 정부는 3세 미만 자녀를 둔 모든 부모에게 시간제로 취업할 법적 권리를 부여하고 보무 모두 똑같이 양육휴가를 갈 수 있도록 해야 한다고 주장하였다. 하지만 이러한 신좌파적 진보주의 정책은 여성의 정규직 취업의 증가를 희망하던 기업의 요구와 배치되는 것이었으며 또 기민련/기사련 및 가족단체들의 보수적 주장과도 배치되는 것이었다. 그리하여 정부는 부모휴가를 당초 2년에서 1년으로 단축시키고(이는 기업의 요구에 부응하기 위한 것이다) 저소득가정을 위한 자산조사방식의 정액양육수당을 도입하는(보수주의자들의 요구에 부응하기 위한 것이다) 등 절충안을 제시하였다. 이로써 적록연립정부는 정책공간의 다차원성을 활용하여 독일의 가족정책을 보다 성평등지향적이고 일 · 가정 양립 지향적인 체제로 전환시키기 위한 개혁에서 기업과 보수당의 지지를 얻을 수 있었다[4]. 2005년 이후에는 대연정이 직장과 가사를 부모가 자유롭게 선택할 수 있게 하는 모델을 지향하면서 사회적 현대화를 위한 정책요소와 일 · 가정양립을 지원하는 정책요소 그리고 돌봄노동을 인정하는 정책요소를 결합함으로써 가족정책 현대화의 다차원적 경로를 지속적으로 따르고 있다.

스위스에서는 1990년대에 이르기까지도 지방차원에서나 전국차원에서나 가족정책이 그리 발달하지 못했다(Dafflon, 2003). 실질적인 가족정책이 결어되어 있었던 스위스는 남성가장모델의 전형적인 예로 간주되었다. 하지만 이런 스위스의 남성가장모델은 1990년대 초부터 여성의 돌봄노동을 인정해야 한다는 요구와 성평등 및 일 · 가정양립을 추구해야 한다는 사회적 요구와 충돌하기 시작하였다. 하지만 매우 역설적이게도 가족정책 차원에서의 급여나 서비스가 매우 부족하다는 점이 가족정책의 현대화를 위한 출발점으로서 대단히 부적절하다는 사실이 드러났다. 스위스 정부는 가족정책 개혁과정에서 어느 한 차원에서의 확장적 개혁을 다른 차원에서의 축소와 결합시킬

4 독일연방정부는 가족정책에 깊이 관여하고 있기 때문에 가족정책 개혁이 성공하기 위해서는 야당의 동의가 필수적이다.

수가 없었다. 왜냐하면 축소시킬 급여나 서비스가 애초에 없었기 때문이다. 그리하여 스위스 정부는 가족수당의 인상, 부모휴가의 도입, 보육시설의 확충, 모성보험의 도입 등과 같은 동시적으로 터져 나오는 다양한 요구들을 조화시켜야 하는 어려운 과제를 안게 되었다. 프랑스에서는 이와 유사한 다양한 요구들의 분출에 대해 정부가 가족수당에 대한 지출을 줄이고 대신 현대화 및 표적화 급여에 대한 지출을 늘려 대처해 나갈 수 있었지만, 스위스는 그렇게 하기도 어려운 상황이었다. 모든 개혁이 확장적인 것이었고 따라서 그것은 모두 지출을 증가시키는 것이었다. 정책요소별로 재정을 재할당할 여지가 없는 것이다. 그리하여 스위스 정부는 몇 가지 확장적 개혁을 결합하여 패키지로 제시하는 안을 구상하였다. 1999년에 정부는 취업모에 대한 모성보험과 노동시장참가 여부에 관계없이 모든 어머니에게 지급되는 출산수당을 결합한 방안(모성보험법[Mutterschaftsversicherungsgesetz])을 내놓아 개혁지지연합을 구축하려는 시도에 나섰다. 정부가 내놓은 이 방안은 모순적인 것이긴 하지만 좌파와 우파 모두의 지지를 얻을 수 있을 것으로 생각되었다. 하지만, 그것은 개혁에 필요한 모호한 합의를 결과한 것이 아니라 오히려 사용자단체와 시장자유주의 정당 및 보수주의 정당의 개혁반대연합의 결성을 결과하여 국민투표에서 좌절되었다. 2004년에 정부는 취업모 대상의 모성보험만을 포함하는 제한적인 개혁안(수입보장령[Erwerbsersatzordnung])을 내놓았고 이것은 의회의 사회주의자-자유주의자 동맹의 지지를 얻었고 국민투표도 통과하였다. 2003년에는 사용자단체와 시장자유주의 정당 및 좌파정당 간에 연합이 형성되어 보육시설 확충을 위한 새로운 법률(보육시설지

원재원에 관한 법[Anstossfinanzieruung für familienergänzende Betreuungsplätze], Ballestri and Bonoli 2003, 참조)이 채택되었다. 하지만 스위스의 가족정책에 대한 모든 개혁은 지출을 증가시키며 또 모든 정치적 행위자들은 희소한 자원을 각자가 선호하는 현대화 개혁 차원에 집중시켜야 한다고 주장하고 있어서, 사회주의자-자유주의자 간 개혁연합은 아직 여전히 취약하며 불안정하다.

지금까지 프랑스와 독일, 스위스의 가족정책의 발전과정을 지극히 간략하게 살펴보았다. 이를 통해 우리는 연금정책에서와 마찬가지로 가족정책에서도 다차원적 개혁공간에서의 정책동학이라는 개념을 통해 최근의 정책성과를 이해할 수 있을 뿐만 아니라 언뜻 보기에 가능하지 않을 것 같은 개혁연합이 가능하게 된 원인을 설명할 수 있게 되었다. 레비(Levy, 1999: 244)는 아마도 그러한 개혁패키지에서 정책결정의 우발적 동학 이상의 것을 찾아낸 최초의 연구자일 것이다. 그는 특정 종류의 개혁전략의 특징을 전화위복(轉禍爲福)의 전략(vice-into-virtue strategy)이라고 묘사한다. 즉, 레비(1999: 240)에 따르면, 그 전략은 대륙유럽 복지국가의 약점(특히 지위에 따른 특권이 존재하는 불평등한 체제)을 감소시키고 그로부터 절감된 재정을 선순환적인 방향 — 빈곤경감이나 활성화와 같은 — 에 투입하는 정책요소로 이루어진다는 것이다. 레비의 이러한 주장과 유사하게, 이 책의 분석 역시 복지국가의 현대화 지향적 확장은 인기 없는 변화를 위한 합의를 '구입' 해야 하는 정부에게 매우 절실한 '현찰' 이라는 점을 잘 보여준다. 더욱이 아마도 가장 경직된 정책의 하나라고 할 수 있는 연금정책에서 현대화 개혁은 거대한 계급초월적 연합의 형성을 가능케 하여 연금축소도 이룰 수 있게 하였다. 하지만, 현대화, 특히 연금정책의 현대화는 재생이 불가능한 자원인 것 같다. 즉, 예컨대, 연금체제에 성평등이 일단 도입되고 나면, 그 다음 번 개혁에서 재조준화 개혁을 제안할 여지가 별로 없어지게 된다는 것이다. 물론 이것이 정치가 작동할 여지가 없어진다는 의미는 아니다. 하지만 앞으로 정책결정자들은 정책공간의 다차원성을 활용하기 위해 정책영역 간의 상호의존성을 고려해야 할지도 모르겠다. 즉, 연금권리의 개혁을 활성화나 일 · 가정양립 등의 다른 정책영역의 현대화와 결합시켜야 탈산업적 현대화가 대륙유럽 복지국가의 개혁의제로 지속되리라는 것이다. 독일은 2004년에 이러한 정책영역 초월적 개혁전략의 예를 최초로 보여주었다. 즉, 독일 정부는 실업급여의 삭감(하르츠 제4차 개혁[Hartz IV reform])으로부터 절감되는 재정을 젊은 부모를 위한 보육시설 확충으로 의무적으로 할당하는 조치를 취하였다.

이 책의 이론적 함의

이 책의 첫 번째 이론적 기여는 제도변화에 관한 것이다. 필자는 점진적 변화의 정치를 분석하기 위한 이론적 · 경험적 접근을 제시하였는데, 이를 통해 구조와 제도의 상호작용을 고찰함으로써 정책결정의 장에서의 정치적 동원에 관련된 몇 가지 갈등전선 혹은 개혁차원을 확인해낼 수 있다고 주장하였다. 이러한 개혁차원 혹은 갈등전선은 각 개인들을 그들에게 고유한 위험프로필에 따라 각기 상이한 형태의 승자와 패자로 구분한다. 만일 우리가 위험프로필과 이것에 연관된 사회구조적 계급, 그리고 이 계급을 대변하는 집합적 행위자들 간의 연결성을 확정할 수 있다면, 우리는 어떤 한 정책영역에서 특정 기간 동안 나타난 개혁동학을 설명할 수 있게 된다. 이러한 통찰은 두 가지 함의를 갖는다. 첫째는, 우리는 한 차례의 개혁만을 고찰해서는 안 되며 특정 정책영역에서 일정 기간 동안 여러 차례에 걸쳐 일어난 개혁의 동학을 고찰해야 한다는 것이다. 사실 한 차례의 개혁은 그 이면에 놓인 갈등전선과 행위자 배열의 한 가지 표현에 불과한 경우가 많다. 갈등전선과 행위자배열은 점진적인 구조변화로부터 영향을 받기 때문에 그 전개과정이 점진적인 경향이 있다. 따라서 단일 개혁에 대한 사례연구에만 그칠 경우 보다 근본적인 흐름을 놓칠 우려가 있다. 이를 보여주는 좋은 예를 독일 사민당과 녹색당의 연금축소로의 입장 전환에 대한 분석에서 찾아볼 수 있다. 우리가 2001년 개혁만을 본다면 이 입장전환의 범위와 갑작스러움이 지나치게 부각될 수 있고, 따라서 그것을 설명하기 위해 슈뢰더 수상의 개인적 선호라든가 갑작스러운 사고 전환(Hering, 2004) 또는 재정건전성 강화라는 "거스를 수 없는" 대세에 대한 사민당의 보다 깊은 통찰(Schludi, 2005: 141; Kitschelt and Streeck, 2003: 29-30) 등과 같은 임기응변적인 주장을 내놓게 된다. 우리가 이 입장전환을 신좌파 지지층의 위험프로필이라는 측면에서 그리고 정부의 포괄적인 개혁전략의 측면에서 살펴볼 때, 오직 그러할 때, 우리는 그 입장전환을 둘러싼 보다 큰 그림을 그릴 수 있게 되는 것이다. 둘째의 함의는, 사회구조적 미시토대(socio-structural micro-foundation)의 중요성에 관한 것이다. 단일 개혁에 대한 과정분석은 개혁을 실행하는 데 최종적으로 성공한 행위자들의 연합을 밝힐 수 있다. 그러나 우리가 왜 그런 연합이 형성되었는지 그리고 그 연합은 왜 그 당시 그런 정책선호를 지지하였는지를 설명하고자 한다면, 이들 행위자들의 전략과 그들을 둘러싼 제도적 제약뿐만 아니라 행위자들의 사회구조적 기반까지도 살펴보아야만 하는 것이다.

이로부터 우리는 이 책의 두 번째 이론적 기여에 관한 논의로 넘어가게 된다. 필자는 이 책에서 계급초월적 동맹과 계급 내적 이질성은 복지정책 결정과정에서 놀랍거나 우연적인 일탈적 상황이 아니라 탈산업적 계급구조에 내장된 현상이라는 점을 보이고자 하였다. 노동시장은 각 부문별로 그리고 직무논리별로 수직적 · 수평적으로 계층화 · 구획화되어 지극히 분절되어 있다(Oesch, 2006; 또한 이 책의 3장 참조). 이러한 노동시장의 분절로 말미암아 좌파와 우파 내에도 새로운 분열이 생겨나고 있다. 산업주의 시대에 사회민주당과 노동조합은 블루칼라노동자라는 동일한 집단으로부터 지지를 얻었다. 하지만 탈산업주의 시대의 도래로 사회문화전문가계급이 신좌파(즉, 녹색당과 사회민주당) 지지층 중 둘째로 큰(가장 크지는 않다) 지지층이 되었다. 이로 인해 좌파의 권력자원은 숙련수준과 노동시장지위 그리고 가치의 면에서 거의 정반대되는 성격을 가진 두 집단에 의지하게 되는 상황이 초래되었다(Kitschelt and Rehm, 2005; Häusermann, 2008). 블루칼라노동자들은 저숙련자들이며 전통주의적 가치를 가진 노동시장내부자들이다. 반면에 사회문화전문가계급에 속한 사람들은 고숙련자들이며 자유의지론적 가치를 가지고 있고 상당수가 노동시장외부자이거나 여성들이다. 그들이 복지국가의 특정 정책과 관련하여 거의 모든 면에서 이해관계가 상충하는 것은 당연한 일인 것이다. 좌파 지지세력이 이처럼 변화한 것은 (신)좌파정당과 블루칼라 노동자들을 대변하는 노동조합 간에 분열이 심해져가는 현상에도 기여하고 있다. 정치적 스펙트럼의 오른쪽에서도 사용자단체와 보수주의 정당, 그리고 시장자유주의적인 정당 간에 유사한 균열이 일어나고 있다. 전통주의적 가치를 가지고 있지만 경제정책에 대한 선호는 다소 불분명한 새로운 포퓰리즘적 극우정당의 핵심지지층은 많은 경우 블루칼라노동자들이다(Kitschelt, 1997; Bornschier, 2010). 한편 시장자유주의 정당과 보수주의 정당들은 그 핵심지지층이 자본축적가계급이다. 이 계급에 속한 사람들은 고숙련자들이며 보다 자유의지론적 가치를 가지고 있다. 사회정책에 대한 선호가 점차 숙련수준과 가치에 의해 구조화되는 경우가 많아지면서 우파 지지층의 이질성 증가는 탈산업적 복지국가 정치에서 중요한 의미를 갖는다. 산업주의 시대에 노동운동 그리고 부르주아 진영이라고 알려져 온 집단들의 이질성이 증가한다는 점을 생각할 때, 사회정책에서 행위자들의 배열이나 동맹이 전통적인 계급구분을 가로지르는 것은 당연한 일인 것이다.

이 책의 마지막 이론적 기여는 가치가 탈산업적 복지정치에서의 연합형성을 결정짓는 중요한 요인이 된 현상도 좌파와 우파 지지층 내의 이질성 증가로 설명할 수 있음을 밝힌 것이다. 신좌파 지지층은 확실히 자유의지론적 가치를 가지고 있지만 국가개입에 대해서도 약한 선호를 가지고 있다. 신좌파 지지층들이 가진 확고한 자유의지론적 가치는 그들로 하여금 외부자 보호와 성평등을 지향한 복지개혁을 지지하게 하는 중요한 동기가 되고 있다. 스위스와 독일의 사회민주당과 녹색당은 연금개혁을 이러한 기조에 따라 구상하여 추진하였다. 스위스의 경우에는 사회민주당과 녹색당이 몇 차례의 연금개혁에서 자유민주당(FDP)과 사회주의자-자유주의자 가치동맹을 형성하기까지 하였다. 탈산업적 복지개혁에서 가치 차원은 연금정치 재구조화에 관련된 하나의 부수적인 차원에 그치는 것이 아니다. 스위스의 사회민주당과 녹색당은 1995년 개혁에서, 연금축소를 받아들이고 성평등적 연금개혁을 지지할 것인지 아니면 연금축소에 대한 반대를 근거로 개혁 전체를 거부할 것인지의 선택을 놓고 딜레마에 빠져 있었다. 사회민주당과 녹색당은 많은 사람들의 예상을 깨고 연금축소를 수용하고 성평등을 수용하였다. 이로써 그들은 국민투표에서 노동운동과 대립하게 되었다. 이와 유사하게 독일의 적록연립정부도 내부자 중심적인 보험을 단속적 고용경력을 가지는 여성과 외부자들에게 좀 더 많은 보호를 제공하는 연금체제로 재편하기 위해 내부적으로 매우 고통스러운 투쟁을 전개하였다. 사회민주당과 녹색당의 입장 변화를 분배에 관련된 선호만으로 설명하기는 어렵다. 왜냐하면 저숙련 노동시장 외부자와 비경제활동여성(이들은 둘 다 연금체제의 재편으로 가장 많은 혜택을 볼 수 있는 집단들이다)은 이 두 정당을 지지하는 핵심 지지층이 아니기 때문이다. 오히려 자유의지론적 가치와 전통주의적 가치가 대립하는 사회문화적 차원이 대륙유럽의 탈산업적 연금정치의 행위자 배열과 개혁산출을 설명하는 보다 적절한 요인인 것이다.

이 책의 정치적 함의

이 책에서 제공한 몇 가지 통찰은 정책결정자들에게 중요한 함의를 가지며 또한 최근의 변화에 대한 규범적 평가에도 중요한 함의를 가진다. 정책결정자들에게는, 욕구는 증가하지만 자원은 희소한 어려운 시기에 어떤 조건에서 현대화가 가능한 지를 이해하는 것이 중요하다. 이와 관련하여 이 책의 첫 번째 통찰은 긴축의 시대에 복지국가 개혁은 두 가지 조건 하에서 가능하였음을 보여준다. 첫째, 정책결정자들은 정책공간의 다차원성을 반드시 이해해야 하고 그것을 활용할 수 있어야 한다. 둘째, 정책결정에 관련된 제도적 구조가 거부권 행사자들의 연합형성적 유연성을 활용할 수 있는 여지를 어느 정도라도 주는 것이어야 한다.

이 책의 분석에서 제시한 두 번째 통찰은, 노동운동 내부의 이질성이 증가하면서 노동조합은 탈산업적 연금정치에서 그 힘이 많이 약화되었다는 사실이다(Häusermann, 2010b 참조). 연금정책 현대화의 새로운 추동력은 자유의지론적 신좌파정당과 시장자유주의적(일부 나라에서는 자유의지론적 가치를 가진) 우파정당, 대기업, 그리고 고숙련 노동자를 지지기반으로 하거나 노동시장 외부자의 욕구 및 선호에 개방적인 노동조합에서 나오고 있다. 이들 행위자들은 광범위한 계급초월적 연합을 형성하여 개혁에 지극히 불리한 조건에서 중요한 변화를 끌어내고 있다.

하지만 개혁능력이 그 자체만으로 중요한 문제는 아니다. 진정으로 중요한 문제는 대륙유럽 복지국가가 재정적 지속가능성을 유지하면서 동시에 새로운 사회적 욕구와 수요를 충족시킬 수 있는가 하는 것이다. 이 문제는 현대화한 대륙유럽 복지국가의 분배효과와 관련된 문제이다. 이 장의 시작부분에서 언급한 것처럼, 지난 30여 년 간의 개혁으로 프랑스와 독일, 스위스의 연금체제는 두 가지 상호 모순되는 듯 보이는 경향을 동시에 가진 체제로 전환되어온 것 같다. 즉, 대륙유럽 연금체제는 소득분포의 아랫부분에서는 보다 평등하게 되는 경향을 가지며 그리고 중간과 윗부분에서는 보다 불평등하게 되는 경향을 갖는 체제로 변화해왔다는 것이다. 가장 불이익을 많이 받는 계층, 즉 노동시장 외부자들에게는 확장적 개혁을 통해 비정규직 노동자를 포괄하고 최저연금보장을 제공하는 조치가 취해졌다. 그리하여 노동시장 외부자들과 비경제활동인구 그리고 단속적 고용경력을 가진 여성들에게는 긴축의 시대임에도 불구하고 연금권리가 다소간이라도 향상되었다. 이것은 대륙유럽 연금체제가 거둔 성공적인 현대화의 예라고 보아도 무방할 것이다. 하지만 기존의 사회보험의 틀 내에서 보장되던 연금권리는 상당정도로 축소되었다. 이로 인한 손실은 적립식 연금에 의해 단지 부분적으로만 상쇄되고 있을 뿐이다. 왜냐하면 중·저임금 노동자들은 연금저축을 적립하기가 거의 불가능하기 때문이다. 따라서 연금축소 개혁의 실질적 희생자는 남성가장모델에 기초한 산업주의적 복지국가의 주된 수혜자였던 중간계급의 노동시장 내부자들이다. 이렇게 볼 때, 대륙유럽 복지체제가 다른 복지체제, 즉 앵글로색슨 복지체제 혹은 스칸디나비아 복지체제의 어느 하나로 수렴되지 않을 것임은 상당히 분명한 것 같다. 대륙유럽 복지체제는 저소득층에게는 훨씬 덜 대륙유럽적인 것으로 그리고 고소득층에게는 훨씬 더 대륙유럽적인 것으로 변화해갈 가능성이 크다. 이렇게 변화해가는 대륙유럽 복지체제는 노동시장 외부자에 대한 보호가 개선되는 대신 노동시장 내부자에 대한 보호가 감소하는 체제가 되어가고 있지만 동시에 적립방식 개인연금과 기업연금의 비중이 증가하기 때문에 매우 높은 수준의 (제도적으로 강화된) 수직적 계층화는 그대로 존재할 것이다.

이러한 변화를 규범적으로 어떻게 받아들일 것인가 하는 것은 물론 평가기준이 무엇인가에 따라 달라질 수 있다. 소득불평등을 기준으로 본다면 개인연금 및 기업연금이 불평등을 재생산할 뿐만 아니라 심지어는 증폭하기 때문에, 연금개혁의 이런 결과는 결코 바람직한 것이라 하기 어렵다. 하지만 대륙유럽 복지체제가 평등을 목표로 삼은 적은 한 번도 없었다. 따라서 달성하고자 의도한 적이 없는 목표를 평가기준으로 삼는 것은 무리라고 할 것이다. 빈곤경감은 복지국가의 성공 여부를 평가하는 보다 보편적인 지표라고 할 수 있다. 탈산업주의는, 편모나 비정규직 고용, 이혼, 저숙련 노동시장 외부자 등 수많은 새로운 빈곤위험을 만들어냈다. 이처럼 새로운 빈곤위험에 노출된 집단(탈산업적 위험집단)에게 노동시장 외부자를 보호하기 위한 개혁(표적화와 재조준화)은 확실히 자신들의 사회권을 향상시키는 결과를 가져다준다. 이러한 결과는, 기존 대륙유럽 연금체제에서 중심을 이루고 있던 공적연금의 축소를 감안하더라도 개선이라고 할 수 있다. 왜냐하면 이들 탈산업적 위험집단은 기존의 공적연금에서는 별로 보호를 받지 못했기 때문이다. 이런 점에서 탈산업적 위험집단의 상황이 개선된 변화는 연금현대화의 측면에서 성공이라고 할 수 있다. 그러나 특별히 불이익을 많이 받는 취약계층을 표적으로 한 최저보장에 의존하는 복지국가에서 중요한 문제는 그 최저보장의 수준이 빈곤을 예방할 정도로 높은 수준인가 그리고 그 취약계층이 장기적으로 자신들의 사회적 지위를 끌어올릴 기회를 가질 수 있는가의 문제이다. 이 문제의 해결책은 연금현대화를 통해서만 찾을 수 있는 것이 아니라 노동시장 활성화 정책과 교육권리 향상, 그리고 보육시설 확충 등의 다양한 정책들을 통해서 찾아야 한다. 그러므로 대륙유럽 복지국가의 현대화는 모든 사회정책영역에서 진행되어야 하며, 이러한 포괄적인 현대화는 대륙유럽 복지체제의 재정적 지속가능성뿐만이 아니라 사회적 지속가능성을 위해서도 필수적이다.

부록

부록 1 정책공간의 맵핑 – 정책변화 분석의 새 접근

여기서는 이 책에서 채택한 방법론적 접근에 대해 설명한다. 분석대상으로 채택한 개혁과 행위자들, 그리고 부호화 절차와 원자료, 그리고 분석방법에 대해 서술한다.

A-1.1. 분석대상 개혁과 행위자의 선택

이 연구에서는 독일과 프랑스, 스위스에서 1970년부터 2005년까지 추진되었던 36차례의 개혁을 분석대상으로 하였다. 〈표 A-1-1〉부터 〈표 A-1-3〉까지는 이들 개혁의 개요와 관련된 공식문서(그리고 문서번호)가 정리되어 있다.

분석대상 행위자를 선택하는 문제는 이 연구에서 매우 중요하다. 만일 연구목적이 정책의 역동성을 이해하기 위한 것이라면, 개혁과정에 참여하고 개혁에 대해 발언권을 가진 모든 행위자를 분석에 포함하는 것이 최선일 것이다. 본 연구에서는 의회의 본회의 토론과정에서(프랑스, 독일) 또는 의회의 토론에 앞선 공식적 자문과정에서(스위스) 개혁조치에 관해 발언을 행한 모든 정당을 분석에 포함하였다[1]. 노동조합과 사용자단체의 선별에 있어서도 독일과 스위스에 대해서는 이와 유사한 기준을 적용하였다. 즉, 모든 개혁에 참여한 모든 노조정상조직 및 사용자단체를 분석에 포함하였다. 이 때문에 독일과 스위스의 경우 모든 분석에서 이들 조직들이 매번 등장하게 되었다. 또한, 산별노조와 산별사용자단체도 이들이 자문과정에서 자신들만의 발언을 한 경우에는 분석에 포함하였다. 산별노조 혹은 산별사용자단체의 발언은 노동내적 혹은 자본내적 갈등을 보여주는 지표가 될 수 있기 때문이다. 프랑스의 경우에는 그러한 공식적인 자문과정이 없기 때문에 조합주의적 행위자들(즉, 노사조직)을 선별함에 있어서 독일이나 스위스에 적용했던 것과 같은 귀납적 방법을 적용할 수가 없었다. 따라서 프랑스 사례의 분석에서는, 노동조직으로는 전국노동연맹(CGT)과 프랑스민주노조연맹(CFDT) 그리고 전문직연맹(CGC)의 3개 주요 노동조합을 포함시켰으며, 사용자단체로는 프랑스기업연맹(MEDEF, 1998년 이전에는 프랑스고용주협의회(CNPF))과 전국중소기업연맹(CGPME)의 2개 주요 사용자단체를 포함시켰다. 마지막으로 사회적 이해관계가 걸린 사안과 관련해서는, 독일과 스위스의 경우 공식적 자문과정과 공청회에서 발언을 행한 사회단체도 분석에 포함하였다[2].

---

1 이런 기준을 적용하면, 절대다수제를 채택하고 있는 프랑스에 대해서는 예컨대 극우정당인 국민전선(FN)과 같은 군소정당을 분석에서 배제하게 되며 반면 다당제이면서 합의적 의사결정구조를 가진 스위스에 대해서는 국민전선보다 더 규모가 작은 정당도 포함하게 된다. 하지만, 이처럼 분석에 포함되는 정당이 다른 것 자체가 의미가 있다. 왜냐하면 행위자들 간의 네트워크 구조가 나라마다 다르며 또 그러한 국가별 네트워크의 차이야말로 연합형성의 국가별 동학과 개혁산출을 설명하는 중요한 요인이기 때문이다.

2 따라서 프랑스의 경우에는 사회단체가 분석에 포함되지 않았다. 프랑스 사례의 분석에서 사회단체를 포함하지 않은 것에는 상당한 근거가 있다. 즉, 일반적으로 프랑스에서는 사회적 이해관계가 걸린 사안이 연금개혁 과정에서 등장할 가능성이 거의 없

〈표 A-1-1〉 프랑스

개혁	개혁 쟁점
1. 연금법, 1971년(불린 법)	1.1. 연금 증액 1.2. 장애노동자에 대한 조직퇴직 도입 1.3. 1년 교육에 대한 연금크레딧 도입
2. 보충연금에 관한 법률, 1972년	2.1. 보충연금 가입을 모든 노동자에 대해 의무화 2.2. 실업자에 대한 연금적용 확대 2.3. 관리직과 일반노동자의 보충연금 형평성 논쟁
3. 연금증액에 관한 법률, 1975년	3.1. 과부연금 인상 3.2. 과부의 노동시장 재진입 지원 3.3. 저임금노동자에 대한 연금 적용 확대 3.4. 교육크레딧 적용대상 교육기간을 3년으로 확장
4. 연금수급자격에 관한 법률, 1975년	4.1. 장기경력자의 조직퇴직 도입 4.2. 세 자녀 이상 취업모의 조직퇴직 도입
5. 연금법, 1983년	5.1. 퇴직연령 60세로 하향 조정 5.2. 최저연금 도입
6. 연금법, 1993년(발라뒤르 개혁)	6.1. 퇴직연령 상향 조정 6.2. 급여수준 인하(급여계산기간 확장) 6.3. 연금의 물가연동제 6.4. 일반사회보장부담금(CSG) 증액(연금보험을 위한 1%) 6.5. 비기여급여의 재정을 위한 노령연대기금(FSV) 창설
7. 적립연금에 관한 법률, 1997년(토마 법)	7.1. 적립식 연금 계획
8. 사회보장재정에 관한 법률, 1999년	8.1. 노령연대기금(FSV) 내에 적립기금 창설 8.2. 연금의 물가연동제
9. 소득적립에 관한 법률, 2001년	9.1. 적립식 개인장기연금 9.2. 중소기업 적립식 기업연금
10. 연금법, 2003년(라파랭 개혁)	10.1. 급여수준 인하 10.2. 과부연금 인하 10.3. 적립식 개인연금 10.4. 공사연금의 형평성 제고 10.5. 최저연금 인상 10.6. 장기경력자 조직퇴직 10.7. 공무원에게 교육크레딧 적용

주: 프랑스 연금개혁의 연도별 경과는 다음의 자료들을 주로 참조하였다: Palier, 2002, Schludi, 2005, Bonoli, 2000, Vail, 2004, 그리고 http://www.ladocfrancaise.gouv.fr.

는 것이다.

〈표 A-1-2〉 독일

개혁	개혁 쟁점
1. 연금개혁법, 1972년	1.1. 퇴직연령 하향 조정(63세에서 자율 퇴직) 1.2. 연금연동률 상향 조정 1.3. 장기경력 저임금노동자 대상 최저연금 도입 1.4. 자영업자의 국민연금 임의가입 허용 1.5. 비경제활동인구의 국민연금 임의가입 허용 1.6. 교육크레딧 도입(1년 교육기간)
2. 기업연금 개선에 관한 법률, 1974년	2.1. 기업연금 급여수준 인상 2.2. 전직(轉職)시 기업연금 적립금 이전 보장
3. 혼인법 제1차 개정, 1976년	3.1. 이혼시 분할연금 도입
4. 연금 조정에 관한 법률, 1977년	4.1. 연금연동제 시행 연기 4.2. 연금 기여금 인상 4.3. 상병보험의 국민연금 기여금 인상 4.4. 국민연금의 지불준비기금 축소
5. 예술인을 위한 사회보험법, 1981년	5.1. 예술인들을 위한 연금보험 도입
6. 공공예산에 관한 법률, 1983년	6.1. 연금연동제 시행 연기 6.2. 국민연금 기여금 인상 6.3. 연금수급자의 상병보험 기여금 인상
7. 과부연금 및 교육급여 개혁, 1985년	7.1. 최저연금 관련 규정 강화 7.2. 과부(寡婦)연금 및 과부(寡夫)연금 형평성 제고 7.3. 1년 교육시 크레딧(교육크레딧) 부여
8. 연금개혁법, 1989년	8.1. 퇴직연령 상향 조정 8.2. 연금연동 기준 총임금에서 순임금으로 변경 8.3. 최저연금 관련 규정 강화 8.4. 교육크레딧 확대 8.5. 조기퇴직시 교육크레딧 합산 8.6. 배우자 간 연금권리 분할을 둘러싼 논쟁
9. 연금개혁법, 1996년	9.1. 퇴직연령 상향 조정 9.2. 직업훈련으로 경력단절시 적용기간 단축 인정 9.3. 국민연금의 장애급여액 인하 9.4. 주변부 노동자에 대한 국민연금 적용 확대
10. 연금개혁법, 1997년	10.1. 연금수준 인하 (급여산식에 인구학적 요소를 도입하여 연금수급자의 비중이 높아지면 급여가 인하되도록 함) 10.2. 조기퇴직시 급여 삭감 10.3. 장애연금 인하 10.4. 국민연금의 재정안정성 제고 (부가가치세의 1%) 10.5. 자산조사방식의 최저연금 도입을 둘러싼 논쟁 10.6. 교육크레딧 인상

개혁	개혁 쟁점
	10.7. 여성에 대한 개별적 연금권리 부여를 둘러싼 논쟁
11. 사회보험법 개정에 관한 법률안, 1998년	11.1. 1997년 법의 인구학적 요소 폐지 11.2. 1997년 법의 장애연금 인하 폐지 11.3. 시간제 노동자에 대한 국민연금 적용 확대
12. 주변부고용에 관한 법률, 1999년	12.1. 주변부 노동자에 대한 국민연금 적용 확대
13. 장애연금 개혁, 2000년	13.1. 장애연금 급여수준 인하 13.2. 급여수준이 낮은 새로운 장애연금 도입 13.3. 실업자의 국민연금 적용을 위해 실업보험에서 국민연금 기여금 납부
14. 연금개혁법, 2001년	14.1. 과부(寡婦)연금 급여수준 인하 14.2. 국민연금의 일반적 급여수준 인하 14.3. 적립식 개인연금 및 기업연금 도입 14.4. 자산조사방식의 최저연금 도입 14.5. 돌봄제공자(부모)에 대한 국민연금 적용 확대 14.6. 배우자 간 연금기여금 및 연금급여 분할을 둘러싼 논쟁 14.7. 빈곤구제의 개별화(자녀의 부양의무 대폭 완화)
15. 공무원연금 개혁, 2001년	15.1. 공무원 대상의 적립식 개인연금 도입 15.2. 공무원연금 급여수준 인하 15.3. 공무원의 과부연금 급여수준 인하 15.4. 공무원 대상 교육크레딧 인상
16. 연금의 지속가능성에 관한 법률, 2004년	16.1. 국민연금의 일반적 급여수준 인하(인구학적 요소 도입) 16.2. 조기퇴직시 급여 삭감 16.3. 직업훈련으로 경력단절시 가입기간 단축 인정 16.4. 목표 최저소득대체율(46%) 및 목표 최고기여율(22%) 도입 16.5. 가족을 위한 연금적용 확대

주: 독일 연금개혁의 연도별 경과는 다음의 자료들을 주로 참조하였다: Alber, 1987, Schmidt, 1998, Schludi, 2005, 그리고 http://dip.bundestag.de

〈표 A-1-3〉 스위스

개혁	개혁 쟁점
1. 다층연금체제에 관한 헌법 개정, 1972년	1.1. 헌법에 목표 소득대체율 명시
2. 연금보험(AHV) 제8차 개혁, 1972년	2.1. 연금 급여수준 25% 인상 2.2. 연금급여를 물가 및 임금에 연동 2.3. 매년 13번째 연금급여 도입 2.4. 연금보험에 대한 공적보조금 감액 2.5. 연금보험에 대한 소득비례기여금 인상
3. 연금보험(AHV) 제9차 개혁, 1976년	3.1. 임금과 물가의 결합지수에 연금 연동 3.2. 연금보험에 대한 최저기여금 인상 3.3. 배우자를 위한 파생급여 삭감 3.4. 연금보험에 대한 공적보조금 증액 3.5. 취업한 연금수급자의 기여수준 인상 3.6. 자영업자의 기여금 인상
4. 기업연금(BVG)에 관한 법률, 1982년	4.1. 적립식 기업연금 확대 4.2. 제1층 연금과 제2층 연금의 급여를 결합한 목표 소득대체율 수준 도입 4.3 정규직 노동자의 기업연금 가입 의무화
5. 보충연금(EL, 자산조사방식) 제2차 개혁, 1985년	5.1. 자산조사방식의 보충연금 급여수준 인상 5.2. 장기요양환자에 대한 보충연금 급여 인상 5.3. 자가(自家)소유자에 대한 급여 인상 5.4. 본인명의의 저축이 있는 연금수급자에 대한 급여 인하 5.5. 상병시 본인부담금 인상 5.6. 급여 오·남용 방지대책 강구
6. 기업연금 적립금 이전에 관한 개혁, 1994년	6.1. 노동시장 이동시 기업연금 적립금의 이전 보장 6.2. 제2층 기업연금 제도 간 형평성 제고 6.3. 여성의 결혼시 당해 여성의 기업연금 적립금을 일시불로 지급해주던 제도 폐지 6.4. 이혼시 제2층 기업연금 수급권 분할제도 도입
7. 연금보험(AHV) 제10차 개혁, 1995년	7.1. 여성의 퇴직연령을 62세에서 64세로 상향 조정 7.2. 유연퇴직연령제 도입(저소득 연금수급자에 대한 공적보조금 없음) 7.3. 배우자 간 기여금 및 급여 분할제도 도입, 여성 대상의 교육크레딧 도입
8. 보충연금(EL, 자산조사방식) 제3차 개혁, 1996년	8.1. 빈곤한 연금수급자를 위한 공제대상 월세금액 상향 조정 8.2. 외국인 대상 보충연금의 대기기간 단축 8.3. 자가(自家)소유자에 대한 보충연금 인상 8.4. 수급자격에 관한 정보제공 개선

9. 기업연금(BVG) 제1차 개혁, 2003년	9.1. 기업연금 급여수준 인하 9.2. 여성의 퇴직연령을 65세로 상향 조정 9.3. 저임금노동자에 대한 기업연금 적용 확대 9.4. 시간제노동자에 대한 기업연금 적용 확대 9.5. 가입상한소득 도입 9.6. 과부에 대한 기업연금 급여 도입
10. 연금보험(AHV) 제11차 개혁, 2003년	10.1. 여성의 퇴직연령을 65세로 상향 조정 10.2. 과부(寡婦)연금의 급여수준 인하 10.3. 유연퇴직연령제 도입 (저소득 연금수급자에 대한 공적보조금 없음) 10.4. 연금연동제 축소 10.5. 자영업자의 기여수준 인상

주: 스위스 연금개혁의 연도별 경과는 다음의 자료들을 주로 참조하였다: 스위스 정치연감(Année Politique Suisse)의 개혁자료집(베른대학교 정치학연구소 1970-2003)과 Kriesi 1980, Bonoli 2000, Binswanger 1987 그리고 http://www.admin.ch.

A-1.2. 정책공간의 맵핑: 부호화

정치학에서 행위자 배열의 맵핑은 정당체계와 연합형성을 연구하는 데에 널리 활용되고 있다(예컨대, Kitschelt,1994; Laver and Hunt, 1992; Budge et al., 2001; Kriesi et al., 2008 등 참조). 정당이 행위자 배열에서 어디에 위치하는가는 정당 지지자들의 선호 및 가치(Kitschelt, 1994) 또는 전문가들의 평가(Laver and Hunt, 1992)에 기초하여 표시할 수 있다. 하지만, 행위자들 스스로의 진술에 기초하여 행위자들의 입장을 부호화하는 것이 행위자들이 스스로를 어떻게 인식하고 드러내는가라는 측면에서 본 정책공간의 표상에 가장 가깝다고 할 수 있다. 예컨대, 버지와 그 동료들(Budge et al., 2000)은 정당의 선언문을 기초로 부호화한 바 있다. 또한 크리시와 그 동료들(Kriesi et al., 2008)은 정당이 언론에 발표하는 공식발언들을 기초로 부호화하였다. 이 책에서 필자는 정책변화에 관한 연구와 유사한 방법을 채택하였다.

실제의 정책개혁을 분석할 때, 우리는 정책결정과정에서 행위자들이 옹호하는 입장을 통해 적절한 정보를 얻을 수 있다. 행위자들이 옹호하는 입장이야말로 개혁과정에서 그들이 갖는 진정한 정책선호이기 때문이다. 행위자들의 입장(정책선호)을 질적으로 관찰하는 데서 더 나아가 그것을 부호화하게 되면 행위자들의 입장을 수량화할 수 있게 되고 이를 통해 경험적 분석을 할 수 있다는 부가적인 이득을 얻을 수 있다. 즉, 행위자들의 입장과 그 입장의 변화가 정책공간 내에서 어떻게 움직이는지를 그림으로 표현할 수 있으며, 또 데이터를 통해서 여러 행위자들의 입장의 거리와 근접성, 갈등과 합의를 계산할 수 있다. 이 책의 경험적 분석을 위해 필자는 행위자들의 입장을 의사결정과정의 두 시점에 대해 부호화하였으며, 이렇게 부호화하여 수량화한 자료를 일차문헌 및 면접자료로부터 획득한 질적 정보로 보완하였다.

행위자들의 입장을 부호화한 점수는 '0' 에서 '2' 에 이르는 수치로 되어 있는데 이 수치는 정부가 제시한 개혁안을 기준으로 결정된 것이다. 즉, '0' 은 행위자가 정부의 개혁안보다 더 관대한 사회권을 옹호하는 입장을 의미하며, '1' 은 행위자가 정부의 개혁안을 수용함을 의미하고, '2' 는 행위자가 위험이나 욕구의 포괄이라는 면에서 정부의 개혁안보다 덜 관대한 조치를 옹호함을 의미한다. 이러한 부호화점수는 모든 개혁쟁점의 네 가지 측면에 적용되었다.

1. 개입(intervention): 어떤 사회문제에 대해 정부개입이 필요한가 아닌가의 문제에 있어서 '0' 은 보다 강력하고 신속한 개입을 원

하는 입장이며, '2' 는 가능하면 적은 개입 어떤 경우에는 무개입을 원하는 입장을 의미한다.

2. 범위(scope): 누구에게 개혁이 적용되어야 하는가의 문제에서, '2' 는 향상적 개혁은 가능한 한 적은 사람에게 축소적 개혁은 가능한 많은 사람에게 적용되어야 한다는 입장이다. '0' 은 그 반대이다.
3. 수준(level): 급여수준이 얼마나 높아야 하는가의 문제에서, '2' 는 정부의 개혁안보다 더 낮은 급여 혹은 더 낮은 서비스 수준을 옹호함을 의미하며, '0' 은 더 관대한 급여 혹은 더 높은 수준의 서비스를 옹호함을 의미한다.
4. 권한(competence): 어느 정도 수준(예컨대, 전국차원, 지방차원, 부문, 기업 등)에서 정책결정이 이루어져야 하는가의 문제에서, '2' 는 보다 자유주의적 입장, 즉 기업이나 지방에 좀 더 많은 재량을 부여해야 한다는 입장을 의미하며, '0' 은 전국에 걸쳐 단일한 결정 그리고 중앙정부의 폭넓은 권한을 옹호함을 의미한다.

하지만 위의 부호화점수는 일반적인 부호화 틀이다. 각 개혁쟁점에 관한 논쟁에서는 대단히 구체적인 질문과 대안이 논의가 되는 법이므로 135개 개혁쟁점 각각에 대해 부호화점수의 구체적인 의미가 규정되고 확인되어야 한다. 행위자의 진술이 정확히 무슨 의미인지를 이해하기 위해서는 특수한 부호화점수체계가 필요하다. 이와 같은 쟁점특수적 부호화점수를 이해하기 위해서 한 예를 들어보겠다. 그 예로 시간제 노동자를 기업연금의 의무가입자로 규정하여 기업연금의 적용범위를 넓히려는 스위스의 2003년 기업연금개혁을 살펴보자(〈표 A-1-3〉의 개혁쟁점 9.4). 이 개혁쟁점에 대한 행위자들의 입장은 다음과 같이 부호화되었다:

1. 개입: 제2층 기업연금의 적용범위를 시간제 노동자에게까지 확대해야 하는가? '0' =즉시 확대해야 한다; '1' =찬성하지만 점진적으로 확대해야 한다; '2' =그 문제에 정부가 개입할 필요 없다.
2. 범위: 얼마나 많은 시간제노동자가 기업연금의 의무가입에 포괄되어야 하는가? '0' =정부가 제안한 소득기준보다 임금이 낮은 시간제 노동자까지 포괄해야 한다; '1' =정부가 제안한 소득기준(즉, 연봉 16,000프랑) 이상의 시간제 노동자까지 포괄해야 한다; '2' =정부가 제안한 소득기준보다 임금이 높은 시간제 노동자만 포괄해야 한다.
3. 수준: 어느 정도의 소득까지 기업연금에 의해 부보(附保)되어야 하는가(즉, 시간제 노동자에게 적절한 조정공제[coordination deduction]의 수준은 어느 정도인가)? '0' =조정공제는 정부안보다 낮아야 한다; '1' =시간제 노동자의 조정공제는 정부안이 제안하는 것처럼 그들의 노동시장 참가 정도에 비례하는 것이어야 한다; '2' =조정공제는 정부안보다 높아야 한다•.
4. 권한: 시간제 노동자에 대한 기업연금 적용 확대에 관한 조항들은 어느 수준에서 규정되어야 하는가? '0' =모든 조항들은 전국 수준의 법률에 명시되어야 한다; '1' =전국 수준의 법률에는 최소한의 사항만 규정해야 한다; '2' =그에 관한 규정은 개별 기업

이나 연금기금에 맡겨두어야 한다.

필자는 135개 개혁쟁점 모두에 대해 그 각각에 특수한 부호화점수 체계를 구체화하였으며, 각 개혁쟁점에 관련된 행위자들의 진술을 FileMaker entry mask에서 부호화하였다. 그런 다음 개혁쟁점의 네 가지 측면에서의 점수를 평균하여 이 평균점수를 개혁쟁점 당 입장의 값으로 하여 경험적 분석에 활용하였다. 개혁쟁점의 네 가지 측면 각각에서의 행위자들의 입장은 상관관계가 매우 높았다(즉, 그들은 요인분석에서 동일 차원으로 분류된다). 그래서 네 가지 관찰치의 평균을 내어 이를 각 개혁쟁점에 관한 어떤 특정 행위자의 입장을 나타내는 단일 값으로 삼을 수 있다[3]. 전체적으로 데이터베이스에는 정책선호에 관련된 약 8,000개의 관찰치와 그것을 토대로 한 약 2,000개의 행위자 입장 값이 담겨 있다.

36개의 개혁패키지에 대한 행위자들의 최종입장의 부호화 점수는

- 옮긴이 주) 스위스의 경우 제2층의 기업연금에 의한 보험제공의 대상이 되어야 하는(즉, 부보(附保)되어야 하는) 소득은 "조정소득"(coordinated salary)이라 불린다. 이 조정소득은 총소득에서 조정공제(coordination deduction)에 해당하는 금액을 뺀 금액이다. 그리고 기업연금의 기여금은 이 조정공제액을 초과하는 소득에 대해서 납부한다. 이렇게 되면 조정공제액 미만의 소득을 가진 노동자는 기업연금에 기여금을 납부할 수 없고 따라서 가입되지 않는 것이다. 그리고 조정공제액을 초과하는 소득을 가진 노동자는 그 초과하는 금액에 대해서 일정비율을 기여금으로 납부하게 된다. 따라서 조정공제가 낮을수록 많은 사람이 그리고 저소득에 대해서까지 보험이 제공되는 것이며 조정공제가 높으면 그 반대가 되는 것이다.

3 물론 행위자들의 입장은 개혁논쟁과 유관한 쟁점에 대해서만 존재한다. 예컨대, 대부분의 개혁에서 권한은 별로 논쟁이 되지 않았다(즉, 유관하지 않은 것이었다). 대부분의 연금관련조항들은 어쨌거나 전국차원의 법률에 규정되기 때문이다. 이런 경우 권한 측면에서의 행위자의 입장은 개입과 범위, 그리고 수준 측면에서 관찰된 세 수치의 평균값이 된다. 특정 쟁점에 있어서 자신의 입장에 대해 말하지 않은 경우 필자는 그의 입장을 정부의 개혁안에 찬성하는 것으로 부호화하였다.

쉽게 이해할 수 있다: '0' =행위자는 개혁에 찬성한다; '1' =행위자는 개혁에 대해 비판적이지만 그것에 저항하기 위한 세력동원에는 나서지 않는다; '2' =행위자는 명시적으로 개혁에 반대한다. 이 둘째 단계의 부호화를 거쳐 행위자의 입장을 부호화한 값은 약 540개이다.

A-1.3. 면접자료의 원천과 목록

부호화를 위한 적절한 원천을 선택하는 일은 매우 중요하다. 필자는, 개혁과정 초기단계의 자문절차나 공청회에서 정당과 노동조합, 사용자단체, 사회단체들이 작성한 서면자료에 대부분 의존하였다. 독일과 스위스에서는 이해관계자들의 의견을 청취하는 제도가 잘 확립되어 있고 또 관련된 의견들이 문서로 잘 기록되어 있다[4]. 하지만 프랑스에서는 개혁과정에서의 공식적인 자문절차나 공청회가 없다. 노동조합과 사용자단체들은 비공식적인 방식으로 개혁에 관여하는데 이에 따라 대부분의 경우 공식문헌으로는 이들의 입장을 추적하기가 어렵다. 따라서 프랑스의 경우 자료 수집은 노동조합과 사용자단체의 공식문건의 검토 및 보다 최근의 개혁에 관한 이들 조직 관계자들과의 인터뷰를 통해 이루어졌다[5]. 정당의 경우 세 나라의 하원에서

---

4 독일의 경우 공식적인 공청회가 상원과 하원의 관련 위원회(노동사회위원회)에서 열리도록 되어 있다. 부호화는 행위자들의 서면보고서와 공청회 회의록을 기초로 하였다. 이 자료들은 독일의회 기록보관소에서 볼 수 있다. 스위스의 경우 행위자들의 초기 입장은 각 주요 개혁에 앞서 진행되는 공식적인 의견청취절차(*Vernehmlassungsverfahren*)에서 행위자들이 제출한 서면진술서를 통해 확인할 수 있다. 이들 서면진술서들과 관련된 모든 문서자료들(정부의 개혁안과 그에 관한 해설자료들)은 각 부처와 연방의 기록보관소에 보관되어 있고 일반에게 공개된다. 몇몇 개혁의 경우에는 그러한 공식적인 의견청취절차가 없었는데, 이 경우에는 의회 외부의 위원회의 회의록과 이들 개혁에 대해 사례연구를 한 이차문헌을 참조하였다.

5 1970년대와 1980년대의 개혁과 관련해서는 전문직연맹(CGC)과 전국노동연맹

개혁의 초기 단계에 진행되는 토론이 정당의 선호를 부호화하고 재점검하는 데 추가적인 자료로 활용되었다[6]. 개혁패키지에 대한 행위자들의 최종입장에 관한 자료는, 의회에서의 최종투표에서 나타난 정당의 투표행위와 이차자료, 언론보도, 그리고 다음의 인터뷰에서 얻은 정보에 기초한 것이다:

프랑스

연금정책에 관한 정부위원회인 퇴직연금자문위원회(COR) 사무총장, 2005년 7월 12일, 파리.

사용자단체인 프랑스기업연맹(MEDEF) 사회정책국장, 2005년 7월 13일, 파리.

노동조합인 전국노동연맹(CGT) 총무, 2005년 7월 20일, 파리.

중소기업 사용자단체인 전국중소기업연맹(CGPME) 대표, 2005년 7월 19일, 파리.

노동조합인 전문직연맹(CGC) 사회보장서기, 2005년 7월 19일, 파리.

노동조합인 프랑스민주노조연맹(CFDT) 총무, 2005년 7월 13일, 파리.

가족단체전국연합(Union Nationale des Associations Familiales) 대표, 2005년 7월 20일, 파리.

(CGT), 프랑스민주노조연맹(CFDT)의 공식발간문에 기초하여 이들의 입장을 부호화하였으며, 보다 최근인 1990년대와 2000년대의 개혁과 관련해서는 노동조합과 사용자단체 대표들과의 인터뷰에 기초하여 이들의 입장을 부호화하였다.

6 프랑스의 경우 의회위원회의 보고자료와 국회에서 진행되는 본회의 토론이 활용되었다. 프랑스 국회의 본회의에서는 모든 정파가 개혁의 각 요소에 대해 논의한다. 독일의 경우는 본회의 의사록이 활용되었으며, 스위스의 경우는 하원에서의 예비토론 및 상세토론 자료와 의회위원회의 회의록이 활용되었다.

독일

노동조합인 독일공무원노조연맹(DBB) 부회장, 2004년 9월 21일, 베를린.

노동조합인 독일노동조합연맹(DGB) 양성평등정책 대표, 2005년 4월 6일, 베를린.

노동조합인 서비스노조연합(ver.di) 사회정책국장, 2004년 9월 20일, 베를린.

사용자단체인 독일사용자단체전국연합회(BDA) 사회정책국장, 2004년 9월 23일, 베를린.

노동조합인 독일노동조합연맹(DGB) 연금정책과장, 2005년 4월 7일, 베를린.

뤼루프 위원회(Rürup Committee) 위원이었던 브레멘 대학교(University of Bremen) 프랑크 눌마이어 박사(Dr. Frank Nullmeier), 2005년 4월 6일, 베를린.

중소기업 사용자단체인 독일수공업총협회(ZdH) 사회정책과장, 2004년 9월 21일, 베를린.

노동조합인 금속노조(IG Metall) 사회정책국장, 2004년 9월 16일, 베를린.

노동조합인 관리직노조연합(ULA) 사회정책국장, 2004년 9월 23일, 베를린.

스위스

사용자단체인 스위스경영자단체연합회(SAV) 전직 임원이자 의회 사회정책위원회의 자유민주당(FDP) 소속 의원, 2001년 7월 4일, 쮜리히.

사회보험의 관리·운영을 담당한 연방정부 조직인 연방사회보험청

(Budesamt für Sozial- versicherungen; BSV) 전직 부청장, 2001년 6월 21일, 베른.

노동조합인 스위스노동조합연맹(SGB) 전직 사무총장이자 의회 사회정책위원회의 사회민주당(SPS) 소속 의원, 2001년 7월 7일, 제네바.

의회 사회정책위원회의 기독교민주당(CVP) 소속 전직 의원, 2001년 7월 2일, 시옹(Sion).

노동조합인 스위스노동조합연맹(SGB) 전직 사무총장, 2001년 6월 18일, 로잔(Lausanne).

중소기업 사용자단체인 스위스중소기업연합회(SGV) 부회장, 2002년 6월 6일, 베른.

의회 사회정책위원회의 자유민주당(FDP) 소속 의원, 2002년 6월 6일, 베른.

의회 사회정책위원회의 사회민주당(SPS) 소속 의원, 2001년 6월 28일, 베른.

사용자단체인 스위스경영자단체연합회(SAV) 전직 사회정책국장, 2001년 8월 10일, 취리히.

의회 사회정책위원회의 자유민주당(FDP) 소속 의원, 2001년 6월 21일, 베른.

의회 사회정책위원회의 사회민주당(SPS) 소속 의원, 2002년 6월 6일, 베른.

사용자단체인 스위스경영자단체연합회(SAV) 사회정책국장, 2004년 10월 20일, 쮜리히.

A-1.4. 방법

개혁에서의 상이한 갈등차원을 확인하기 위해 필자는 주성분요인분석과 다차원적 계층화(multi- dimensional scaling)의 방법을 활용하여 행위자들의 입장을 분석하였다. 여기서는 요인분석 결과만 제시하였다[7]. 소규모 데이터에 있어서 요인분석의 응용가능성과 강건성(robustness)에 대해 몇 마디 밝혀두는 것이 좋을 것 같다. 첫째, 항목(개혁쟁점)의 수에 비해 관찰치(행위자)의 수가 요인분석에 관한 전문문헌에서 제시하는 것보다 작은 것은 어느 정도는 불가피한 일이라는 점이다(이 연구의 경우 항목 대비 관찰치의 비율은 2에서 5 정도이다)[8]. 이처럼 관찰치의 수가 적긴 하지만 그럼에도 불구하고 요인분석 기법을 적용할 수 있으며 또 그 기법은 유용한 기법임을 말하고자 한다. 이와 관련하여 필자는 차원성을 다차원적 계층화(MDS) 기법으로 교차 점검하였으며 또 요인분석 결과를 보다 질적인 분석 결과로 지속적으로 보완하는 방식으로 활용하였다는 점을 밝혀둔다. 둘째, 행위자의 수가 작기 때문에 분석결과의 강건성이 다소 약할 수 있다는 점에 유의해야 한다는 점이다[9]. 이 문제와 관련하여 필자는 주

---

7 여기서 사용된 변수가 서열변수이므로 요인분석이 적절한 분석기법인가에 대해 의문을 제기할 수도 있다. 필자는 요인분석이 적절한 분석기법이라고 말하고 싶다. 왜냐하면, 첫째 분석에 사용된 행위자들의 입장은 네 가지 부호화점수의 평균(즉, 準비율변수)이며, 둘째 필자는 개혁의 차원성을 다차원적 계층화 기법을 활용하여 일치여부를 교차 점검하였기 때문이다. 이 책에서 요인분석 결과만 제시한 이유는, 요인분석이 차원분석을 가능케 하며 또 추출된 요인의 내용에 대해 보다 이해하기 쉬운 정보를 제공하기 때문이다.

8 카텔(Cattell, 1978)은 항목 대비 관찰치의 최소비율은 3과 6 사이에 있어야 한다고 주장한다. 또한 고수크(Gorsuch, 1983)는 그 비율이 5를 넘을 때 결과를 신뢰할 수 있다고 주장한다.

9 항목 대비 관찰치 비율이 작은 경우 이는 오(誤)분류, 즉 일부 항목이 다른 요인으로 잘못 귀속되는 결과를 초래할 수 있다. 실제로 표본의 규모가 작은 경우 추정치(요인적

요 노동조직 및 사용자단체(독일의 경우 독일노동조합연맹[DGB]과 독일사용자단체전국연합회[BDA], 스위스의 경우 스위스노동조합연맹[SGB]과 스위스경영자단체연합회[SAV] 및 스위스기업연합[Economiesuisse])를 제외한 상태에서 요인분석을 모두 다시 실행하였다. 마지막으로, 차원성(즉, 요인분석 결과)은 포함된 쟁점의 수에 어느 정도 영향을 받는다는 점이다. 이는 개혁쟁점의 선택이 매우 중요함을 의미한다. 앞서 말한 바와 같이, 필자는 관련된 모든 쟁점을 완벽히 포함시키기 위해 문헌자료와 인터뷰를 활용하였다.

양적 분석과 그에 대한 해석은 개혁과정과 그 과정에서 제기된 쟁점들, 그리고 관계된 행위자들의 동기와 전략에 관한 보다 질적인 분석에 융합되어 있다. 필자는 의회위원회의 보고와 본회의의 토론자료를 활용하였는데 이는 이들 자료들이 각 행위자들이 개혁에 대해 펼친 찬반주장들을 담고 있기 때문이다. 행위자들의 입장을 부호화한 자료는 주요 노동조합과 사용자단체의 관계자들과 가진 인터뷰에서 얻은 정보로 보완하였다(정당의 입장과 주장은 서면자료에서 훨씬 더 잘 나타난다). 이들 인터뷰(부록에 수록된 목록 참조)는 특정 개혁쟁점의 중요성에 관한 전문적 판단과 각 행위자들의 상대적 중요성 및 전략에 관한 평판을 제공해주었다.

재치)의 신뢰성은 하락한다. 따라서 요인적재치가 모호한 값으로 나온 경우 해석에 주의해야 한다.

부록 2 제3장 관련

〈표 A-2-1〉 탈산업적 계급집단의 직업분류(Kitschelt and Rehm (2005)와 Oesch(2006)을 기초로)

독립적 직무논리	기술적 직무논리	조직적 직무논리	대인적 직무논리	
대규모 고용주, 자영업적 전문가, 피고용자를 둔 쁘띠부르주아지 (CA) 직업분류번호 24번 이하의 자영업자	전문기술자(CA) 21 물리학·수학·공학 분야 등의 전문가	상층경영자(CA) 11 의회의원 및 고위임원; 12 경영관리자	사회문화 전문가 및 준전문가(SCP) 22 생명과학 및 보건분야 전문가; 23 교육전문가; 24 기타 분야의 전문가;	전문직 경영직
	준전문기술자(MSF) 31 물리학·수학·공학 분야 등의 준전문가	중간관리자(CA) 13 일반관리자	32 생명과학 및 보건분야 준전문가; 33 교육분야의 준전문가; 34 기타 분야의 준전문가	준전문직 준경영직
피고용자가 없는 쁘띠부르주아지(MSF) 직업분류번호 25번 이상의 자영업자	숙련공(BC) 71 추출 및 건설 기능종사자; 72 금속, 기계 및 관련 기능종사자; 73 정밀기구, 세공·수공예, 인쇄 및 관련 기능 종사자; 74 기타 기능원 및 관련 기능 종사자	숙련사무직 및 단순사무직(MSF) 41 일반사무 관련 종사자; 42 고객서비스 사무 종사자	숙련서비스직 및 단순서비스직(LSF) 51 대인서비스 및 보안서비스 종사자; 52 모델 및 홍보종사자, 판매종사자;	일반숙련직 직업숙련직
	단순업무종사자, 단순농업종사자(BC) 61 출하목적 농업·어업 숙련노동자; 92 농업·어업 및 관련 노동자; 81 고정기계 장치 및 관련 장치 조작종사자; 82 기계 조작원 및 조립원; 83 운전원 및 관련 종사자; 93 광업 및 건설, 제조업 관련 단순노무 종사자		91 판매 및 서비스 관련 단순업무 종사자	저숙련 비숙련

주: 직업에 대한 서술 앞에 있는 두 자리 숫자는 국제표준직업분류(ISCO88-2d)의 직업분류번호임.

부록 3 제6장 관련

프랑스 연금개혁에 대한 요인분석 결과, 1971-2003

〈표 A-3-1〉 프랑스: 연금법(불린 법), 1971

개혁논쟁에서의 쟁점	기본분석	강건성 분석
	요인1	요인1
연금 증액	0.915	945
1년 교육에 대한 연금크레딧(교육크레딧) 도입	0.795	0.51
장애노동자에 대한 조기퇴직 도입	0.897	0.895
아이겐 값	2.14	1.96
설명된 변이	71%	65%
사례수	11	9

주: 요인분석은 행위자들의 입장을 부호화한 값으로 수행되었음; 모든 요인은 아이겐 값 1 이상임; 분석자료는 〈부록 1〉 참조; 기본분석은 모든 행위자들을 대상으로 하였고, 강건성 분석(robustness analysis)은 전국노동연맹(CGT)과 프랑스고용주협의회(CNPF)의 두 단체만 제외하고 수행하였음.

〈표 A-3-2〉 프랑스: 보충연금에 관한 법, 1972

개혁논쟁에서의 쟁점	기본분석	강건성 분석
	요인1	요인1
보충연금 가입을 모든 노동자에 대해 의무화	0.924	0.966
실업자에 대한 연금 적용 확대	0.902	0.876
관리직과 일반노동자의 보충연금 형평성 논쟁	0.792	0.925
아이겐 값	2.3	2.56
설명된 변이	76%	85%
사례수	10	8

주: 요인분석은 행위자들의 입장을 부호화한 값으로 수행되었음; 모든 요인은 아이겐 값 1 이상임; 분석자료는 〈부록 1〉 참조; 기본분석은 모든 행위자들을 대상으로 하였고, 강건성 분석(robustness analysis)은 전국노동연맹(CGT)과 프랑스고용주협의회(CNPF)의 두 단체만 제외하고 수행하였음.

〈표 A-3-3〉 프랑스: 연금증액에 관한 법, 1975a

개혁논쟁에서의 쟁점	기본분석	강건성 분석	
	요인1	요인1	요인2
과부연금 인상	0.796	-0.128	0.89
과부의 노동시장참여에 대한 인센티브 제공	0.756	0.554	0.652
교육크레딧 적용대상 교육기간을 3년으로 확장	0.811	0.774	0.21
연금 적용범위 확대	0.763	-0.786	0.345
아이겐 값	2.45	1.62	1.3
설명된 변이	61%	40%	33%
사례수	11	9	9

주: 요인분석은 행위자들의 입장을 부호화한 값으로 수행되었음; 모든 요인은 아이겐 값 1 이상임; 분석자료는 〈부록 1〉 참조; 기본분석은 모든 행위자들을 대상으로 하였고, 강건성 분석(robustness analysis)은 전국노동연맹(CGT)과 프랑스고용주협의회(CNPF)의 두 단체만 제외하고 수행하였음. 대부분의 행위자들 – 프랑스고용주협의회(CNPF)는 예외이지만 – 은 과부에 대한 연금권리 향상에 호의적인(요인2) 한편 교육크레딧과 연금적용범위를 둘러싼 계급갈등은 지배적이기 때문에, 전국노동연맹(CGT)과 프랑스고용주협의회(CNPF)의 두 행위자만 없으면 분석결과는 이차원인 것으로 나온다.

〈표 A-3-4〉 프랑스: 연금 수급자격에 관한 법, 1975b

개혁논쟁에서의 쟁점	기본분석	강건성 분석
	요인1	요인1
장기경력자의 조기퇴직 도입	0.974	0.965
세 자녀 이상을 둔 취업모의 조기퇴직 도입	0.974	0.965
아이겐 값	1.9	1.864
설명된 변이	95%	93%
사례수	11	9

주: 요인분석은 행위자들의 입장을 부호화한 값으로 수행되었음; 모든 요인은 아이겐 값 1 이상임; 분석자료는 〈부록 1〉 참조; 기본분석은 모든 행위자들을 대상으로 하였고, 강건성 분석(robustness analysis)은 전국노동연맹(CGT)과 프랑스고용주협의회(CNPF)의 두 단체만 제외하고 수행하였음.

〈표 A-3-5〉 프랑스: 연금법, 1983

개혁논쟁에서의 쟁점	기본분석	강건성 분석
	요인1	요인1
퇴직연령을 60세로 하향 조정	0.914	0.891
최저연금 도입	0.914	0.8941
아이겐 값	1.652	1.589
설명된 변이	83%	79%
사례수	10	8

주: 요인분석은 행위자들의 입장을 부호화한 값으로 수행되었음; 모든 요인은 아이겐 값 1 이상임; 분석자료는 〈부록 1〉 참조; 기본분석은 모든 행위자들을 대상으로 하였고, 강건성 분석(robustness analysis)은 전국노동연맹(CGT)과 프랑스고용주협의회(CNPF)의 두 단체만 제외하고 수행하였음.

〈표 A-3-6〉 프랑스: 사회보장재정에 관한 법, 1999

개혁논쟁에서의 쟁점	기본분석	강건성 분석
	요인1	요인1
노령연대기금(FSV) 내에 적립기금(FdR) 창설	0.909	1.958
연금의 물가연동제	0.909	1.958
아이겐 값	1.65	1.83
설명된 변이	83%	92%
사례수	9	7

주: 요인분석은 행위자들의 입장을 부호화한 값으로 수행되었음; 모든 요인은 아이겐 값 1 이상임; 분석자료는 〈부록 1〉 참조; 기본분석은 모든 행위자들을 대상으로 하였고, 강건성 분석(robustness analysis)은 전국노동연맹(CGT)과 프랑스고용주협의회(CNPF)의 두 단체만 제외하고 수행하였음.

〈표 A-3-7〉 프랑스: 소득적립에 관한 법, 2001

개혁논쟁에서의 쟁점	기본분석	강건성 분석
	요인1	요인1
적립식 개인장기연금	0.909	1.958
중소기업의 적립식 기업연금	0.909	1.958
아이겐 값	1.65	1.83
설명된 변이	83%	92%
사례수	9	7

주: 요인분석은 행위자들의 입장을 부호화한 값으로 수행되었음; 모든 요인은 아이겐 값 1 이상임; 분석자료는 〈부록 1〉 참조; 기본분석은 모든 행위자들을 대상으로 하였고, 강건성 분석(robustness analysis)은 전국노동연맹(CGT)과 프랑스고용주협의회(CNPF)의 두 단체만 제외하고 수행하였음.

부록 4 제7장 관련

독일 연금개혁에 대한 요인분석 결과, 1972-2004

〈표 A-4-1〉 독일: 연금개혁법, 1972

개혁논쟁에서의 쟁점	기본분석	강건성 분석
	요인1	요인1
퇴직연령 하향 (63세에 유연퇴직)	0.922	0.909
장기경력 저소득취업자를 위해 최저연금 도입	0.957	0.967
자영업자에 대해 국민연금 임의가입 허용	0.763	0.834
비경제활동인구에 대해 국민연금 임의가입 허용	0.643	0.679
연금연동비율의 상향	0.846	0.813
교육크레딧 (1년 교육)	0.806	0.789
아이겐 값	4.12	4.2
설명된 변이	69%	78%
사례수	11	9

주: 요인분석은 행위자들의 입장을 부호화한 값으로 수행되었음; 모든 요인은 아이겐 값 1이상임; 분석자료는 〈부록 1〉 참조; 기본분석은 모든 행위자들을 대상으로 하였고, 강건성 분석(robustness analysis)은 독일노동조합연맹(DGB)과 독일사용자단체전국연합회(BDA)의 두 단체만 제외하고 수행하였음.

〈표 A-4-2〉 독일: 기업연금 개선에 관한 법, 1974

개혁논쟁에서의 쟁점	기본분석	강건성 분석
	요인1	요인1
기업연금 수준의 인상 (퇴직연령 하향, 연동화)	0.987	0.999
노동시장 이동시 기 납입한 개인적립금 보장	0.987	0.999
아이겐 값	1.92	1.99
설명된 변이	97%	98%
사례수	8	6

주: 요인분석은 행위자들의 입장을 부호화한 값으로 수행되었음; 모든 요인은 아이겐 값 1이상임; 분석자료는 〈부록 1〉 참조; 기본분석은 모든 행위자들을 대상으로 하였고, 강건성 분석(robustness analysis)은 독일노동조합연맹(DGB)과 독일사용자단체전국연합회(BDA)의 두 단체만 제외하고 수행하였음.

〈표 A-4-3〉 독일: 연금개정법, 1977

개혁논쟁에서의 쟁점	기본분석	강건성 분석	
	요인1	요인1	요인2
연금연동제 도입 연기	0.786	0.51	0.843
연금 기여수준 인상 (기여금 부과대상 소득상한 인상)	0.937	0.906	0.008
실업보험 및 상병보험의 연금기여 수준 인상	0.711	0.806	-0.538
국민연금의 지불준비금 비축수준 인하	0.932	0.964	-0.007
아이겐 값	2.87	2.65	1
설명된 변이	72%	67%	25%
사례수	10	8	8

주: 요인분석은 행위자들의 입장을 부호화한 값으로 수행되었음; 모든 요인은 아이겐 값 1이상임; 분석자료는 〈부록 1〉 참조; 기본분석은 모든 행위자들을 대상으로 하였고, 강건성 분석(robustness analysis)은 독일노동조합연맹(DGB)과 독일사용자단체전국연합회(BDA)의 두 단체만 제외하고 수행하였음.

〈표 A-4-4〉 독일: 연금예산에 관한 법, 1983

개혁논쟁에서의 쟁점	기본분석	강건성 분석
	요인1	요인1
연금연동제 도입 연기	0.98	0.955
국민연금 기여금 인상	0.958	0.949
연금수급자가 납부하는 상병보험 기여금 인상	0.96	0.952
아이겐 값	2.8	2.71
설명된 변이	93%	90%
사례수	8	6

주: 요인분석은 행위자들의 입장을 부호화한 값으로 수행되었음; 모든 요인은 아이겐 값 1이상임; 분석자료는 〈부록 1〉 참조; 기본분석은 모든 행위자들을 대상으로 하였고, 강건성 분석(robustness analysis)은 독일노동조합연맹(DGB)과 독일사용자단체전국연합회(BDA)의 두 단체만 제외하고 수행하였음.

〈표 A-4-5〉 독일: 과부연금 및 교육크레딧 개혁, 1985

개혁논쟁에서의 쟁점	기본분석	강건성 분석
	요인1	요인1
최저연금 규정 확대	0.875	0.863
과부(寡婦)연금과 과부(寡夫)연금의 형평성 제고	0.877	0.846
1년 교육훈련시 교육크레딧 부여	0.859	0.785
아이겐 값	2.27	2.07
설명된 변이	76%	69%
사례수	12	10

주: 요인분석은 행위자들의 입장을 부호화한 값으로 수행되었음; 모든 요인은 아이겐 값 1이상임; 분석자료는 〈부록 1〉 참조; 기본분석은 모든 행위자들을 대상으로 하였고, 강건성 분석(robustness analysis)은 독일노동조합연맹(DGB)과 독일사용자단체전국연합회(BDA)의 두 단체만 제외하고 수행하였음.

〈표 A-4-6〉 독일: 연금개혁법, 1996

개혁논쟁에서의 쟁점	기본분석	강건성 분석
	요인1	요인1
퇴직연령 상향	0.967	0.986
훈련을 위한 경력단절시 연금가입기간 축소인정	0.96	0.948
국민연금의 장애급여 삭감	0.974	0.967
주변부노동자에 대한 국민연금 적용 확대	0.941	0.941
아이겐 값	3.69	3.69
설명된 변이	92%	92%
사례수	13	11

주: 요인분석은 행위자들의 입장을 부호화한 값으로 수행되었음; 모든 요인은 아이겐 값 1이상임; 분석자료는 〈부록 1〉 참조; 기본분석은 모든 행위자들을 대상으로 하였고, 강건성 분석(robustness analysis)은 독일노동조합연맹(DGB)과 독일사용자단체전국연합회(BDA)의 두 단체만 제외하고 수행하였음.

〈표 A-4-7〉 독일: 연금개혁법, 1997

개혁논쟁에서의 쟁점	기본분석		강건성 분석	
	요인1	요인2	요인1	요인2
연금 급여수준 하향 (인구학적 요소)	0.64	0.715	0.512	0.823
조기퇴직시 연금급여 삭감	0.04	0.932	0.05	0.939
장애연금 인하	0.45	0.737	0.305	0.868
연방정부의 연금보조금을 위한 부가가치세 인상	0.87	0.113	0.874	0.261
자산조사방식의 최저연금 도입을 둘러싼 논쟁	0.603	0.292	0.685	0.163
교육크레딧 인상	0.932	0.175	0.954	0.125
여성을 위한 개별 수급권 인정을 둘러싼 논쟁	0.813	0.505	0.785	0.525
아이겐 값	4.62	1.06	4.53	1.29
설명된 변이	66%	15%	65%	18%
사례수	14	14	12	12

주: 요인분석은 행위자들의 입장을 부호화한 값으로 수행되었음; 모든 요인은 아이겐 값 1이상임; 분석자료는 〈부록 1〉 참조; 기본분석은 모든 행위자들을 대상으로 하였고, 강건성 분석(robustness analysis)은 독일노동조합연맹(DGB)과 독일사용자단체전국연합회(BDA)의 두 단체만 제외하고 수행하였음.

〈표 A-4-8〉 독일: 사회보험법 개정에 관한 법률안, 1998

개혁논쟁에서의 쟁점	기본분석	강건성 분석
	요인1	요인1
인구학적 요소(1997) 폐지	0.974	0.975
장애연금 삭감(1997) 폐지	0.981	0.981
시간제 노동자에 대한 국민연금 적용 확대	0.916	0.925
아이겐 값	2.75	2.77
설명된 변이	92%	92%
사례수	10	8

주: 요인분석은 행위자들의 입장을 부호화한 값으로 수행되었음; 모든 요인은 아이겐 값 1이상임; 분석자료는 〈부록 1〉 참조; 기본분석은 모든 행위자들을 대상으로 하였고, 강건성 분석(robustness analysis)은 독일노동조합연맹(DGB)과 독일사용자단체전국연합회(BDA)의 두 단체만 제외하고 수행하였음.

〈표 A-4-9〉 독일: 장애연금 개혁, 2000

개혁논쟁에서의 쟁점	기본분석	강건성 분석
	요인1	요인1
실업자를 위해 실업보험에서 국민연금 기여금 납부	0.829	0.809
장애연금의 급여수준 삭감	0.938	0.917
급여수준을 낮춘 새로운 장애연금 도입	0.945	0.928
아이겐 값	2.46	2.36
설명된 변이	82%	79%
사례수	9	7

주: 요인분석은 행위자들의 입장을 부호화한 값으로 수행되었음; 모든 요인은 아이겐 값 1이상임; 분석자료는 〈부록 1〉 참조; 기본분석은 모든 행위자들을 대상으로 하였고, 강건성 분석(robustness analysis)은 독일노동조합연맹(DGB)과 독일사용자단체전국연합회(BDA)의 두 단체만 제외하고 수행하였음.

〈표 A-4-10〉 독일: 공무원연금 개혁, 2001

개혁논쟁에서의 쟁점	기본분석	강건성 분석
	요인1	요인1
공무원 대상의 적립식 개인연금 도입	0.783	0.588
공무원연금의 급여수준 인하	0.825	0.828
공무원연금의 과부연금 급여수준 인하	0.882	0.884
공무원 대상의 교육크레딧 인상	0.856	0.783
아이겐 값	2.80	2.45
설명된 변이	70%	60%
사례수	12	10

주: 요인분석은 행위자들의 입장을 부호화한 값으로 수행되었음; 모든 요인은 아이겐 값 1이상임; 분석자료는 〈부록 1〉 참조; 기본분석은 모든 행위자들을 대상으로 하였고, 강건성 분석(robustness analysis)은 독일노동조합연맹(DGB)과 독일사용자단체전국연합회(BDA)의 두 단체만 제외하고 수행하였음.

〈표 A-4-11〉 독일: 연금의 지속가능성에 관한 법, 2004

개혁논쟁에서의 쟁점	기본분석		강건성 분석	
	요인1	요인2	요인1	요인2
전반적인 연금 급여수준의 인하(지속가능성요인)	0.614	0.631	0.882	-0.259
조기퇴직시 급여 삭감	0.935	0.218	0.884	0.427
훈련으로 경력단절시 연금가입기간 축소인정	0.444	0.81	-0.159	0.96
최저 목표대체율(46%) 및 최고 목표기여율(22%) 도입	0.962	0.164	0.851	0.152
가족에 대한 연금적용 확대	0.045	0.928	0.342	0.687
아이겐 값	3.39	1.01	2.57	1.52
설명된 변이	68%	20%	51%	30%
사례수	10	10	8	8

주: 요인분석은 행위자들의 입장을 부호화한 값으로 수행되었음; 모든 요인은 아이겐 값 1이상임; 분석자료는 〈부록 1〉 참조; 기본분석은 모든 행위자들을 대상으로 하였고, 강건성 분석(robustness analysis)은 독일노동조합연맹(DGB)과 독일사용자단체전국연합회(BDA)의 두 단체만 제외하고 수행하였음.

부록 5 제8장 관련

스위스 연금개혁에 대한 요인분석 결과, 1971-2003

〈표 A-5-1〉 스위스: 연금보험(AHV)에 대한 제8차 개혁, 1972

개혁논쟁에서의 쟁점	기본분석	강건성 분석
	요인1	요인1
연금 급여수준 25% 인상	0.951	0.926
연금급여를 물가 및 임금에 연동	0.925	0.911
매년 13번째 연금급여 도입	0.882	0.798
연금보험에 대한 공적보조금 삭감	0.856	0.754
연금보험에 대한 소득비례기여금 인상	0.530	0.495
아이겐 값	3.55	3.14
설명된 변이	98%	97%
사례수	10	8

注: 요인분석은 행위자들의 입장을 부호화한 값으로 수행되었음; 모든 요인은 아이겐 값 1이상임; 분석자료는 〈부록 1〉 참조; 기본분석은 모든 행위자들을 대상으로 하였고, 강건성 분석(robustness analysis)은 스위스노동조합연맹(SGB)과 스위스경영자단체연합회(SAV)의 두 단체만 제외하고 수행하였음.

〈표 A-5-2〉 스위스: 연금보험(AHV)에 대한 제9차 개혁, 1976

개혁논쟁에서의 쟁점	기본분석		강건성 분석	
	요인1	요인2	요인1	요인2
임금과 물가의 결합지수에 연금 연동	0.473	0.611	-0.077	0.962
연금보험에 대한 공적보조금 인상	-0.215	0.754	-0.334	-0.609
취업한 연금수급자의 기여수준 인상	0.983	0.004	0.825	0.47
연금보험에 대한 최저기여금 인상	0.474	0.808	0.501	0.668
배우자를 위한 파생급여 삭감	-0.224	0.833	0.919	0.09
아이겐 값	2.57	2.15	3.52	1.24
설명된 변이	43%	36%	59%	21%
사례수	9	9	7	7

注: 요인분석은 행위자들의 입장을 부호화한 값으로 수행되었음; 모든 요인은 아이겐 값 1이상임; 분석자료는 〈부록 1〉 참조; 기본분석은 모든 행위자들을 대상으로 하였고, 강건성 분석(robustness analysis)은 스위스노동조합연맹(SGB)과 스위스경영자단체연합회(SAV)의 두 단체만 제외하고 수행하였음.

〈표 A-5-3〉 스위스: 기업연금에 관한 법, 1982

개혁논쟁에서의 쟁점	기본분석	강건성 분석
	요인1	요인1
적립식 기업연금 확대	0.85	0.822
제1층 공적연금과 제2층 기업연금의 급여를 결합한 목표 소득대체율 수준 도입	0876	0.854
정규직 노동자의 기업연금 가입 의무화	0.904	0.9
아이겐 값	2.307	2.21
설명된 변이	77%	74%
사례수	20	18

주: 요인분석은 행위자들의 입장을 부호화한 값으로 수행되었음; 모든 요인은 아이겐 값 1이상임; 분석자료는 〈부록 1〉 참조; 기본분석은 모든 행위자들을 대상으로 하였고, 강건성 분석(robustness analysis)은 스위스노동조합연맹(SGB)과 스위스경영자단체연합회(SAV)의 두 단체만 제외하고 수행하였음.

〈표 A-5-4〉 스위스: 보충연금에 대한 제2차 개혁, 1985

개혁논쟁에서의 쟁점	기본분석		강건성 분석	
	요인1	요인2	요인1	요인2
자산조사방식의 보충연금 급여수준 인상	0.903	0.191	0.922	0.057
장기요양환자에 대한 보충연금 급여 인상	0.873	0.108	0.91	0.033
자가(自家) 소유자에 대한 급여 인상	0.753	0.187	0.804	0.222
본인명의의 저축이 있는 연금수급자에 대한 급여 인하	0.487	0.552	0.711	0.495
Measure to fight abuses	0.264	0.732	0.362	0.554
아이겐 값	3.04	1.17	3.28	1.2
설명된 변이	51%	19%	55%	20%
사례수	21	21	19	19

주: 요인분석은 행위자들의 입장을 부호화한 값으로 수행되었음; 모든 요인은 아이겐 값 1이상임; 분석자료는 〈부록 1〉 참조; 기본분석은 모든 행위자들을 대상으로 하였고, 강건성 분석(robustness analysis)은 스위스노동조합연맹(SGB)과 스위스경영자단체연합회(SAV)의 두 단체만 제외하고 수행하였음.

〈표 A-5-5〉 스위스: 기업연금의 노동시장이동 개혁, 1994

개혁논쟁에서의 쟁점	기본분석	강건성 분석
	요인1	요인1
노동시장 이동시 기업연금 적립금의 이전 보장	0.876	0.926
제2층 기업연금 제도간 형평성 제고	0.901	0.935
여성의 결혼시 당해 여성의 기업연금 적립금 일시지급제도 폐지	0.909	0.937
이혼시 기업연금 수급권 분할제도 도입	0.886	3.413
아이겐 값	3.189	3.413
설명된 변이	80%	85%
사례수	25	23

주: 요인분석은 행위자들의 입장을 부호화한 값으로 수행되었음; 모든 요인은 아이겐 값 1이상임; 분석자료는 〈부록 1〉 참조; 기본분석은 모든 행위자들을 대상으로 하였고, 강건성 분석(robustness analysis)은 스위스노동조합연맹(SGB)과 스위스경영자단체연합회(SAV)의 두 단체만 제외하고 수행하였음.

〈표 A-5-6〉 스위스: 보충연금에 대한 제3차 개혁, 1996

개혁논쟁에서의 쟁점	기본분석		강건성 분석	
	요인1	요인2	요인1	요인2
빈곤한 연금수급자의 수급자격 결정시 공제대상 월세금액 상향 조정	0.680	-0.276	0.814	0.290
외국인 대상 보충연금 대기기간 단축	0.943	0.050	0.872	-0.072
자가(自家) 소유자에 대한 보충연금 인상	0.051	0.951	0.053	0.860
수급자격에 관한 정보제공 개선	0.406	-0.693	0.830	0.023
아이겐 값	1.87	1.12	2.17	1.01
설명된 변이	47%	28%	54%	25%
사례수	19	19	17	17

주: 요인분석은 행위자들의 입장을 부호화한 값으로 수행되었음; 모든 요인은 아이겐 값 1이상임; 분석자료는 〈부록 1〉 참조; 기본분석은 모든 행위자들을 대상으로 하였고, 강건성 분석(robustness analysis)은 스위스노동조합연맹(SGB)과 스위스경영자단체연합회(SAV)의 두 단체만 제외하고 수행하였음.

〈표 A-5-7〉 스위스: 연금보험(AHV)에 대한 제11차 개혁, 2003

개혁논쟁에서의 쟁점	기본분석	강건성 분석
	요인1	요인1
퇴직연령 상향 조정	0.914	0.882
과부(寡婦)연금 급여수준 인하	0.746	0.64
유연퇴직연령제 (저소득 연금수급자에 대한 공적보조금 없음)	0.91	0.907
연금연동제 축소	0.932	0.907
자영업자의 기여수준 인상	-0.788	-0.774
아이겐 값	3.71	3.42
설명된 변이	74%	69%
사례수	19	17

주: 요인분석은 행위자들의 입장을 부호화한 값으로 수행되었음; 모든 요인은 아이겐 값 1이상임; 분석자료는 〈부록 1〉 참조; 기본분석은 모든 행위자들을 대상으로 하였고, 강건성 분석(robustness analysis)은 스위스노동조합연맹(SGB)과 스위스경영자단체연합회(SAV)의 두 단체만 제외하고 수행하였음.

옮긴이 후기

이 책은 대륙유럽의 대표적인 국가인 프랑스와 독일, 스위스에서 진행된 복지국가 개혁과정을 이들 나라의 연금제도를 통해 분석한 실리아 호이저만(Silja Häusermann)의 책을 완역한 것이다. 대륙유럽의 복지국가에 대해서는 그간 개혁이 어려운 경직된 체제라는 평가가 많았다. 또한 1980년대 이래 복지국가에 관련된 논의는, 복지축소 혹은 복지확대 두 방향 중 어느 한 방향의 선택인 것처럼 개념화되어온 경우가 많았다. 하지만 저자는 이러한 논의에 의문을 제기하고 대륙유럽 복지국가가 실제로 복지개혁을 추진해왔다는 사실을 보여주고 있으며 또 그 개혁은 복지축소냐 복지확대냐의 두 가지 방향 중 어느 하나로 접근할 수 있는 것이 아니라 다차원적인 것이었음을 보여주고 있다. 그리고 이러한 내용들을 보여주면서 저자는 탈산업화와 함께 찾아온 긴축(austerity)의 압력과 신사회위험의 등장으로 인한 새로운 욕구와 요구의 분출이 복지국가 개혁을 둘러싼 사회집단들 간의 이합집산과 어떻게 연결되어 복지국가 개혁이 진행되어 왔는지를 프랑스, 독일, 스위스 세 나라의 사례를 통해 비교 분석하고 있다.

결국 이 책은 대륙유럽의 복지국가 개혁은 탈산업화와 긴축이라는 구조적 변화로부터 촉발되었지만 각 나라의 국내적 개혁연합이 어떻게 형성되는가에 매개되어 이루어져왔다고 주장하는 것이다. 그러면서 전통적인 좌파세력의 힘을 강조하는 권력자원론의 주장과 관성이나 경로의존성, 점진적 변화를 중시하는 신제도주의의 주장을 모두 넘어서려는 시도를 하고 있다. 이 책은 1990년대 이후 진행되어온 복지국가의 조정과정을 설명하는 하나의 접근으로 의미가 있을 것이다.

하지만 이 책의 분석결과가 그리 희망적인 것만은 아니다. 저자는 결론에서 대륙유럽 복지국가는 그간의 개혁을 통해 하위층에 대해서는 대륙유럽 복지국가의 성격을 상당정도로 없애왔지만 중상층에 대해서는 대륙유럽 복지국가가 가진 계층화를 더욱 강화해왔다고 말한다. 결과적으로 지난 수십 년간의 복지국가 개혁을 거친 결과 대륙유럽 복지국가는 더 심한 계층화를 결과하였다는 것이다. 그런데 저자는 대륙유럽 복지국가는 평등을 그 목표로 삼은 적이 한 번도 없었기 때문에 계층화의 심화를 지나치게 심각하게 받아들이지 말 것을 주문하는 것처럼 보인다. 이것은, 저자가 누차 언급하는 바와 같이, 노동시장 외부자를 복지국가 내로 포섭하려는 개혁이나 성평등을 진작시키는 개혁 등 신사회위험에 대처하여 복지국가를 현대화하려는 개혁 역시 중요한 목표라는 점을 생각할 때 나름의 타당성이 있다. 대륙유럽 복지국가는 구사회위험에 대한 대처와 신사회위험에 대한 대처를 동시에 해야 하는 복합적인 과제를 안고 있고 이러한 복합적인 과제의 해결은 복지국가 개혁을 다차원적인 개혁으로 성격지우며 이로부터 대륙유럽 복지국가 개혁은 전통적인 노동시장 내부자를 패자로 만드는 대신 노동시장 외부자를 승자로 만드는 경향이 있다. 즉, 과거 노동시장 내부자의 이해관계를 대변해왔던 공적연금이 축소되는 대신 중상층 이상을 겨냥한 적립식 민간기업연금이 확대되는 한편 노동시장 외부자에 대한 소득보장이 다소간이라도 강화되고 있다는 것이다. 이와 같은 내용의 복지국가 현대화를 어떻게 평가하는가는 논자에 따라 다를 수 있을 것이다.

구사회위험에 대한 대처와 신사회위험에 대한 대처를 동시에 해야 하는 사정은 한국의 경우에도 유사하다. 노동시장의 극심한 분절로 노동시장 내부자와 외부자 간의 이해관계가 분기하고 있는 점도 대륙유럽과 한국은 어느 정도 유사하다. 그리고 대륙유럽은 긴축으로 인해 그런 것이고 한국은 조세저항(혹은 조세저항으로 조작된 여론)으로 인해 그런 것이지만 복지국가의 확장적 개혁에 가용할 자원이 많지 않은 것도 한국은 대륙유럽과 유사하다. 이러한 유사성을 가진 한국이 ─ 물론 한국은 대륙유럽과 많은 차이도 갖고 있다 ─ 정치적으로 올바른 복지국가 현대화를 이루기 위한 개혁세력의 연합을 이끌어낼 전략을 구상하는 데 이 책이 조금이라도 도움이 되기를 희망한다.

이 책을 번역과제로 선정하여 지원해준 동아대학교에 감사드리며, 편집과 출판을 맡아준 나눔의집 출판사에 감사드린다.

참고문헌

Abrahamsen, Yngve, Jochen Hartwig and Bernd Schips(2003). Volkswirtschaftliche Auswirkungen verschiedener Demographieszenarien und Varianten zur langfristigen Finanzierung der Alterssicherung in der Schweiz. *Forschungsbericht Nr. 12/03. Bundesamt fur Sozialversicherungen.* Bern: Beiträge zur Sozialen, Sicherheit.

Abramovici, G´erard(2002). "Der Sozialschutz: Rentenausgaben", *Statistik kurz gefasst. Thema 3-6/2002.* Luxembourg: Eurostat: 1-8.

Alber, Jens(1987). *Der Sozialstaat in der Bundesrepublik 1950-1983.* Frankfurt: Campus.

__________(2001). "Recent Developments of the German Welfare State: Basic Continuity or Paradigm Shift," ZeS Working Paper 6/2001. Bremen: Centre for Social Policy Research, University of Bremen.

Allmendinger, Jutta(2000). "Wandel von Erwerbs - und Lebensverlaufen und die Ungleichheit zwischen den Geschlechtern im Alterseinkommen," in Winfried Schm¨ahl und Klaus Michaelis(eds.), *Alterssicherung von Frauen. Leitbilder, gesellschaftlicher Wandel und Reformen.* Wiesbaden: Westdeutscher, Verlag, 61-80.

Amenta, Edwin(2003). "What We Know about the Development of Social Policy: Comparative and Historical Research in Comparative and Historical Perspective," in James Mahoney and Dietrich Rueschemeyer(eds.), *Comparative Historical Analysis in the Social Sciences.* Cambridge: Cambridge University Press, 91-130.

Anderson Karen(2007). "The Netherlands: Political competition in a proportional system," in Ellen M. Immergut, Karen M. Anderson, and Isabelle Schulze(eds.), *The Handbook of West European Pension Politics.* Oxford: Oxford University Press, 713-57.

Anderson Karen and Ellen M. Immergut(2007). "Sweden: After Social Democratic Hegemony," in Ellen M. Immergut, Karen M. Anderson and Isabelle Schulze(eds.), *The Handbook of West European Pension Politics*. Oxford: Oxford University Press, 349–95.

Anderson, Karen and Julia Lynch(2007). "Reconsidering Seniority Bias: Ageing, Internal Institutions, and Union Support for Pension Reform," *Comparative Politics* 39(2): 189–208.

Anderson, Karen M. and Traute Meyer(2003). "Social Democracy, Unions and Pension Politics in Germany and Sweden," *Journal of Public Policy* 23(1): 23–54.

______________________________(2004). "The Third Way in Welfare State Reform? Social Democratic Pension Politics in Germany and Sweden," in Giuliano Bonoli and Martin Powell(eds.), *Social Democratic Party Policies in Contemporary Europe*. London: Routledge, 141–60.

______________________________(2006). "New Social Risks and Pension Reform in Germany and Sweden: The Politics of Pension Rights for Childcare," in Klaus Armingeon and Giuliano Bonoli (eds.), *The Politics of Post-Industrial Welfare States*. London: Routledge, 171–91.

Anderson, Robert and Jocelyn A. J. Evans(2003). "Values, Cleavages and Party Choice in France 1988–1995," *French Politics* 1: 83–114.

Armingeon, Klaus(1988). *Die Entwicklung der westdeutschen Gewerkschaften 1950–1985*. Frankfurt: Campus, Verlag.

______________(2001). "Institutionalising the Swiss Welfare State," *West European Politics* 24(2), 145–68.

______________(2004). "Institutional Change in OECD Democracies, 1970–2000," *Comparative European Politics* 2(2): 212–38.

______________(2006). "Reconciling Competing Claims of the Welfare State Clientele," in Klaus Armingeon and Giuliano Bonoli(eds.), *The Politics of Post-Industrial Welfare States*. London: Routledge, 100–122.

Armingeon, Klaus, Fabio Bertozzi, and Giuliano Bonoli(2004). "Swiss Worlds of Welfare," *West European Politics* 27(1): 20–44.

Armingeon, Klaus and Michelle Beyeler(2000). "Gewerkschaftsmitgliedschaft: Beitrittsmotive und Fragmentierungen," in Klaus Armingeon and Simon Geissb uhler(eds.), *Gewerkschaften in der Schweiz. Herausforderungen und Optionen*. Zurich: Seismo, 39–69.

Armingeon, Klaus and Giuliano Bonoli(2006). *The Politics of Post-Industrial Welfare States*. London: Routledge.

Baccaro, Lucio(2002). "Negotiating the Italian Pension Reform with the Unions: Lessons for Corporatist Theory," *Industrial and Labor Relations Review* 55(3): 413–31.

Baldwin, Peter(1990). *The Politics of Social Solidarity: Class Bases of the European Welfare States 1875–1975*. Cambridge: Cambridge University Press.

Ballestri, Yuri and Giuliano Bonoli(2003). "L'état social suisse face aux nouveaux risques sociaux: Genèse et déterminants de l'adoption du programme de subventions pour les crèches," *Swiss Political Science Review* 9(3): 35–58.

Balthasar, Andreas, Oliver Bieri, Peter Grau, Kilian Kuenzi, and Jurg Guggisberg(2003). *Der Übergang in den Ruhestand – Wege, Einflussfaktoren und Konsequenzen. Bericht im Rahmen des Forschungsprogrammes zur langerfristigen Zukunft der Alterssicherung*. Forschungsbericht, Nr. 2/03. Bundesamt fur Sozialversicherungen. Bern: Beitrage zur Sozialen, Sicherheit.

Bartolini, Stefano(2000). *The Political Mobilization of the European Left, 1860-1980: The Class Cleavage*. Cambridge: Cambridge University Press.

Baumgartner, Frank and Bryan D. Jones(1993). *Agendas and Instability in American Politics*. Chicago: University of Chicago Press.

____________________(2002). *Policy Dynamics*. Chicago: University of Chicago Press.

Bertozzi, Fabio, Giuliano Bonoli, and Benoît Gay-des-Combes(2005). *La réforme de l'état social en Suisse. Vieillissement, Employ, Conflict Travail-Famille*. Lausanne: Presses Polytechniques et Universitaires, Romandes.

Binswanger, Peter(1987). *Histoire de l'AVS*. Bern: Pro, Senectute.

Birchfield, Vicki and Markus M. L. Crepaz(1998). "The Impact of Constitutional Structures and Collective and Competitive Veto Points on Income Inequality in Industrialized Democracies," *European Journal of Political Research* 34: 175–200.

Bleses, Peter and Martin Seeleib-Kaiser(2004). *The Dual Transformation of the German Welfare State*. Basingstoke, U.K.: Palgrave Macmillan.

Bonoli, Giuliano(1997). "Pension Politics in France: Patterns of Co-operation and Conflict in Two Recent Reforms," *West European Politics*

20(4): 160–81.

________________(1999). "La 10e révision de l'AVS: une politique consensuelle de retranchement?" in André Mach(ed.), *Globalisation, néo-libéralisme et politiques publiques dans la Suisse des années 1990.* Zurich, Seismo, 191–216.

________________(2000). *The Politics of Pension Reform: Institutions and Policy Change in Western Europe.* Cambridge: Cambridge University Press.

________________(2001a). "The Institutionalization of the Swiss Multipillar System," paper presented at the conference Political Economy of Pension Reform, Institute for Advanced Studies, Delmenhorst (Germany), May 3–5.

________________(2001b). "Political Institutions, Veto Points, and the Process of Welfare State Adaptation," in Paul Pierson(ed.), *The New Politics of the Welfare State.* Oxford: Oxford University Press, 238–264.

________________(2004). "The Institutionalisation of the Swiss Multipillar Pension System," in Martin Rein and Winfried Schmähl(eds.), *The Political Economy of Pension Reform.* London: Edward Elgar, 102–22.

________________(2005a). "The Politics of the New Social Policies: Providing Coverage against New Social Risks in Mature Welfare States," *Policy and Politics* 33(3): 431–49.

________________(2005b). "Switzerland: Negotiating a New Welfare State in a Fragmented Political System," in Peter Taylor-Gooby(ed.), *New Risks, New Welfare: The Transformation of the European Welfare State.* Oxford: Oxford University Press, 157–180.

________________(2006a) "Les politiques sociales," in Ulrich Klöti, Peter Knoepfel, Hanspeter Kriesi, Wolf Linder, Yannis Papadopoulos, and Pascal Sciarini(eds.), *Handbuch der Schweizer Politik*, 4th ed. Zurich: NZZ, Verlag.

________________(2006b). "New Social Risks and the Politics of Post-Industrial Social Policies," in Klaus Armingeon and Giuliano Bonoli(eds.), *The Politics of Post-Industrial Welfare States: Adapting Post-War Social Policies to New Social Risks.* London: Routledge.

________________(2007). "Time Matters: Postindustrialization, New Social Risks and Welfare State Adaptation in Advanced Industrial Democracies," *Comparative Political Studies* 40(5): 495–520.

Bonoli, Giuliano, Vic George, and Peter Taylor-Gooby(2000). *European Welfare Futures: Towards a Theory of Retrenchment.* Cambridge: Polity Press.

Bonoli, Giuliano and Benoît Gay-des-Combes(2003). "Prospektive Simulation der Altersvorsorge vor dem Zeithorizont 2040," *Soziale Sicherheit CHSS* 3: 125–7.

Bonoli, Giuliano and André Mach(2000). "Switzerland: Adjustment Politics within Institutional Constraints," in Fritz W. Scharpf and Vivien A. Schmidt(eds.), *Welfare and Work in the Open Economy, vol. 2, Diverse Responses to Common Challenges.* Oxford: Oxford University Press, 131–174.

Bonoli, Giuliano and Bruno Palier(1998). "Changing the Politics of Social Programmes: Innovative Change in British and French Welfare Reforms," *Journal of European Social Policy* 8(4): 317–30.

______________________________(2000). "How Do Welfare States Change? institutions and Their Impact on the Politics of Welfare State Reform," *European Review* 8(2): 333–52.

______________________________(2007). "When Past Reforms Open New Opportunities: Comparing Old Age Insurance Reforms in Bismarckian Welfare Systems," *Social Policy and Administration* 41(6): 555–73.

Bornschier, Simon(2005). "Unis dans l'opposition `a la mondialisation? Une analyse de la convergence programmatique des partis populistes de droite en Europe," *Revue Internationale de Politique Comparée* 12(4): 415–32.

_______________(2010). *Cleavage Politics and the Populist Right: The New Cultural Conflict in Western Europe.* Philadelphia: Temple University Press.

Boyer, Robert(1990). *The Regulation School: A Critical Introduction.* New York: Columbia University Press.

Branger, Katja(2000). *Lebensbedingungen älterer Menschen in der Schweiz unter besonderer Berücksichtigung der Dimension Geschlecht.* Discussion Document for the United Nations Economic Commission for Europe(UNECE) Working Session on Gender Statistics, Orvieto, Italy, October 11–13.

Bridgen, Paul and Traute Meyer(2008). "Politically Dominant but Socially Flawed: Projected Pension Levels for Citizens at Risk in Six European Multi-Pillar Pension Systems," in Martin Seeleib-Kaiser(ed.),

Welfare State Transformations: Comparative Perspectives. Basingstoke, U.K.: Palgrave Macmillan, 111-131.

Bruhnes, Bernard(1992). *Rapport sur les retraites.* Paris: La Documentation francaise.

Budge, Ian, Hans-Dieter Klingemann, Andrea Volkens, Judith Bara, Eric Tanenbaum, Richard C. Fording, Derek J. Hearl, Hee Min Kim, Michael McDonals, and Silvia Mendez(2001). *Mapping Policy Preferences: Estimates for Parties, Electors and Governments 1945-1998.* Oxford: Oxford University Press.

Bundesamt für Sozialversicherungen(1995). *Bericht des eidgenössischen Departementes des Innern zur heutigen Ausgestaltung und Weiterentwicklung der schweizerischen 3-Säulen-Konzeption der Alters-, Hinterlassenen-und Invalidenvorsorge.* Bern: Beitrage zur Sozialen, Sicherheit.

______________________________(2003). *Statistik der Ergänzungsle-istungen zur AHV und IV 2002.* Bern: Beiträge zur Sozialen, Sicherheit.

Bundesamt für Statistik(2001). *Szenarien zur Bevölkerungsentwicklung der Schweiz 2000-2060.* Neuchâtel: Bundesamt für Statistik.

____________________(2003). *Die schweizerische Altersvorsorge im Spiegel der Einkommens-und Verbrauchserhebung 1998.* Neuchâtel: Bundesamt für Statistik.

____________________(2004). *Die berufliche Vorsorge in der Schweiz. Pensionskassenstatistik 2002.* Neuchâtel: Bundesamt für Statistik.

Bunel, Jean(1995) *La transformation de la representation patronale en France, CNPF et CGPME.* Paris: Commissariat General du Plan.

Busemeyer, Marius R.(2005). "Pension Reform in Germany and Austria: System Change vs. Quantitative Retrenchment," *West European Politics* 28(3): 569-91.

Campbell, Andrea L. and Julia Lynch(2000). "Whose 'Gray Power'? Elderly Voters, Elderly Lobbies, andWelfare Reform in Italy and the United States," *Italian Politics and Society* 53: 11-39.

Castles, Francis G.(2004). *The Future of the Welfare State: Crisis Myths and Crisis Realities.* Oxford: Oxford University Press.

Cattacin, Sandro, Matteo Gianni, Marcus Manz, and Véronique Tattini (2002). *Retour au Travail! Le Workfare comme Instrument de Réforme.* Fribourg: Presses Universitaires de Fribourg.

Cattell, Raymond B.(1978). *The Scientific Use of Factor Analysis in Behavioral Sciences.* NewYork: Plenum.

Charpin, Jean-Michel, Catherine Zaidman and Jean-Marc Aubert(1999). *L'avenir de nos retraites. Rapport au Premier ministre.* Paris: La Documentation française.
Chulià, Elisa(2007). "Spain: Between Majority Rule and Incrementalism," in Ellen M. Immergut, Karen M. Anderson, and Isabelle Schulze(eds.), *The Handbook of West European Pension Politics.* Oxford: Oxford University Press, 499-554.
Clasen, Jochen and Daniel Clegg(2006). "Beyond Activation: Reforming European Unemployment Protection Systems in Post-Industrial Labour Markets," *European Societies* 8(4): 527-53.
Clayton, Richard and Jonas Pontusson(1998). "Welfare-State Retrenchment Revisited: Entitlement Cuts, Public Sector Restructuring and Inegalitarian Trends in Advanced Capitalist Societies," *World Politics 51* (October): 67-98.
Clegg, Daniel(2007). "Continental Drift: On Unemployment Policy Change in Bismarckian Welfare States," *Social Policy and Administration* 41(6): 597-617.
Commaille, Jacques, Pierre Strobel, and Michel Villac(2002). *La politique de la famille.* Paris: Editions la Découverte.
Commissariat général du Plan(1991). *Rapport de la mission Retraites, Mission Cottave.* Paris: La Documentation franc¸aise.
CONSOC Recherche(2003). *Situation économique des rentiers. Analyse introductive et générale dans la perspective d'une 13ème rente AVS.* Report by-Valérie Legrand-Germanier and Stéphane Rossini for the Swiss Union of Trade Unions. Bern: CONSOCRecherche.
Cooke, Lynn Prince(2001). "Impact of Dual Careers on Average Family Size: Comparison of 11 Countries," Luxembourg Income Study Working Paper No. 267. Luxembourg: Luxembourg Income Study.
Da Conceiçao-Heldt, Eugénia(2006). "France: The Importance of the Electoral Cycle," in Ellen M. Immergut, Karen M. Anderson, and Isabelle Schulze(eds.), *The Handbook of West European Pension Politics.* Oxford: Oxford University Press, 150-201.
Dafflon, Bernard(2003). *La politique familiale en Suisse: enjeux et défis.* Lausanne: Réalités Sociales.
Deitch, C.(2004). "Gender and Popular Support for the Welfare State: Cross-National Trends in a Period of Restructuring," paper prepared at the International Sociological Association Research Committee 19

conference Welfare State Restructuring: Processes and Social Outcomes, Paris, September 2–4.
Dienel, Christiane(2002). *Familienpolitik. Eine praxisorientierte Gesamtdarstellung der Handlungsfelder und Probleme.* Weinheim: Juventa.
Ebbinghaus, Bernhard and Jelle Visser(2000). *The Societies of Europe: Trade Unions in Western Europe since 1945.* New York: Palgrave, Macmillan.
Ebbinghaus, Bernhard(2001). "When Labour and Capital Collude: The Political Economy of Early Retirement in Europe, Japan and the USA," in Bernhard Ebbinghaus and Philip Manow(eds.), *Comparing Welfare Capitalism. Social Policy and Political Economy in Europe, Japan and the USA.* London: Routledge, 76–101.
__________________(2006a). "From Path Dependence to Path Departure in Welfare Reform Analysis," *European Politics and Society Newsletter* 5(2): 1–4.
__________________(2006b). "Trade Union Movements in Post-Industrial Welfare States: Opening Up to New Social Interests?" in Klaus Armingeon and Giuliano Bonoli(eds.), *The Politics of Post-Industrial Welfare States: Adapting Post-War Policies To New Social Risks.* London: Routledge, 123–142.
Ebbinghaus, Bernhard and Philip Manow(2001). *Comparing Welfare Capitalism. Social Policy and Political Economy in Europe, Japan and the USA.* London: Routledge.
Eidgenössische Finanzkontrolle (2004). *Berufliche Vorsorge. Evaluation der Besteuerung und Vorsorgewirkung von Kapitalzahlungen aus den Saulen 2 und 3a.* Bern: Eidgenössische Finanzkontrolle.
Engeli, Isabelle and Silja Häusermann(2009). "Government Strategies for Successful Reforms in Controversial Policy Fields," EUI Working Paper SPS No. 2009/1. European University Institute, Florence.
Erikson, R. and J. H. Goldthorpe(1993). *The Constant Flux.* Oxford: Oxford University Press.
Esping-Andersen, Gösta(1990). *The Three Worlds of Welfare Capitalism.* Princeton, NJ: Princeton University Press.
____________________(1996a). "After the Golden Age? Welfare State Dilemmas in a Global Economy," in Gösta Esping-Andersen(ed.), *Welfare States in Transition: National Adaptations in Global Economies.* London: Sage, 1–32.
____________________(1996b). "Welfare States without Work: The

Impasse of Labour Shedding and Familialism in Continental European Social Policy," in Gösta Esping-Andersen(ed.), *Welfare States in Transition: National Adaptations in Global Economies*. London: Sage: 66–87.

__________(1999a). "Politics without Class? Post-Industrial Cleavages in Europe and America," in Herbert Kitschelt, Peter Lange, Gary Marks, and John D. Stephens(eds.), *Continuity and Change in Contemporary Capitalism*. Cambridge: Cambridge University Press, 293–316.

__________(1999b). *Social Foundations of Postindustrial Economies*. Oxford: Oxford University Press.

Esping-Andersen, Gösta and Marino Regini(2000). *Why Deregulate Labor Markets?* Oxford: Oxford University Press.

Estevez-Abe, Margarita(2006). "Gendering the Varieties of Capitalism: A Study of Occupational Segregation by Sex in Advanced Industrial Societies," *World Politics* 59 (1): 142–75.

Estevez-Abe, Margarita, Torben Iversen, and David Soskice(2001). "Social Protection and the Formation of Skills: A Reinterpretation of the Welfare State," in Peter A. Hall and David Soskice(eds.), *Varieties of Capitalism: The Institutional Foundations of Comparative Advantage*. New York: Oxford University Press, 145–183.

Fagnani, Jeanne and Marie-Thérèse Letablier(2005). "La politique familiale francaise,"in M. Maruani(ed.), *Femmes, genre et société*, 167–75, Collection l'État des Savoirs. Paris: La Découverte.

Ferrera, Maurizio(1996). "The Southern Model of Welfare in Social Europe," *Journal of European Social Policy* 6(1): 17–37.

Ferrera, Maurizio and Elisabetta Gualmini(2000). "Italy. Rescue from Without?" in Fritz W. Scharpf and Vivien A. Schmidt(eds.), *Welfare and Work in the Open Economy*, vol. 2, *Diverse Responses to Common Challenges*. Oxford: Oxford University Press, 351–398.

__________(2004). *Rescued by Europe? Social and Labour Market Reforms in Italy from Maastricht to Berlusconi*. Amsterdam: Amsterdam University Press.

Ferrera, Maurizio, Anton Hemerijck, and Martin Rhodes(2004). *The Future of European Welfare States: Recasting Welfare for a New Century*. Oxford: Oxford University Press.

Ferrera, Maurizio and Matteo Jessoula(2007). "Italy: A Narrow Gate for

Path-Shift," in Ellen M. Immergut, Karen M. Anderson, and Isabelle Schulze(eds.), *The Handbook of West European Pension Politics*. Oxford: Oxford University Press, 396-453.

Finlayson, Ann(1988). *Whose Money Is It Anyway? The Showdown on Pensions*. Markham: Penguin.

Flora, Peter and Jens Alber(1981). "Modernization, Democratization and the Development of Welfare States in Western Europe," in Peter Flora and Arnold Heidenheimer(eds.), *The Development of Welfare States in Europe and America*. New Brunswick, NJ: Transaction Books.

Fluder, Robert(1996). *Interessenorganisationen und kollektive Arbeitsbeziehungen im offentlichen Dienst der Schweiz: Entstehung, Mitgliedschaft, Organisation und Politik seit 1940*. Zurich, Seismo.

Fluder, Robert, H. Ruf, W. Schoni, and M. Wicki(1991). *Gewerkschaften und Angestelltenverbande in der schweizerischen Privatwirtschaft: Entstehung, Mitgliedschaft, Organisation und Politik seit 1940*. Zurich: Seismo.

Frey, Tim(2009). *Die Christdemokratie in Westeuropa - Der schmale Grat zum Erfolg*. Baden-Baden: Nomos.

Fuchs, Johann(2003). "Fachkräftemangel und demographischer Wandel. M öglichkeiten und Grenzen der Aktivierung heimischer Personalreserven," in Seminar für Handwerkswesen an der Universität Göttingen(ed.), *Fachkräftesicherung im Handwerk vor dem Hintergrund struktureller Wandlungen der Arbeitsmärkte*. Dauderstadt: Mecke, 83-117.

Gees, Thomas(2004). "Successful as a 'Go-between': The Conservative People's Party in Switzerland," in Michael Gehler and Wolfram Kaiser(eds.), *Christian Democracy in Europe since 1945*. London: Routledge, 38-53.

Gerlach, Irene(2005). *Familienpolitik*. Wiesbaden: Verlag für Sozialwissenschaften.

Gilliand, Pierre(1993). "Politique sociale," in G. Schmidt (ed.), *Handbuch Politisches System der Schweiz. Band 4. Politikbereiche*. Bern: Haupt.

Gorsuch, Richard L.(1983). *Factor Analysis*, 2nd ed. Hillsdale, NJ: Lawrence Erlbaum.

Gourevitch, Peter(1986). *Politics in Hard Times: Comparative Responses to International Economic Crises*. Ithaca, NY: Cornell University Press.

Grunberg, Gérard(2006). "The French Party System and the Crisis of Representation,"in Pepper D. Culpepper, Peter A. Hall, and Bruno Palier(eds.), *Changing France: The Politics That Markets Make*. London:

Palgrave Macmillan, 223-43.

Guillén, Ana(2010). "Defrosting the Spanish Welfare State: The Weight of Conservative and Corporatist Traditions," in Bruno Palier(ed.), *A Long Goodbye to Bismarck? The Politics of Welfare Reforms in Continental European Welfare States*. Amsterdam: Amsterdam University Press.

Hacker, Jacob S.(1998). "The Historical Logic of National Health Insurance: Structure and Sequence in the Development of British, Canadian and U.S. Medical Policy," *Studies in American Political Development* 12(1): 57-130.

________________(2002). *The Divided Welfare State: The Battle over Public and Private Social Benefits in the United States*. Cambridge: Cambridge University Press.

________________(2004). "Privatizing Risk without Privatizing the Welfare State: The Hidden Politics of Social Policy Retrenchment in the United States," *American Political Science Review* 98(2): 243-60.

________________(2005). "Policy Drift: The Hidden Politics of US Welfare State Retrenchment,"in Wolfgang Streeck and Kathleen Thelen(eds.), *Beyond Continuity: Institutional Change in Advanced Political Economies*. Oxford: Oxford University Press, 40-82.

Hall, Peter A.(1986). *Governing the Economy: The Politics of State Intervention in Britain and France*. Cambridge, U.K.: Polity Press.

____________(1993). "Policy Paradigms, Social Learning, and the State: The Case of Economic Policymaking in Britain," *Comparative Politics* 25(3): 275-96.

____________(2006). "Introduction: The Politics of Social Change in France," in Pepper D. Culpepper, Peter A. Hall, and Bruno Palier (eds.), *Changing France: The Politics That Markets Make*. London: Palgrave Macmillan, 1-28.

Hall, Peter A. and David Soskice(2001). *Varieties of Capitalism: The Institutional Foundations of Comparative Advantage*. New York: Oxford University Press.

Hassenteufel, Patrick and Bruno Palier(2007). "Towards Neo-Bismarckian Health Care States? Comparing Health Insurance Reforms in Bismarckian Welfare Systems," *Social Policy and Administration* 41(6): 574-96.

Häusermann, Silja(2002). Flexibilisation des relations d'emploi et sécurité sociale. La réforme de la loi suisse sur la prévoyance professionnelle.

Unpublished manuscript. Lausanne: Idheap.
____________(2006). "Changing Coalitions in Social Policy Reforms: The Politics of New Social Needs and Demands," *Journal of European Social Policy* 16(1): 5–21.
____________(2006b). "Different Paths of Family Policy Modernization in Continental Welfare States: Changing Dynamics of Reform in German and Swiss family policies since the mid-70s," paper presented at the annual conference of the Swiss Political Science Association, Balsthal, November 2–3.
____________(2008). "What Explains the "Unfreezing" of Continental European Welfare States?" paper presented at the annual conference of the American Political Science Association, Boston, August 28–31.
____________(2009). "Policy Flexibility vs. Policy Inertia: Coalitional Dynamics in German Pension Reform," in Giliberto Capano and Michael Howlett(eds.), *European and American Experiences in Policy Change: Policy Drivers and Policy Dynamics*. London: Routledge, 43–67.
____________(2010a). "Reform Opportunities in a Bismarckian Latecomer: Restructuring the Swiss Welfare State," in Bruno Palier (ed.), *A Long Goodbye to Bismarck? The Politics of Welfare Reforms in Continental European Welfare States*. Amsterdam: Amsterdam University Press.
____________(2010b). "Solidarity with Whom? Why Organized Labor Is Losing Ground in Continental Pension Politics," *European Journal of Political Research*.
Häusermann, Silja, André Mach, and Yannis Papadopoulos(2004). "From Corporatism to Partisan Politics: Social Policy Making under Strain in Switzerland," *Swiss Political Science Review* 10(2): 33–59.
Häusermann, Silja and Hanna Schwander (2009). "Identifying Outsiders across Countries: Similarities and Differences in Patterns ofDualisation," Recwowe Working Paper No. 09/09.
Heclo, Hugh(1974). *Modern Social Politics in Britain and Sweden: From Relief to Income Maintenance*. New Haven, CT: Yale University Press.
Hemerijck, Anton and Ive Marx (2010). "Redirecting Continental Welfare in Belgium and the Netherlands," in Bruno Palier(ed.), *A Long Goodbye to Bismarck? The Politics of Welfare Reforms in Continental Europe*. Amsterdam: Amsterdam University Press.
Hemerijck, Anton, Brigitte Unger, and Jelle Visser(2000). "How Small

Countries Negotiate Change: Twenty-Five Years of Policy Adjustment in Austria, the Netherlands and Belgium," in Fritz W. Scharpf and Vivien A. Schmidt(eds.), *Welfare and Work in the Open Economy, vol. 2, Diverse Responses to Common Challenges.* Oxford: Oxford University Press, 175–263.

Hering, Martin(2004a). *Rough Transition: Institutional Change in Germany's "Frozen" Welfare State.* Ph.D. dissertation, Johns Hopkins University, Baltimore.

____________(2004b). "Turning Ideas into Policies: Implementing Modern Social Democratic Thinking in Germany's Pension Policy," in Giuliano Bonoli and Martin Powell(eds.), *Social Democratic Party Policies in Contemporary Europe.* London: Routledge, 102–22.

Hinrichs, Karl(2000). "Auf dem Weg zur Alterssicherungspolitik – Reformperspektiven in der gesetzlichen Rentenversicherung," in Stephan Leibfried and Uwe Wagschal(eds.), *Der deutsche Sozialstaat. Bilanzen – Reformen – Perspektiven.* Schriften des Zentrums für Sozi-alpolitik, Bd. 10, Bremen, 276–305.

____________(2005). "New Century – New Paradigm: Pension Reforms in Germany,"in Toshimitsu Shinkawa and Giuliano Bonoli(eds.), *Ageing and Pension Reform around the World: Evidence from Eleven Countries.* Cheltenham: Edward Elgar, 47–73.

Hiscox, Michael J.(2001). "Class versus Industry Cleavages: Inter-Industry Factor Mobility and the Politics of Trade," *International Organization* 55(1): 1–46.

Huber, Evelyne, Charles Ragin, and John D. Stephens(1993). "Social Democracy, Christian Democracy, Constitutional Structure, and the Welfare State," *American Journal of Sociology* 99(3): 711–49.

Huber, Evelyne and John D. Stephens(1998). "Internationalization and the Social Democratic Model: Crisis and Future Prospects," *Comparative Political Studies* 31(3): 353–97.

____________________(2001). *Development and Crisis of the Welfare State: Parties and Policies in Global Markets.* Chicago: University of Chicago Press.

____________________(2006). "Combating Old and New Social Risks," in Klaus Armingeon and Giuliano Bonoli(eds.), *The Politics of Post-Industrial Welfare States.* London: Routledge, 143–67.

IDA FiSo 1(1996). Interdepartementale Arbeitsgruppe "Finanzieru-ngsperspektiven der Sozialversicherungen": *Bericht über die Fina-nzierungsperspektiven der Sozialversicherungen unter besonderer Berucksichtigung der demographischen Entwicklung.* Bern: Bundesamt für Sozialversicherungen.

__________(1997). Interdepartementale Arbeitsgruppe "Finanzier-ungsperspektiven der Sozialversicherungen": *Analyse der Leistungen der Sozialversicherungen; Konkretisierung möglicher Veränderungen für drei Finanzierungsperspektiven.* Bern: Bundesamt fur Sozialversicherungen.

Immergut, Ellen M.(1992). *Health Politics: Interests and Institutions in Western Europe.* Cambridge: Cambridge University Press.

Immergut, Ellen M. and Karen M. Anderson(2006). "Editor's Introduction: The Dynamics of Pension Politics," in Ellen M. Immergut, Karen M. Anderson, and Isabelle Schulze(eds.), *The Handbook of West European Pension Politics.* Oxford: Oxford University Press, 1-47.

Inglehart, Ronald(1977). *The Silent Revolution: Changing Values and Political Styles among Western Publics.* Princeton, NJ: Princeton University Press.

Inglehart, Ronald and Pippa Norris(2000). "The Developmental Theory of the Gender Gap: Women's and Men's Voting Behavior in Global Perspective," *International Political Science Review*, 21(4): 441-63.

Institut für Politikwissenschaft der Universität Bern(1970-2003). *Année politique suisse.* Bern: Universität Bern.

International Social Survey Program(1996). *ISSP: Role of Government III, 1996*(ZACAT computer file). Cologne, Germany: Zentralarchiv fur Empirische Sozialforschung(producer) and Mannheim, Germany: GESIS Leibniz Institute for the Social Sciences.

Iversen, Torben, Thomas Cusack, and Philipp Rehm(2006). "Risks at Work: The Demand and Supply Sides of Government Redistribution," *Oxford Review of Economic Policy* 22(3): 365-89.

Iversen, Torben and Frances Rosenbluth(2006). "The Political Economy of Gender: Explaining Cross-National Variation in the Gender Division of Labor and the Gender Voting Gap," *American Journal of Political Science* 50: 1-19.

Iversen, Torben and David Soskice(2001). "An Asset Theory of Social Policy Preferences," *American Political Science Review* 95(4): 875-93.

______________________________(2006). "Electoral Institutions and the Politics of Coalitions: Why Some Democracies Redistribute More Than Others," *American Political Science Review*, 100(2): 165-181.

Iversen, Torben and Anne Wren(1998). "Equality, Employment and Budgetary Restraint: The Trilemma of the Service Economy," *World Politics* 50(July): 507-46.

Jacobs, Alan M. (2004). *Governing for the Long Term: Democratic Politics and Policy Investment.* Cambridge, MA: Department of Government, Harvard University.

Jaumotte, Florence(2003). "Female Labour Force Participation: Past Trends and Main Determinants in OECD Countries," OECD Economics Department Working Papers ECO/WKP(2003)30, No. 376.

Jegher, Annina(1999). *Bundesversammlung und Gesetzgebung.* Bern: Haupt.

Jenson, Jane and Mariette Sineau(1994). "François Mitterrand and French Women: Un rendez-vous manque," *French Politics and Society* 12(4): 35-52.

______________________________(2001). *Who Cares? Women's Work, Childcare, and Welfare State Redesign.* Toronto: University of Toronto Press.

Katzenstein, Peter J.(1985). *Small States in World Markets.* Ithaca, NY: Cornell University Press.

____________________(1987). *Policy and Politics in West Germany: The Growth of a Semisovereign State.* Philadelphia: Temple University Press.

Kirchheimer, Otto(1966). "The Transformation of the Western European Party Systems," in Joseph LaPalombara and Myron Weiner(eds.), *Political Parties and Political Development.* Princeton, NJ: Princeton University Press, 177-200.

Kitschelt, Herbert(1994). *The Transformation of European Social Democracy.* Cambridge: Cambridge University Press.

________________(1997). *The Radical Right in Western Europe: A Comparative Analysis.* Ann Arbor: University of Michigan Press.

________________(2001). "Partisan Competition and Welfare State Retrenchment: When Do Politicians Choose Unpopular Policies?," in Paul Pierson(ed.), *The New Politics of the Welfare State.* Oxford: Oxford University Press, 265-302.

________________(2003). "Political-Economic Context and Partisan Strategies in the German Federal Elections 1990-2002," *West European Politics* 26(4): 125-52.

Kitschelt, Herbert and Philip Rehm(2005). "Work, Family and Politics:

Foundations of Electoral Partisan Alignments in Postindustrial Democracies," paper prepared for delivery at the annual meeting of the American Political Science Association, Washington, D.C., September 1–4.

______________________(2006). "New Social Risk and Political Preferences,"in Klaus Armingeon and Giuliano Bonoli(eds.), *The Politics of Post-Industrial Welfare States: Adapting Post-War Policies to New Social Risks*. London: Routledge, 52–82.

Kitschelt, Herbert and Wolfgang Streeck(2003). "From Stability to Stagnation: Germany at the Beginning of the Twenty-First Century," *West European Politics* 26(4): 1–34.

Knight, Jack(1999). *Explaining the Rise of Neo-Liberalism: The Mechanisms of Institutional Change*. Unpublished manuscript, Washington University in St. Louis, St. Louis, MO.

Kolinsky, Eva(1993). "Party Change and Women's Representation in Unified Germany," in Joni Lovendusky and Pippa Norris(eds.), *Gender and Party Politics*. London: Sage, 113–46.

Korpi, Walter(1983). *The Democratic Class Struggle*. London: Routeledge and Kegan.

Korpi, Walter and Joakim Palme(2003). "New Politics and Class Politics in the Context of Austerity and Globalization: Welfare State Regress in 18 Countries. 1975–95," *American Political Science Review* 97(3): 425–46.

Kriesi, Hanspeter(1980). *Entscheidungsstrukturen und Entscheidungsprozesse in der Schweizer Politik*. Frankfurt: Campus, Verlag.

___________(1986). "Einleitung," in Peter Farago and Hanspeter Kriesi(eds.), *Wirtschaftsverbände in der Schweiz. Organisation und Aktivitäten von Wirtschaftsverbänden in vier Sektoren der Industrie*. Grüsch: Rüegger, 1–18.

___________(1998a). *Le système politique suisse*. Paris: Economica.

___________(1998b). "The Transformation of Cleavage Politics: The 1997 Stein Rokkan Lecture," *European Journal of Political Research* 33(2): 165–88.

___________(1999). "Movements of the Left, Movements of the Right: Putting the Mobilization of Two New Types of Social Movements into Political Context," in Herbert Kitschelt, Peter Lange, Gary Marks, and John D. Stephens(eds.), *Continuity and Change in*

Contemporary Capitalism. Cambridge: Cambridge University Press, 398-423.

Kriesi, Hanspeter, Edgar Grande, Romain Lachat, Martin Dolezal, Simon Bornschier, and Timotheos Frey(2006). "Globalization and the Transformation of the National Political Space: Six European Countries Compared," *European Journal of Political Research* 45(6): 1-36.

________________(2008). *West European Politics in the Age of Globalization.* Cambridge: Cambridge University Press.

Kuhnle, Stein(2000). *Survival of the European Welfare State.* London: Routledge.

Künzi, Kilian and Markus Schärrer(2004). *Wer zahlt für die Soziale Sicherheit und wer profitiert davon? Eine Analyse der Sozialtransfers in der Schweiz.* Zurich: Rüegger.

Laver, Michael and W. Ben Hunt(1992). *Policy and Party Competition.* New York: Routledge.

Laver, Michael and Norman Schofield(1990). *Multiparty Government: The Politics of Coalition in Europe.* Oxford: Oxford University Press.

Lehmbruch, Gerhard(2000). *Parteienwettbewerb im Bundesstaat. Regelsysteme und Spannungslagen im politischen System der Bundesrepublik Deutschland.* Wie-sbaden: Westdeutscher, Verlag.

Leibfried, Stephan and Herbert Obinger(2003). "The State of the Welfare State: German Social Policy between Macroeconomic Retrenchment and Microeconomic Recalibration", *West European Politics* 26(4): 199-218.

Leimgruber, Matthieu(2008). *Solidarity without the State? Business and the Shaping of the Swiss Welfare State, 1890-2000.* Cambridge: Cambridge University Press.

Leitner, Sigrid and Herbert Obinger(1996). "Feminisierung der Armut im Wohlfahrtsstaat. Eine strukturelle Analyse weiblicher Armut am Beispiel der Alterssicherung in Österreich und in der Schweiz," *Swiss Political Science Review* 2(4): 1-35.

Leitner, Sigrid, Ilona Ostner, and Margrit Schratzenstaller(2004). *Wohlfahrtsstaat und Geschlechterverhaltnis im Umbruch. Was kommt nach dem Ernährermodell?* Wiesbaden: VS Verlag fur Sozialwissenschaften.

Lepperhoff, Julia, Traute Meyer, and Barbara Riedmüller(2001). "Zur Alterssicherung der Frau in Deutschland und in der Schweiz," *Leviathan* 29(2): 199-217.

Leu, Robert E., Stefan Burri, and Tom Priester(1997). *Lebensqualitat und Armut in der Schweiz*. Bern: Haupt.

Leuzinger-Naef, Susanne(1998). "Flexibilisierte Arbeitsverhältnisse im Sozialversicherungsrecht," *Soziale Sicherheit* 3: 125–43.

Levy, Jonah(1999). "Vice into Virtue? Progressive Politics and Welfare Reform in Continental Europe," *Politics and Society* 27(2): 239–73.

__________(2000). "France: Directing Adjustment?" in Fritz W. Scharpf and Vivien Schmidt(eds.), *Welfare and Work in the Open Economy*, vol. 2. Oxford: Oxford University Press, 308–50.

Lewis, Jane(1992). "Gender and the Development of Welfare Regimes," *Journal of European Social Policy* 2(3): 159–73.

__________(1993). *Women and Social Policies in Europe: Work, Family and the State*. Aldershot: Edward Elgar.

Lijphart, Arend(1999). *Patterns of Democracy: Government Forms and Performance in Thirty-Six Countries*. New Haven, CT: Yale University Press.

Lipset, Seymour M. and Stein Rokkan(1985). "Cleavage Structures, Party Systems, and Voter Alignments," in Seymour M. Lipset(ed.), *Consensus and Conflict. Essays in Political Sociology*, 113–85. New Brunswick, NJ: Transaction Books.

Lister, Ruth(2004). "The Third Way's Social Investment State," in Jane Lewis and Rebecca Surender(eds.), *Welfare State Change: Towards a Third Way?* Oxford: Oxford University Press, 157–82.

Luchsinger, Christine(1995). *Solidarität, Selbständigkeit, Bedürftigkeit. Der schwierige Weg zu einer Gleichberechtigung der Geschlechter in der AHV 1939–1980*. Zurich: Chronos.

Mach, André(2006). *La Suisse entre internationalisation et changements politiques internes. La législation sur les cartels et les relations industrielles dans les années 1990*. Zurich: Rüegger.

Mach, André and Daniel Oesch(2003). "Collective Bargaining between Decentralization and Stability: A Sectoral Model Explaining the Swiss Experience during the 1990s," *Industrielle Beziehungen* 10(4): 160–82.

Mahoney, James and Kathleen Thelen(2010). "A Theory of Gradual Instituitional Change," in James Mahoney and Kathleen Thelen(eds.), *Explaining Institutional Change: Ambiguity, Agency and Power*. Cambridge: Cambridge University Press,1–37.

Manow, Philip(2001). "Comparative Institutional Advantages of Welfare

State Regimes and New Coalitions in Welfare State Reforms," in Paul Pierson(ed.), *The New Politics of the Welfare State.* Oxford: Oxford University Press, 146-64.

______________(2002a). "The Good, the Bad and the Ugly: Esping-Andersens Sozialstaats-Typologie und die konfessionellen Wurzeln des westlichen Wohlfahrtsstaates," *Kölner Zeitschrift für Soziologie und Sozialpsychologie* 54(2): 203-25.

______________(2002b). *Social Protection, Capitalist Production. The Bismarckian Welfare State and the German Political Economy from the 1880s to the 1990s.* Habilitationsschrift, Universität Konstanz.

Manow, Philip and Simone Burkhart(2004). "Legislative Autolimitation under Divided Government - Evidence from the German Case 1976-2002," Max Planck Institut fur Gesellschaftsforschung(MPIfG) Discussion Paper 04/11. Cologne: Max Planck Institute for the Study of Societies.

Manow, Philip and Eric Seils(2000). "Adjusting Badly: The German Welfare State, Structural Change, and the Open Economy," in Fritz W. Scharpf and Vivien A. Schmidt(eds.), *Welfare and Work in the Open Economy*, vol. 2, *Diverse Responses to Common Challenges.* Oxford: Oxford University Press, 264-307.

Mares, Isabela(2000). "Strategic Alliances and Social Policy Reform: Unemployment Insurance in Comparative Perspective," *Politics and Society* 28(2): 223-44.

____________(2001a). "Enterprise Reorganisation and Social Insurance Reform: The Development of Early Retirement in France and Germany," *Governance* 14(3): 295-317.

____________(2001b). "Firms and the Welfare State: When, Why and How Does Social Policy Matter to Employers?" in Peter A. Hall and David Soskice(eds.), *Varieties of Capitalism: The Institutional Foundations of Comparative Advantage.* NewYork: Oxford University Press, 184-212.

____________(2003a). *The Politics of Social Risk.* Cambridge: Cambridge University Press.

____________(2003b). "The Sources of Business Interests in Social Insurance: Sectoral versus National Differences," *World Politics* 55(2): 229-58.

Marques-Pereirea, B´ereng`ere and Olivier Paye(2001). "Belgium: The Vices and Virtues of Pragmatism," in Jane Jenson and Mariette

Sineau(eds.), *Who Cares? Women's Work, Childcare, and Welfare State Redesign*. Toronto: University of Toronto Press, 56-87.

Martin, Cathie Jo(1995). "Nature or Nurture? Sources of Firm Preferences for National Health Reform," *American Political Science Review* 89: 898-913.

______________(1997). "Mandating Social Change: the Business Struggle over National Health Reform," *Governance* 10(4): 397-428.

Meyer, Traute(1998). "Retrenchment, Reproduction, Modernization: Pension Politics and the Decline of the German Breadwinner Model," *Journal of European Social Policy* 8(3): 212-27.

Morgan, Kimberly(2006). *Working Mothers and the Welfare State: Religion and the Politics of Work-Family Policies in Western Europe and the United States*. Palo Alto, CA: Stanford University Press.

Mühlberger, Ulrike(2000). *Neue Formen der Beschaftigung. Arbeitsflexibilisierung durch atypische Beschäftigung in Österreich*. Vienna: Braumuller.

Müller Hans-Peter and Manfred Wilke(2003). "Gewerkschaftsfusionen: Der Weg zu modernen Multibranchengewerkschaften," inWolfgang Schroeder and Bernhard Wessels(eds.), *Die Gewerkschaften in Politik und Gesellschaft der Bundesrepublik Deutschland*. Wiesbaden. Westdeutscher Verlag, 122-43.

Myles, John(1984). *Old Age in the Welfare State: The Political Economy of Public Pensions*. Lawrence: University of Kansas Press.

Myles, John and Paul Pierson(1997). "Friedman's Revenge: The Reform of 'Liberal' Welfare States in Canada and the United States," *Politics and Society* 25: 443-72.

_____________________(2001). "The Comparative Political Economy of Pension Reform," in Paul Pierson(ed.), *The New Politics of the Welfare State*. Oxford: Oxford University Press, 305-33.

Natali, David(2003). "The Role of Trade Unions in the Pension Reforms in France and Italy in the 1990s: New Forms of Political Exchange?" European University Institute Working Paper SPS, No. 2003/3. Florence: European University Institute.

Natali, David and Martin Rhodes(2004). "The 'New Politics' of the Bismarckian Welfare State: Pension Reforms in Continental Europe," European University Institute Working Paper SPS, No. 2004/10. Florence: European University Institute.

_______________________(2008). "The 'New Politics' of

Pension Reforms in Continental Europe," in Camila Arza and Martin Kohli (eds.), *Pension Reform in Europe.* London: Routledge, 55–75.

Naumann, Ingela(2005). "Child Care and Feminism in West Germany and Sweden in the 1960s and 1970s," *Journal of European Social Policy* 15(1): 47–63.

Neidhart, Leonhard(1970). *Plebiszit und pluralitareDemokratie. Eine Analyse der Funktionen des schweizerischen Gesetzesreferendums.* Bern: Francke.

Neuhold, Christine(1999). "Atypische Beschaftigung in Deutschland und Frankreich," in Emmerich Talos (ed.), *Atypische Beschaftigung. Interna-tionale Trends und sozialstaatliche Regelungen.* Vienna: Manz, 36–81.

Nova, Colette and Silja Häusermann(2005). *Endlich existenzsichernde Renten. Erste Säule stärken – 3000 Franken Rente für alle.* Dossier 34, Bern: Schweizerischer Gewerkschaftsbund.

Nullmeier, Frank and Friedbert W. Rub(1993). *Die Transformation der Sozialpolitik. Vom Sozialstaat zum Sicherungsstaat.* Frankfurt: Campus.

Obinger, Herbert(1998). *Politische Institutionen und Sozialpolitik in der Schweiz.* Frankfurt: Peter Lang.

O'Connor, Julia(1993). "Gender, Class and Citizenship in the Comparative Analysis of Welfare State Regimes: Theoretical and Methodological Issues," *British Journal of Sociology* 44(3): 501–18.

Oesch, Daniel(2005). "Remodelling Class to Make Sense of Party Support: Class Voting in Britain, Germany and Switzerland," paper presented at the European Consortium for Political Research General Conference, September 8-10, Budapest.

____________(2006). *Redrawing the Class Map: Stratification and Institutions in Germany, Britain, Sweden and Switzerland.* London: Palgrave Macmillan.

Organisation for Economic Co-operation and Development(2005). *Pensions at a Glance: Public Policies across OECD Countries.* Paris: Organisation for Economic Co-operation and Development.

____(2007). *Pensions at a Glance: Public Policies across OECD Countries.* Paris: Organisation for Economic Co-operation and Development.

Orloff, Ann Shola(1993). "Gender and the Social Rights of Citizenship: The Comparative Analysis of Gender Relations and Welfare States," *American Sociological Review* 58(3): 303–28.

Orloff, Ann Shola(1996). "Gender in the Welfare State," *Annual Review of Sociology* 22: 51–78.

____________(2006). "From Maternalism to 'Employment for All': State Policies to Promote Women's Employment across the Affluent Democracies," in Jonah Levy(ed.), *The State after Statism.* Cambridge, MA: Harvard University Press, 230–68.

Orloff, Ann Shola and Theda Skocpol(1984). "Why Not Equal Protection? Explaining the Politics of Public Social Welfare in Britain and the United States, 1880s–1920s," *American Sociological Review* 49: 726–50.

Palier, Bruno(2002). *Gouverner la sécurité sociale.* Paris: Presses Universitaires de France.

____________(2003a). *La réforme des retraites.* Paris: Presses Universitaires de France.

____________(2003b). "Facing the Pension Crisis in France," in Noel Whiteside and Gordon Clarke (eds.), *Pension Security in the 21st Century: Redrawing the Public-Private Divide.* Oxford: Oxford University Press, 93–114.

____________(2005). "Ambiguous Agreement, Cumulative Change: French Social Policy in the 1990s," in Wolfgang Streeck and Kathleen Thelen(eds.), *Beyond Continuity: Institutional Change in Advanced Political Economies.* Oxford: Oxford University Press, 127–44.

____________(2006). "The Long Good Bye to Bismarck? Changes in the French Welfare State," in Pepper D. Culpepper, Peter A.Hall, and Bruno Palier(eds.), *Changing France: The Politics That Markets Make.* London: Palgrave Macmillan, 107–28.

____________(2010). *A Long Goodbye to Bismarck? The Politics of Welfare Reforms in Continental Europe.* Amsterdam: Amsterdam University Press.

Palier, Bruno and Christelle Mandin(2004). "France: A New World of Welfare for New Social Risks?" in Peter Taylor-Gooby(ed.), *New Risks, New Welfare: The Transformation of the European Welfare State.* Oxford: Oxford University Press, 111– 31.

Palier, Bruno and Claude Martin(2007). "From a 'Frozen Landscape' to Structural Reforms: The Sequential Transformation of Bismarckian Welfare Systems," *Social Policy and Administration* 41(6): 535–54.

Peacock, Alan R. and Jack Wiseman(1961). *The Growth of Public Expenditure in the United Kingdom.* Princeton, NJ: Princeton University Press.

Pfenning, Astrid and Thomas Bahle(eds)(2000). *Families and Family Policies*

in Europe: Comparative Perspectives. Frankfurt: Peter Lang.
Pierson, Paul(1996). "The New Politics of the Welfare State," *World Politics* 48(2): 143–79.
____________(2000a). "Increasing Returns, Path Dependence, and the Study of Politics," *American Political Science Review* 94(2): 251–67.
____________(2000b). "Not Just What, but When: Timing and Sequence in Political Processes," *Studies in American Political Development* 14(1): 73–93.
____________(2000c). "Three Worlds of Welfare State Research," *Comparative Political Studies* 33 (6/7): 791–821.
____________(2001). "Coping with Permanent Austerity: Welfare State Restructuring in Affluent Democracies," in Paul Pierson(ed.), *The New Politics of the Welfare State*. Oxford: Oxford University Press, 410–56.
____________(2004). *Politics in Time: History, Institutions and Social Analysis*. Princeton, NJ: Princeton University Press.
Poitry, Alain-Valery(1989). *La fonction d'ordre de l'Etat. Analyse des mécanismes et des déterminants sélectifs dans le processus législatif suisse*. Bern: Lang.
Pontusson, Jonas und Peter Swenson(1996). "Labor Markets, Production Strategies and Wage Bargaining Institutions: The Swedish Employer Offensive in Comparative Perspective," *Comparative Political Studies* 29(2): 223–50.
Powell, Bingham(2000). *Elections as Instruments of Democracy: Majoritarian and Proportional Visions*. New Haven, CT: Yale University Press.
Queisser, Monika und Dimitri Vittas(2000). *The Swiss Multi-Pillar Pension System: Triumph of Common Sense?* Development Research Group, Washington: World Bank.
Rabinowitz, George and Stuart E. Macdonald(1989). "A Directional Theory of Issue Voting," *American Political Science Review* 83(1): 93–121.
Rechsteiner, Rudolf(2002). *Flexibilitat und soziale Sicherung in der Schweiz unter besonderer Berucksichtigung der Alterssicherung*. Basel: Selbstverlag.
Reinberg, Alexander and Markus Hummel(2003). "Steuert Deutschland langfristig auf einen Fachkräftemangel zu?" *Institut fur Arbeitsmarkt – und Berufsforschung der Bundesanstalt fur Arbeit*, Institut für Arbeitsmarkt- und Berufsforschung Kurzbericht, 9, Nürnberg, 1–8.
Rhodes, Martin(2001). "The Political Economy of Social Pacts: 'Competitive Corporatism'and European Welfare Reform," in Paul

Pierson(ed.), *The New Politics of the Welfare State.* Oxford: Oxford University Press, 165–94.
Rhodes, Martin and David Natali(2004). "Trade-Offs and Veto Players: Reforming Pensions in France and Italy," *French Politics* 2(1): 1–23.
Riedmüller, Barbara(2000). "Frauen – und familienpolitische Leitbilder im deutschen Alterssicherungssystem," in Winfried Schm¨ahl und Klaus Michaelis(eds.), *Alterssicherung von Frauen – Leitbilder, gesellschaftlicher Wandel und Reformen.* Wiesbaden: Westdeutscher, Verlag, 36–45.
Riker, William H.(1986). *The Art of Political Manipulation.* New Haven, CT: Yale University Press.
Riker, William H.(1987). *The Theory of Political Coalitions.* New Haven, CT: Yale University Press.
Rokeach, Milton(1973). *The Nature of Human Values.* New York: Free Press.
Rueda, David(2005). "Insider-Outsider Politics in Industrialized Democracies: The Challenge to Social Democratic Parties," *American Political Science Review* 99(1): 61–74.
__________(2006). *Social Democracy Inside Out.* Oxford: Oxford University Press.
Rusciano, Frank Louis(1992). "Rethinking the Gender Gap: The Case of West German Elections, 1949–1987," *Comparative Politics* 24(3): 335–57.
Sabatier, Paul A. and Hank C. Jenkins-Smith(1993). *Policy Change and Learning: An Advocacy Coalition Approach.* Boulder, CO: Westview.
Sainsbury, Diane(1994). "Women's and Men's Social Rights: Gendering Dimensions of Welfare States," in D. Sainbury(ed.), *Gendering Welfare States.* London: Sage, 150–169.
Scharpf, Fritz W.(2000). "The Viability of Advanced Welfare States in the International Economy: Vulnerabilities and Options," *Journal of European Public Policy* 7(2): 190–228.
Scharpf, Fritz W. and Vivien A. Schmidt(2000). *Welfare and Work in the Open Economy: From Vulnerability to Competitiveness.* Oxford: Oxford University Press.
Schickler, Eric(2001). *Disjointed Pluralism: Institutional Innovation and the Development of the U.S. Congress.* Princeton, NJ: Princeton University Press.
Schludi, Martin(2005). *The Reform of Bismarckian Pension Systems: A Comparison of Pension Politics in Austria, France, Germany, Italy and Sweden.*

Amsterdam: Amsterdam University Press.
_______________(2008). "Between Conflict and Consensus: The Reform of Bismarckian Pension Regimes," in Camila Arza and Martin Kohli (eds.), *Pension Reform in Europe*. London: Routledge, 76-99.
Schluep, Kurt(2003). *Finanzierungsbedarf in der AHV(inkl. EL)*. Forschungsbericht, Nr. 10/03. Bundesamt für Sozialversicherungen, Bern: Beiträge zur Sozialen, Sicherheit.
Schmähl, Winfried(1997). "The Public-Private Mix in Pension Provision in Germany," in Martin Rein and Eskil Wadensjö(eds.), *Enterprise and the Welfare State*. Cheltenham: Edward Elgar, 99-148.
_______________(2000). "Alterssicherung von Frauen im Prozess ökonomischen, gesellschaftlichen und politischen Wandels," in Winfried Schmähl und Klaus Michaelis(eds.), *Alterssicherung von Frauen - Leitbilder, gesellschaftlicher Wandel und Reformen*. Wiesbaden: Westdeutscher, Verlag, 9-35.
Schmähl, Winfried and Klaus Michaelis(2000). *Alterssicherung von Frauen - Leitbilder, gesellschaftlicher Wandel und Reformen*. Wiesbaden: Westdeutscher, Verlag.
Schmidt, Manfred(1998). *Sozialpolitik in Deutschland. Historische Entwicklung und internationaler Vergleich*. Opladen: Leske und Budrich.
Schmidt, Manfred G.(2000). "Immer noch auf dem "mittleren Weg"? Deutschlands Politische Ökonomie am Ende des 20. Jahrhunderts," in Roland Czada und Hellmut Wollmann(eds.), *Von der Bonner zur Berliner Republik. 10 Jahre deutsche Einheit*. Wiesbaden: Westdeutscher, Verlag, 491-514.
Schmidt, Vivien(1999). "The Changing Dynamics of State-Society Relations in the Fifth Republic," *West European Politics* 22(4): 141-65.
Schmitter, Philippe C.(1979). "Still the Century of Corporatism?" in Philippe C. Schmitter und Gerhard Lehmbruch(eds.), *Trends toward Corporatist Intermediation*, 7-48. London: Sage.
Schmitter, Philippe C. and Wolfgang Streeck(1981). "The Organization of Business Interests: A Research Design," rev. discussion paper IIMV/LMP 81-13. Berlin, Wissenschaftszentrum.
Schroeder, Wolfgang and Stephen J. Silvia(2003). "Gewerkschaften und Arbeitgeberverbände," in Wolfgang Schroeder and Bernhard Wessels (eds.), *Die Gewerkschaften in Politik und Gesellschaft der Bundesrepublik Deutschland*. Wiesbaden. Westdeutscher, Verlag, 246-72.

Schroeder, Wolfgang and Bernhard Wessels(2003). "Das deutsche Gewerkschaftsmodell im Transformationsprozess: Die neue deutsche-Gewerkschaftslandschaft," in Wolfgang Schroeder and Bernhard Wessels(eds.), *Die Gewerkschaften in Politik und Gesellschaft der Bundesrepublik Deutschland.* Wiesbaden: Westdeutscher, Verlag, 11-40.

Schulze, Isabelle(2007). *Der Einfluss von Wahlsystemen auf Politikinhalte. Electoral Threat in der Rentenpolitik.* Baden-Baden: Nomos.

Schulze, Isabelle and Sven Jochem(2007). "Germany: Beyond Policy Gridlock," in Ellen M. Immergut, Karen M. Anderson, and Isabelle Schulze(eds.), *The Handbook of West European Pension Politics.* Oxford: Oxford University Press, 660-712.

Schulze, Isabelle and Martin Schludi(2007). "Austria: From Electoral Cartels to Competitive Coalition-Building," in Ellen M. Immergut, Karen M. Anderson, and Isabelle Schulze(eds.), *The Handbook of West European Pension Politics.* Oxford: Oxford University Press, 555-604.

Schwartz, Herman(2001). "Round Up the Usual Suspects! Globalization, Domestic Politics, and Welfare State Change," in Paul Pierson(ed.), *The New Politics of the Welfare State.* Oxford: Oxford University Press, 17-44.

Sciarini, Pascal(1999). "La formulation de la decision," in U. Klöti, Peter Knoepfel, Hanspeter Kriesi, Wolf Linder, and Yannis Papadopoulos (eds.), *Handbuch der Schweizer Politik.* Zurich: NZZ, Verlag, 491-528.

Sciarini, Pascal, Sarah Nicolet, and Alex Fischer(2002). "L'impact de l'internationalisation sur les processus de décision en Suisse: Une analyse quantitative des actes législatifs 1995-1999," *Swiss Political Science Review* 3Scott, J.(1992). *Social Network Analysis.* Newbury Park, CA: Sage.

Senti, Martin(1994). *Geschlecht als politischer Konflikt. Erfolgsbedingungen einer gleichstellungspolitischen Interessendurchsetzung.* Bern: Haupt.

SGK-N(2002). *Bericht der Kommission fur soziale Sicherheit und Gesundheit(SGK-N) uber den Vorsorgeschutz fur Teilzeitbeschaftigte und Personen mit kleinen Einkommen, uber die Anpassung des Umwandlungssatzes und uber die paritatische Verwaltung der Vorsorgeeinrichtungen*, March. Bern: Vereinigte Bundesversammlung.

Shepsle, Kenneth A.(1979). "Institutional Arrangements and Equilibrium in Multidimensional Voting Models," *American Journal of Political Science* 23(1): 27-59.

Siegel, Nico and Sven Jochem(2003). *Konzertierung, Verhandlungsdemokratie und Reformpolitik im Wohlfahrtsstaat. Das Modell Deutschland im Vergleich.* Opladen: Leske und Budrich.

Skocpol, Theda(1992). *Protecting Soldiers and Mothers.* Cambridge, MA: Harvard University Press.

Stephens, John D.(1979). *The Transition from Capitalism to Socialism.* London: Macmillan.

Stephens, John D., Evelyne Huber and Leonard Ray(1999). "The Welfare State in Hard Times," in Herbert Kitschelt, Peter Lange, Gary Marks, and John D. Stephens(eds.), *Continuity and Change in Contemporary Capitalism.* Cambridge: Cambridge University Press, 164-193.

Streeck, Wolfgang(1991). "On the Institutional Conditions of Diversified Quality Production", in Egon Matzner and Wolfgang Streeck(eds.), *Beyond Keynesianism: The Socio-Economics of Production and Employment.* London: Edward Elgar, 21-61.

Streeck, Wolfgang and Kathleen Thelen(2005). *Beyond Continuity: Institutional Change in Advanced Political Economies.* Oxford: Oxford University Press.

Suter, Christian and Marie-Claire Mathey(2000). "Wirksamkeit und Umverteilungseffekte staatlicher Sozialleistungen," *info: social* 3, 1-80.

Swank, Duane and Cathie Jo Martin(2001). "Employers and the Welfare State: The Political Economic Organization of Firms and Social Policy in Contemporary Capitalist Democracies," *Comparative Political Studies* 34(8): 889-923.

Swenson, Peter A.(1991a). "Bringing Capital Back In, or Social Democracy Reconsidered: Employer Power, Cross-Class Alliances, and Centralization of Industrial Relations in Denmark and Sweden," *World Politics* 43(4): 513-44.

________________(1991b). "Labor and the Limits of the Welfare State: The Politics of Intraclass Conflict and Cross-Class Alliances in Sweden and West Germany," *Comparative Politics* 24(2): 379-99.

________________(2002). *Capitalists against Markets: The Making of Labor Markets and Welfare States in the United States and Sweden.* New York: Oxford University Press.

Tabah, Leon(1986). *Vieillir solidaires. Rapport du Commissariat général du Plan.* Paris: La Documentation francaise.

Taddei, Dominique, Jean-Michel Charpin and Olivier Davanne(1999). *Retraites choisies et progressives.* Paris: Conseil d'analyse économique.

Talos, Emmerich(ed.)(1999). *Atypische Beschäftigung. Internationale Trends und sozialstaatliche Regelungen.* Vienna: Manz, Verlag.

Taylor-Gooby, Peter(2005). *New Risks, New Welfare: The Transformation of the European Welfare State.* Oxford: Oxford University Press.

Teulade, René(1989). *Rapport de la Commission protection sociale.* Paris: La Documentation francaise.

____________(1999). *L'avenir de nos systèmes de retraite.* Paris: Conseil économique et social, Direction des journaux officiels.

Thelen, Kathleen(2001). "Varieties of Labor Politics in Developed Democracies," in Peter A. Hall and David Soskice(eds.), *Varieties of Capitalism: The Institutional Foundations of Comparative Advantage.* New York: Oxford University Press, 71–103.

____________(2004). *How Institutions Evolve: The Political Economy of Skills in Germany, Britain, the United States, and Japan.* Cambridge: Cambridge University Press.

Titmuss, Richard(1958). *Essays on the Welfare State.* London: Allen and Unwin.

Trampusch, Christine(2004). "Von Verbänden zu Parteien. Der Elitenwechsel in der Sozialpolitik," *Zeitschrift fur Parlamentsfragen* 35(4): 646–66.

____________(2005). "Institutional Resettlement: The Case of Early Retirement in Germany," in Wolfgang Streeck and Kathleen Thelen(eds.), *Beyond Continuity: Institutional Change in Advanced Political Economies.* New York: Oxford University Press, 203–28.

Trechsel, Alexandre H. and Pascal Sciarini(1998). "Direct Democracy in Switzerland: Do Elites Matter?" *European Journal of Political Research* 38(1): 99–124.

Tsebelis, George(2002). *Veto Players: How Political Institutions Work.* Princeton, NJ: Princeton University Press.

Vail, Mark I.(1999). "The Better Part of Valour: The Politics of French Welfare Reform," *Journal of European Social Policy* 9(4): 311–30.

____________(2004). "The Myth of the Frozen Welfare State and the Dynamics of Contemporary French and German Social-Protection Reform," *French Politics* 2: 151–83.

Vallat, Jean-Philippe(2002). *La politique familiale en France(1945–2001). Construction des intérêts sociaux et transformation de l'Etat-Providence.* Ph.D. dissertation, Institut d'études politiques, Paris.

Van Kersbergen, Kees(1995). *Social Capitalism: A Study of Christian Democracy and the Welfare State.* London: Routledge.
Van Kersbergen, Kees and Philip Manow(2009). *Religion, Class Coalitions and Welfare States.* Cambridge: Cambridge University Press.
Visser, Jelle(1987). *In Search of Inclusive Unionism: A Comparative Analysis.* Ph.D. dissertation, University of Amsterdam.
Visser, Jelle, Patrick Dufour, René Mouriaux, and Françoise Subilieu(2000). "France," in Bernhard Ebbinghaus and Jelle Visser(eds.), *The Societies of Europe: Trade Unions in Western Europe since 1945.* London: Macmillan, 237-78.
Visser, Jelle and Anton Hemerijck(1997). *A Dutch Miracle: Job Growth, Welfare Reform and Corporatism in the Netherlands.* Amsterdam: Amsterdam University Press.
Wanner, Philippe and Antonella Ferrari(2001). *La participation des femmes au marché du travail.* Neuchâtel: Forum Suisse pour l'Étude des Migrations.
Wasserman, S. and K. Faust.(1994) *Social Network Analysis.* Cambridge: Cambridge University Press.
Wendt, Claus and Theresa Thompson(2004). "The Need for Social Austerity versus Structural Reform in European Health Systems: A Four-Country Comparison of Health Reforms," *International Journal of Health Services* 34(3): 415-33.
Wessels, Bernhard(2004). "The German Party System: Developments after Unification," in Werner Reutter(ed.), *Germany on the Road to "Normalcy": Policies and Politics of the Red-Green Federal Government(1998-2002).* New York: Palgrave Macmillan.
Wilensky, Harold(1975). *The Welfare State and Equality: Structural and Ideological Roots of Public Expenditures.* Berkeley: University of California Press.
Zehnder Ernst(1988). *Die Gesetzes uberprufung durch die schweizerische Bundesversammlung: Untersuchung der parlamentarischen Veränderung von Vorlagen des Bundesrates in der Legislaturperiode 1971-1975.* Entlebuch: Huber, Druck.

찾아보기

복지국가 개혁의 정치학
대륙유럽 복지국가의 현대화

초판 1쇄 발행 2015년 5월 29일

지 은 이 · 실리아 호이저만
옮 긴 이 · 남찬섭
펴 낸 이 · 박정희

기획편집 · 권혁기, 이주연, 양송희
마 케 팅 · 김범수, 이광택, 김성은
관 리 · 유승호, 양소연
디 자 인 · 하주연, 이지선
웹서비스 · 백윤경, 최지은

펴 낸 곳 · 사회복지전문출판 나눔의집
등록번호 · 제25100-1998-000031호
등록일자 · 1998년 7월 30일

주 소 · 서울시 금천구 디지털로9길 68, 1105호(가산동, 대륭포스트타워 5차)
대표전화 · 1688-4604
팩 스 · (02) 2624-4240
홈페이지 · www.ncbook.co.kr / www.issuensight.com

ISBN: 978-89-5810-320-2(94330)
978-89-5810-250-2(세트)

책값은 뒤표지에 있습니다.
잘못된 도서는 구입하신 서점에서 교환해 드립니다.

이 도서의 국립중앙도서관 출판예정도서목록(CIP)은 서지정보유통지원시스템 홈페이지(http://seoji.nl.go.kr)와 국가자료공동목록시스템(http://www.nl.go.kr/kolisnet)에서 이용하실 수 있습니다.(CIP제어번호: CIP2015010331)